21 世纪全国高等院校财经管理系列实用规划教材

审计学

主　编　赵晓波
副主编　张　莉　张　俊
　　　　程利敏　魏森淼

北京大学出版社
PEKING UNIVERSITY PRESS

内 容 简 介

本书是根据财政部 2006 年发布的中国注册会计师执业准则、企业会计准则等新法规提出的新要求，借鉴国际风险导向审计的新成果，以注册会计师审计为主线，以风险导向审计为基础，以财务报表审计为重点，将审计的基本理论和知识融入审计基本技能之中，旨在使学生掌握财务报表审计的基本理论和方法，熟悉注册会计师审计的基本内容。

本书以实例来阐释理论，使读者能在实例中领略理论的含义，使本书成为理论与实务兼具的审计学教材。本书适用于应用型本科学生教学，也可作为管理人员进修培训用书和在职财务审计人员业务参考书。

图书在版编目(CIP)数据

审计学/赵晓波主编. —北京：北京大学出版社，2012.7

(21 世纪全国高等院校财经管理系列实用规划教材)

ISBN 978-7-301-20906-6

Ⅰ. ①审… Ⅱ. ①赵… Ⅲ. ①审计学—高等学校—教材 Ⅳ. ①F239.0

中国版本图书馆 CIP 数据核字(2012)第 139826 号

书　　名：审计学
著作责任者：赵晓波　主编
策 划 编 辑：王显超　李　虎
责 任 编 辑：魏红梅
标 准 书 号：ISBN 978-7-301-20906-6/F・3232
出　版　者：北京大学出版社
地　　址：北京市海淀区成府路 205 号　邮编：100871
网　　址：http://www.pup.cn　http://www.pup6.cn
电　　话：邮购部 62752015　发行部 62750672　编辑部 62750667　出版部 62754962
电 子 邮 箱：pup_6@163.com
印　刷　者：北京鑫海金澳胶印有限公司
发　行　者：北京大学出版社
经　销　者：新华书店
787 毫米×1092 毫米　16 开本　21.5 印张　486 千字
2012 年 7 月第 1 版　2012 年 7 月第 1 次印刷
定　　价：38.00 元

丛 书 序

我国越来越多的高等院校设置了经济管理类学科专业，这是一个包括经济学、管理科学与工程、工商管理、公共管理、农业经济管理、图书档案学6个二级学科门类和22个专业的庞大学科体系。2006年教育部的数据表明在全国普通高校中经济类专业布点1518个，管理类专业布点4328个。其中除少量院校设置的经济管理专业偏重理论教学外，绝大部分属于应用型专业。经济管理类应用型专业主要着眼于培养社会主义国民经济发展所需要的德智体全面发展的高素质专门人才，要求既具有比较扎实的理论功底和良好的发展后劲，又具有较强的职业技能，并且又要求具有较好的创新精神和实践能力。

在当前开拓新型工业化道路，推进全面小康社会建设的新时期，进一步加强经济管理人才的培养，注重经济理论的系统化学习，特别是现代财经管理理论的学习，提高学生的专业理论素质和应用实践能力，培养出一大批高水平、高素质的经济管理人才，越来越成为提升我国经济竞争力、保证国民经济持续健康发展的重要前提。这就要求高等财经教育要更加注重依据国内外社会经济条件的变化，适时变革和调整教育目标和教学内容；要求经济管理学科专业更加注重应用、注重实践、注重规范、注重国际交流；要求经济管理学科专业与其他学科专业相互交融与协调发展；要求高等财经教育培养的人才具有更加丰富的社会知识和较强的人文素质及创新精神。要完成上述任务，各所高等院校需要进行深入的教学改革和创新。特别是要搞好有较高质量的教材的编写和创新工作。

出版社的领导和编辑通过对国内大学经济管理学科教材实际情况的调研，在与众多专家学者讨论的基础上，决定编写和出版一套面向经济管理学科专业的应用型系列教材，这是一项有利于促进高校教学改革发展的重要措施。

本系列教材是按照高等学校经济类和管理类学科本科专业规范、培养方案，以及课程教学大纲的要求，合理定位，由长期在教学第一线从事教学工作的教师编写，立足于21世纪经济管理类学科发展的需要，深入分析经济管理类专业本科学生现状及存在问题，探索经济管理类专业本科学生综合素质培养的途径，以科学性、先进性、系统性和实用性为目标，其编写的特色主要体现在以下几个方面：

（1）关注经济管理学科发展的大背景，拓宽理论基础和专业知识，着眼于增强教学内容与实际的联系和应用性，突出创造能力和创新意识。

（2）体系完整、严密。系列涵盖经济类、管理类相关专业以及与经管相关的部分法律类课程，并把握相关课程之间的关系，整个系列丛书形成一套完整、严密的知识结构体系。

（3）内容新颖。借鉴国外最新的教材，融会当前有关经济管理学科的最新理论和实践经验，用最新知识充实教材内容。

（4）合作交流的成果。本系列教材是由全国上百所高校教师共同编写而成，在相互进行学术交流、经验借鉴、取长补短、集思广益的基础上，形成编写大纲。最终融合了各地特点，具有较强的适应性。

（5）案例教学。教材具备大量案例研究分析内容，让学生在学习过程中理论联系实际，特别列举了我国经济管理工作中的大量实际案例，这可大大增强学生的实际操作能力。

（6）注重能力培养。力求做到不断强化自我学习能力、思维能力、创造性解决问题的能力以及不断自我更新知识的能力，促进学生向着富有鲜明个性的方向发展。

作为高要求，财经管理类教材应在基本理论上做到以马克思主义为指导，结合我国财经工作的新实践，充分汲取中华民族优秀文化和西方科学管理思想，形成具有中国特色的创新教材。这一目标不可能一蹴而就，需要作者通过长期艰苦的学术劳动和不断地进行教材内容的更新才能达成。我希望这一系列教材的编写，将是我国拥有较高质量的高校财经管理学科应用型教材建设工程的新尝试和新起点。

我要感谢参加本系列教材编写和审稿的各位老师所付出的大量卓有成效的辛勤劳动。由于编写时间紧、相互协调难度大等原因，本系列教材肯定还存在一些不足和错漏。我相信，在各位老师的关心和帮助下，本系列教材一定能不断地改进和完善，并在我国大学经济管理类学科专业的教学改革和课程体系建设中起到应有的促进作用。

2007年8月

刘诗白　现任西南财经大学名誉校长、教授，博士生导师，四川省社会科学联合会主席，《经济学家》杂志主编，全国高等财经院校资本论研究会会长，学术团体“新知研究院”院长。

前　言

随着我国社会主义市场经济的发展，尤其是资本市场的发展，审计得到前所未有的关注，越来越多的人开始学习审计。审计学是一门专业性和应用性很强的课程，以往的经验表明，采用传统教材教授和学习审计学的效果都不理想。“审计学难教，审计学难学”几乎成了教师和学生及其他学习审计学人员的共鸣，因此，如何改变审计教学和学习中这一尴尬的状况已成为一个迫切需要解决的问题。而且，随着2006年新的独立审计准则的颁布施行，我国审计准则真正实现了国际趋同。本书借鉴国际风险导向审计的新成果，以注册会计师审计为主线，以风险导向审计为基础，以财务报表审计为重点，将审计的基本理论和知识融入审计基本技能之中，旨在使学生掌握会计报表审计的基本理论和方法，熟悉注册会计师审计的基本内容。

本书具有以下特色：

（1）以财务报表审计为重点，对现代审计的基本原理、财务报表审计流程、各交易循环审计程序、审计报告等作了阐述，力求做到详略得当，体系全面。

（2）每章都有导入案例，以引起初学者的兴趣，帮助其掌握重点知识。

（3）每章后附有多种形式的习题，借此帮助初学者巩固所学知识。

本书由洛阳理工学院赵晓波担任主编，负责全书框架的设计、大纲的编写，进行写作组织与协调；由洛阳理工学院会计学系张莉、华北水利水电学院管理与经济学院张俊、河南科技学院经济与管理学院程利敏、河南大学工商管理学院会计系魏森淼担任副主编。本书共分15章，具体编写分工如下：第1、5、10章由魏森淼编写，第14、15章由程利敏编写，第6、7、8章由张俊编写，第11、12、13章由张莉编写，第2、3、4、9章由赵晓波编写。最后由赵晓波对全书进行修改和定稿。

感谢北京大学出版社的各位老师为本书的出版付出的辛勤劳动。同时，在本书的编写过程中，编者参考了相关的文献及教材，在此一并对其作者表示感谢！

由于本书编写时在结构和内容上进行了新的尝试，加上编者时间仓促、水平有限，书中可能存在不足之处，恳请广大读者批评指正。

编　者

2012年3月

目 录

第 1 章 审计概论

教学目标

通过本章的学习，了解审计的演进历史，理解审计的概念、特征、职能，掌握审计各分类之间的联系与区别。

教学要求

审计的概念、职能和审计的分类。

基本概念

审计　政府审计　内部审计　注册会计师审计

导入案例

民间审计起源——英国南海公司破产案

英国“南海公司”始创于1710年，主要从事海外贸易业务。公司成立10年业绩平平。1719—1720年，公司趁股份投机热在英国方兴未艾之机，发行巨额股票，同时公司董事对外散布公司利好消息，使公众对股价上扬有了信心，带动了公司股价上升。1719年，南海公司股价为114英镑，1720年4月，股价升至300英镑，1721年7月，公司股票价格高达1 050英镑，公司老板布兰特决定以高于面值数倍的价格发行新股。一时间，南海公司股价扶摇直上，一场股票投机浪潮席卷全国。

英国议会为了制止国内“泡沫公司”的膨胀，于1720年6月通过了《泡沫公司取缔法》，随之一些公司被解散。许多投资者开始清醒，并抛售手中所持股票。股票投资热的降温，致使“南海公司”股价一路下滑，到1720年12月，“南海公司”股价跌至124英镑。同年年底，英国政府对“南海公司”资产进行清理，发现其实际资本所剩无几。而后，“南海公司”宣布破产。

“南海公司”破产，犹如晴天霹雳，震惊了公司投资人和债权人，数以万计的股东及债权人蒙受损失。当股东及债权人证实了百万英镑的损失落在自己头上时，纷纷向英国议会提出严惩欺诈者并给予赔偿损失的要求。

英国议会面对舆论压力，为平息“南海公司”破产引发的风波，于1720年9月成立了由13人组成的特别委员会，秘密查证“南海公司”破产事件。在查证中发现该公司的会计记录严重失实，并有明显的篡改舞弊行为。为此，特别委员会特聘请伦敦市霍斯特·莱恩学校的会计教师查尔斯·斯内尔对“南海公司”账目进行审查。斯内尔应议会特别委员会的要求，通过对“南海公司”会计账目的审核，于1721年编制了一份题为《伦敦市霍斯特·莱恩学校的习字教师兼会计师查尔斯·斯内尔对索布里奇商社会计账簿检查的意见》的查账报告书，指出了公司存在的舞弊行为，但没有对公司编制虚假账目的目的表示自己的意见。英国议会根据斯内尔的审计报告书，没收了全部公司董事的个人财产，将公司一名直接责任经理押进了英国伦敦塔监狱。为此，查尔斯·斯内尔成为世界民间审计的最早先驱者，他编制的查账报告是世界最早由会计师编制的审计报告。

与此同时，英国政府颁布了《泡沫公司取缔法》，主要目的是防止不正当的股份投机，对股份公司的成立严加限制，以保持资本市场的稳定，保护投资者及债权人的利益不受侵害。1828 年，英国政府根据国内经济发展对资金的高度需求，重新认识股份公司的经济意义，撤销了 1720 年的《泡沫公司取缔法》，1834 年以后又通过了由国王授予特许证来设立股份公司的法案。英国议会又于 1844 年颁布了公司法，从而促进并规范了股份公司的发展。

资料来源：王明珠．审计学教学案例．北京：中国审计出版社，2001 年．

点评：理解审计在社会经济生活中扮演着重要的角色。

1.1 审计的起源与发展

审计是在一定的经济关系下，基于经济监督的需要而产生的。我国著名的会计审计学家杨时展教授认为："审计因受托责任的发生而发生，又因受托责任的发展而发展。"资源财产的所有权和经营管理权分离以及管理者内部分权制，是受托经济责任关系早期形成的基本根据，也是审计赖以存在和发展的社会条件；资源财产所有者对经营管理者无法直接监督，是审计产生和发展的直接动因；不断演进的受托责任关系，是审计产生和发展的客观基础。

1.1.1 西方国家审计的起源与发展

在西方国家，随着生产力的发展和经济关系的变革，审计也经历了一个漫长的发展过程。而世界各国审计历史的发展均有相似之处，即起源于政府审计，后来发展到内部审计和注册会计师审计。

1. 政府审计的产生与发展

根据历史文献记载，早在奴隶制度下的古罗马、古埃及和古希腊时代，已有官厅审计机构。审计人员以"听证"(audit)方式，对掌管国家财物和赋税的官吏进行审查和考核，成为具有审计性质的经济监督工作。在前资本主义社会，基于奴隶主和封建主监督、考核其所属官员的政绩，维护统治阶级利益的需要，出现了审计或类似审计性质的经济监督工作。但当时的审计，不论在组织结构上还是方法上，都还属于很不完善的阶段。

在资本主义时期，随着经济的发展和资产阶级国家政权组织形式的完善，国家审计也有了进一步的发展。在现代资本主义国家中，大多实行立法、行政、司法三权分立，议会为国家的最高立法机关，并对政府行使包括财政监督在内的监督权。为了监督政府的财政收支，切实执行财政预算法案，以维护统治阶级的利益。西方国家大多在议会下设有专门的审计机构，以维护统治阶级的利益。西方国家大多在议会下设有专门的审计机构，由议会或国会授权，对政府及国有企事业单位的财政财务收支进行独立的审计监督。例如，美国在1921年成立的总审计局，就是隶属于国会的一个独立经济监督机构，其他国家，如加拿大的审计长公署、西班牙的审计法院等，也都是隶属于国家立法部门的独立机构，其审计结果要向议会负责，并向议会报告，在实行审计监督中也具有独立的权限。

总的来说，在现代资本主义国家中，普遍建立了政府审计制度。资本主义政府审计的形成与发展，同以议会制为核心的资产阶级政权组织形式有着紧密的联系。

2. 内部审计的起源与发展

内部审计几乎与政府审计同步产生。在中世纪和近代，西方内部审计有了进一步的发展，其主要标志是出现独立的内部审计人员。中世纪的寺院制度十分流行，寺院拥有庞大的地产，并且从事贸易、金融等多种业务。为了加强寺院经济管理，在寺院的总务长领导下配备了专门的审计人员，负责检查会计账目和财产清单。同一时期，在英国大庄园内和大的行会内也都设置有专司审计工作的内部审计人员。

现代内部审计是20世纪40年代随着大型企业管理层次的增多和管理人员控制范围的扩大，基于企业单位内部经济监督和管理的需要而产生的，由于管理的复杂化，企业管理者需要随时对本企业的财产、会计记录和经营情况进行审查。这些从事该项工作的职能人员就被称为“内部审计人员”，其组织的机构被称为“内部审计机构”。

3. 注册会计师审计的起源与发展

注册会计师审计起源于企业所有权和经营权的分离，是市场经济发展到一定阶段的产物。从注册会计师审计发展的历程看，注册会计师审计最早起源于意大利合伙企业，在英国股份公司出现后得以形成，伴随着美国资本市场的发展而发展和完善。

1) 注册会计师审计的起源

注册会计师审计起源于16世纪的意大利。当时地中海沿岸的商业城市已经比较繁荣，而威尼斯是地中海沿岸国家航海贸易最为发达的地区，是东西方贸易的枢纽，商业经营规模不断扩大。由于单个的业主难以向企业投入巨额资金，为适应筹集所需大量资金的需要，合伙制企业应运而生。合伙经营方式产生了对注册会计师审计的最初需求。尽管当时合伙制企业的合伙人都是出资者，但是有的合伙人参与企业的经营管理，有的合伙人则不参与，所有权和经营权开始分离。那些参与企业经营管理的合伙人有责任向不参与企业经营管理的合伙人证明合伙契约得到了认真履行，利润的计算与分配是正确、合理的，以保障全体合伙人的权利，进而保证合伙企业有足够的资金来源，使企业得以持续经营下去。在这种情况下，客观上需要独立的第三者对合伙企业进行监督、检查，人们开始聘请会计专家来担任查账和公证的工作。这样，在16世纪意大利的商业城市中出现了一批具有良好的会计知识、专门从事查账和公证工作的专业人员，他们所进行的查账与公证，可以说是注册会计师审计的起源。随着此类专业人员的增多，他们于1581年在威尼斯创立了威尼斯会计协会。其后，米兰等城市的职业会计师也成立了类似的组织。

2) 注册会计师审计的形成

注册会计师审计虽然起源于意大利，但它对后来注册会计师审计事业的发展影响不大。英国在创立和传播注册会计师审计职业的过程中发挥了重要作用。

18 世纪，英国的资本主义经济得到了迅速发展，生产的社会化程度大大提高，企业的所有权与经营权进一步分离。企业主希望有外部的会计师来检查他们所雇用的管理人员是否存在贪污、盗窃和其他舞弊行为，于是英国出现了第一批以查账为职业的独立会计师。他们受企业主委托，对企业会计账目进行逐笔检查，目的是查错防弊，检查结果也只向企业主报告。因为是否聘请独立会计师进行查账由企业主自行决定，所以此时的独立审计尚为任意审计。

股份有限公司的兴起，使公司的所有权与经营权进一步分离，绝大多数股东已完全脱离经营管理，他们出于自身的利益，非常关心公司的经营成果，以便作出是否继续持有公司股票的决定。证券市场上潜在的投资人同样十分关心公司的经营情况，以便决定是否购买公司的股票。同时，由于金融资本对产业资本的逐步渗透，增加了债权人的风险，他们也非常重视公司的生产经营情况，以便作出是否继续贷款或者是否索偿债务的决定，而公司的财务状况和经营成果，只能通过公司提供的财务报表来反映。因此，在客观上产生了由独立会计师对公司财务报表进行审计，以保证财务报表真实可靠的需求。值得一提的是，注册会计师审计的“催产剂”是 1721 年英国的“南海公司事件”。当时的“南海公司”以虚假的会计信息诱骗投资人上当，其股票价格一时扶摇直上。但好景不长，“南海公司”最终未能逃脱破产倒闭的厄运，使股东和债权人损失惨重。英国议会聘请会计师查尔斯·斯内尔对“南海公司”进行审计。斯内尔以“会计师”名义出具了“查账报告书”，从而宣告了独立会计师——注册会计师的诞生。

为了监督公司管理层的经营管理活动，防止徇私舞弊，保护投资者、债权人的利益，避免“南海公司事件”重演，英国政府于 1844 年颁布了《公司法》，规定股份公司必须设监察人，负责审查公司的账目。1845 年，又对《公司法》进行了修订，规定股份公司的账目必须经董事以外的人员审计。于是，独立会计师业务得到迅速发展，独立会计师人数越来越多。此后，英国政府对一批精通会计业务、熟悉查账知识的独立会计师进行了资格确认。1853 年，苏格兰爱丁堡创立了第一个注册会计师的专业团体——爱丁堡会计师协会。该协会的成立，标志着注册会计师职业的诞生。1862 年，英国《公司法》确定注册会计师为法定的破产清算人，奠定了注册会计师审计的法律地位。

从 1844 年到 20 世纪初，是注册会计师审计的形成时期。在这一时期内，由于英国的法律规定股份公司和银行必须聘请注册会计师审计，使得英国注册会计师审计得到了迅速发展，并对当时欧洲各国、美国及日本等产生了重要影响。这一时期英国注册会计师审计的主要特点是注册会计师审计的法律地位得到了法律确认；审计的目的是查错防弊，保护企业资产的安全和完整；审计的方法是对会计账目进行详细审计；审计报告使用人主要为企业股东等。

3) 注册会计师审计的发展

从 20 世纪初开始，全球经济发展重心逐步由欧洲转向美国，因此，美国的注册会计师审计得到了迅速发展，它对注册会计师职业在全球的迅速发展发挥了重要作用。

美国早期的注册会计师审计受英国影响较深。英国最初的审计技术和方法，是详细审计。这种审计要求以经济业务为基础，通过审核所有经济业务、会计凭证、会计账簿和财务报表，以发现记账差错和舞弊行为。20 世纪早期的美国，经济形势发生了很大变化。由于金融资本对产业资本更为广泛的渗透，企业同银行的利益关系更加紧密，银行逐渐把企业资产负债表作为了解企业信用的主要依据，于是在美国产生了帮助贷款人及其他债权人了解企业信用的资产负债表审计，即美国式注册会计师审计。资产负债表审计产生的原因可以从银行、借款人和注册会计师之间的关系进行解释，银行要求借款人提供经注册会计师审计的资产负债表，以充分了解借款人的偿债能力；同时借款人则希望审计收费较低，于是资产负债表审计就发展起来了。

1929—1933 年，资本主义世界经历了历史上最严重的经济危机，大批企业倒闭，投资者和债权人蒙受了巨大的经济损失。这在客观上促使企业利益相关者从只关心企业财务状况转变到更加关心企业的盈利水平，产生了对企业利润表进行审计的客观要求。1933 年，美国《证券法》规定，在证券交易所上市的企业的财务报表必须接受注册会计师审计，向社会公众公布注册会计师出具的审计报告。因此，审计报告使用人扩大到整个社会公众。美国注册会计师协会与证券交易所合作的特别委员会和纽约证券交易所上市委员会于1936年发表了《独立注册会计师对财务报表的检查》，明确规定应当检查全部财务报表，并向股东报告，尤其强调利润表审计。

第二次世界大战以后，经济发达国家通过各种渠道推动本国的企业向海外拓展，跨国公司得到空前发展。国际资本的流动带动了注册会计师审计的跨国界发展，形成了一批国际会计师事务所。随着会计师事务所规模的扩大，形成了“八大”国际会计师事务所，20 世纪 80 年代末合并为“六大”，之后又合并为“五大”。2001 年，美国爆发了安然公司会计造假丑闻。出具审计报告的安达信会计师事务所，因涉嫌舞弊和销毁证据受到美国司法部门的调查，之后宣布关闭，世界各地的安达信成员所也纷纷与其他国际会计师事务所合并。因此，时至今日，尚有“四大”国际会计师事务所，即普华永道、安永、毕马威和德勤。

1.1.2 我国审计的起源与发展

1. 政府审计的起源与发展

据有关史料记载与考证，“审计”一词在我国最早出现于宋代，但审计这项经济监督工作却源远流长，自古就有。由于我国长期处于封建社会，商品经济很不发达，因而在 20 世纪初期以前的历代王朝，政府审计一直处于绝对统治地位，毫无社会(民间)审计可言。我国政府审计的发展大致可分为六个阶段：西周时期初步形成阶段；秦汉时期最终确立阶段；隋唐至宋日臻健全阶段；元明清停滞不前阶段；演进阶段(1912—1949 年)；振兴阶段(1949 年至今)。

我国政府审计的起源，基于西周的“宰夫”。我国的审计产生于西周，其主要标志是“宰夫”一职的出现。西周时期审计制度的确立，开创了我国古代审计监督之先河，在我国审计史上具有重要的意义和深远的影响。但是，西周负责审计工作的宰夫在整个国家政权组织机构中的地位比较低，不仅附属于负责监察工作的冢宰，而且仅是负责财物保管的小宰的属官。同时，从工作性质分析，宰夫的审计工作虽然独立于会计核算工作以外，但审计工作在西周时期并没有成为国家的一项独立的财政经济监督活动，它是与监察、行政监督等工作交织在一起的。由此可见，西周的宰夫审计制度，只是我国国家审计制度的雏形。

秦汉时期是我国政府审计的确立阶段。主要表现在以下三个方面：①初步形成了统一的审计模式，将审计机构与检查机构结合在一起，实行经济法制与审计监督制度相统一的审计模式。②“上计”制度日趋完善。所谓“上计”，就是皇帝亲自听取和审核各级地方官吏的财政会计报告，以决定赏罚的制度。③审计地位提高，职权扩大。秦汉时期的审计是御史制度和审计制度的重要组成部分，御史大夫不仅行使政治、军事的监察大权，还负责监督、控制经济和财政收支活动。但这个时期仍属于审计的初步发展时期。

隋唐至宋日臻健全阶段。隋唐的比部审计具有很强的独立性和较高的权威性，开司法审计之先河。宋代专门设置的“审计司”，是为我国“审计”的正式命名，从此，“审计”一词便成为财政监督的专用名词，对后世中外审计建制具有深远的影响。

元明清停滞不前阶段。元代取消比部，户部兼管会计报告的审核，独立的审计机构即告消亡。明清设置都察院，行使审计职能。

演进阶段(1912—1949 年)。1912 年在国务院下设审计处，1914 年北洋政府改为审计院，同年颁布了《审计法》。国民党政府根据孙中山先生五权分立的理论，在监察院下设审计部，各省(市)设审计处，分别对中央和地方各级行政机关以及企事业单位的财政和财务收支实行审计、监督。国民党政府也于 1928 年颁布过《审计法》和实施细则，次年还颁布了《审计组织法》，审计人员有审计、协审、稽查等职称。

振兴阶段(1949 年至今)。1978 年以前，我国没有设置独立的国家审计机关。党的十一届三中全会决定把工作重心转移到经济建设上来，为适应这种需要，我国把建立政府审计机构，实行审计监督载入了 1982 年修订的《中华人民共和国宪法》，并于 1983 年 9 月成立了我国国家审计的最高机关——审计署，在县以上各级人民政府设置各级审计机关。1985 年 8 月发布了《国务院关于审计工作的暂行规定》；1998 年 11 月颁布了《中华人民共和国审计条例》；1995 年 1 月 1 日《中华人民共和国审计法》的实施，在法律上确立了政府审计的地位；2000 年 1 月，审计署发布《中华人民共和国国家审计基本准则》；2000 年 8 月，审计署发布《审计机关审计方案准则》等五项具体准则；2003 年 12 月，审计署发布《审计机关审计重要性与审计风险评价准则》等五项具体准则；2004 年 2 月，审计署发布《审计机关审计项目质量控制办法(试行)准则》；2006 年 2 月 28 日八届人大九次会议通过了修正的《中华人民共和国审计法》并予以发布实施，为政府审计进一步发展奠定了良好基础。

2. 内部审计的起源与发展

1949 年以来，我国一直没有独立的政府审计机关，因此，国家财政收支的监督工作主要由财政部门内部的监察机构负责。在这样的背景下，内部审计职能是通过国家的监察机制得以实施，因此，当时的国有企业也几乎没有内审部门的设置。

1982 年 12 月 4 日，第五届全国人民代表大会第五次会议通过了修改的《中华人民共和国宪法》，规定我国建立审计机关，实行审计监督制度。据此，1983 年 9 月 15 日，国务院成立了国家审计署。1985 年 8 月审计署颁布了《内部审计暂行规定》，为内部审计提供了法律依据。《内部审计暂行规定》要求政府部门和大中型企事业单位实行内部审计监督制度。1985 年 12 月，审计署颁布了《审计署关于内部审计的若干规定》，这是审计署成立后第一个关于内部审计的法规文件，对我国内部审计的发展起到了一定的规范和推进作用。1989 年 12 月 5 日，审计署重新颁布《审计署关于内部审计工作的规定》，废止 1985 年的规定，此次规定是对 1985 年规定的查缺补漏；1995 年 7 月 14 日，审计长郭振乾颁布中华人民共和国审计署令第 1 号《审计署关于内部审计工作的规定》取代了 1989 年的规定，这次规定较之以前有了较大的改变，目前我国的内部审计工作大多都是按照此规定进行的。

2003 年 3 月 4 日，中华人民共和国审计署令第 4 号《审计署关于内部审计工作的规定》，要求自 2003 年 5 月 1 日起实行新规定，此次规定是在总结 1995 年规定的经验教训基础上，适应新的形势需要而制定的，体现了与时俱进的时代要求，是我国内部审计未来发展的蓝图。根据此规定，中国内部审计协会印发了《内部审计人员岗位资格证书实施办法》和《内部审计人员后续教育实施办法》。与此同时，2000—2005 年，中国内部审计协会先后制定和颁布了《内部审计准则》、《内部审计人员职业道德规范》和 20 个具体准则以及两个实务指南，使我国内部审计规范化建设取得了阶段性成果。

3. 注册会计师审计的起源与发展

1) 中国注册会计师审计的演进

中国注册会计师审计的历史比西方国家要短得多。中国的注册会计师审计始于辛亥革命之后， 1918 年 9 月，北洋政府农商部颁布了我国第一部注册会计师法规——《会计师暂行章程》，并于同年批准著名会计学家谢霖先生为中国的第一位注册会计师，谢霖先生创办的中国第一家会计师事务所——“正则会计师事务所”也获准成立。此后，又逐步批准了一批注册会计师，建立了一批会计师事务所，包括潘序伦先生创办的“潘序伦会计师事务所”(后改称“立信会计师事务所”)等。1930 年，政府颁布了《会计师条例》，确立了会计师的法律地位，之后，上海、天津、广州等地也相继成立了多家会计师事务所。1925 年，在上海成立了“全国会计师公会”。1933 年，成立了“全国会计师协会”。至 1947 年，全国已拥有注册会计师 2 619 人，并建立了一批会计师事务所。

在 1949 年初期，注册会计师审计在经济恢复工作中发挥了积极作用。当时，由于不法资本家囤积居奇、投机倒把、偷税漏税造成了极为险恶的财政状况，负责财经工作的陈云同志大胆雇用注册会计师，依法对工商企业查账，这对平抑物价、保证国家税收、争取国家财政经济状况好转作出了突出贡献。但后来由于我国推行苏联高度集中的计划经济模式，注册会计师便悄然退出了经济舞台。

2) 中国注册会计师审计的发展

1978 年，党的十一届三中全会以后，我国实行改革开放的政策，把工作重点转移到社会主义现代化建设上来，商品经济得到迅速发展，为注册会计师制度的恢复重建创造了客观条件。随着外商来华投资日益增多，1980 年 12 月 14 日财政部颁布了《中华人民共和国中外合资经营企业所得税法施行细则》，规定外资企业财务报表要由注册会计师进行审计，这为恢复我国注册会计师制度提供了法律依据。1980 年 12 月 23 日，财政部发布《关于成立会计顾问处的暂行规定》，标志着我国注册会计师职业开始复苏。1981 年 1 月 1 日，“上海会计师事务所”宣告成立，成为新中国第一家由财政部批准独立承办注册会计师业务的会计师事务所。我国注册会计师制度恢复后，注册会计师的服务对象主要是三资企业。这一时期的涉外经济法规对注册会计师业务作出明确规定。1984 年 9 月 25 日，财政部印发《关于成立会计咨询机构问题的通知》，明确了注册会计师应当办理的业务。1985 年 1 月实施的《中华人民共和国会计法》规定：“经国务院财政部门批准组成会计师事务所，可以按照国家有关规定承办查账业务。”1986 年 7 月 3 日，国务院颁布《中华人民共和国注册会计师条例》，同年 10 月 1 日起实施。1988 年 11 月 15 日，财政部借鉴国际惯例成立了中国注册会计师协会，随后各地方相继组建省级注册会计师协会。1993 年 10 月 31 日，第八届全国人大常委会第四次会议审议通过了《中华人民共和国注册会计师法》(以下简称《注册会计师法》)，自 1994 年 1 月 1 日起实施。1995 年 1 月 1 日《中华人民共和国审计法》的实施，从法律上进一步确立了审计的地位。2004 年，创立了事务所执业质量检查制度，从以往的以专案、专项检查为主要方式向五年一个周期的制度性、全面性检查转变，并开展了全国性的事务所执业质量检查工作。2006 年年初，实现了与国际审计准则的趋同，建立起了一套既适应社会主义市场经济建设要求又与国际准则相接轨的审计准则体系。目前，我国不断密切国际合作，先后加入亚太会计师联合会(Confederation of Asian and Pacific Accountants，CAPA)和国际会计师联合会(International Federation of Accountants，IFAC)，并多年担任其理事；向国际审计与鉴证准则理事会等有关国际组织选派代表，与 30 多个国家和地区的 50 多个会计师职业组织建立了交往和合作关系，国际影响力和国际地位日益提高。

1.2 审计概述

1.2.1 审计的概念

人们对审计的认识随着审计实践的丰富而不断完善与发展。

1972 年，美国会计学会的审计基础概念委员会发表了一个重要文件，即《基础的审计概念的说明》。在这个说明中，对审计下了如下定义：“审计是一个系统化过程，即通过客观地获取和评价有关经济活动与经济事项认定的证据，以证实这些认定与既定标准的符合程度，并将结果传达给有关使用者。”

国际会计师联合会的国际审计事务委员会在《国际审计准则》中把审计概念描述为：“审计人员对已编制完成的会计报表是否在所有重要方面遵循了特定的财务报告框架发表意见。”

美国注册会计师协会在《审计准则说明书》第 1 号中，对审计概念的描述为：“独立审计人员对会计报表加以审计，收集必要证据。其目的是对这些会计报表是否按照公认会计准则公允地反映财务状况、经营成果和现金流量发表意见。”

1976 年，美国出版的《审计理论》一书将审计定义为：“所谓审计就是确定以数量表示的信息与所建立的标准之间的一致程度，而且给予报告的目的。由独立的专门审计人员就特定的经济实体的数量信息收集并评定证据的综合的过程。”

《中国注册会计师审计准则第 1101 号——财务报表审计的目标和一般原则》对审计概念的描述为：“财务报表审计的目标是注册会计师通过执行审计工作，对财务报表的下列方面发表审计意见：①财务报表是否按照使用的会计准则和相关会计制度的规定编制；②财务报表是否在所有重大方面公允反映被审计单位的财务状况、经营成果和现金流量。”

从上述定义看，不同的定义从不同的侧面进行了强调，借鉴上述不同组织的定义，可以对审计做如下定义：审计是由独立于被审计单位的专职机构或人员，接受委托或授权，根据国家法律、行政法规以及财政经济规则制度，运用专门的方法对被审计单位的关于经济活动与经济事项的认定进行审核和检查，以确定这些认定与既定标准之间的一致程度，并根据审计结果出具审计报告，把以审计报告为主的审计信息传达给利益相关者的系统的过程。

为了更好地理解审计的定义，以下就其中的几个关键术语作进一步的解释。

(1) 审计是一个系统的过程。系统化意味着审计人员在制订审计计划、实施审计程序、获取审计证据和形成审计结论时需要通盘考虑，以实现审计目标。

(2) 审计是由独立于被审计单位的专职机构或人员实施的。专职机构或人员可能是政府机构，也可能是民间机构或被审计单位内部的组织或人员，但他们的共同点是具备独立性。

(3) 对被审计单位的关于经济活动与经济事项的认定进行审核和检查。引起被审计单位的资产、负债、所有者权益及收入和费用发生增减变化的活动就是经济活动与经济事项，被审计单位的关于经济活动与经济事项的认定是审计的对象，它主要表现为被审计单位的财务报表，也可以是其他形式，如某一建造合同的内容等。财务报表审计的对象包含一套财务报表中的管理层认定，这些认定是由作为财务报表编制者的管理层作出的。例如，财务报表上列示应收账款 10 万元，管理层的认定表明这些应收账款是存在的，计价是准确的等。

(4) 认定与既定标准的符合程度。审计工作的主要目的是对与被审计经济活动及经济事项有关的认定形成审计意见，审计意见应当具体说明认定与标准的符合程度。既定标准是指判断认定时所采用的衡量标准，这些标准可能是立法机构所制定的准则，或企业管理当局所制定的预算或衡量标准等。

(5) 运用专门的方法。专门的方法包括客观地获取和评价证据等。审计人员在审计过程中需要获取和评价相关证据，以支持关于认定是否符合既定标准的判断。在这一过程中，审计人员需要具有客观性，不偏不倚。

(6) 将以审计报告为主的审计信息传达给利益相关者。审计报告是审计活动的主要结果，也是审计信息的主要内容。利益相关者包括审计的委托人、股东、债权人、政府机构及潜在的投资者等。

1.2.2 审计的特征

根据审计的概念，可以概括出审计的如下几个基本特征。

1. 独立性

独立性是审计的基本特征，没有独立性，就难以实现客观公正性，审计独立性是保证审计工作顺利进行的必要条件。审计独立性要做到实质上独立和形式上独立，具体包括以下几方面：①机构独立。为确保审计机构独立地行使审计监督权，对审查的事项作出客观公正的评价和鉴证，充分发挥审计的监督作用，审计机构应当独立于被审计单位之外，不受其领导、管理与制约。②经济独立。审计机构从事审计业务活动，必须要有一定的经济收入和费用来源，以保证其生存和发展需要。经济独立是指审计机构或组织的经济来源应有一定的法律法规或制度作保证，不受被审计单位的制约。经济独立也指审计组织与被审计单位之间无经济利害关系，不受其经济利益的牵连。③工作独立，或称精神独立。审计人员执行审计业务，必须按照审计范围、审计内容、审计程序进行独立思考，坚持客观公正、实事求是的精神，作出公允、合理的评价和结论，不受任何部门、单位或个人的干涉，保持高度的职业谨慎，不受个人感情和外界环境的干扰。

2. 权威性

审计组织依法对客户行使审计监督权，任何单位或个人不得拒绝或干涉，具有较强的权威性。权威性是保证有效行使审计职权的必要条件，审计的权威性取决于审计的独立性，它离不开审计组织的独立地位与审计人员的执业独立。

3. 客观公正性

审计的客观公正性反映了审计工作的基本要求，从某种意义上说，没有公正性，就没有权威性。审计的客观公正性取决于审计的独立性。

4. 广泛性与综合性

审计监督从时间上看，可以进行事前监督、事中监督和事后监督；从空间上看，不仅可以对企事业单位进行监督，而且可以对财政、税务等专业监督部门进行再监督，因而具有广泛性和综合性的特点。

1.3 审计的职能与作用

1.3.1 审计的职能

审计职能是指审计本身所固有的内在功能。审计有什么职能、有多少职能，都不是由人的主观意愿决定的，它是由社会经济条件和经济发展的客观需要决定的。审计的职能也不是固定不变的，它是随着经济关系的变化、审计对象的扩大、人类认识能力的提高而不断加深和扩展的。研究审计职能的目的，是为了更准确地把握审计这一客观事物，以便于确定审计任务，有效地发挥审计的作用和更好地指导审计实践。

从西方审计职能的理论演进来看，审计职能大致经历了以下几个阶段的变化。

19 世纪初期，现代审计诞生于英国，但当时并没有明确审计的职能。

19 世纪后期，审计的职能主要是用详细审计的方法审查会计账簿，查错防弊。当时的代表作有英国的比克斯莱所著的《审计人员及其义务责任》和英国的狄克西所著的《审计理论——审计员实务手册》。

20 世纪初期，随着经济的发展，审计的职能演变为审查资产负债表的真实性和准确性，并提供审计证明。当时的代表作是由美国的蒙特哥梅利所著的《审计理论与实务》。

20 世纪 40 年代，由于股份公司的发展，企业规模扩大所需的大量资金主要通过证券市场取得，投资人最关心的是企业的收益能力，因此，这一阶段审计职能主要是依据公认会计原则对企业财务报表，特别是利润表进行审查和评价，以确定财务报表的真实性和准确性。

第二次世界大战以后，信息科学和行为科学有了新的发展，电子计算机的应用取得了惊人的进展。这种情况下，所有的利益相关者都期望取得有利于决策的审计信息，因此，这一阶段的审计职能主要是收集审计证据、提供审计信息。

我国审计界对审计职能的观点，主要有两种：一种是“单一职能论”；另一种是“多职能论”。持“单一职能论”者认为，无论是国家审计、社会审计，还是内部审计，它们只有一项职能，就是经济监督。持“多职能论”者，一般认为审计除审计监督这一基本职能外，还具有其他职能，如评价、鉴证等。

综上所述，审计的职能是随着历史的前进和经济的发展而不断丰富和发展的，结合当前的经济环境，我国的审计职能可以归纳为如下几个方面内容。

1. 经济监督职能

审计的经济监督职能，主要是指通过审计、监察和督促被审计单位的经济活动在规定的范围内、在正常的轨道上进行；监察和督促有关经济责任者忠实地履行经济责任，同时借以揭露违法违纪、稽查损失浪费、查明错误弊端、判断管理缺陷和追究经济责任等。审计工作的核心是通过审核检查，查明被审计事项的真相，然后对照一定的标准，作出被审计单位的经济活动是否真实、合法、有效的结论。从依法检查到依法评价再到依法作出处理决定以及督促决定的执行，无不体现了审计的监督职能。

2. 经济鉴证职能

审计的经济鉴证职能，是指审计机构和审计人员对被审计单位会计报表及其他经济资料进行检查和验证，确定其财务状况和经营成果是否真实、公允、合法、合规， 并出具书面证明，以便为审计的授权人或委托人提供确切的信息，并取信于社会公众的一种职能。审计的经济鉴证职能，包括鉴定和证明两个方面。

3. 经济评价职能

审计的经济评价职能，是指审计机构和审计人员对被审计单位的经济资料及经济活动进行审查，并依据一定的标准对所查明的事实进行分析和判断，肯定成绩，指出问题，总结经验，寻求改善管理、提高效率和效益的途径。审计的经济评价职能，包括评定和建议两个方面。

在审计职能的研究过程中，也有人提出审计还具有服务、管理、咨询等方面的职能。在经济生活日趋复杂、社会日益进步、科技巨大发展的今天，审计职能也必然要发展，不可能停滞不前。

1.3.2 审计的作用

审计的作用是审计机构和人员在发挥审计职能，达成审计目标过程中所产生的社会效果。总结古今中外的审计实践，审计的作用主要有制约性作用、促进性作用和证明性作用。

1. 制约性作用

审计的制约性作用是指审计通过揭露和制止、处罚等手段，来制约经济活动中各种消极因素，有助于各种经济责任的正确履行和社会经济的健康发展。具体表现在以下几方面：①揭露违法违规的经营行为。党和国家各项方针、政策及法规制度，是千百万个企事业单位能够正确经营的保证。国家机关、各企事业单位能够忠实地贯彻执行，就能保证正确的经营方向，否则，就会破坏正常的经营秩序。审计通过检查监督，就能发现被审计单位贯彻方针政策和法规制度的情况，就能揭露和制止违反国家法规的行为，以利于社会主义经济健康发展。②揭露经济资料中的错误和舞弊行为。会计资料及其他各种经济资料，应该真实、正确、合理、合法地反映经济活动的事实。但不少单位的经济资料不仅存在错误，而且存在有意造假现象，以图掩饰非法的经济行为。通过审计的检查监督，不仅可以揭露出经济资料的错误和舞弊，而且还可以揭发经济业务中的错误和舞弊行为，从而进一步追究有关负责人的责任和考查有关管理人员的政治、业务素质。③揭露经济生活中的各种不正之风。不论是财政财务审计，还是经济效益审计，都可以通过对经济活动的审查监督，揭露出社会上的各种不正当的经济关系、经济思想和经济行为，进行必要的处理，提出改正意见，刹住不正之风，促进廉政建设。④打击各种经济犯罪活动。各种审计特别是财政财务审计，可以发现和查明贪污盗窃、行贿、受贿、偷税、漏税、骗税、走私、造假账、化预算内为预算外、化大公为小公和化公为私，以及损失浪费等经济犯罪行为，并配合党的纪律检查工作、行政纪律监察工作，法院、检察机关的司法侦查工作，以及各种临时检查工作，进行查证与鉴定，以充分发挥审计的特有作用。

2. 促进性作用

审计的促进性作用是指审计通过调查、评价、提出建议等手段，来促进、服务宏观经济调控，促进微观经济管理，以助于国民经济管理水平和绩效的提高。具体表现为以下几方面：①促进经济管理水平和经济效益的提高。通过财政财务审计和经济效益审计，可以发现影响被审计单位财务成果和经济效益的各种因素，并针对问题提出切实可行的改善措施，这样就有利于被审计单位改善物质技术条件和人员管理素质，进一步挖掘潜力，提高经济效益。②促进内控制度的建设和完善。通过对内部控制制度的审计和评价，可以发现制度本身的完善程度、履行情况及责任归属等问题，并向有关方面反馈信息，以促进内部控制制度的进一步完善和正确的执行。③促进社会经济秩序的健康运行。审计部门作为一切国有资产的监督部门，通过微观审计和宏观调查，可以发现社会主义经济生活中一些违法乱纪和破坏正常经济秩序的现象和行为，审计机关和人员不仅有向有关领导和宏观管理部门反映信息的义务，而且有提出处理意见和改进措施的权力，这就有利于维护正常的经济秩序，保障国民经济的健康发展。④促进各种经济利益关系的正确处理。无论是微观审计还是宏观调查，都可以发现一些在处理国家、地区、集体、个人之间经济利益关系方面存在的问题。审计通过信息反馈提出一些改进意见，有利于协调各方面的经济利益关系，使责、权、利更加密切地结合，以助于微观经济中的有关矛盾的解决和宏观调控工作的加强。

3. 证明性作用

审计的证明性作用是指审计可以对被审计单位的某些情况、经济行为或经济事实真相作出证明，从而起到客观鉴证作用。作为审计结果的审计报告，可以证明注册会计师在审计过程中是否完成预定的审计程序，是否以审计工作底稿为依据客观地表示审计意见；表示的审计意见是否与被审计单位的实际情况相一致；审计工作的质量是否符合一定的要求。通过审计报告，可以证明注册会计师审计责任的履行情况。

1.4 审计的分类

按照一定的标准，将性质相同或相近的审计活动归属于一种审计类型的做法，即为审计分类。对审计进行科学分类，有助于加深对各种不同审计活动的认识，探索审计规律；有利于更好地组织审计工作，充分发挥审计的作用。研究审计的分类，是有效地进行审计工作的一个重要条件。

1.4.1 审计的基本分类

审计的基本分类是以审计的本质属性为标准进行的分类。审计的主体、内容与目的作为审计的构成要素，分别从不同角度阐明了审计的本质属性，因而审计的基本分类包括按审计主体、内容与目的所进行的分类。

1. 按审计主体分类

审计主体是指在审计活动中实施审计行为，履行审计职能的专职设计机构及其审计人员。审计主体贯彻审计信息的采集、加工、生成和提供的全过程，对审计质量起着决定作用。按审计主体的性质，审计可分为政府审计、注册会计师审计和内部审计 3 种。

(1) 政府审计。政府审计是由政府审计机关代表政府依法进行的审计。政府审计主要监督检查各级政府及其部门的财政收支及公共资金的收支、运用情况。目前世界各国政府建立的审计机构，因领导关系不同而大体分为 3 种类型：由议会直接领导并对议会负责；在政府内建立审计机构并对政府负责，政府则对议会负责；由财政部门领导，在财政部门内部设审计机构兼管财政监督，实行财政、审计合一制度。上述 3 种类型，审计机构由议会领导独立性最强。我国目前的审计机关由政府领导，分中央与地方两个层次。我国宪法规定，审计机关独立行使审计监督权，不受其他行政机关、社会团体和个人的干涉。

(2) 注册会计师审计。注册会计师审计是由经政府有关部门审核批准的注册会计师组成的会计师事务所进行的审计。在西方国家，注册会计师的组织形式主要有独资、合伙两种，近年来已有有限责任公司和有限责任合伙等组织形式出现。在我国，会计师事务所是注册会计师的工作机构，注册会计师必须加入会计师事务所才能接受委托，办理业务。会计师事务所不附属于任何机构，自收自支、独立核算、自负盈亏、依法纳税，因此在业务上具有较强的独立性、客观性和公正性，并且为社会公众所认可。

(3) 内部审计。内部审计是由各部门、各单位内部设置的专门机构或人员实施的审计。内部审计主要监督检查本部门、本单位的财务收支和经营管理活动。目前世界各国内部审计部门的设置因领导关系不同而大体分为 3 种类型：①受本单位总会计师或主管财务的副总经理领导；②受本单位总经理领导；③受本单位董事会领导。从审计的独立性、权威性来讲，领导层次越高，越有保障。我国目前的内部审计部门一般由本部门、本单位的主要负责人领导，业务上接受当地政府审计机构或上一级主管部门审计机构的指导。相对外部审计而言，内部审计的独立性较弱。

2. 按审计内容和目的分类

审计主体不同，审计内容和目的也有所不同。按其内容和目的不同，审计可以分为财政财务审计、财经法纪审计、经济效益审计和经济责任审计。

(1) 财政财务审计。财政财务审计是指对被审单位财政财务收支的真实性和合法合规性进行审查，旨在纠正错误、防止舞弊。具体来说，财政审计又包括财政预算执行审计(即由审计机关对本级和下级政府组织财政收入、分配财政资金的活动进行审计监督)、财政决算审计(即由审计机关对下级政府财政收支决算的真实性、合法合规性进行审计监督)和其他财政收支审计(即由审计机关对预算外资金的收取和使用进行审计监督)。财务审计则具体是指对企事业单位的资产负债和损益的真实性、合法合规性进行审查。由于企业的财务状况、经营成果和现金流量是以财务报表为媒介集中反映的，因而财务审计时常又表现为财务报表审计。

(2) 财经法纪审计。财经法纪审计是指审计机构或人员对被审计单位和个人严重侵害国家资财、严重损失浪费和其他严重损害国家利益等违法乱纪行为所进行的专案审计。从内容上说，财经法纪审计主要包括审查严重侵占国家财产、严重损失浪费、贪污盗窃、行贿受贿、由于失职渎职造成严重损失的重大经济案件以及其他严重损害国家和企业利益的重大经济案件。财经法纪审计的主要目的是保护国家财产的安全完整，维护党和国家的路线、方针和政策以及法律法规，维护企事业单位的利益，维护所有者、出资人和广大职工的合法权益。

(3) 经济效益审计。经济效益审计是指对被审计单位经济活动的效率、效果和效益状况进行审查、评价，目的是促进被审计单位提高人财物等各种资源的利用效率，增强盈利能力，实现经营目标。在西方国家，经济效益审计也称为“3E”(efficiency，effectivity，economy)审计。最高审计机关国际组织则将政府审计机关开展的经济效益审计统称为“绩效审计”(performance audit)。西方国家又将企业内部审计机构从事的经济效益审计活动概括为“经营审计”(operational audit)。

(4) 经济责任审计。经济责任审计是审计机构对国家机关、企事业单位等负责人在任职期间应负的经济责任进行监督和评价。经济责任是指主要负责人在任职期间对其所在单位财政收支、财务收支的真实性、合法性和效益性，以及有关经济活动应当负有的责任，包括主管责任和直接责任。经济责任审计的对象主要包括国家行政机关、立法机关、政协机关、检察机关、国有金融机构和企业、国家事业单位和使用财政资金的其他事业单位及其他属于审计监督对象的单位负责人。就其内容而言，包括主要负责人在任职期间对本单位的财政收支、财务收支及有关经济活动应负的经济责任及其履行情况。

1.4.2 审计的其他分类

除了上述审计的基本分类外，审计还可以按下列不同的标准作其他分类。

1. 按照审计实施时间分类

按照审计实施时间与被审单位经济业务发生的关系，审计可分为事前审计、事中审计、事后审计和跟踪审计。

(1) 事前审计。事前审计是指在被审计单位经济业务实际发生以前进行的审计。这实质上是对计划、预算、预测和决策进行审计，开展事前审计，有利于被审单位进行科学决策和管理，保证未来经济活动的有效性，避免因决策失误而遭受重大损失。

(2) 事中审计。事后审计是指在被审计单位经济业务执行过程中进行的审计。例如，对费用预算、经济合同的执行情况进行审查。通过这种审计，能够及时发现和反馈问题，使偏差尽早得到纠正，从而保证经济活动按预期目标合法合理和有效地进行。

(3) 事后审计。事后审计是指在被审计单位经济业务完成之后进行的审计。大多数审计活动都属于事后审计，以监督经济活动的合法合规性，鉴证企业财务报表的真实公允性，评价经济活动的效果和效益状况。

(4) 跟踪审计。跟踪审计是指在被审计单位经济业务发生的全过程中分阶段、有重点进行的审计。

2. 按照审计依据的基础和使用的技术与方法分类

按照审计依据的基础和使用的技术与方法分类，审计可以分为账项基础审计、制度基础审计和风险基础审计。

(1) 账项基础审计。账项基础审计也称详细审计或账表导向审计，是指围绕会计凭证、会计账簿和财务报表的编制过程进行的审计，主要通过对账表上的数字进行详细审计来判断是否存在舞弊行为和技术性错误，适用于评价简单的受托经济责任。

(2) 制度基础审计。制度基础审计也称系统导向审计，是指在重点审查内部控制制度各个控制环节的基础上，借以发现内部控制制度的薄弱之处，找出问题发生的根源，然后针对这些环节扩大检查范围；对内部控制制度有效之处，则可缩小其检查范围或简化其审计程序的一种审计方法。

(3) 风险基础审计。风险基础审计也称风险导向审计，是指重视并评价与审计相关的各种风险，并以被审计单位的风险识别与评估分析为基础进行的审计。具体来说，审计人员首先必须重视和考虑被审计单位与审计相关的环境风险、经营风险等各种风险，然后分析被审计单位报表项目可能存在的风险，运用风险审计模型，采用分析程序，结合被审计单位状况，制订与之相适应的审计计划，以提高审计工作的效率和效果。

3. 按照审计涉及范围分类

按照审计涉及的范围，审计可以分为全部审计、局部审计和专项审计。

(1) 全部审计。全部审计是指对被审计单位一定期间的财政财务收支和有关经济活动及其资料进行全面的审计。

(2) 局部审计。局部审计是指对被审计单位一定期间的财政财务收支和有关经济活动的某些方面及其资料进行部分的、有目的的、有重点的审计。

(3) 专项审计。专项审计是指对被审计单位某一特定项目进行的审计。

4. 其他分类

按实施的周期性，审计可分为定期审计和不定期审计。定期审计是按照预定的间隔周期进行的审计，如注册会计师对股票上市公司年度财务报表进行的每年一次审计、国家审计机关每隔几年对行政事业单位进行的财务收支审计等。而不定期审计是出于需要而临时安排进行的审计，如国家审计机关对被审计单位存在的严重违反财经法规行为突击进行的财经法纪专案审计，会计师事务所接受企业委托对拟收购公司的财务报表进行的审计，内部审计机构接受总经理指派对某分支机构经理人员存在的舞弊行为进行审查等。

审计还可按执行地点分为报送审计和就地审计。前者是指审计机构对被审单位依法定期报送来的计划、预算和财务报表及有关账证等资料进行的审计，如内部审计组织对企业的有关信息资料进行在线审计，国家审计机关对规模较小的事业单位进行的财务审计。后者是指审计机构委派审计人员到被审计单位进行现场审计，以全面调查和掌握被审计单位的情况，作出准确的审计结论。

本章小结

审计是在一定的经济关系下，基于经济监督的需要而产生的。资源财产的所有权和经营管理权分离以及管理者内部分权制，是受托经济责任关系早期形成的基本根据，也是审计赖以存在和发展的社会条件；资源财产所有者对经营管理者无法进行直接监督，是审计产生和发展的直接动因；不断演进的受托责任关系，是审计产生和发展的客观基础。人们对审计的认识随着审计实践的丰富而不断完善与发展，审计职能是指审计本身所固有的内在功能。这些职能都不是由人的主观意愿决定的，它是由社会经济条件和经济发展的客观需要决定的。审计的职能也不是固定不变的，它是随着经济关系的变化，审计对象的扩大，人类认识能力的提高而不断加深和扩展的。按照一定的标准，将性质相同或相近的审计活动归属于一种审计类型的做法，即为审计分类。审计分类包括审计的基本分类和审计的其他分类，审计的基本分类包括按照审计主体分类和按照审计的内容与目的分类，审计的其他分类包括按照审计的实施时间分类、按照审计依据的基础分类和按照审计的范围分类等。

习　　题

一、单项选择题

1. 以下关于财务报表审计性质的理解中，正确的是(　　)。

A. 财务报表审计的目标是合法性和效益性

B. 注册会计师应合理保证审计意见的准确性

C. 注册会计师对于已审计财务报表的合法性和公允性承担首要责任

D. 查错防弊已不是财务报表审计的目标

2. 根据美国会计学会对审计的定义，下列理解中不恰当的是(　　)。

A. 审计是一个系统过程

B. 在财务报表审计中，既定标准可以具体为企业会计准则

C. 审计应当确保被审计单位财务报表与标准相同

D. 审计的价值需要通过把审计结果传递给利害关系人来实现

3. 内部审计与注册会计师审计的主要差异表现在(　　)。

A. 审计目标　　B. 审计手段　　C. 审计内容　　D. 审计方法

4. 政府审计、内部审计、注册会计师审计共同构成了审计的监督体系。其中，政府审计与注册会计师审计在(　　)方面是基本相似的。

A. 审计所依据的准则　　B. 审计要实现的目标

C. 对内部审计的利用　　D. 审计中取证的权限

5. 某市国有资产管理委员会作为某大型国有企业的股权持有者代表，对某企业2010年财务决算审计工作进行公开招标。中天华信会计师事务所投标后被选定为本次审计的主审机构。本次审计的类别属于(　　)。

A. 政府审计　　B. 经营审计

C. 注册会计师审计　　D. 内部审计

二、多项选择题

1．注册会计师通过执行审计工作对财务报表发表审计意见，注册会计师发表审计意见的内容有(　　)。

A. 财务报表是否符合适用的会计准则和相关会计制度的规定

B. 被审计单位是否存在重大的舞弊和违法行为

C. 被审计单位是否具有持续经营的能力

D. 财务报表是否在所有重大方面公允地反映被审计单位的财务状况、经营成果和现金流量

2．以下关于内部审计和注册会计师审计的说法中，不正确的有(　　)。

A. 内部审计的时间安排通常没有注册会计师审计灵活

B. 内部审计的独立性通常比注册会计师审计强

C. 内部审计与注册会计师审计的目标通常不同

D. 内部审计与注册会计师审计遵循的标准通常不同

3．在有关政府审计与注册会计师审计的下列表述中，不正确的有(　　)。

A. 二者都有权就有关审计事项向有关单位和个人进行调查并取得有关证明材料

B. 二者相对于被审计单位而言均属外部审计

C. 二者的审计依据基本相同

D. 注册会计师必须接受国家审计机关的领导

4．下列关于注册会计师审计与政府审计的提法中，恰当的有(　　)。

A. 由于政府审计机构属于国家机关，所以较注册会计师审计更具有独立性

B. 注册会计师审计与政府审计在审计目标上是不同的

C. 注册会计师审计和政府审计均属于外部审计，相对于内部审计而言，具有较强的独立性

D. 注册会计师审计和政府审计均依据中国注册会计师审计准则执行审计业务

三、简析题

某银行是一家国有控股的大型商业银行，属于沪市上市公司，其中国家股份和国有法人股份占总股份的64%。2010年底，国家审计机关依据《审计法》对其2010年度资产负债损益情况进行了审计，重点审计了总行及4家分行。其中，针对某分行形成的巨额不良贷款进行了延伸审计，发现上述分行在贷款的发放和管理中相关信贷人员贷前调查失职，银行内部控制也存在缺陷。对上述问题，审计机关依法出具了审计报告，并下达了审计决定书，对存在的违规经营和管理不规范问题，移送银监会处理，并责成该银行认真纠正和整改，追究相关人员责任。

刚刚结束了政府审计，该分行接到总行通知，要求该分行做好接受某会计师事务所进行年度报表审计的准备工作。分行行长对此感到很无奈，“怎么又来了审计，如果政府审计和会计师事务所审计结合进行，那该多好”。

思考：

1. 结合政府审计和注册会计师审计的特点，分析二者不能相互替代的原因。

2. 讨论二者在审计目标以及审计权限上的区别。

第 2 章　注册会计师管理

教学目标

通过本章的学习，了解我国注册会计师考试的组织与考试内容，了解会计师事务所的组织形式、设立条件和注册会计师协会的职责，掌握注册会计师的业务范围。

教学要求

注册会计师考试的组织与内容、会计师事务所的业务范围和注册会计师协会的相关职责。

基本概念

注册会计师组织形式　鉴证服务　会计咨询

导入案例

日前，中国注册会计师协会印发了《注册会计师业务指导目录(2010 年)》(下称“指导目录”)，指导目录按鉴证业务和相关咨询服务业务共分两大部分 11 大类、262 项，既包括了 1 项鉴证业务，也列示了 104 项非鉴证相关业务。该指导目录的出台，一方面有利于缓解事务所过度竞争局面。受市场分割、传统思维等诸多因素制约，注册会计师行业现有业务过度集中于传统审计业务，市场高度饱和，这导致现有市场的过度竞争、竞相压价，执业质量和诚信水平受到威胁。指导目录第一次系统地以条文的形式梳理列示了会计师事务所可以拓展的新业务，这对注册会计师拓展业务空间非常有价值。

坚定事务所拓展新业务的信心。指导目录出台后，哪些是事务所依法执行的法定业务，哪些是根据市场需求开展的业务，哪些是事务所尚未涉及的潜在业务，都一清二楚，这坚定了事务所开展对医院、高校、基金会等新业务审计的信心，也为谋划开展各类咨询业务开拓了思路。

资料来源：中国注册会计师协会关于印发《注册会计师业务指导目录(2010 年)》的通知. 中华会计网校，2010 年.

点评：注册会计师必须明确业务范围。

2.1 注册会计师考试与注册登记

2.1.1 注册会计师考试

我国实行注册会计师考试制度，考生可以通过注册会计师考试取得注册会计师资格。

阅读资料 2-1

注册会计师行业发展史

注册会计师审计的催产剂是1721年英国的南海公司事件。当时，“南海公司”以虚假的财务信息诱骗投资人上当，其股票价格一时扶摇直上，但好景不长，“南海公司最终未能逃脱破产倒闭的厄运，使股东和债权人损失惨重。英国议会聘请会计师查尔斯·斯内尔对南海公司进行审计。斯内尔以“会计师”名义提出了“查账报告书”，从而宣告了独立会计师——注册会计师的诞生。

1853年，苏格兰爱丁堡创立了第一个注册会计师的专业团体——爱丁堡会计师协会。该协会的成立，标志着注册会计师职业的诞生。

1916年，美国改组1887年成立的美国会计师公会为美国注册会计师协会，成为世界上最大的注册会计师专业团体。

1917年，美国开始在全国举行注册会计师统一考试。

1918年9月，北洋政府农商部颁布了我国第一部注册会计师法规——《会计师暂行章程》，并于同年批准著名会计学家谢霖先生为中国的第一位注册会计师，谢霖先生创办的中国第一家会计师事务所“正则会计师事务所”也获批准成立。

1981年1月1日，在上海成立了恢复注册会计师审计制度后的第一家会计师事务所——上海会计师事务所。

1993年10月，颁布新中国第一部注册会计师的专业法律——《中华人民共和国注册会计师法》，1996年1月1日和1997年1月1日，第一、第二批中国独立审计准则分别开始实施。

中国注册会计师协会是由1988年11月15日成立并接受财政部监督、指导的中国注册会计师协会和1992年9月8日成立并接受审计署监督、指导的中国审计师协会，于1995年6月19日联合组成的注册会计师全国组织。联合后的中国注册会计师协会，依法对全国社会审计行业实行管理，依法接受财政部、审计署的监督、指导，依据《中华人民共和国注册会计法》和《中国注册会计师协会章程》行使职责。

中国注册会计师协会的宗旨是服务、监督、管理、协调。

中国注册会计师协会的主要职责如下。

(1) 负责办理注册会计师注册、事务所成立的有关事宜，监督、管理其执行情况。

(2) 审批和管理中国注册会计师协会会员。

(3) 拟定注册会计师执业准则、规则，拟定和解释有关注册会计师、会计师事务所的法律、行政法规，并对其执行情况进行监督和检查。

(4) 组织和推动全国注册会计师培训工作。

(5) 组织实施注册会计师全国统一考试。

(6) 依法办理市场监督、管理批准及监督、管理境外会计师事务所人员在中国境内开展业务的有关事项。

(7) 组织业务交流，开展理论研究，协调行业内外部关系，维护注册会计师的合法权益。

(8) 代表中国注册会计师行业，开展国际交流活动。

(9) 指导省、自治区、直辖市注册会计师协会工作。

(10) 办理国家法律、行政法规规定和国家机关委托或授权的其他工作。

1. 考试组织

根据《中华人民共和国注册会计师法》(以下简称《注册会计师法》)的规定，注册会计师全国统一考试由财政部制定，中国注册会计师协会负责组织实施工作。财政部成立注册会计师考试委员会(以下简称财政部考委会)，组织领导注册会计师全国统一考试。财政部考委会设立财政部注册会计师考试委员会办公室(以下简称财政部考办)，组织实施注册会计师全国统一考试工作。各省、自治区、直辖市财政厅(局)成立地方注册会计师考试委员会，组织领导本地区注册会计师的全国统一考试。

财政部考委会确定考试组织工作原则，制定考试工作方针、政策，审定考试大纲，确定考试命题原则，处理考试组织工作的重大问题，指导各省、自治区、直辖市财政厅(局)注册会计师考试委员会(以下简称地方考委会)工作。地方考委会贯彻、实施财政部考委会的决定，处理本地区考试组织工作的重大问题。

2010 年，财政部为加强注册会计师全国统一考试管理，严肃考试纪律，规范注册会计师考试违规行为的处理，保证注册会计师考试的公平，根据《注册会计师法》，制定了《注册会计师全国统一考试违规行为处理办法》，2010 年 3 月 1 日起施行。同时废止财政部于 2006 年 8 月 9 日发布的《注册会计师全国统一考试违规行为处理办法》。新《注册会计师全国统一考试违规行为处理办法》对其他相关人员进行了界定，并规定中国注册会计师协会和省、自治区、直辖市注册会计师协会对应考人员、考试工作人员及其他相关人员的违法行为进行处理。

2. 考试条件

根据《注册会计师法》和《注册会计师全国统一考试办法》(财政部令第 55 号)的规定，符合下列条件的中国公民，可以报名参加注册会计师全国统一考试：①具有完全民事行为能力；②具有高等专科以上学校毕业学历或者具有会计或者相关专业中级以上技术职称。

考试划分为专业阶段考试和综合阶段考试。考生在通过专业阶段考试的全部科目后，才能参加综合阶段考试。专业阶段考试设会计、审计、财务成本管理、公司战略与风险管理、经济法、税法 6 个科目；综合阶段考试设职业能力综合测试 1 个科目。专业阶段考试的单科考试合格成绩 5 年内有效。对在连续 5 个年度考试中取得专业阶段考试全部科目考试合格成绩的考生，财政部考委会颁发注册会计师全国统一考试专业阶段考试合格证书。综合阶段考试科目应在取得注册会计师全国统一考试阶段考试合格证书后 5 个年度考试中完成。对取得综合阶段考试合格成绩的考生，财政部考委会颁发注册会计师全国统一考试全科合格证书。取得全科合格证书的考生，可以申请加入注册会计师协会，成为注册会计师协会的非执业会员。

2.1.2 注册会计师注册

根据《注册会计师法》的规定，参加注册会计师全国统一考试成绩合格，并从事审计业务工作两年以上的，可以向省、自治区、直辖市注册会计师协会申请注册。有以下情形之一的，受理申请的注册会计师协会不予注册：①不具有完全民事行为能力的；②因受刑事处罚，自刑罚执行完毕之日起至申请注册之日止不满 5 年的；③因在财务、会计、审计、企业管理或者其他经济管理工作中犯有严重错误受行政处罚、撤职以上处分，自处罚、处分决定之日起至申请注册之日止不满2年的；④受吊销注册会计师证书的处罚，自处罚决定之日起至申请注册之日止不满5年的；⑤国务院财政部门规定的其他不予注册的情形的。

已取得注册会计师证书的人员，除本法第十一条第一款规定的情形外，注册后有下列情形之一的，由准予注册的注册会计师协会撤销注册，收回注册会计师证书：①完全丧失民事行为能力的；②受刑事处罚的；③因在财务、会计、审计、企业管理或者其他经济管理工作中犯有严重错误受行政处罚、撤职以上处分的；④自行停止执行注册会计师业务满一年的。

阅读资料2-2

注册会计师全国统一考试——专业阶段考试报名简章
(2010年度)

根据《注册会计师全国统一考试办法》(财政部令第55号)的规定，现将2010年度注册会计师全国统一考试——专业阶段考试报名有关事项通告如下。

一、报名条件

符合下列条件的中国公民，可以申请参加注册会计师全国统一考试——专业阶段考试：

(一)具有完全民事行为能力；

(二)具有高等专科以上学校毕业学历或者具有会计或者相关专业中级以上技术职称。

二、免试条件

具有会计或者相关专业高级技术职称的人员(包括学校及科研单位中具有会计或者相关专业副教授、副研究员以上职称者)，可以申请免予专业阶段考试1个专长科目的考试。

申请免予考试的人员，应当填写《注册会计师全国统一考试——专业阶段考试科目免试申请表(2010年度)》，并向报名所在地省级财政厅(局)注册会计师考试委员会办公室(以下简称地方考办)提交高级技术职称证书及复印件。地方考办审核无误后，报财政部注册会计师考试委员会办公室(以下简称财政部考办)审核批准，方可免试。

三、报名程序及要求

报名：分为网上预报名和现场确认(网上确认)两个步骤，逾期不予办理。首次报名的报考人员，在网上预报名后，须在规定时间内进行现场确认；非首次报名的报考人员，可在网上报名的同时，同步进行网上确认。

(一)网上预报名

报考人员应于2010年3月26日—4月8日期间，登录中国注册会计师协会网站(http://www.cicpa.org.cn)注册会计师考试网上报名专栏(或http://cpaexam.cicpa.org.cn)实施网上预报名，选择考区，并真实填报相关信息，上传近期(上年或本年)免冠照片。报名成功后，获取网报编号并打印网络报名表。如有考生确实符合报考条件，但未能通过计算机审核致使网上预报名不能成功的，可向所在地注册会计师考试委员会办公室(简称地方考办)咨询。

(二)现场确认(网上确认)

首次报名的报考人员应于5月24日—6月10日(不含公休日)，到报考地的地方考办或代理机构办理报名资格确认手续。办理报名现场确认手续时，报考人员需持网络报名信息表、身份证件(原件及复印件)、学历证书和中级以上职称证书，并缴纳考试报名费。

非首次报名的报考人员在网上预报名阶段，可直接通过报名系统在网上支付报名费，支付成功后即为报名确认，无须再进行现场确认。

(三)报名要求

报考人员可以同时报考专业阶段考试6个科目，也可以选择报考部分科目。

四、考试科目和范围

专业阶段考试科目：会计、审计、财务成本管理、公司战略与风险管理、经济法、税法。

考试范围：由财政部注册会计师考试委员会(以下简称财政部考委会)在发布的考试大纲中确定。

五、考试方式

考试方式为闭卷、笔试。

六、考试时间安排

2010 年 9 月 11 日 上午 08:30—11:00 审计

下午 13:00—15:30 财务成本管理

下午 17:30—19:30 经济法

2010 年 9 月 12 日上午 08:30—11:30 会计

下午 13:30—15:30 公司战略与风险管理

下午 17:30—19:30 税法

(摘自注册会计师全国统一考试网上报名网站)

2.2 会计师事务所

2.2.1 会计师事务所的组织形式

会计师事务所是注册会计师依法办理业务的机构。

阅读资料 2-3

从 1980 年 12 月财政部为顺应改革开放的要求、正式恢复和重建注册会计师制度，到 1997 年 4 月按照国务院统一部署、深圳市政府颁布《深圳市会计师事务所体制改革实施办法》，在全国率先进行事务所脱钩改制试点，再到 2009 年 10 月 3 日国务院办公厅转发财政部《关于加快发展我国注册会计师行业的若干意见》(国办发[2009]56 号)(以下简称“国办 56 号文件”)，我国注册会计师行业历经了恢复重建、脱钩改制、结构调整等诸多重要阶段，迎来了跨越式发展的大好时机。

根据我国现行的《注册会计师法》的规定，我国会计师事务所分为合伙会计师事务所和有限责任会计师事务所两种形式。合伙会计事务所是由两名以上符合规定条件的合伙人，以书面协议形式，共同出资、共同执业。合伙设立的会计师事务所的债务，由合伙人按照出资比例或者协议的约定，以各自的财产承担责任。合伙人对会计师事务所的债务承担连带责任。有限责任会计师事务所是指由注册会计师发起设立、委办注册会计师业务并承担有限责任的会计师事务所。负有限责任的会计师事务所则以其全部资产对其债务承担责任。

目前，国际上普遍流行会计师事务所的主要组织形式有独资、普通合伙、有限责任、有限责任合伙 4 种形式。

1. 独资会计师事务所

独资会计师事务所是由具有注册会计师执业资格的个人独立开业，业主负无限责任的企业组织形式。这种类型的会计师事务所一般规模较小，人员较少，主要服务于小企业。在注册会计师职业发展的初期，往往采用这种组织形式。但是这种类型的会计师事务所无力承担大型业务，缺乏可持续发展潜力。

2. 普通合伙会计师事务所

普通合伙会计师事务所是指有两位或两位以上合伙人组成的合伙组织。合伙人以自己的财产对会计师事务所的债务承担无限连带责任。普通合伙会计师事务所有利于事务所提高执业质量，扩大业务规模，提高控制风险的能力。但是，建立一个跨国跨区域的大型会计师事务所需要经历一个漫长的过程。同时，任何一个合伙人发生的舞弊或失误，都可能导致整个会计师事务所在一日之间土崩瓦解。

3. 有限责任会计师事务所

有限责任会计师事务所是指由注册会计师认购会计师事务所的股份，并以其所认购股份对会计师事务所承担有限责任。会计师事务所以其全部资产对其债务承担有限责任。有限责任会计师事务所有利于迅速组成大型会计师事务所，承接大型业务，聚拢一批注册会计师。但是在高速发展下，也存在风险，有限责任会计师事务所降低了风险责任对执业行为的高度制约，弱化了注册会计师的个人责任。

4. 有限责任合伙会计师事务所

有限责任合伙会计师事务所，在我国又称为特殊的普通合伙会计师事务所，是指合伙人只需承担有限责任的会计师事务所。无过失的合伙人对其他合伙人的过失或不当执业只以自己在事务所的财务为限承担责任，不承担无限责任，除非该合伙人参与了过失或者不当执业行为。这种形式的事务所最大的特点就是融入了普通合伙和有限责任会计师事务所的优点，又摒弃了它们的不足。有限责任合伙会计师事务所已成为当今注册会计师职业界组织形式发展的一大趋势。

阅读资料 2-4

深圳市财政局在2004年6月29日审批了9家个人会计师事务所(同时批准了11家合伙会计师事务所)。6月11日，取得深财执字第1001号《会计师事务所执业许可证》的深圳马洪会计师事务所在深圳开业。因为目前只有深圳地区开放了个人会计师事务所审批，所以也是全国编号第一号的个人会计师事务所开业。

在成立个人独资会计师事务所之前，马洪为深圳力诚会计师事务所的合伙人。2004年9月24日的深注协秘字[2004]050号文批复马洪、何桂香、施法振从深圳力诚会计师事务所转入深圳马洪会计师事务所。此前，该事务所于7月9日在深圳市工商行政管理局获得营业执照。据马洪介绍，在筹办个人会计师事务所的过程中，他与此前的合伙人达成了充分谅解，在业务划分、人员安排等方面都做了妥善的处理。因为在深圳会计行业资深的从业经验和业务网络，他个人对个人会计师事务所开业后的生存和发展表示乐观。马洪是中国注册会计师行业较早关注互联网的注册会计师，在1999年他曾经将www.cicpa.org.cn域名赠送给中国注册会计师协会。

另外，1994年曾创办中国第一个合伙会计师事务所深圳高威联合会计师事务所的注册会计师邹招保也再次创业，成立了深圳邹招保会计师事务所。因他在创办个人会计师事务所之前曾在深圳注协工作，因此其执业注册会计师资格为2004年8月13日以深注协秘字[2004]044号批复办理重新注册。

按照其他媒体的报道，本次审批的会计师事务所中部分已经陆续开业。

2.2.2 会计师事务所设立的条件

1. 设立合伙会计师事务所的条件

依据《注册会计师法》和财政部《会计师事务所审批和监督暂行办法》，设立合伙会计师事务所应当具备下列条件：①有两名以上的合伙人；②有书面合伙协议；③有会计师事务所的名称；④有固定的办公场所。

2. 设立有限责任会计师事务所的条件

拟设立的会计师事务所，应当具备下列条件：①有5名以上的股东；②有一定数量的专职从业人员；③有不少于人民币30万元的注册资本；④有股东共同制定的章程；⑤有会计师事务所的名称；⑥有固定的办公场所。

3. 成为会计师事务所的合伙人或股东的条件

成为会计师事务所的合伙人或股东，应当具备下列条件：①持有中华人民共和国注册会计师证书；②在会计师事务所专职执业；③成为合伙人前3年内没有因为执业行为受到行政处罚；④有取得注册会计师证书后最近连续5年在会计师事务所从事下列审计业务的经历，其中在境内会计师事务所的经历不少于3年；⑤成为合伙人前1年内没有因采取隐瞒或提供虚假材料、欺骗、贿赂等不正当手段申请设立会计师事务所而被省级财政部门作出不予受理、不予许可或者撤销会计师事务所的决定。

4. 其他规定条件

设立会计师事务所还应具备的条件：①拟设立的会计师事务所应当设主任会计师，主任会计师由法定代表人担任，法定代表人由股东担任；②注册会计师在成为拟设立的会计师事务所的股东之前，应当在省、自治区、直辖市注册会计师协会(以下简称“省级注册会计师协会”)办理完从原会计师事务所转出的手续，若为原会计师事务所合伙人或者股东，还应当按照有关法律、行政法规以及合伙协议或者章程办理完退伙或者股权转让手续；③拟设立的会计师事务所的名称应当符合国家有关规定，未经同意，不得使用包含其他会计师事务所字号的名称；④设立会计师事务所，应当由全体股东提出申请，由拟设立的会计师事务所所在地的省级财政部门批准；⑤因合并或分立而新设的有限责任会计师事务所，按照设立有限责任会计师事务所的规定办理；⑥经批准设立的会计师事务所，应当依法办理工商登记手续；其股东应当自会计师事务所办理完工商登记手续之日起60日内办理完转入该会计师事务所的手续；其注册会计师(包括股东)在未办理完转入手续以前，不得在该会计师事务所执业。

2.2.3 会计师事务所的业务范围

根据《注册会计师法》及其他法律、行政法规的规定，我国注册会计师依法可以办理3类业务：审计业务；会计咨询、会计服务业务；其他法定审计业务。

根据中国注册会计师协会编订的《注册会计师业务指导目录(2010年)》(以下简称《指导目录》)，注册会计师业务项目共计262项，其中，鉴证业务158项、相关服务业务104项。这些业务，既包括审计业务，也包括非审计业务；既包括已开展的业务，也包括需要进一步拓展和开发的新业务。

1. 审计业务

审计业务主要包括4个方面：①审查企业会计报表，出具审计报告；②验证企业资本，出具验资报告；③办理企业合并、分立、清算是一种的审计业务，出具有关报告；④办理法律、行政法规规定的其他审计业务。

2. 审阅业务

审阅是指对历史性财务报表提供中等保证水平的一种鉴证服务。通常，一些非上市公司因某种原因(如向银行申请贷款)，需要让信息使用者提供财务报表，但是不愿意承担高额的审计费用。所以，这些非上市公司会聘请会计师事务所对财务报表进行复核、审阅，对财务报表进行中等程度的保证。这样既满足了报表使用者的需求，也降低了鉴证费用。

3. 其他鉴证业务

除了审计和审阅以外，注册会计师还可以承办其他鉴定服务。大部分其他鉴定服务都是审计和审阅业务的延伸，如企业战略审计、企业社会责任审计、社会突发危机事项紧急项目审计等。再有，银监会、保监会要求金融机构聘请注册会计师对其内部控制提供保证。从2009年国务院办公厅转发的《财政部关于加快发展我国注册会计师行业的若干意见》开始，中注协颁布的《指导目录》，为会计师事务所深入理解行业功能，大力拓展新业务领域提供工作思路。

4. 相关服务

1) 对财务信息执行商定程序

对财务信息执行商定程序，是注册会计师对特定财务数据、单一财务报表或整套财务报表等财务信息执行与特定主体商定的具体审计性质的程序，并就执行的商定程序及其结果出具报告。

2) 税务服务

税务服务包括税务代理和税务筹划。税务代理是注册会计师接受企业或个人委托，为其填制纳税申报表，办理纳税事项。税务筹划是由于纳税义务发生范围和时间的不同，注册会计师从客户利益出发，代替纳税义务人设计可替代或不同结果的纳税方案。其始于所得税的纳税筹划，现已扩展到财产税、遗产税等诸多税种。

3) 管理咨询

自从20世纪50年代起，注册会计师的管理咨询服务收入开始增长，并保持了强劲的增长势头。伴随企业的发展，竞争日益白热化，企业的经营管理变得非常重要，管理咨询服务也顺势发展起来。会计师事务所在提供管理咨询方面有着明显优势，注册会计师更熟悉客户的经营活动，而且注册会计师的专业技能要更有保障。会计师事务所的管理咨询业务快速增长，其收入在业务总收入中的比重不断提高。管理咨询服务范围很广，涉及了社会经济生活中的方方面面，主要包括对公司治理、信息系统、预算管理、人力资源管理、经营效率、效果和效益等提供诊断及专业意见与建议。

4) 会计服务

注册会计师提供会计咨询、会计服务业务，不仅包括代理记账，还包括对会计政策选择提供建议、担任常年会计顾问等。注册会计师提供的会计咨询、会计服务业务属于服务性质，是所有具备条件的中介机构甚至个人都能从事的非法定业务。

2.3 注册会计师协会

注册会计师协会起源于英国，成立于1904年。中国注册会计师协会(the Chinese Institute of Certified Public Accountants，CICPA)成立于1988年11月15日。

2.3.1 中国注册会计师协会

根据《注册会计师法》的规定，中国注册会计师协会是注册会计师行业的全国组织，接受财政部、民政部的监督和指导。省、自治区、直辖市注册会计师协会是注册会计师行业的地方组织。

中国注册会计师协会的宗旨是服务、监督、管理、协调，即以诚信建设为主线，服务本会会员，监督会员执业质量、职业道德，依法实施注册会计师管理，协调行业内外部关系，维护社会公共利益和会员合法权益，促进行业健康发展。

1. 中国注册会计师协会的职责

根据《中国注册会计师协会章程》，中国注册会计师协会的主要职责有12项：①审批和管理本会会员，指导地方注册会计师协会办理注册会计师注册；②拟定注册会计师执业准则、规则、监督、检查实施情况；③对注册会计师的任职资格、注册会计师和会计事务所的执业情况进行年度检查；④制定行业自律管理规范，对违反行业自律管理规范的行为予以惩戒；⑤组织实施注册会计师全国统一考试；⑥组织和推动会员培训工作；⑦组织业务交流，开展理论研究，提供技术支持；⑧开展注册会计师行业宣传；⑨协调行业内外部关系，支持会员依法执业，维护会员合法权益；⑩代表中国注册会计师行业开展国际交往活动；⑪指导地方注册会计师和协会工作；⑫办理法律、行政法规规定和国家机关委托或授权的其他有关工作。

2. 中国注册会计师协会会员

根据《中国注册会计师协会章程》，中国注册会计师协会会员分为两类：一类是团体会员；另一类是个人会员。团体会员是指依法批准设立的会计师事务所。个人会员是指凡参加注册会计师全国统一考试全科合格并经申请批准者和依照规定原考核取得本会会员资格者。个人会员又分为执业会员和非执业会员。其中，依法取得中国注册会计师执业证书的，为执业会员。

个人会员的主要权利：①协会的选举权和被选举权；②对协会给予的惩戒提出申诉；③参加协会举办的学习和培训活动；④参加协会举办的有关专业研究和经营交流活动；⑤获得协会提供的有关资料；⑥通过协会向有关方面提出批评和建议；⑦监督协会工作，提出批评和建议；⑧监督协会的会费收支；⑨依照规定申请退出协会。

个人会员的主要义务：①遵守协会章程；②执行协会决议；③遵守协会纪律；④接受协会的监督、管理；⑤按规定缴纳会费；⑥完成规定的后续教育；⑦自觉维护注册会计师职业声誉，维护会员间的团结；⑧承担中国注册会计师和协会委托的任务。

3. 中国注册会计师协会权力机构和常设办事机构

按照《中国注册会计师协会章程》的规定，全国会员代表大会为协会的最高权力机构。全国会员代表大会每 5 年举行一次。全国会员代表大会的职权有制定、修改本会章程；选举本会理事；讨论、决定本会的工作方针和任务；审议、批准本会理事会的工作报告；制定、修改会费管理办法；审议理事会提请全国会员代表大会审议的其他事项。

理事会由全国会员代表大会选举产生。每届理事会任期 5 年，理事可以连选连任。理事会会议每年举行一次，必要时，可以提前或推迟召开。理事会对全国会员代表大会负责，其职责有提议召开全国会员代表大会；选举本会常务理事会成员；选举本会领导成员；聘任本会常设执行机构领导成员；增补或更换本会理事；审议本会常设执行机构的年度工作报告；审议、批准本会的年度会费收支报告；其他应由理事会办理的事项。理事会选举会长一人、副会长若干人、常务理事若干人。会长、副会长、常务理事的任期与理事相同。

协会的常设机构是秘书处，秘书处主要负责具体落实本会会员大会、理事会、常务理事的各项决议、决定，承担本会的日常工作。本会设秘书长一人、副秘书长若干人。秘书长为本会的法定代表人。秘书长主要负责主持日常工作，副秘书长吸住秘书长工作。

4. 地方主持会计师协会

各省、自治区、直辖市注册会计师协会是本会的地方组织，其章程由当地会员代表大会依法制定，并报本会和当地政府主管行政机关备案。各省、自治区以下成立注册会计师协会，须经省级注册会计师协会批准，报本会备案，其组织运行、职责权限，依照国家法律、行政法规及其所在地省级协会的规定办理。香港特别行政区、澳门特别行政区、台湾地区和外国的本会会员，可以组织成立本会地区会员联谊会。

2.3.2 国际会计职业组织

国际会计师联合会(International Federation of Accountants，IFAC)于 1977 年 10 月 14 日在德国慕尼黑成立。其最高领导机构是代表大会和理事会。代表大会由其成员——各国会计师职业团体各出一人组成，每 5 年召开一次。理事会由来自 15 个不同国家的职业会计师团体的代表组成，其下设 7 个常设委员会：教育委员会、职业道德委员会、国际审计实务委员会、国际大会委员会、管理会计委员会、计划委员会和地区组织委员会。

联合会的宗旨是以统一的标准发展和提高世界范围的会计专业，促进世界范围内的会计协调。其主要任务是决定国际会计师大会的主办国；保持与参加国际会计师大会的各国的联系；促进国际的地区机构的发展和信息的交流；参考和吸收各国提出的意见，扩大国际会计职业协调委员会的业务，并为改进业务提供咨询。

本章小结

本章主要介绍了注册会计师考试的组织和内容、会计师事务所的组织形式和设立条件、会计师事务所的业务范围和注册会计师协会的相关职责。

注册会计师全国统一考试由财政部制定，中国注册师协会负责组织实施工作。考试划分为专业阶段考试和综合阶段考试。考生在通过专业阶段考试的全部科目后，才能参加综合阶段考试。

会计师事务所的组织形式有独资会计师事务所、普通合伙会计师事务所、有限责任会计师事务所和有限责任合伙会计师事务所。设立会计师事务所的条件分为两种情况，一种是合伙制；另一种是有限责任制。会计师事务所的业务范围主要是审计业务、会计咨询服务业务和其他法定审计业务。

中国注册会计师协会是注册会计师的全国性组织，中国注册会计师协会的宗旨是服务、监督、管理、协调。全国会员代表大会为协会的最高权力机构。全国会员代表大会每5年举行一次。联合会的宗旨是以统一的标准发展和提高世界范围的会计专业，促进世界范围内的会计协调。

习　题

一、单项选择题

1．申请人申请注册会计师，以下说法中正确的是(　　)。

A．申请人必须取得注册会计师证书，并从事税务服务工作两年以上

B．申请人可以向省财政厅申请注册，并报经中国注册会计师协会备案

C．申请人必须具备完全民事行为能力

D．申请人必须具有本科学历

2．验证企业资本，出具验资报告，是(　　)业务。

A．审计　　B．审阅　　C．其他鉴证　　D．相关服务

3．下列选项中，不属于注册会计师的其他审计业务的是(　　)。

A．对财务信息执行商定程序

B．按照特殊目的编制基础编制的财务报表审计

C．单一财务报表或财务报表特定要素审计

D．简要财务报表审计

4．当今世界中，成为注册会计师职业界组织形式发展的一大趋势的是(　　)。

A．独资会计师事务所　　B．普通合伙会计师事务所

C．有限责任会计师事务所　　D．有限责任合伙会计师事务所

二、多项选择题

1．申请人申请注册会计师的，不予注册的情形有(　　)。

A．不具有完全民事行为能力

B．因为抢劫，被判以刑事处罚

C．因在学校上学时打伤同学，被判以行政拘留

D．自行停止执行注册会计师业务满半年的

2．常见的其他鉴证业务有(　　)。

A．审阅业务　　B．简要财务报表审计

C．预测性财务信息审核　　D．系统鉴证

3．常见的相关服务业务有(　　)。

A．对财务信息执行商定程序　　B．税务筹划

C．验资　　D．会计咨询

4．各国会计师事务所的组织形式有(　　)。

A．独资会计师事务所　　B．普通合伙会计师事务所

C．有限责任会计师事务所　　D．有限责任合伙会计师事务所

三、简析题

1. 造假典型

黎明股份公司经重组，现更名为沈阳新区开发建设股份有限公司，证券简称为沈阳新开(600167)。1999年1月，黎明股份上市，拥有的“黎明”商标还被认定为中国驰名商标。但商标虽响，产品却很差，因为知名商标可以通过打广告等手段制造出来。黎明股份以刚上市一年即爆发“亿元假账”案而臭名昭著，2002年5月被财政部长项怀诚批为做假账的典型。2000年8月29日—10月11日，财政部驻辽宁省财政监察专员办事处检查组对黎明股份1999年度会计信息质量进行抽查，认定公司1999年度资产虚增8 996万元，负债虚增1 956万元，所有者权益虚增7 413万元，主营业务收入虚增15 277万元，利润总额虚增8 679万元。黎明股份1999年度实际亏损3 873万元，而非报告的盈利3 541万元。

2. 造假手段

(1) 与关联企业或非关联企业对开增值税发票，虚拟购销业务，在回避增值税的情况下，虚增利润。黎明毛纺织厂1999年度虚增利润2 902万元，属于此类。

(2) 虚开产品销售发票，虚拟销售业务和销售对象，不惜付出真纳税的代价虚增利润。1999年6月和12月，公司所属营销中心虚拟沈阳红尊公司、宜昌盛泰服饰公司虚增利润1 039万元，属于此类。

(3) 利用有关出口货物可以自制销售发票的条件，虚拟外销业务虚增利润。1999年6月，公司所属进出口公司虚增利润63万元，属于此类。

(4) 人为扩大企业销售业务的核算范围，将不属于销售的业务人为调整到销售科目核算。黎明进出口公司将本应在“委托发出材料”科目核算的外来委托加工服装业务，通过对开发票的形式，进行销售核算，虚增销售收入888万元。

3. 造假特点

专家公认黎明股份的造假手段达到了近乎完美的程度：①造假时间分散，多数造假是从年初就开始准备的，而且各月分摊平均，具有均衡性，不易暴露造假痕迹；②造假手续齐全，从原始凭证上看，假购销合同、货物入库单、出库单、保管账、成本计算单一应俱全，具有完整性，很难发现破绽；③造假名目繁多，遍及公司所属的原料生产、服装加工、进出口贸易、广告、运输和销售各具领域，具有多样性，所有的造假行为都被冠以与企业自身业务相适应的合法形式；④在假原始凭证的基础上，按照规范的核算程序，假账真算，具有隐蔽性，真假难辨。

4. 审计情况

以同样的审计方法、同样的判断标准，针对同样的被审计账务，财政部驻辽宁省财政监察专员办事处检查组在不到两个月的检查中，就查出了黎明股份的财务造假事实，沈阳华伦会计师事务所(1999年由原沈阳会计师事务所改制改名而来)数年的持续专业审计居然没有发现问题：对上市后的1998、1999年报，沈阳华伦出具的是标准无保留意见，对黎明股份做假账的行为已经完全暴露后的2000年报，沈阳华伦出

具是带说明段的无保留意见，说明段仅仅将已经公之于众的检查结果和接受税务稽查复述一遍。如果不是不具备从事相关业务的资格能力，那么就是知情不报的欺诈行为。

5. 会计与审计责任新说

为黎明上市和年报、中报做审计的华伦会计师事务所项目签字人、所长胡丕华强调：“尽管‘包装上市’一词在当年很流行，但他们会计师事务所对黎明一点假都没做。为了黎明的年报，所里每次都花一个多月的时间，派用十多个人，出来的文件资料就有小一人高。谁会想到王宏明的企业会是假的呢？管理当局是怎么把‘十大女杰’的光环罩在王宏明头上的？”胡丕华认为：一个会计师事务所不能承担企业的所有责任，只能对此事担负“会计责任”，即根据公司所提供的资料核对账目；而不能担负“审计责任”，即根据提供的资料发现资料之外的问题，核实公司所提供的资料的真实性。需要注意的是，胡丕华此处显然是曲解了会计责任与审计责任的含义。事实上，负责建立、健全内部控制制度保护资产的安全、完整，保证会计资料的真实、合法和完整，是被审计单位管理当局的会计责任；而在审计报告中清楚地表达对会计报表的意见，并对出具的审计报告负责，则是审计人员的审计责任。

6. 1999 年报审计失败的分析

黎明股份 1999 年报是整个财务造假事件的中心。根据测算，审计重要性水平是 1 463 866.13 元，而黎明股份虚增利润总额 8 679 万元，由亏损 3 448 万元报告成盈利 5 231 万元，报表严重失实。审计失败具体分析如下。

(1) 黎明毛纺织厂对开增值税销售发票，虚增收入 1.07 亿元，利润 2 902 万元。1999 年度报告利润总额 2 312 万元，占公司报告利润的 45.19%，沈阳华伦无疑应将该厂作为重点审计对象。单纯通过对开增值税发票而不增加税负，是无法虚增利润的，除非虚增存货。对于存货巨额虚增的情况，审计师通过存货盘点一般可以发现巨额“盘亏”的异常。该厂正是通过虚增存货 2 961 万元，达到虚增利润 2 902 万元的目的。另外，销售毛利率高达 25.46%，也应该能引起审计师的注意。

(2) 黎明营销中心虚开产品销售发票，虚增收入 2 269 万元，利润 1 039 万元。由于虚增销售必然虚增主营业务成本，造成存货虚减，审计师通过存货盘点一般可以发现巨额“盘亏”的异常。

(3) 黎明进出口公司虚拟外销业务，虚增收入 582 万元，利润 63 万元。对外销收入，关键是要核实外汇水单是否及时收到，收汇时间一般在 3 个月以内，而 1999 年 6 月到审计报告日有大半年时间，拖了很长时间没有收汇的收入应作为审计的重点，通过存货盘点将可以发现虚拟外销导致的存货“盘盈”的异常。

7. 续聘后的意见

2001 年 7 月，黎明股东大会通过决议，续聘华伦会计师事务所。2001 年中报审计结论为解释性说明的保留意见：①应收账款回函率比较低、对未取得回函的应收账款余额无法确认；②公司尚未缴纳应补交增值税，因此发生的滞纳金额尚未确定；③公司期末应收第一股东沈阳黎明服装集团公司的往来款 1.88 亿元，并收取资金占用费 298 万元，黎明服装集团尚未支付；④黎明服装集团持有公司国有股中的 2 000 万股，因连带责任被冻结。

要求：

1. 针对案例分析会计师事务所的组织形式和业务范围。

2. 审计失败的原因有哪些？

第3章 注册会计师审计职业规范和法律责任

教学目标

通过本章学习，掌握注册会计师执业准则、会计师事务所业务质量控制准则，明确注册会计师职业道德规范的内容和注册会计师的法律责任。

教学要求

注册会计师执业准则、会计师事务所业务质量控制准则和注册会计师职业道德规范。

基本概念

注册会计师执业准则　独立性　质量控制准则　注册会计师职业道德　审计失败

导入案例

麦克森·罗宾斯药材公司倒闭案

1938年初，长期贷款给美国纽约州的麦克森·罗宾斯药材公司的朱利安·汤普森公司，在审核罗宾斯药材公司财务报表时发现两个问题：

(1) 罗宾斯药材公司中的制药原料部门，原是个盈利率较高的部门，但该部门却一反常态地没有现金积累。而且流动资金亦未见增加，相反，该部门还不得不依靠公司管理者重新调集资金来进行再投资，以维持生产。

(2) 公司董事会曾开会决议，要求公司减少存货金额，但到1938年底，公司存货反而增加100万美元。

1938年，罗宾斯药材公司突然宣布倒闭，纽约证券交易委员会相继组织有关人员进行调查发现，罗宾斯药材公司是股票公开上市的公司之一，公司确实到证券交易所进行了注册登记，且在经营的十余年中，每年都聘请美国著名的普赖斯·沃特豪斯会计师事务所对该公司的财务报表进行审定。在查看这些审计人员出具的审计报告中，审计人员每年都对该公司的财务状况及经营成果发表了“正确、适当”等无保留的审计意见。调查人员对该公司1937年的财务状况与经营成果进行了重新审核后发现，1937年12月31日的合并资产负债表总资产达8 700万美元，但其中的1 907.5万美元的资产是虚构的，包括存货虚构1 000万美元，应收账款和销售收入各虚构900万，银行存款虚构7.5万美元；在1937年年度合并损益表中，虚假的销售收入和毛利分别达到1 820万美元和180万美元。同时，调查人员对该公司经理的背景作了进一步调查，公司经理是犯有前科的诈骗犯，都使用假名混入公司并爬上公司管理岗位，还将亲信安插在掌管公司钱财的重要岗位上。他们相互勾结，这也使得他们的诈骗活动持续了很久才被人发现。

根据调查结果，罗宾斯药材公司的实际财务状况早已是“资不抵债”，而首当其冲受损失者是汤普森公司，因为它是罗宾斯药材公司的最大债权人。为此，汤普森公司指控沃特豪斯会计师事务所，汤普森公司指出其所以给罗宾斯公司贷款，是因为依赖了沃特豪斯会计师事务所出具的审计报告。因此，汤普森公司要求沃特豪斯会计师事务所赔偿他们的全部损失。在听证台上，沃特豪斯会计师事务所拒绝了汤普森公司的赔偿要求，会计师事务所认为，他们执行的审计，遵循了美国注册会计师协会在 1936 年颁布的财务报表检查中所规定的各项规则。罗宾斯药材公司的欺骗是由于经理部门共同串通合谋所致，审计人员对此不负任何责任。最后，在证券交易委员会的调解下，沃特豪斯会计师事务所以退回历年来收取的审计费用共 50 万美元，作为对汤普森公司债权损失的赔偿。

该事件发生后，证券交易委员会颁布了新的审计程序规则，在规则中，证券交易委员会要求，今后审计人员在审核应收账款时，如应收账款在流动资产中占有较大比例，除了在企业内部要核对有关证据外，还需进一步发函询问以从外部取得可靠合理的证据。在评价存货时，除了验看有关账单外，还要进行实物盘查，除此之外还要求审计人员对企业的内部控制制度进行评价，并强调审计人员要对公共利益人员负责。与此同时，美国的注册会计师协会所属的审计程序特别委员会，于 1939 年 5 月颁布了《审计程序的扩展》，对审计程序作了修改，使它成为公认的审计准则。

总之，罗宾斯药材公司的案件，不但加速了美国公认审计准则的发展，同时，还为建立起现代美国审计的基本模式——在评价被审单位内部控制制度基础上的抽样审计奠定了基础。为此，罗宾斯药材公司的审计案例，成了美国审计理论研究中一个经久不衰的热门话题。

资料来源：案例审计准则. 中南财经政法大学审计教学网(http://jyw.znufe.edu.cn)，2007.04.29

点评：注册会计师执业准则非常重要，审计人员应充分掌握。

3.1 注册会计师执业准则

按照财政部领导关于着力完善我国注册会计师审计准则体系，加速实现与国际准则趋同的指示，中国注册会计师协会拟订了 22 项准则，并对 26 项准则进行了修订和完善。这 48 项准则已于 2006 年 2 月 15 日由财政部发布，自 2007 年 1 月 1 日起在所有会计师事务所施行。这些准则的发布，标志着我国已建立起一套适应社会主义市场经济发展要求，顺应国际趋势的中国注册会计师执业准则体系。

3.1.1 注册会计师执业准则体系框架

随着经济的发展和社会的需求，注册会计师的业务范围经历了由法定审计业务向其他领域拓展的过程。目前，我国注册会计师承办业务类型较多，其中既有财务报表审计和审阅、内部控制审核等具有鉴证职能的业务，又有司法诉讼中涉及会计、审计、税务或其他事项的鉴证业务，还有代编财务信息、执行商定程序、管理咨询和税务咨询等不具有鉴证职能的业务。

注册会计师业务范围的拓展，需要丰富和创新审计准则体系，包括重构准则框架、改进准则名称和创新准则编号。

1. 准则框架的重构

根据我国实际情况和国际趋同的需要，将“中国注册会计师独立审计准则体系”改进为“中国注册会计师执业准则体系”，以适应注册会计师业务多元化的需要。中国注册会计师执业准则体系包括鉴证业务准则、相关服务准则和会计师事务所质量控制准则。

鉴证业务准则由鉴证业务基本准则统领，按照鉴证业务提供的保证程度和鉴证对象的不同，分为中国注册会计师审计准则、中国注册会计师审阅准则和中国注册会计师其他鉴证业务准则(以下分别简称审计准则、审阅准则和其他鉴证业务准则)。其中，审计准则是整个执业准则体系的核心。

审计准则用以规范注册会计师执行历史财务信息的审计业务。在提供审计服务时，注册会计师对所审计信息是否存在重大错报提供合理保证，并以积极方式提出结论。

审阅准则用以规范注册会计师执行历史财务信息的审阅业务。在提供审阅服务时，注册会计师对所审阅信息是否存在重大错报提供有限保证，并以消极方式提出结论。

其他鉴证业务准则用以规范注册会计师执行历史财务信息审计或审阅以外的其他鉴证业务，根据鉴证业务的性质和业务约定的要求，提供有限保证或合理保证。

相关服务准则用以规范注册会计师代编财务信息、执行商定程序，提供管理咨询等其他服务，在提供相关服务时，注册会计师不提供任何程度的保证。

质量控制准则用以规范会计师事务所在执行各类业务时应当遵守的质量控制政策和程序，是对会计师事务所质量控制提出的制度要求。本章重点介绍鉴证业务基本准则和质量控制准则。

2. 改进执业准则名称

在新的注册会计师执业准则体系中，借鉴国际通行做法，将非审计业务准则从审计准则体系中分离出来，按照业务性质冠以适当的名称。如《中国注册会计师审阅准则第2101号——财务报表审阅》、《中国注册会计师其他鉴证业务准则第3111号——预测性财务信息的审核》和《中国注册会计师相关服务准则第4101号——对财务信息执行商定程序》。

3. 创新执业准则编号

在注册会计师执业准则体系中，准则编号由4位数组成，其中，千位数代表不同的准则。“1”代表审计准则；“2”代表审阅准则；“3”代表其他鉴证业务准则；“4”代表相关服务准则；“5”代表质量控制准则。百位数代表某一类别准则中的大类。以审计准则为例，我们将审计准则分为六大类，分别用1～6表示。“1”代表一般原则与责任；“2”代表风险评估与应对；“3”代表审计证据；“4”代表利用其他主体的工作；“5”代表审计结论与报告；“6”代表特殊领域审计。十位数代表大类中的小类。个位数代表小类中的顺序号。

例如，第1311号，千位数的“1”表示审计准则，百位数的“3”表示审计证据大类，十位数的“1”表示获取审计证据的某一小类，个位数的“1”表示某小类审计程序的序号。

3.1.2 注册会计师鉴证业务基本准则

1. 鉴证业务的定义、目标

鉴证业务是指注册会计师对鉴证对象信息提出结论，以增强除责任方之外的预期使用者对鉴证对象信息信任程度的业务。鉴证对象信息是按照标准对鉴证对象进行评价和计量的结果。如责任方按照会计准则和相关会计制度(标准)对其财务状况、经营成果和现金流量(鉴证对象)进行确认、计量和列报而形成的财务报表(鉴证对象信息)。

鉴证业务包括历史财务信息审计业务、历史财务信息审阅业务和其他鉴证业务。注册会计师执行历史财务信息审计业务、历史财务信息审阅业务和其他鉴证业务时，应当遵守鉴证业务基本准则以及依据该准则制定的审计准则、审阅准则和其他鉴证业务准则。

鉴证业务的目的是适当保证或者提高鉴证对象信息的质量。鉴证业务的保证程度分为合理保证和有限保证。合理保证的保证水平要高于有限保证的保证水平。合理保证的鉴证业务的目标是注册会计师将鉴证业务风险降至该业务环境下可接受的低水平，以此作为以积极方式提出结论的基础。有限保证的鉴证业务的目标是注册会计师将鉴证业务风险降至该业务环境下可接受的水平，以此作为以消极方式提出结论的基础。

2. 业务承接

在接受委托前，注册会计师应当初步了解业务环境。业务环境包括业务约定事项、鉴证对象特征、使用标准、预期使用者的需求、责任方及其环境的相关特征，以及可能对鉴证业务产生重大影响的事项、交易、条件和惯例等其他事项。在初步了解业务环境后，注册会计师应当考虑承接该业务是否符合独立性和专业胜任能力等相关职业道德规范的要求。

由于注册会计师并非是所有方面的专家，鉴证业务涉及的特殊知识和技能可能会超出注册会计师的能力，此时，注册会计师可以考虑和专家合作。在初步了解业务环境后，只有认为符合独立性和专业胜任能力等相关职业道德规范的要求，并且拟承接的业务鉴证对象适当；使用的标准适当且预期使用者能够获取该标准；注册会计师能够获取充分、适当的证据以支持其结论；注册会计师的结论以书面报告形式表述，且表述形式与所提供的保证程度相适应；该业务具有合理的目的，注册会计师才能将其作为鉴证业务予以承接：如果鉴证业务的工作范围受到重大限制，或者委托人试图将注册会计师的名字和鉴证对象不适当地联系在一起，则该项业务可能不具有合理的目的。

对已承接的鉴证业务，如果没有合理理由，注册会计师不应将该项业务变更为非鉴证业务，或将合理保证的鉴证业务变更为有限保证的鉴证业务。但如果有迹象表明该变更要求与错误的、不完整的或者不能令人满意的信息有关，注册会计师不应当认为该变更是合理的。

如果没有合理的理由，注册会计师不应当同意变更业务。如果注册会计师不同意变更业务，委托人又不同意继续执行原鉴证业务，注册会计师应当考虑解除业务约定，并考虑是否有义务向有关方面(例如，委托单位董事会或股东会)说明解除业务约定的理由。

如果发生变更，注册会计师不应忽视变更前获取的证据。此外，注册会计师还需考虑变更业务对法律责任或业务约定条款的影响。如果变更业务引起业务约定条款的变更，注册会计师应当与委托人就新条款达成一致意见。

3. 鉴证业务的三方关系

鉴证业务涉及的三方关系人包括注册会计师、责任方和预期使用者。责任方与预期使用者可能是同一方，也可能不是同一方。

1) 注册会计师

注册会计师，是指取得注册会计师证书并在会计师事务所执业的人员，有时也指其所在的会计师事务所。如果鉴证业务涉及的特殊知识和技能超出了注册会计师的能力，注册会计师可以利用专家协助执行鉴证业务。在这种情况下，注册会计师应当确信包括专家在内的项目组整体已具备执行该项鉴证业务所需的知识和技能，并充分参与该项鉴证业务和了解专家所承担的工作。

2) 责任方

对责任方的界定与所执行鉴证业务的类型有关。责任方是指下列组织或人员。

在直接报告业务中，对鉴证对象负责的组织或人员。例如，在系统鉴证业务中，注册会计师直接对系统的有效性进行评价并出具鉴证报告，该业务的鉴证对象是被鉴证单位系统的有效性，责任方是对该系统负责的组织或人员，即被鉴证单位的管理层。

在基于责任方认定的业务中，对鉴证对象信息负责并可能同时对鉴证对象负责的组织或人员。例如，企业聘请注册会计师对企业管理层编制的持续经营报告进行鉴证。在该业务中，鉴证对象信息为持续经营报告，由该企业的管理层负责，企业管理层为责任方。该业务的鉴证对象为企业的持续经营状况，它同样由企业的管理层负责。再如，某政府组织聘请注册会计师对某企业的持续经营报告进行鉴证，该持续经营报告由该政府组织编制并分发给预期使用者。在该业务中，鉴证对象信息由该政府组织负责，该政府组织为责任方。该业务的鉴证对象为企业的持续经营状况，责任方即该政府组织却无须为其负责。责任方可能是鉴证业务的委托人，也可能不是委托人。注册会计师通常提请责任方提供书面声明，表明责任方已按照既定标准对鉴证对象进行评价或计量，无论该声明是否能为预期使用者获取。在基于责任方认定的业务中，注册会计师对责任方认定出具鉴证报告，责任方通常会提供有关认定的书面声明。在直接报告业务中，当委托人与责任方不是同一方时，注册会计师可能无法获取此类书面声明。

3) 预期使用者

预期使用者是指预期使用鉴证报告的组织或人员。责任方可能是预期使用者，但不是唯一的预期使用者。

如果鉴证业务服务有特定的使用者或具有特殊目的，注册会计师可以很容易地识别预期使用者。例如，企业向银行贷款，银行要求企业提供一份与贷款项目相关的预测性财务信息审核报告，那么，银行就是该鉴证报告的预期使用者。

注册会计师可能无法识别使用鉴证报告的所有组织和人员，尤其在各种可能的预期使用者对鉴证对象存在不同的利益需求时。此时，预期使用者主要是指那些与鉴证对象有重要和共同利益的主要利益相关者。例如，在上市公司财务报表审计中预测使用者主要是指上市公司的股东。注册会计师应当根据法律法规的规定或与委托人签订的协议识别预期使用者。

在可行的情况下，鉴证报告的收件人应当明确为所有的预期使用者。需要说明的是，虽然鉴证报告的收件人应当尽可能的明确为所有的预期使用者，但在实务中往往很难做到这一点。原因很简单，有时鉴证报告并不向某些特定组织或人员替代，但这些组织或人员也有可能使用鉴证报告。例如，注册会计师为上市公司提供财务报表审计服务，其审计报告的收件人为“××股份有限公司全体股东”，但除了股东之外，公司债权人、证券监管机构等显然也是预期使用者。

4. 鉴证对象

在注册会计师提供的鉴证业务中，存在多种不同类型的鉴证对象，相应地，鉴证对象信息也具有多种不同的形式。鉴证对象与鉴证对象信息具有多种形式，主要包括：当鉴证对象为财务业绩或状况时(如历史或预测的财务状况、经营成果和现金流量)，鉴证对象信息是财务报表；当鉴证对象为非财务业绩或状况时(如企业的运营情况)，鉴证对象信息可能是反映效率或效果的关键指标；当鉴证对象为物理特征时(如设备的生产能力)，鉴证对象信息可能是有关鉴证对象物理特征的说明文件；当鉴证对象为某种系统和过程时(如企业的内部控制或信息技术系统)，鉴证对象信息可能是关于其有效性的认定；当鉴证对象为一种行为时(如遵守法律法规的情况)，鉴证对象信息可能是对法律法规遵守情况或执行效果的声明。

鉴证对象是否适当是注册会计师能否将一项业务作为鉴证业务予以承接的前提条件。适当的鉴证对象应当同时具备条件的有：鉴证对象可以识别；不同的组织或人员对鉴证对象按照既定标准进行评价或计量的结果合理一致；注册会计师能够收集与鉴证对象有关的信息，获取充分、适当的证据，以支持其提出适当的鉴证结论。

不适当的鉴证对象可能会误导预期使用者。如果注册会计师在承接业务后发现鉴证对象不适当，应当视其重大与广泛程度，出具保留结论或否定结论的报告。

不适当的鉴证对象还可能造成工作范围受到限制。如果注册会计师在承接业务后发现鉴证对象不适当，应当视工作范围受到限制的重大与广泛程度，出具保留结论或无法提出结论的报告。在适当的情况下，注册会计师可以考虑解除业务约定。

5. 标准

标准是指用于评价或计量鉴证对象的基准。当涉及列报时，还包括列报的基准(列报包括披露)。标准在鉴证业务中是不可或缺的。运用职业判断对鉴证对象作出评价或计量，离不开适当的标准。如果没有适当的标准提供指引，任何个人的解释甚至误解都可能对结论产生影响，这样一来，结论必然缺乏可信性。也就是说，标准是对所要发表意见的鉴证对象进行“度量”的一把“尺子”，责任方和注册会计师可以根据这把“尺子”对鉴证对象进行“度量”。

需要指出的是，对同一鉴证对象进行评价或计量并不一定要选择同一个标准。例如，要评价消费者满意度这一鉴证对象，某些责任方或注册会计师可能会以消费者投诉的次数作为衡量标准；而另外的一些责任方或注册会计师可能会选择消费者在初始购买后的 3 个月内重复购买的次数作为衡量的标准。

标准可以是正式的规定，也可以是某些非正式的规定。正式的规定通常是一些“既定的”标准，是由法律法规规定的，或是由政府主管部门或国家认可的专业团体依照公开、适当的程序发布的。非正式的规定通常是一些“专门制定的”标准，是针对具体的业务项目“量身定做”的。

适当的标准应当具备的所有特征：①相关性。相关的标准有助于得出结论便于预期使用者作出决策；②完整性。完整的标准不应忽略业务环境中可能影响得出结论的相关因素，当涉及列报时，还包括列报的基准；③可靠性：可靠的标准能够使能力相近的注册会计师在相似的业务环境中，对鉴证对象作出合理一致的评价或计量；④中立性。中立的标准有助于得出无偏向的结论；⑤可理解性。可理解的标准有助于得出清晰、易于理解、不会产生重大歧义的结论。

注册会计师基于自身的预期、判断和个人经验对鉴证对象进行的评价和计量，不构成适当的标准。 注册会计师应当考虑运用于具体业务的标准是否具备上述特征，以评价该标准对此项业务的适用性。在具体鉴证业务中，注册会计师在评价标准各项特征的相对重要程度时，需要运用职业判断。标准可能是由法律法规规定的，或由政府主管部门或国家认可的专业团体依照公开、适当的程序发布的，也可能是专门制定的。采用标准的类型不同，注册会计师为评价该标准对于具体鉴证业务的适用性所需执行的工作也不同。

对于公开发布的标准，注册会计师通常不需要对标准的“适当性”进行评价，而只需评价该标准对具体业务的“适用性”。例如，在我国，会计标准由国家统一制定并强制执行。注册会计师无须评价会计标准是否适当，只需要判断责任方采用的标准是否适用于被鉴证单位即可(如小企业可以采用《小企业会计制度》)。

对于专门制定的标准，注册会计师首先要对这些标准本身的“适当性”加以评价，如果注册会计师连自己所用的“尺子”是否适当都无法判断，就不能用这把“尺子”去“度量”要发表意见的鉴证对象。

6. 证据

注册会计师应当以职业怀疑态度来计划和执行鉴证业务，获取有关鉴证对象信息是否存在重大错报的充分、适当的证据。在计划和执行鉴证业务时，注册会计师保持职业怀疑态度十分必要。注册会计师应当及时对制订的计划、实施的程序、获取的相关证据以及得出的结论作出记录，在计划和执行鉴证业务尤其在确定证据收集程序的性质、时间和范围时，应当考虑重要性、鉴证业务风险以及可获取证据的数量和质量。

职业怀疑态度是指注册会计师以质疑的思维方式评价所获取证据的有效性，并对相互矛盾的证据，以及引起对文件记录或责任方提供的信息的可靠性产生怀疑的证据保持警觉。

如果针对某项认定从不同来源获取的证据或获取的不同性质的证据能够相互印证，与该项认定相关的证据通常具有更强的说服力。例如，从企业外部独立来源获取的信息可以增强注册会计师对责任方提供认定的信任程度。相反，如果从不同来源获取的证据或获取的不同性质的证据不一致，则可能表明某项证据不可靠，注册会计师应当追加必要的程序予以解决。

在评价证据的充分性和适当性以支持鉴证报告时，注册会计师应当运用职业判断，并保持职业怀疑态度。

7. 鉴证报告

注册会计师应当出具含有鉴证结论的书面报告，该鉴证结论应当说明注册会计师就鉴证对象信息获取的保证。注册会计师应当考虑其他报告责任，包括在适当时与治理层沟通。

注册会计师应当考虑就执行业务过程中注意到的与治理层责任相关的事项与治理层沟通的适当性。“与治理层责任相关的事项”是指在鉴证业务中发现的，与治理层相关并且重大的事项。相关事项仅包括执行鉴证业务过程中引起注册会计师注意的事项。如果委托人并非责任方，注册会计师直接与责任方或责任方的治理层沟通可能是不适当的。

在基于责任方认定的业务中，注册会计师的鉴证结论可以采用两种表述形式：明确提及责任方认定，如“我们认为，责任方作出的根据××标准，内部控制在所有重大方面是有效的这一认定是公允的”；直接提及鉴证对象和标准，如“我们认为，根据××标准，内部控制在所有重大方面是有效的”。

提出鉴证结论的方式有积极方式和消极方式，它们分别适用于合理保证的鉴证业务和有限保证的鉴证业务。区分两种鉴证结论提出方式，有助于向预期使用者传达不同业务的保证程度存在差异这一事实，以积极方式提出结论提供的保证水平高于以消极方式提出结论提供的保证水平。在合理保证的鉴证业务中注册会计师应当以积极方式提出结论，如“我们认为，根据××标准，内部控制在所有重大方面是有效的”或“我们认为，责任方作出的根据××标准，内部控制在所有重大方面是有效的”。 在有限保证的鉴证业务中，注册会计师应当以消极方式提出结论，如“基于本报告所述的工作，我们没有注意到任何事项使我们相信，根据标准××，系统在任何重大方面是无效的”或“基于本报告所述的工作，我们没有注意到任何事项使我们相信，责任方作出的根据××标准，××系统在所有重大方面是有效的这一认定是不公允的”。

在承接业务后，如果发现标准或鉴证对象不适当，造成工作范围受到限制，注册会计师应当视受到限制的重大与广泛程度，出具保留结论或无法提出结论的报告。在某些情况下，注册会计师应当考虑解除业务约定。

3.2　注册会计师职业道德规范

注册会计师的职业道德，是指注册会计师在审计实践活动中应当遵循的行为规范，是对审计人员思想意识、品德修养等方面所规定的基本要求。包括在职业品德、业务胜任能力、技术要求、对客户的责任、对同业的责任等方面所应达到的行为标准。注册会计师职业道德不同于一般职业道德，它涉及注册会计师的品德、义务、良心、荣誉等基本范畴，具有很强的约束力。注册会计师的职业道德受各国的传统文化、价值观念和伦理道德的影响，不同国家或地区的职业道德尽管有许多相同或相似之处，但仍具有一定差别。

3.2.1　美国注册会计师协会职业道德规范

美国注册会计师协会专门设立了职业道德部，负责职业道德规范的制定和发布。美国注册会计师协会的职业道德规范由职业道德原则、行为规则、行为规则解释和道德裁决 4 部分组成。

1. 职业道德原则

职业道德原则是对注册会计师应当具备的品质作出的一般性规定，包括责任、公众利益、正直、客观和独立、应有的谨慎、服务的范围和性质。职业道德原则表明了注册会计师承担的责任，也反映了职业道德的基本信条。这些原则要求，即使牺牲个人利益也要履行职业责任，坚持正确的行为。

2. 行为规则

美国注册会计师协会的章程要求，会员应当遵守《职业道德守则》中的规则，并对偏离规则的行为作出合理的解释。如果说职业道德原则是注册会计师的理想行为，则行为规则就是注册会计师行为的最低标准，具有强制性。

3. 行为规则解释

由于经常有会员就某一具体规则提出问题，因而有必要对行为规则作出公开解释。美国注册会计师协会职业道德部成立了一个主要由执行公共业务的执业人员组成的委员会，由委员会对行为规则作出解释。在解释最终定稿之前，要向职业界征求意见。虽然解释不具有强制性，但会员要在纪律检查听证会上证明背离解释的正当理由。

4. 道德裁决

道德裁决是美国注册会计师协会职业道德部执行委员会根据一些具体的实际情况作出的解释，也是行为规则及其解释在具体情况和案件中的应用。同行为准则解释一样，道德裁决也不具有强制性，但要求会员说明任何背离的理由。

3.2.2 中国注册会计师职业道德规范

中国注册会计师协会自 1988 年成立以来，一直非常重视注册会计师职业道德规范建设。1992 年，发布了《中国注册会计师职业道德守则(试行)》；1996 年 12 月 26 日，经财政部批准，发布了《中国注册会计师职业道德基本准则》；2002 年 6 月 25 日，为解决注册会计师职业中违反职业道德的现象，发布了《中国注册会计师职业道德规范指导意见》，于 2002 年 7 月 1 日起施行。

《中国注册会计师职业道德规范指导意见》分为两个层次，一是基本原则；二是具体要求。基本原则包括注册会计师履行社会责任，恪守独立、客观、公正的原则，保持应有的职业谨慎，保持和提高专业胜任能力，遵守审计准则等职业规范，履行对客户的责任以及对同行的责任等。具体要求包括独立性、专业胜任能力、保密、收费与佣金、与执行鉴证业务不相容的工作、接任前任注册会计师的审计业务，以及广告、业务招揽和宣传等。

1. 中国注册会计师职业道德基本原则

为了规范注册会计师职业道德行为，提高注册会计师职业道德水准，维护注册会计师职业形象，根据《中华人民共和国注册会计师法》，中国注册会计师协会制定了《中国注册会计师职业道德基本准则》。注册会计师及其所在会计师事务所执行任何业务，除有特定要求者外，都应当遵照该准则办理。现将其主要内容介绍如下。

(1) 独立、客观、公正。

注册会计师职业道德的一般原则是，注册会计师及其所在的会计师事务所在接受和执行审计或其他鉴证业务时，应当恪守独立、客观、公正的原则。独立、客观、公正是注册会计师职业道德中 3 个最重要的概念，也是注册会计师职业道德中 3 条最重要的要求。

独立性是注册会计师审计业务的灵魂。注册会计师执行审计或其他鉴证业务，应当保持形式上和实质上的独立。这里所谓的“形式上的独立”是指注册会计师在执行某项鉴证业务时，在第三者看来是独立于委托人的，如不存在伦理、组织、人事、经济等方面的依赖或隶属关系。实质上的独立，是指注册会计师在执行某项鉴证业务时能确实保持精神和行为上的客观和公正。

客观性是一种精神状态，它要求注册会计师在执行业务时，应当实事求是，不为他人所左右，也不得因个人好恶影响其分析、判断的客观性。

公正性原则要求注册会计师在执行业务时应当正直、诚实，不偏不倚地对待有关利益各方，不以牺牲一方利益为条件而使另一方受益。

(2) 专业胜任能力与技术规范。

从事自己没有能力或资格从事的业务是不道德的表现，甚至是违法的行为；或者自己虽然有能力或资格从事该种业务，却不严格按照相关技术规范的要求去做，给客户或社会公众造成伤害，也是不道德的表现。有职业道德的注册会计师应当保持和提高专业胜任能力，遵守独立审计准则等职业规范，合理运用会计准则及国家其他相关技术标准。

(3) 对客户的责任。

《注册会计师职业道德》在强调注册会计师对社会公众负责的同时，也规定了注册会计师对客户所负的特殊责任。具体要求：①注册会计师应当按照业务约定履行对客户的责任，如约定的出报告的时间、业务目的和范围、保守商业秘密等；②注册会计师应当对执行业务过程中知悉的商业秘密保密，并不得利用其为自己或他人谋取利益，知悉的商业秘密包括在审计中看到的，也包括在被审计单位听到的；③除有关法规允许的情形外，会计师事务所不得以或有收费形式为客户提供鉴证服务，注册会计师执行非鉴证业务可以不受此限。

(4) 对同行的责任。

对同行的责任是指会计师事务所、注册会计师在处理与其他会计师事务所、注册会计师的相互关系中应当遵循的道德标准。这是维护职业形象和职业整体利益所必需的。维护职业形象和职业整体利益，不仅有利于维护每位注册会计师和每个会计师事务所的利益，而且有利于创造良好的竞争环境，提高服务质量和各个会计师事务所的利益。对同行责任具体要求是注册会计师应当与同行保持良好的工作关系，配合同行工作。

(5) 其他责任。

其他责任主要是指注册会计师、会计师事务所在业务承揽中应当遵守的职业道德。它既是对客户的责任，也是对同行的责任。能否争取到业务、拥有较多的客户，关系到一家会计师事务所的生存与发展，因而，在业务承接环节也最容易发生败坏职业声誉的行为。为此，有必要对业务承揽环节的职业道德予以特别规定。

2. 注册会计师职业道德的具体要求

中国注册会计师协会于 2002 年制定了《中国注册会计师职业道德规范指导意见》(以下简称《指导意见》)，现将主要内容介绍如下。

(1) 独立性。

独立性是注册会计师执行鉴证业务的前提和保证。没有独立性，注册会计师就没有资格执行鉴证业务；丧失独立性的注册会计师执行的鉴证业务，不仅毫无价值，而且非常有害。从近几年来国内外发生的一系列重大财务欺诈案看，注册会计师独立性的丧失是重要原因，也是备受社会各界关注的问题。因此，《指导意见》对独立性进行了具体规定。

《指导意见》规定：注册会计师执行鉴证业务时应当保持实质上和形式上的独立，不得因任何利害关系影响其客观、公正的立场。可能损害独立性的因素包括经济利益、自我评价、关联关系和外界压力等。

会计师事务所和注册会计师应当考虑经济利益对独立性的损害，可能损害独立性的情形主要包括：①与鉴证客户存在专业服务收费以外的直接经济利益或重大的间接经济利益；②收费主要来源于某一鉴证客户；③过分担心失去某项业务；④与鉴证客户存在密切的经营关系；⑤对鉴证业务采取或有收费的方式；⑥可能与鉴证客户发生雇佣关系等。

会计师事务所和注册会计师应当考虑自我评价对独立性的损害，可能损害独立性的情形主要包括：①鉴证小组成员曾是鉴证客户的董事、经理、其他关键管理人员或能够对鉴证业务产生直接重大影响的员工；②为鉴证客户提供直接影响鉴证业务对象的其他服务；③为鉴证客户编制属于鉴证业务对象的数据或其他记录。

会计师事务所和注册会计师应当考虑关联关系对独立性的损害，可能损害独立性的情形主要包括：①与鉴证小组成员关系密切的家庭成员是鉴证客户的董事、经理、其他关键管理人员或能够对鉴证业务产生直接重大影响的员工；②鉴证客户的董事、经理、其他关键管理人员或能够对鉴证业务产生直接重大影响的员工是会计师事务所的前高级管理人员；③会计师事务所的高级管理人员或签字注册会计师与鉴证客户长期交往；④接受鉴证客户或其董事、经理、其他关键管理人员或能够对鉴证业务产生直接重大影响的员工的贵重礼品或超出社会礼仪的款待。

会计师事务所和注册会计师应当考虑外界压力对独立性的损害，可能损害独立性的情形主要包括：①在重大会计、审计等问题上与鉴证客户存在意见分歧而受到解聘威胁；②受有关单位或个人不恰当的干预；③受到鉴证客户降低收费的压力而不恰当地缩小工作范围等。当识别出损害独立性的因素时，会计师事务所和注册会计师应当采取必要的措施以消除影响或将其降至可接受水平。

阅读资料 3-1

ABC 会计事务所接受委托，承办 V 商业银行 2009 年度会计报表审计业务，并于 2009 年底与 V 商业银行签订了审计业务约定书。ABC 会计师事务所指派 A 和 B 注册会计师为该审计项目负责人。假定存在以下情况。

(1) V 商业银行以 2009 年度经营亏损为由，要求 ABC 会计师事务所降低一定数额的审计收费，但允诺给予其正在申请的购买办公楼的按揭贷款利率予以相应优惠。ABC 会计师事务所同意了 V 商业银行的要求，并与之签订了补充协议。

(2) A 注册会计师持有 V 商业银行的股票 100 股，市值约 600 元。由于数额较小，A 注册会计师未将该股票售出，也未予以回避。

(3) B 注册会计师的妹妹在 V 商业银行财务部从事会计核算工作，但非财务部负责人。B 注册会计师未予以回避。

(4) 由于计算机专家李先生曾在 V 商业银行信息部工作，且参与了其现行计算机信息系统的设计，ABC 会计师事务所特聘李先生协助测试 V 商业银行的计算机信息系统。

(5) ABC 会计师事务所与 V 商业银行信贷评审部进行业务合作：由信贷评审部介绍需要审计的贷款客户，ABC 会计师事务所负责审计工作，最后由信贷评审部复核审计质量。鉴于双方各自承担的工作，相关审计收费由双方各按 50%比例分配。

(6) ABC 会计师事务所将其简介委托 V 商业银行信贷部向申请贷款的客户赠送，该简介内容真实、客观。

要求：针对以上几种情况，判断 ABC 会计师事务所是否违反中国注册会计师职业道德规范有关独立性的相关规定，并简要说明理由。

(2) 专业胜任能力。

注册会计师主要是以专业技能为资本的职业。如果会计师事务所和注册会计师承接了自己不能胜任的业务，就是一种不道德的欺诈行为，就可能给客户乃至社会公众带来危害。一个胜任的注册会计师，不仅要依法取得执业证书，而且要通过不断学习新知识和总结新经验，保持和提高自己的专业胜任能力。目前，我国注册会计师的素质比过去有了明显的提高，但离市场经济的要求还有一定的差距，专业知识、技能和经验等方面都存在不尽如人意之处。

为此，《指导意见》规定，注册会计师应当通过教育、培训和执业实践保持和提高专业胜任能力。注册会计师不得宣称自己具有不具备的专业知识、技能或经验，注册会计师不得提供不胜任的专业服务。在提供专业服务时，注册会计师可以在特定领域利用专家协助其工作。在利用专家工作时，注册会计师应当对专家遵守职业道德的情况进行监督和指导。

(3) 保密。

注册会计师能否取得客户的信任，能否与客户进行坦诚的沟通和交流，能否使客户如实、全面地向自己反映和提供有关的事实和情况，主要取决于注册会计师能否为客户的信息保密。这里所说的客户信息通常是指客户的商业秘密。目前，我国绝大多数注册会计师能够遵守保密原则，但也有少数注册会计师没有注意到这个问题。例如，利用获知的客户信息买卖客户的股票；与客户发生意见分歧时，将客户信息诉诸媒体进行炒作等。

《指导意见》规定：注册会计师应当对在执业过程中获知的客户信息保密，这一保密责任不因业务约定的终止而终止。注册会计师应采取措施，确保业务助理人员和专家遵守保密原则，注册会计师不得利用在执业过程中获知的客户信息为自己或他人谋取不正当的利益。注册会计师在以下情况下可以披露客户的有关信息：①取得客户的授权；②根据法规要求，为法律诉讼准备文件或提供证据，以及向监管机构报告发现的违反法规行为；③接受同业复核以及注册会计师协会和监管机构依法进行的质量检查。在决定披露客户的有关信息时，注册会计师应当考虑的因素：①是否了解和证实了所有相关信息；②信息披露的方式和对象；③可能承担的法律责任和后果。

(4) 收费与佣金。

收费问题，不仅直接影响注册会计师的业务竞争，而且往往会影响注册会计师的执业质量。为此，《指导意见》规定，会计师事务所在确定收费时应考虑的因素如下：①专业服务所需的知识和技能；②所需专业人员的水平和经验；③每一专业人员提供服务所需的时间；④提供专业服务所需承担的责任。在专业服务得到良好的计划、监督及管理的前提下，收费通常以每一专业人员适当的小时费用率或日费用率为基础计算。专业服务的收费依据、收费标准及收费结算方式与时间应在业务约定书中予以明确。如果收费报价明显低于前任注册会计师或其他会计师事务所的相应报价，会计师事务所应当确保在提供专业服务时，工作质量不会受到损害，并且保持应有的职业谨慎，遵守职业准则和质量控制程序；客户了解专业服务的范围和收费基础。

除法规允许外，会计师事务所不得以或有收费方式提供鉴证服务，收费与否或多少不得以鉴证结果或实现特定目的为条件。会计师事务所和注册会计师不得为招揽客户而向推荐方支付佣金，也不得因向第三方推荐客户而收取佣金。会计师事务所和注册会计师不得因宣传他人的产品或服务而收取佣金。

(5) 与执行鉴证业务不相容的工作。

所谓与执行鉴证业务不相容的工作是指那些可能损害执行鉴证业务所需独立性的工作。《指导意见》规定：注册会计师不得从事有损于或可能有损于其从事鉴证业务所需的独立性、客观性、公正性或职业声誉的业务、职业或活动。注册会计师应当就其向鉴证客户提供的非鉴证服务与鉴证服务是否相容作出评价。会计师事务所不得为上市公司同时提供编制会计报表和审计服务。会计师事务所的高级管理人员或员工不得担任鉴证客户的董事(包括独立董事)、经理或其他关键管理职务。

(6) 接替前任注册会计师的审计业务。

前任注册会计师，是指对最近期间会计报表出具了审计报告或接受委托但尚未完成审计工作，已经或可能与委托人结束业务约定的会计师事务所。后任注册会计师，是指正在考虑接受委托或已经接受委托，接替前任注册会计师执行会计报表审计业务的会计师事务所。

《指导意见》规定，后任注册会计师在接任前任注册会计师的审计业务时，不得蓄意侵害前任注册会计师的合法权益。在接受审计业务委托前，后任注册会计师应当向前任注册会计师询问审计客户变更会计师事务所的原因，并关注前任注册会计师与审计客户之间在重大会计、审计等问题上可能存在的意见分歧。后任注册会计师应当提请审计客户授权前任注册会计师对其询问作出充分答复。如果审计客户拒绝授权，或限制前任注册会计师作出答复的范围，后任注册会计师应当向审计客户询问原因，并考虑是否接受业务委托。前任注册会计师应当根据所了解的情况对后任注册会计师的询问作出及时、充分的答复。如果受到审计客户的限制或存在法律诉讼的顾虑，决定不向后任注册会计师作出充分答复，前任注册会计师应当向后任注册会计师表明其答复是有限的。如果审计客户委托注册会计师对已审计会计报表进行重新审计，接受委托的注册会计师应视为后任注册会计师，而之前已发表审计意见的注册会计师则视为前任注册会计师。如果后任注册会计师发现前任注册会计师所审计的会计报表存在重大错报，应当提请审计客户告知前任注册会计师，并要求审计客户安排三方会谈，以便采取措施进行妥善处理。

(7) 广告、业务招揽和宣传。

这里所说的广告，是指为招揽业务，会计师事务所将其服务和技能等方面的信息向社会公众进行传播；业务招揽，是指会计师事务所和注册会计师与非客户接触以争取业务；宣传，是指会计师事务所或注册会计师向社会公众告知有关事实，其目的不是抬高自己。目前，有些事务所在媒体上刊登不恰当的广告，采用不恰当的手段招揽业务，或进行抬高自己的宣传，损害了同行的利益。

《指导意见》规定，注册会计师应当维护职业形象，在向社会公众传递信息时，应当客观、真实、得体。会计师事务所不得利用新闻媒体对其能力进行广告宣传，但刊登设立、合并、分立、解散、迁址、名称变更、招聘员工等信息以及注册会计师协会为会员所作的统一宣传不在此限。会计师事务所和注册会计师不得采用强迫、欺诈、利诱或骚扰等方式招揽业务。会计师事务所和注册会计师在招揽业务时不得有以下行为：①暗示有能力影响法院、监管机构或类似机构及其官员；②作出自我标榜的陈述，且陈述无法予以证实；③与其他注册会计师进行比较；④不恰当地申明自己是某一特定领域的专家；⑤作出其他欺骗性的或可能导致误解的声明。会计师事务所和注册会计师在进行宣传时，不得有以下行为：①利用政府委托或特别奖励谋取不正当利益；②当会计师事务所将其名称、地址、电话号码以及其他必要的联系信息载入电话簿、信纸或其他载体时，含有自我标榜的措辞；③当注册会计师就专业问题参与演讲、访谈或广播、电视节目时，抬高自己及其会计师事务所；④当会计师事务所通过新闻媒体发布招聘信息时，含有抬高自己的成分。会计师事务所可以将印制的手册向客户发放，也可以应非客户的要求向非客户发放，但手册的内容应当真实、客观。注册会计师在名片上可以印有姓名、专业资格、职务及其会计师事务所的地址和标志等，但不得印有社会职务、专家称谓以及所获荣誉等。

阅读资料 3-2

A 是新任天华会计事务所的总经理，他曾经做过营销工作，此番出任，踌躇满志。他上任后，一改从前天华创办人的稳健作风，以经营企业的策略和手段来经营会计师事务所，使会计师事务所的业务快速扩展。

2005 年，中国证券市场放松了上市公司的条件，使得证券市场异常活跃，有意申请股票上市的公司如雨后春笋。A 适时聘请了在证监会任要职的王先生做顾问，并大肆宣传。据说天华会计师事务所在各地签约承接了约 80 家大中型极富发展潜力并欲上市的企业的审计业务。这些公司以前大都是中小型事务所的客户。好不容易花了数年甚至十余年培养的客户，忽然被天华抢走，那些中小型事务所对此极其不满。于是，指责天华会计事务所缺乏职业道德之声，在业界此起彼落。

要求：

1. 经营会计师事务所这一行业，是否如同经营其他的公司？是否能用广告或者其他促销方式来扩大业务？

2. 招揽其他会计师事务所的长期客户是否合乎这一行业的职业道德？

3.3 会计师事务所业务质量控制准则

会计师事务所业务质量控制准则旨在规范会计师事务所的业务质量控制，明确会计师事务所及其人员的质量控制责任，适用于会计师事务所执行历史财务信息审计和审阅业务、其他鉴证业务及相关服务业务。

会计师事务所应当根据会计师事务所业务质量控制准则制定质量控制制度，以合理保证会计师事务所及其人员遵守法律法规、职业道德规范以及审计准则、审阅准则，其他鉴证业务准则和相关服务准则的规定；合理保证会计师事务所和项目负责人根据具体情况出具恰当的报告。

会计师事务所的质量控制制度应当包括针对对业务质量承担领导责任、职业道德规范、客户关系和具体业务的接受与保持、人力资源、业务执行、业务工作底稿、监控 7 项要素而制定的政策和程序。

3.3.1 对业务质量承担的领导责任

会计师事务所内部重视质量的文化氛围，为会计师事务所质量控制设定了较好的基调，将对制定和实施质量控制制度产生广泛和积极的影响。明确质量控制制度的最终责任人，也对会计师事务所的业务质量控制起着决定作用。为此，会计师事务所应当制定政策和程序，培育以质量为导向的内部文化。这些政策和程序应当要求会计师事务所主任会计师对质量控制制度承担最终责任。

会计师事务所培育以质量为导向的内部文化，就是要在会计师事务所内形成和传播质量至上的内部文化。内部质量文化能否形成，有赖于会计师事务所各级管理层的努力。为此，会计师事务所的领导层及其作出的示范对会计师事务所的内部文化有重大影响。会计师事务所各级管理层应当通过清晰、一致及经常的行动示范和信息传达，强调质量控制政策和程序的重要性以及按照法律法规、职业道德规范和业务准则的规定执行工作和根据具体情况出具恰当的报告的要求。会计师事务所的领导层应当树立质最至上的意识。

3.3.2 职业道德规范

会计师事务所应当制定相应的政策和程序，以合理保证会计师事务所及其人员遵守职业道德规范。会计师事务所及其人员执行任何类型的业务，都应当遵守职业道德规范所要求的客观、公正原则，保持专业胜任能力和应有的关注，并对执业过程中获知的信息保密。

这里所说的遵守职业道德规范，不仅包括遵守职业道德的基本原则，如客观、公正、专业胜任能力和应有的关注、保密等，还包括遵守有关职业道德的具体规定。会计师事务所如不能合理保证职业道德规范得到遵守，就无法保证业务质量。值得说明的是，执行鉴证业务还应当遵守独立性要求。

会计师事务所制定的政策和程序应当强调遵守职业道德规范的重要性，并通过必要的途径予以强化。领导层应在会计师事务所内形成重视职业道德规范的氛围，并将相关政策和程序传达给会计师事务所员工。例如，领导层可通过电子邮件、信件和记录等，在专业发展会议上或在客户关系和具体业务的接受与续约以及业务执行过程中，强调客观、公正等职业道德基本原则。

会计师事务所应向所有人员提供适用的专业文献和法律文献，并告知希望他们熟悉这些文献。会计师事务所还应要求所有人员定期接受职业道德培训，这种培训既可涵盖会计师事务所有关职业道德规范的政策和程序，也可涵盖所有适用的法律法规中有关职业道德的要求。

会计师事务所可以通过定期检查，监督会计师事务所有关职业道德规范的政策和程序设计是否合理，运行是否有效，并采取适当行动，改进其设计和解决运行中存在的问题。

会计师事务所应当制定政策和程序，以合理保证会计师事务所及其人员，包括聘用的专家和其他需要满足独立性要求的人员，保持职业道德规范要求的独立性。

3.3.3 客户关系和具体业务的接受与保持

会计师事务所应当制定有关客户关系和具体业务的接受与保持的政策和程序，以合理保证只有在已考虑客户的诚信，没有信息表明客户缺乏诚信；具有执行业务必要的素质、专业胜任能力、时间和资源；在能够遵守职业道德规范的情况下，才能接受或保持客户关系和具体业务。

针对有关客户的诚信，会计师事务所应当考虑的主要事项：①客户主要股东、关键管理人员、关联方及治理层的身份和商业信誉；②客户的经营性质；③客户主要股东、关键管理人员及治理层对内部控制环境和会计准则等的态度；④客户是否过分考虑将会计师事务所的收费维持在尽可能低的水平；⑤工作范围受到不适当限制迹象；⑥客户可能涉嫌洗钱或其他刑事犯罪行为的迹象；⑦变更会计师事务所的原因。

会计师事务所在评价客户诚信情况时，可以通过与为客户提供专业会计服务的现任或前任人员进行沟通，并与其讨论；向会计师事务所其他人员、监管机构、金融机构、法律顾问和客户的同行等第三方询问等途径获取与客户诚信相关的信息。

会计师事务所在接受新业务时还必须评价自身的执业能力，不得承接不能胜任和无法完成的业务。因此，在确定是否具有接受新业务所需的必要素质、专业胜任能力、时间和资源时，会计师事务所应当考虑一些事项，以评价新业务的特定要求和所有相关级别的现有人员的基本情况。这些事项有以下几项：①会计师事务所人员是否熟悉相关行业或业务对象；②会计师事务所人员是否具有执行类似业务的经验，或是否具备有效获取必要技能和知识的能力；③会计师事务所是否拥有足够的具有必要素质和专业胜任能力的人员；④在有需要时，是否能够得到专家的帮助；⑤如果需要项目质量控制复核，是否具备(或者能够聘请到)符合标准和资格要求的项目质量控制复核人员；⑥会计师事务所是否能够在提交报告的最后期限内完成业务。

如果决定接受或保持客户关系和具体业务，会计师事务所应与客户就相关问题达成一致理解，并形成书面业务约定书，将对业务的性质、范围和局限性产生误解的风险降至最低。

在确定是否接受新业务时，会计师事务所还应当考虑接受该业务是否会导致现实或潜在的利益冲突。如果识别出潜在的利益冲突，会计师事务所应当考虑接受该业务是否适当。

3.3.4 人力资源

会计师事务所应当制定相应的政策和程序。合理保证拥有足够的具有必要素质和专业胜任能力并遵守职业道德规范的人员，以使会计师事务所和项目负责人能够按照法律法规、职业道德规范和业务准则的规定执行业务，并根据具体情况出具恰当的报告。会计师事务所制定的人力资源政策和程序应当解决的人事问题有招聘，业绩评价，人员素质，专业胜任能力，职业发展，晋升，薪酬，人员需求预测。

招聘是人力资源管理的首要环节。为此，会计师事务所应当制定招聘程序，以选择正直的、通过发展能够具备执行业务所需的必要素质和专业胜任能力的人员。

由于执业环境和工作要求在不断发生变化，会计师事务所应当采取措施确保人员持续保持必要的素质和专业胜任能力。会计师事务所可以通过职业教育、职业发展(包括培训、工作经验交流、由经验更丰富的员工提供辅导)等途径提高人员的素质和专业胜任能力。

业绩评价、薪酬和晋升是事关每个人员切身利益的重大问题，为此会计师事务所应当制定业绩评价、薪酬及晋升程序，对发展和保持专业胜任能力并遵守职业道德规范的人员给予应有的肯定和奖励。会计师事务所通常针对每个层次的人员，制定不同的业绩评价、薪酬及晋升的标准，并指定专人或专门机构对员工的业绩进行考核和作出晋升的决策。

会计师事务所的规模和特征将影响会计师事务所进行业绩评价的过程和方式。规模较大的会计师事务所可能设立人力资源部，运用一整套评价指标和评价表格，较全面地评价人员的业绩；规模较小的会计师事务所可能运用一些比较简便的方法评价人员的业绩。

在实务中，会计师事务所承接的每项业务都是委派给项目组具体办理的。委派项目组是否得当，直接关系到业务完成的质量，且会计师事务所应当对每项业务委派至少一名项目负责人。这样的规定对于明确每项业务的质量控制责任，确保业务质量非常重要。

会计师事务所应当制定相应的政策和程序，监控项目负责人的工作负荷及可供调配的项目负责人数量，以使项目负责人有足够的时间履行其职责。

会计师事务所应当委派具有必要素质、专业胜任能力和时间的员工，按照法律法规、职业道德规范和业务准则的规定执行业务，以使会计师事务所和项目负责人能够根据具体情况出具恰当的报告。

3.3.5 业务执行

业务执行是指会计师事务所委派项目组按照法律法规、职业道德规范和业务准则的规定具体执行所承接的某项业务，使会计师事务所和项目负责人能够根据具体情况出具恰当的报告。业务执行是编制和实施业务计划，形成和报告业务结果的总称。由于业务执行对业务质量有直接的影响，是业务质量控制的关键环节，会计师事务所应当要求项目负责人负责组织对业务执行实施指导、监督与复核。

会计师事务所应当制定相应的政策和程序，以合理保证按照法律法规、职业道德规范和业务准则的规定执行业务，使会计师事务所和项目负责人能够根据具体情况出具恰当的报告。

会计师事务所在制定指导、监督与复核政策和程序时，应当考虑的事项有以下几项：①如何将业务情况简要告知项目组，使项目组了解工作目标；②保证适用的业务准则得以遵守的程序；③业务监督、员工培训和辅导的程序；④对已实施的工作、作出的重大判断以及拟出具的报告进行复核的方法；⑤对已实施的工作及其复核的时间和范围作出适当记录；⑥保证所有的政策和程序是合时宜的。

会计师事务所通常使用书面或电子手册、软件工具、标准化底稿以及行业和特定业务对象的指南性材料等文件，记录和传达其制定的政策和程序，已使全体人员了解、掌握和贯彻执行这些政策和程序。

复核人员应当拥有适当的经验、专业胜任能力和责任感，因此，应该由项目组内经验较多的人员复核经验较少的人员执行的工作，只有这样，复核才能达到目的。

项目组在业务执行中时常会遇到各种各样的疑难问题或者争议事项。当这些问题和事项在项目组内不能得到解决时，有必要向项目组之外的适当人员咨询。为此，会计师事务所应当建立政策和程序，以合理保证就疑难问题或争议事项进行适当咨询；可获取充分的资源进行适当咨询；咨询的性质和范围得以记录；咨询形成的结论得到记录和执行等。

在业务执行中，时常可能会出现项目组内部、项目组被咨询者之间以及项目负责人与项目质量控制复核人员之间的意见分歧。只有意见分歧问题得到解决，项目负责人才能出具报告。如果在意见分歧问题得到解决前，项目负责人就出具报告，不仅有失应有的谨慎，而且容易导致出具不恰当的报告，难以合理保证实现质量控制的目标。

会计师事务所对应当实施项目质量控制复核的特定业务，如没有完成项目质量控制复核，就不得出具报告。项目质量控制复核，是指会计师事务所挑选不参与该业务的人员，在出具报告前，对项目组作出的重大判断和在准备报告时形成的结论作出客观评价的过程。在实务中，会计师事务所除对上市公司财务报表审计业务必须实施项目质量控制复核外，还可以自行建立判断标准，确定对那些涉及公众利益的范围较大或已识别出存在重大异常情况或较高风险的特定业务，实施项目质量控制复核。如法律法规明确要求对特定业务实施项目质量控制复核，会计师事务所应当对其实施项目质量控制复核。

3.3.6 业务工作底稿

会计师事务所在出具业务报告后，及时将工作底稿归整为最终业务档案，这样不仅有利于保证业务工作底稿的安全完整性，还便于使用和检索业务工作底稿。为此，会计师事务所应当制定政策和程序，以使项目组在出具业务报告后及时将工作底稿归整为最终业务档案。

在遵循及时性原则的前提下，会计师事务所应当根据业务的具体情况，确定适当的业务工作底稿归档期限。由于鉴证业务的职业责任较大，而其工作底稿又对证明会计师事务所是否履行了规定责任起着关键性作用，因此，鉴证业务的工作底稿，包括历史财务信息审计和审阅业务、其他鉴证业务的工作底稿的归档期限为业务报告日后 60 天内。

针对客户的同一财务信息执行不同业务时的归档要求如下：如果针对客户的同一财务信息执行不同的委托业务，出具两个或多个不同的报告，会计师事务所应当将其视为不同的业务，根据制定的政策和程序，在规定的归档期限内分别将业务工作底稿归整为最终业务档案。

会计师事务所应当制定政策和程序，以满足安全保管业务工作底稿并对业务工作底稿保密；保证业务工作底稿的完整性；便于使用和检索业务工作底稿；按照规定的期限保存业务工作底稿等要求。

除特定情况外，会计师事务所应当对业务工作底稿包含的信息予以保密。

会计师事务所应当制定政策和程序，以使业务工作底稿保存期限满足法律法规的规定和会计师事务所的需要。对鉴证业务包括历史财务信息审计和审阅业务、其他鉴证业务，会计师事务所应当自业务报告日起，对业务工作底稿至少保存 10 年。如果法律法规有更高的要求，还应保存更长的时间。

业务工作底稿的所有权属于会计师事务所。会计师事务所可自主决定是否允许客户获取业务工作底稿部分内容，或摘录部分工作底稿，但披露这些信息不得损害会计师事务所执行业务的有效性。对鉴证业务，披露这些信息不得损害会计师事务所及其人员的独立性。

3.3.7 监控

监控质量控制制度的有效性，不断修订和完善质量控制制度，对于实现质量控制的两大目标也起着不可替代的作用。为此，会计师事务所应当制定监控政策和程序，以合理保证质量控制制度中的政策和程序是相关、适当的，并正在有效运行。这些监控政策和程序应当包括持续考虑和评价会计师事务所的质量控制制度，如定期选取已完成的业务进行检查。

对会计师事务所质量控制制度的监控应当由具有专业胜任能力的人员实施。会计师事务所可以委派主任会计师、副主任会计师或具有足够、适当经验和权限的其他人员履行监控责任。对会计师事务所质量控制制度实施监控的内容，包括质量控制制度设计的适当性和质量控制制度运行的有效性。

会计师事务所应当周期性地选取已完成的业务进行检查，周期最长不得超过 3 年。在每个周期内，应对每个项目负责人的业务至少选取一项进行检查。会计师事务所在选取单项业务进行检查时，可以不事先告知相关项目组。参与业务执行或项目质量控制复核的人员不应承担该项业务的检查工作。在确定检查的范围时，会计师事务所可以考虑外部独立检查的范围或结论，但这些检查并不能替代自身的内部监控。

阅读资料 3-3

ABC会计师事务所接受委托，对甲公司2008年度财务报表进行审计，并委派A注册会计师为项目负责人。在接受委托后，A注册会计师发现甲公司业务流程采用计算机信息系统控制，审计项目组成员均缺少这方面的专业技能。A注册会计师了解到某软件公司张先生曾参与甲公司计算机信息系统的设计工作，因此聘请张先生加入审计项目组，测试该系统并出具测试报告。在审计过程中，A注册会计师要求审计项目组成员相互复核所执行的工作，并在工作底稿的复核人员栏签字。在复核过程中，审计项目组成员之间在某个专业问题上发生分歧，A注册会计师就此问题专门致函有关部门进行咨询，但始终没有得到回复。考虑到该项业务的高风险性，在出具审计报告后，ABC会计师事务所专门指派未参与该项业务的经验丰富的注册会计师实施了项目质量控制复核。

要求：指出ABC会计师事务所(包括审计项目组)在业务质量控制方面存在的问题，并简要说明理由。

3.4 注册会计师的法律责任

现在注册会计师的法律责任正在逐步扩展，特别是在西方国家，进入20世纪80年代后，无论是法院的判例解释，还是注册会计师职业团体的态度，较之以往都发生了很大变化。随着诉讼数量的迅速增长，出现了另外一个重要的现象：职业过失保险赔付急剧增长，而保险赔付的增加又不可避免地导致保险费用的攀升。例如，在美国，在对执业不当的审判中，凡涉及大额赔付的，陪审团裁决的基础就是认为赔偿金额通常由保险公司而非被告承担。陪审团的裁决表明他们已先入为主地认为被告都事先投了保。很明显，在陪审团眼中，保险金额的支付就像天上掉下来的馅饼。早期的司法制度倾向于限定注册会计师对第三方的法律责任，但自20世纪70年代末以来，不少法官已放弃上述判例原则，转而规定注册会计师对已知的第三方使用者或财务报表的特定用途必须承担法律责任。当注册会计师涉及民事侵权的案件时，诉讼带来的直接后果就是赔偿金额的持续上涨。这又导致注册会计师由于支付高额保险费用而引发提供的服务价格持续上涨。

3.4.1 注册会计师法律责任概述

1. 注册会计师法律责任的成因

合约、习惯法(已有法律判决案例的累积)以及成文法律，都要求注册会计师承担相应的法律责任。进一步说，法律责任是与违反合约条款、民事侵权(由于违背法律责任而侵害他人合法权益的民事过失)或犯罪联系在一起的。对于客户和非客户而言，这些责任是不言而喻的。由于非合约方不能凭借合约来要求经济利益，因此，非合约方(非客户)通常被排除在与合约方利益相关的部分之外。

法律责任的出现，经常是因为注册会计师在执业时没有保持应有的职业谨慎，并因此导致了对其他人权利的损害。应有的职业谨慎，指的是注册会计师应当具备足够的专业知识和业务能力，按照执业准则的要求执业。在职业谨慎方面出现问题就构成了过失。在习惯法下，注册会计师有责任履行对客户明示或隐含的合约。如果因过失或违约而没有提供服务，或在工作中未能恪守应有的职业谨慎，则要对客户承担法律责任。此外，依据习惯法，在某些情况下，注册会计师可能要对客户以外的其他人承担责任，如对“已预见”将依赖财务报表的第三者承担责任。除了习惯法以外，注册会计师还可能依据成文法对第三者承担责任。如在美国，1933 年《证券法》和 1934 年《证券交易法》包含的一些条款，都可以作为起诉注册会计师的依据。在极少的情况下，注册会计师可能还承担刑事责任。从目前看，注册会计师涉及法律诉讼的数量和金额都呈上升趋势，除了法律因素外，原因有：①财务报表使用者对注册会计师的责任日趋了解；②政府监管部门保护投资者的意识日益加强，监管措施日益完善，处罚力度日益增大；③由于审计环境发生很大变化，企业规模扩大，业务全球化以及企业经营的错综复杂性，使会计业务更加复杂，审计风险变大；④“探口袋”理论的盛行，社会日益赞同受害的一方向有能力提供赔偿的一方提起诉讼，而不论错在哪一方；⑤注册会计师败诉的案例日益增多等。民事法庭在审理起诉会计师事务所的案件中，会计师事务所败诉的案例日益增多。这便促使律师以收费为基础提供法律服务，无论是否有道理，都将会计师事务所作为起诉的对象；许多会计师事务所宁愿在庭外和解法律问题，以避免高昂的法律费用和公开的负面影响，也不愿通过司法程序来解决这些问题；法庭在理解专业性事项方面存在困难。

2. 经营失败、审计失败和审计风险

经营失败，是指企业由于经济或经营条件的变化，如经济衰退、不当的管理决策或出现意料之外的行业竞争等，而无法满足投资者的预期。经营失败的极端情况是申请破产。被审计单位在经营失败时，也可能会连累注册会计师。很多会计和法律专业人员认为，财务报表使用者控告会计师事务所的主要原因之一，是不理解经营失败和审计失败之间的差别。众所周知，资本投入或借给企业后就面临某种程度的经营风险。

审计失败则是指注册会计师由于没有遵守审计准则的要求而发表了错误的审计意见。例如，注册会计师可能指派了不合格的助理人员去执行审计任务，未能发现应当发现的财务报表中存在的重大错报。

审计风险是指财务报表中存在重大错报，而注册会计师发表不恰当审计意见的可能性。由于审计中的固有限制影响注册会计师发现重大错报的能力，注册会计师不能保证避免财务报表出现整体重大错报的情况。特别是，如果被审计单位管理层精心策划和掩盖舞弊行为，注册会计师尽管完全按照审计核准执业，有时还是不能发现某项重大舞弊行为。

在绝大多数情况下。当注册会计师未能发现重大错报并出具了错误的审计意见时，就可能产生注册会计师是否恪守应有的职业谨慎的法律问题。如果注册会计师在审计过程中没有尽到应有的职业谨慎，就属于审计失败。在这种情况下，法律通常允许因注册会计师未尽到应有的职业谨慎而遭受损失的各方，获得由审计失败导致的部分或全部损失的补偿。但是，由于审计业务的复杂性，判断注册会计师是否尽到应有的谨慎也是一件困难的工作。尽管如此，注册会计师如果未能恪守应有的职业谨慎，会因此承担责任，并可能致使会计师事务所也遭受损失。

3. 对注册会计师责任的认定

1) 违约

所谓违约，是指合同的一方或几方未能达到合同条款的要求。当违约给他人造成损失时，注册会计师应负违约责任。比如，会计师事务所在商定的期间内，未能提交纳税申报表，或违反了与被审计单位订立的保密协议等。

2) 过失

所谓过失，是指在一定条件下，缺少应具有的合理的谨慎。评价注册会计师的过失，是以其他合格注册会计师在相同条件下可做到的谨慎为标准的。当过失给他人造成损失时，注册会计师应负过失责任。通常将过失按其程度不同分为普通过失和重大过失。

普通过失(也有的称“一般过失”)通常是指没有保持职业上应有的合理的谨慎；对注册会计师则是指没有完全遵循专业准则的要求。比如，未按特定审计项目取得必要和充分的审计证据就出具审计报告的情况可视为一般过失。

重大过失是指连起码的职业谨慎都不保持。对业务或事务不加考虑，满不在乎；对注册会计师而言，则是指根本没有遵循专业准则或没有按专业准则的基本要求执行审计。

另外，还有一种过失叫“共同过失”，即对他人过失，受害方自己未能保持合理的谨慎因而蒙受损失。例如，委托人指控注册会计师未能查出特定的舞弊，而该舞弊的发生又和被审计单位缺乏完善的内部控制系统有密切关系，这种情况法院可能会判定被审计单位有共同过失。

3) 欺诈

欺诈又称注册会计师舞弊，是指以欺骗或坑害他人为目的的一种故意的极端错误行为。作案具有不良动机是欺诈的主要特征，是欺诈与过失的主要区别。对于注册会计师而言，明知委托单位的会计报表有重大错报，却加以虚伪的陈述，出具无保留意见的审计报告。

与欺诈相关的另一个概念是“推定欺诈”，又称涉嫌欺诈，是指虽无故意欺诈或坑害他人的动机，但却存在极端或异常的过失。法律对注册会计师的诉讼案件采用“举证责任倒置”的原则，当注册会计师不能举证自己没有责任时，可能被“推定欺诈”。

推定欺诈和重大过失这两个概念的界限也很难界定，有些法院将注册会计师的重大过失解释为推定欺诈，特别是近年来法律放宽了“欺诈”一词的范围，使得推定欺诈和欺诈在法律上成为等效的概念。这样，具有重大过失的注册会计师的法律责任就进一步加大了。无论是违约、过失还是欺诈，都是注册会计师职业素质低下的表现，它们无一例外地诱发或增大了注册会计师的法律责任。

3.4.2 注册会计师承担法律责任的种类

注册会计师因违约、过失或欺诈给被审计单位或其他利害关系人造成损失的，按照有关法律和规定，可能被判负行政责任、民事责任或刑事责任。这 3 种责任可单处，也可并处。行政处罚对注册会计师个人来说，包括警告、暂停执业、吊销注册会计师证书；对会计师事务所而言，包括警告、没收违法所得、罚款、暂停执业、撤销等。民事责任主要是指赔偿受害人损失。刑事责任主要是指按有关法律程序判处一定的徒刑。一般来说，因违约和过失可能使注册会计师负行政责任和民事责任，因欺诈可能会使注册会计师负民事责任和刑事责任。

1. 注册会计师的行政责任

行政责任是指注册会计师或会计师事务所在提供专业服务时，因违反注册会计师行业管理的法律、法规或规章，受到行政主管机关依法处罚的一种法律责任。根据现行《注册会计师法》第三十九条规定，注册会计师在审计中如果有侵权行为等，“由省级以上人民政府财政部门给予警告，情节严重的，由省级以上人民政府财政部门暂停其执业行为或者吊销注册会计师证书”。会计师事务所在审计中如果有侵权行为等，“由省级以上人民政府财政部门给予警告，没收违法所得，可以并处违法所得一倍以上五倍以下的罚款；情节严重的，可以由省级以上人民政府财政部门暂停其经营业务或予以撤销”。这里的暂停执业或暂停营业的时间最长不得超过 12 个月。依法追究注册会计师及其事务所的行政责任，是注册会计师行业管理的重要内容和手段，对保证我国注册会计师行业健康有序地发展具有重要的意义。

行政处罚适用，是指行政机关在认定行为违法的基础上，依照法律规范规定的原则和具体方法决定对行政相对人是否予以行政处罚和如何课以行政处罚，将法律规范运用到各种具体违法案件中的一种执行活动。注册会计师(所)行政处罚的适用实际上是解决注册会计师(所)行政处罚的具体运用问题。它包括对注册会计师(所)违法行为的认定、评价及运用法律进行处罚的具体过程。它通常应遵循下列原则，分别不同情节来进行。

司法优先原则。它是指违法行为构成犯罪时，行政机关必须将案件移送司法机关，由司法机关依法追究其刑事责任，而不能以罚代刑。行政机关在受理了注册会计师(所)行政处罚案件后才发现属于刑事违法行为的，则应当重新移送司法机关处理。

责令改正或者限期改正原则。行政处罚的首要任务是维护国家利益和社会秩序，保护公民、法人和其他组织的合法权益，纠正违法行为，教育公民、法人和其他社会组织自觉守法。尽管责令改正不是一种行政处罚措施，但行政机关进行行政处罚前，都应当首先要求违法行为人及时纠正其违法行为。

一事不再罚原则。对违法行为人的同一违法行为，不得以同一事实或理由予以两次以上的处罚，不允许多头处罚和重复处罚，这对于保障当事人的合法权益是十分必要的。需要说明的是，如果注册会计师(所)的一个违法行为同时违反了两个以上的不同方面的行政管理秩序，触犯了两个以上的法律规范，由不同的行政机关给予不同的处罚是可以的。

2. 注册会计师的民事责任

民事责任是指会计师事务所、注册会计师对由于自己违反合同或民事侵权行为所引起的法律后果依法应当承担的法律责任。民事责任的法律特征主要是补偿性，即以损失填补和恢复原状为原则，经济赔偿数额一般只能等于而不能高于受害人所受的损失。它与行政责任、刑事责任的强制程度不同，一般允许当事人自由处分、庭外和解。注册会计师的民事责任主体只能是会计师事务所。但是个人超越职责范围从事违法行为，则会计师事务所不承担民事责任。注册会计师的民事责任不是一般的民事责任，而是专家民事责任。专家民事责任是指具有特别知识和技能的专业人员在履行专业职能中给他人造成损害所应当承担的民事责任。注册会计师的专家责任，是指注册会计师作为职业专家在执业过程中，因过错行为致委托人或第三人以损害时，会计师事务所应承担的民事责任。

民事责任可以按多种标准进行分类，分类情况如下。

民事责任按产生的原因不同，可分为违反合同的民事责任和侵权的民事责任两类。前者指合同当事人不履行合同债务或履行合同不符合约定条件而应承担的民事责任；后者指因行为人实施侵权行为而发生的民事责任。

民事责任按义务人承担财产责任的范围，分为有限责任和无限责任。前者指债务人以某一部分财产对某种债务负其责任；后者指债务人以其全部财产对其全部债务负其责任，债务人对其债务不全部清偿则不能免责。

民事责任按照过错规则不同分为单方责任和双方责任。前者指仅由当事人一方承担的民事责任；后者指由当事人双方承担的民事责任。

民事责任按承担责任的民事主体多寡分为单独责任和共同责任。前者承担责任的仅为一人，后者承担责任的为多人。

民事责任按责任者之间的关系，分为按份(比例)责任和连带责任。前者指各个责任人对同一债务的债权人按照一定的比例份额分别承担责任，相互之间无连带关系；后者指各个责任人对同一债务的债权人负有全部清偿责任，相互之间有连带关系。

民事责任的归责原则是让行为人承担民事责任的根据和标准。它直接决定着民事责任的构成要件、举证责任的内容、免责的理由和损害赔偿的理由。我国民法所规定的民事责任的规则原则主要有过错责任和严格责任。前者指存在违法行为时，以过错作为确定责任的要件和确定责任范围的依据，是一般的归责原则。后者也称无过错责任，即不以行为人的主观过错作为责任要件和确定责任范围的依据，是特殊的归责原则。此外，在一些违法行为中，法律规定原告能证明其所受到的损害是由被告所致，而被告不能证明自己没有过错，即推定其有过错，并应负民事责任，即过错推定责任。作为专家民事责任，注册会计师民事责任主要采用过错推定原则作为归责原则。

长期以来，我国法律体系中法律责任的设置严重失衡，对于各种证券违法行为的法律责任，偏重于应用行政责任和刑事责任进行制裁，而对民事责任的承担原则和方式、责任构成要件、赔偿原则、赔偿标准等均未有可操作的规定。直到最高人民法院的通知和司法解释颁布，这种状况才有所改变。2002 年 1 月 15 日，最高人民法院发出的《关于受理证券市场因虚假陈述引发的民事侵权纠纷案件有关问题的通知》和 2003 年 1 月 9 日公布的《最高人民法院关于审理证券市场因虚假陈述引发的民事赔偿案件的若干规定》，使审理证券市场因虚假陈述引发的民事赔偿案件成为现实的可能。

3. 注册会计师的刑事责任

刑事责任是指犯罪人因其实施犯罪行为而应当承担的最为严厉的一种处罚，即国家司法机关依照刑事法律对其犯罪行为予以追究，并给予刑事制裁所承担的法律责任。近年来，随着国内外重大财务欺诈案和审计失败案的相继发生，注册会计师受到刑事追究的情况越来越普遍，刑罚越来越严重。

我国《注册会计师法》第三十九条第三款规定：“会计师事务所、注册会计师违反本法第二十条、第二十一条的规定，故意出具虚假的审计报告、验资报告，构成犯罪的，依法追究其刑事责任。”《刑法》第二百二十九条规定：“承担资产评估、验资、验证、会计、审计、法律服务等职责的中介组织的人员故意提供虚假证明文件，情况严重的，处五年以下有期徒刑或者拘役，并处罚金。”

3.4.3 注册会计师防范法律责任的对策

注册会计师的职业性质决定了它是一个容易遭受法律诉讼的行业，那些蒙受损失的受害人想通过起诉注册会计师来尽可能使其损失得到补偿。因此，法律诉讼一直是困扰着会计师职业界的一大难题，会计师行业每年不得不为此而付出大量的精力，支付巨额的赔偿金，购买高昂的保险费。

注册会计师制度在我国恢复和重建已有二十多年的历史，随着注册会计师社会地位和作用的提高，政府部门和社会公众在了解注册会计师的同时，对注册会计师责任的了解也在增加，发生损失后追究注册会计师责任的意识也在强化。近几年来，我国注册会计师行业发生了一系列震惊整个行业乃至整个社会的案件。有关会计师事务所因出具虚假审计报告，造成严重后果而被撤销、没收财产或取消特许业务资格，有关注册会计师也被吊销资格，有的还受到了刑事责任的追究。除一些大案之外，涉及注册会计师的中小型诉讼案件更有日益上升的趋势。如何避免法律诉讼，已成为我国注册会计师当前面临的一个非常严峻的问题。作为注册会计师及其事务所，应从以下几方面采取措施，避免法律诉讼。

1. 严格遵循职业道德和按专业标准的要求执业

现代审计所处的特定环境和自身特点，决定了人们不能苛求注册会计师对会计报表中存在的所有未查清的错报或漏报事项都要承担法律责任。注册会计师是否要承担法律责任，关键要看注册会计师在执业过程中是否有过失或欺诈行为。而判别注册会计师在执业过程中是否有过失，关键又在于注册会计师在执业过程中是否以应有职业谨慎态度遵循专业标准的要求执行业务；欺诈行为的发生首先是因为注册会计师丧失职业道德所致。因此，保持良好的职业道德，严格遵循专业标准的要求执行业务、出具报告，是避免法律诉讼或在法律诉讼中赢得胜诉的根本对策，其他各项对策都是以此为出发点和归宿的。

2. 建立、健全会计师事务所的质量控制制度

会计师事务所必须建立、健全一套严密、科学的质量控制制度，确保事务所的各项工作和执行的各个审计项目质量都合格。为了确保会计师事务所的各项工作质量合格，事务所必须制定和实施全面的质量控制制度，要求并督促全体专业人员恪守独立、客观、公正原则；确保全体专业人员都具有并保持履行其职责所需要的专业胜任能力；确保所承揽的业务都符合独立性的要求，都有能力保证按时完成；保证所有执业人员所从事的审计工作都符合独立审计准则的要求；保证各项质量控制政策和程序的执行情况和结果都能得到及时、准确的监控。

为了保证注册会计师执行的各个审计项目的质量都合格。事务所的督导人员在给助理人员委派工作时应给予适当的指导，向他们讲清审计的目标，审计程序的性质、时间和范围，执业中应注意的问题，以及审计工作底稿的编制要求等；在审计过程中应当监督助理人员的工作进度和质量，协调他们之间的分歧；在助理人员完成工作后，应当对他们的工作底稿是否符合要求、所表达的审计结论是否明确等进行复核。

3. 谨慎选择被审计单位

中外注册会计师法律诉讼案例告诉我们，注册会计师如欲避免法律诉讼，必须慎重地选择被审计单位。

(1) 要选择正直的被审计单位。如果被审计单位对其顾客、职工、政府部门或其他方面没有正直的品格，也必然蒙骗注册会计师，使注册会计师很容易发生过失行为。这就要求会计师事务所在接受委托之前一定要采取必要的措施对被审计单位的历史情况、主要管理人的品行记录有所了解。评价他们的品格是否正直、诚实，弄清委托的真正目的，尤其是在执行特殊目的的审计业务时更应如此。对于缺乏正直、诚实品质的客户应当拒绝他的委托。

(2) 对陷入财务和法律困境的被审计单位也要特别谨慎。陷入财务和法律困境的被审计单位极易发生经营失败、破产倒闭的情况。被审计单位的经营失败会使审计风险转化为审计失败，使注册会计师因审计过程中难以完全避免的一般过失受到追究。“人非圣贤，孰能无过”，注册会计师也是如此。这种很难避免的一般过失在被审计单位不发生破产等经营失败的情况下，只表现为潜在的审计风险，一般不会使注册会计师受到追究。但是，如果被审计单位发生经营失败，则情况就完全不同了，被审计单位的股东和债权人为了使他们的损失得到补偿，就会想方设法寻找注册会计师的过失，以便据以获得注册会计师及其事务所的补偿。这时，注册会计师在审计过程中只要有一点过失被审计单位的股东或债权人抓住，则承担赔偿等法律责任就不可避免。因此，对那些已经陷入财务或法律困境的被审计单位要特别注意，要么提高收费标准，以便更谨慎地进行审计；要么谢绝委托，以彻底避免风险。

4. 与委托人签订审计业务约定书

审计业务约定书是会计师事务所与委托人共同签订的，据以确认审计业务的委托与受托关系，明确审计目的、审计范围及双方责任与义务等事项的书面合约。它是以确认委托与受托关系，为会计师事务所对委托人进行审计提供依据；可以明确审计的目的和范围，有利于会计师事务所和注册会计师有效地开展工作，也有利于被审计单位监督和检查审计工作，保证和提高审计质量；可以明确双方的权利和义务，为审计工作的顺利开展提供可靠的条件，为维护双方的合法权益提供重要保证；可以明确委托方的会计责任、受托人的审计责任和审计报告使用人的使用责任，为可能发生的有关法律诉讼提供证据。

5. 深入了解被审计单位的情况和业务

注册会计师在审计过程中发生过失行为，一个很重要的原因是他们对被审计单位的情况和业务不熟悉，因而不能较准确地确定期望审计风险和评估固有风险与控制风险，致使审计范围和抽样规模过小，审计重点确定错误，甚至看不出被审计业务中的错弊，最终造成审计失败，承担法律责任。因此，注册会计师在制订和实施审计计划时，必须深入了解被审计单位的基本情况和业务，如通过审阅年度报表及其明细资料，了解被审计单位的财务状况、经营成果和现金流量；通过审阅合同协议、章程及营业执照等，了解被审计单位的经营方式、所有者权益与义务、经营范围和业务性质等情况，通过审阅重要会议记录，了解被审计单位重大决策情况；通过了解相关的内部控制，正确评估控制风险；通过观察机构设置及职责分工，了解被审计单位的管理状况；通过分析宏观经济形势及行业政策的变化对被审计单位的影响，测评客户的经营风险；通过查阅以前年度审计档案或向前任注册会计师咨询，了解以前年度被审计单位的审计情况及其对今年的影响等。注册会计师应根据不断深入了解到的被审计单位的基本情况和业务，不断完善审计计划，重新审视已执行的审计程序的恰当性，才能避免审计过失的发生，防范法律追究。

6. 提取风险基金或购买责任保险

注册会计师要想绝对避免审计失败是不现实的。为了防止可能发生的审计诉讼失败对会计师事务所正常营业的冲击，化解和分散审计风险，提取职业风险基金或投保责任保险是非常有效的措施。在西方，投保充分的责任保险是会计师事务所一项极为重要的保护措施，尽管保险不能免除可能受到的法律诉讼，但能防止或减少诉讼失败时会计师事务所发生的财务损失。我国《注册会计师法》也规定了会计师事务所应当按规定建立职业风险基金，办理职业保险。

7. 聘请熟悉注册会计师法律责任的律师

会计师事务所应尽可能聘请熟悉相关法规及注册会计师法律责任的律师，让他们协助注册会计师的执业工作，专门应付审计诉讼。一方面使注册会计师在执业过程中如遇重大法律问题，可随时同律师详细讨论潜在危险情况并仔细考虑律师的建议；另一方面可使律师熟悉注册会计师的执业过程，为可能发生的法律诉讼提供充分的证据。此外，聘请律师应诉一旦发生的法律诉讼，这样不仅可以提高胜诉的可能，还可使注册会计师专心于审计工作，提高审计效率。

8. 注册会计师必须真正树立责任观、风险观

注册会计师是伴随着社会经济权责结构的进化而产生和发展的。它在提供服务获取报酬的同时必须承担相应的风险和责任。现在，在发达的市场经济国家，审计不仅仅是一种降低社会经济风险的活动，它本身也是一种分担社会经济风险的活动。然而，由于长期受计划经济体制和我国会计师事务所挂靠制的影响，我国的一些注册会计师并没有真正认识到审计的作用，以致问题发生时，手足无措，健全和完善相关法规标准势在必行。相关法规标准的健全和完善是明确注册会计师法律责任的重要条件，然而，现行的一些相关法规之间、独立审计准则与这些相关法律法规之间，还存在着不统一、不明确的问题。没有统一而明确的相关法规，注册会计师就无法确认错弊及其重要性，其法律责任也无法明确和恰当追究。因此，注册会计师应通过不懈的努力，促使相关法规的统一和完善。同时，注册会计师自身的法规体系也有待完善和发展，如《注册会计师法》存在一些过时的、不明确的，甚至不完善的方面，不利于明确注册会计师承担法律责任的前提、内容、对象、时

效等问题，亟待修改完善；由于我国实行的是成文法，而且目前我国注册会计师的总体执业水平不高，因此，我国《独立审计准则》在内容、行文等方面应充分考虑我国的国情，规范应更加具体、明晰、可操作，并适当增加一些定量标准。

尽快从法律上赋予会计师事务所以独立的人格，使其能真正独立承担法律责任。独立人格取决于独立名称、独立意思、独立财产、独立责任。其中，独立财产为本，独立名称为表，独立意思为动力，独立责任为归属。现行的由财政部门限定事务所收费的做法，不仅不利于事务所间的竞争和服务质量的提高，而且无法确保事务所的独立人格。因为，不能根据市场经济的要求独立地与客户商定业务收费，则无法实现独立意思，可能会导致入不敷出，进而独立财产将受侵蚀，甚至资不抵债，最终无法承担独立责任。

9. 就注册会计师的法律责任问题加强与司法部门的沟通和合作

近年来，我国发生的一些审计诉讼案，有不少是因为司法等部门不太了解注册会计师职业的特性所造成的。因此，注册会计师职业界积极主动地加强与这些部门的沟通和合作是非常必要的。当前应重点做好以下几项工作：对外广泛宣传中国注册会计师守法、护法的良好职业形象，充分介绍注册会计师法律责任的内容；提高注册会计师相关法规体系特别是独立审计准则的权威性和影响力，使外界客观地、全面地认识注册会计师的应有职责和履责标准，真正促进注册会计师的自我约束、自我发展，相互交流和探讨，特别是通过对一些诉讼案例的合理解决，使各方对我国注册会计师历史的、现实的、将来的所应承担的责任达成共识；强化注册会计师的法律意识和法律知识，增强其应对法律诉讼的能力。

本章小结

审计人员在执业过程中，应遵守职业道德规范，按照审计执业准则的要求规范执业，以最大可能降低其法律责任。本章主要阐述了注册会计师执业准则、职业道德规范及法律责任方面的内容。主要内容包括注册会计师执业准则体系；中国注册会计师职业道德规范的具体内容；注册会计师法律责任的种类有行政责任、民事责任和刑事责任3类，注册会计师法律责任的有效规避不仅需要有良好的外部条件，还需要注册会计师或会计师事务所自身的不断努力。

习　　题

一、单项选择题

1. 注册会计师可以承办客户委托的审计业务而无须回避的情形是(　　)。

A. 注册会计师本人拥有客户的债券

B. 注册会计师的姐妹拥有客户的债券

C. 注册会计师的好友拥有客户的债券

D. 注册会计师的子女拥有客户的债券

2．注册会计师的下列行为中不违反职业道德规范的是(　　)。

A. 承接了主要工作需由事务所外专家完成的业务

B. 按服务成果的大小进行收费

C. 不以个人名义承接一切业务

D. 对自己的能力进行广告宣传

3．会计师事务所对无法胜任或不能按时完成的业务应(　　)。

A. 聘请其他专业人员帮助

B. 转包给其他会计师事务所

C. 减少业务收费

D. 拒绝接受委托

4．及时发现并纠正被审计单位的错误与舞弊，是(　　)的责任。

A. 会计师事务所的注册会计师

B. 政府审计机关的审计师

C. 税务机关的注册税务师

D. 被审计单位的管理当局

5．注册会计师在审计某股份有限公司 2010 年度会计报表时，知悉该公司可能存在重大舞弊行为，则应采取的措施是(　　)。

A. 以职业谨慎态度，劝阻该公司不得进行舞弊

B. 运用专业知识判断该公司是否确实存在舞弊行为

C. 与该公司管理当局讨论，并详细记录于审计工作底稿

D. 向证券监督部门报告，并要求通知广大股东

二、多项选择题

1．会计师事务所应当制定政策和程序，以合理保证(　　)保持职业道德规范要求的独立性。

A．项目负责人

B．助理人员

C．聘用的专家

D．项目质量控制复核人员

2．会计师事务所对已承接的鉴证业务变为非鉴证业务时应当考虑以下原因(　　)。

A．独立性和专业胜任能力的限制

B．预期使用者对该项业务的性质存在误解

C．业务范围存在限制

D．业务环境变化影响到预期使用者的需求

3．正大会计师事务所的注册会计师李平曾经担任东方公司的助理。在确定东方公司 2006 年度财务报表的审计小组成员时，正大会计师事务所的业务主管需要根据李平任职的具体情况决定是否能派李平参加审计小组。以下情形中，影响李平审计独立性的是(　　)。

A．李平曾于 2005 年担任东方公司的王总经理助理，该总经理现任东方公司的副董事长

B．李平曾于 2005 年担任东方公司的李董事长助理，该董事长已于 2006 年定居我国

C．李平曾于 2006 年上半年担任东方公司主管财务的郑副总经理的助理，该副总经理已于 2006 年 8 月离职

D．李平曾于 2004 年担任东方公司主管生产的平副总经理的助理，该副总经理已于 2005 年办理了离休手续

4. 接受委托前，后任注册会计师与前任注册会计师之间的沟通，主要包括(　　)内容。

A. 前任注册会计师在执行审计业务中发现的所有调整事项

B. 是否发现被审计单位管理层存在诚信方面的问题

C. 前任注册会计师与被审计单位治理层沟通过的关于管理层舞弊、违反法规行为以及内部控制的重大缺陷等问题

D. 前任注册会计师认为导致被审计单位变更会计师事务所的原因

5. 下列各项中，符合注册会计师职业道德规范的有(　　)。

A. 事务所没有以降低收费的方式招揽业务

B. 事务所为争取更多的客户对其能力做广告宣传

C. 事务所允许其他事务所的某注册会计师以本所的名义承办业务

D. 事务所没有雇用正在其他事务所执业的注册会计师

三、简析题

ABC 会计师事务所是一家新成立的事务所，最近制定了业务质量控制制度，有关内容摘录如下：

1. 合伙人考核和晋升制度规定，连续 3 年业务收入额排名前三位的高级经理晋级为合伙人，连续 3 年业务收入额排名后 3 位的合伙人降为高级经理。

2. 内部业务检查制度规定，以每 3 年为一个周期，选择已完成业务进行检查，如果事务所当年接受相关部门的外部检查，则当年暂停对所有业务的内部检查。

3. 项目质量控制复核制度规定，除上市公司审计业务外，其他需要实施质量控制复核的审计业务由审计项目组负责人执业项目质量控制复核。

4. 工作底稿保管制度规定，推行业务档案电子化，将纸质工作底稿经电子扫描后，存为业务电子档案，同时销毁纸质工作底稿。

5. 独立性政策规定，每年需要保持独立性的人员提供关于独立性要求的培训，并要求高级经理以上(含高级经理)的人员每年签署遵守独立性要求的书面确认函。

6. 分所管理制度规定，分所可以根据自身的实际情况，自行制定业务质量控制制度。

要求：

针对上述资料，分别指出 ABC 会计师事务所业务质量控制制度是否符合会计师事务所质量控制准则的规定，并简要说明其理由。

第4章 审计目标及其实现

教学目标

通过本章的学习，了解财务报表审计总体目标，掌握财务报表审计总体目标经由管理层的认定概念予以具体化的逻辑过程，了解审计证据的含义、决策、评价和记录，掌握审计工作底稿的要素和复核。

教学要求

财务报表审计总体目标具体化的逻辑过程，审计证据的决策及其评价。

基本概念

审计目标　审计证据　审计工作底稿

导入案例

“渝钛白”事件

1997年，重庆渔港钛白粉股份有限公司(以下简称渝钛白)，将实际上已于1995年年底就完工且投入试生产的钛白粉建设项目应付债券利息约8 064万元计入建工程成本，从而使1997年的公司亏损额反应为3 136万元。渝钛白的总会计师给出的理由是，钛白粉工程项目很特殊，一方面，钛白粉这种化工产品不同于普通的商品，对各项技术指标的要求非常严格，需要反复试生产，逐步调整质量等指标，直到生产出合格的产品才能投放市场。而试产期的产品性能不稳定，是不能投放市场的。另一方面，原料(如硫酸)的腐蚀性强，一旦停工，原料淤积于管道、容器中，再次开工前需彻底清洗、调试设备。因此，钛白粉项目交付使用产生效益前，还有一个过渡的整改和试生产期，仍属工程建设期。也就是说，公司在1997年度年报中，将8 064万元的应付债券利息计入建工程成本是有依据的。

注册会计师需要确定渝钛白公司对这笔借款费用的会计处理是否合理。经审计，重庆会计师事务所注册会计师认为，应付债券利息8 064万元应计入当期损益。因为公司钛白粉工程于1995年下半年就开始投产，1996年已经具备生产能力，可以生产出合格产品。这一工程虽一度停产，但1997年全年共生产1 680吨，这一产量尽管与设计能力1.5万吨还相差甚远，但主要原因是缺乏流动资金及市场暂未打开，而非工程尚未完工，该工程应认定为已达到预定可使用状态。根据企业会计准则的规定，固定资产建成达到预定可使用状态时，为购建固定资产而发生的借款利息应当停止资本化，此后发生的借款利息应在发生时根据其发生额确认为费用，计入当期损益。

双方各执一词，重庆会计师事务所不得不发表了否定意见。

资料来源：马春静. 新编审计原理与实务. 大连：大连理工大学出版社，2007年.

点评：

长期股权投资和投资收益审计的实质性程序是被审计单位对其财务报表作出的一项认定，注册会计师的职责则是要确定被审计单位管理层这一认定是否恰当。在审计过程中，注册会计师应根据管理层的认定来确定审计目标，再根据审计目标设计和实施恰当的审计程序，来完成审计工作。

4.1 审计目标

审计目标是在一定历史环境下，审计主体通过审计实践活动所期望达到的境地或最终结果。审计目标体现了审计的基本职能，是构成审计理论结构的基石，是整个审计系统运行的定向机制，是审计工作的出发点和落脚点。

4.1.1 我国财务报表审计的总目标

关于财务报表审计的总目标，各国的表述略有不同。例如，美国注册会计师协会颁布的《审计准则说明书第1号》指出："独立注册会计师对财务报表的审计目标，是对财务报表是否按照公认会计原则公允地反映财务状况、经营成果和现金流量发表意见。"英国《1985年公司法》要求，审计目标是在审计报告中，对被审计单位的财务报表是否给出真实与公允观念和遵守公司法发表意见。国际审计与鉴证准则理事会在国际审计准则中指出："财务报表审计的目标是能够使注册会计师对财务报表在所有重大方面是否按照确定的财务报告框架编制发表意见，发表意见的用词既可以是'给出真实与公允观念'，也可以是'在所有重大方面，公允反映'，这两种用词等效。"

《中国注册会计师审计准则第1101号——财务报表审计的目标和一般原则》第四条指出："财务报表审计的目标是注册会计师通过执行审计工作，对财务报表的下列方面发表审计意见：（一）财务报表是否按照适用的会计准则和相关会计制度的规定编制；（二）财务报表是否在所有重大方面公允反映被审计单位的财务状况、经营成果和现金流量。"

财务报表的使用者之所以希望注册会计师对财务报表的合法性和公允性发表意见，主要有以下4方面原因：

(1) 利益冲突。财务报表使用者往往有着各自的利益，且这种利益与被审计单位管理层的利益大不相同。出于对自身利益的关心，财务报表使用者常常担心管理层提供带有偏见、不公正甚至欺诈性的财务报表。为此，他们往往向外部注册会计师寻求鉴证服务。

(2) 重大性。财务报表是财务报表使用者进行经济决策的重要信息来源，在有些情况下，还是唯一的信息来源。在进行投资、贷款和其他决策时，财务报表使用者期望财务报表中的信息十分翔实、丰富，并且期待注册会计师确定被审计单位是否按公认会计原则编制财务报表。

(3) 复杂性。由于会计业务的处理及财务报表的编制日趋复杂，财务报表使用者因缺乏会计知识而难以对财务报表的质量作出评估，所以他们要求注册会计师对财务报表的质量进行鉴证。

(4) 间接性。绝大多数财务报表使用者都远离被审计单位，这种地域的限制导致财务报表使用者不可能接触到编制财务报表所依据的会计记录。即使使用者可以获得会计记录并对其进行审查，也往往由于时间和成本的限制，而无法对会计记录作出有意义的审查。在这种情况下，财务报表使用者有两种选择：一是盲目相信这些财务报表的质量；二是依赖第三者的鉴证。显然，后者是他们理所当然的选择。

4.1.2 具体审计目标

1. 具体审计目标的确定依据

具体审计目标必须根据被审计单位管理层的认定和审计总目标来确定。被审计单位管理层的认定是指被审计单位管理层对其财务报表组成要素的确认、计量、列报作出的明确或隐含的表达。认定与审计目标密切相关，注册会计师的基本职责就是确定被审计单位管理层对其财务报表的认定是否恰当。

管理层在财务报表上的认定有些是明确性的，有些则是隐含性的。例如，A 公司 2007 年 12 月 31 日资产负债表中列报存货如下：

流动资产：

存货……………………………………………………2 000 000

从这项报告数据中可看出，管理层作出了以下两项明确性认定：A 公司存货交易已发生，2007 年 12 月 31 日的存货是存在的；A 公司对存货交易金额已恰当记录，2007 年 12 月 31 日的存货正确余额是 2 000 000 元。

同时，管理层也作出了以下 3 项隐含性认定：A 公司对所有应记录的存货交易均已记录，所有应当报告的存货均已报告；A 公司记录的存货交易均与 A 公司有关，报告的存货都由 A 公司拥有；A 公司对存货交易已记录于恰当的账户上，如原材料、产成品等均归类为存货，报告的存货在使用上不受任何限制。

管理层对财务报表各组成要素均作出了与上述情形相类似的认定。注册会计师的审计工作就是要验证管理层的认定是否恰当，注册会计师在财务报表审计工作中应明确了解和运用的管理层的认定有以下三方面。

(1) 与各类交易和事项相关的认定。注册会计师对所审计期间的各类交易和事项运用的认定通常分为以下类别。

① 发生：记录的交易和事项已发生，且与被审计单位有关。

② 完整性：所有应当记录的交易和事项均已记录。

③ 准确性：与交易和事项有关的金额及其他数据已恰当记录。

④ 截止：交易和事项已记录于正确的会计期间。

⑤ 分类：交易和事项已记录于恰当的账户。

(2) 与期末账户余额相关的认定。注册会计师对期末余额运用的认定通常分为以下类别。

① 存在：记录的资产、负债和所有者权益是存在的。

② 权利和义务：记录的资产由被审计单位拥有或控制，记录的负债是被审计单位应当履行的偿还义务。

③ 完整性：所有应当记录的资产、负债和所有者权益均已记录。

④ 计价和分摊：资产、负债和所有者权益以恰当的金额包括在财务报表中，与之相关的计价或分摊调整已恰当记录。

(3) 与列报相关的认定。注册会计师对列报运用的认定通常分为以下类别。

① 发生及权利和义务：披露的交易、事项和其他情况已发生，且与被审计单位有关。

② 完整性：所有应当包括在财务报表中的披露均已包括。

③ 分类和可理解性：财务信息已被恰当地列报和描述，且披露内容表达清楚。

④ 准确性和计价：财务信息和其他信息已公允披露，且金额恰当。

2. 具体审计目标

具体审计目标是在审计总目标的统驭下，以证实管理层的认定为出发点，针对财务报表具体项目审计而确定的审计目标。它包括一般审计目标和项目审计目标。一般审计目标是进行财务报表所有项目审计时均必须达到的目标；项目审计目标是按财务报表每个项目分别确定的目标。具体审计目标的确定有助于注册会计师收集充分、适当的审计证据。

审计总目标是抽象、高层次的目标，它是针对财务报表整体审计而言的；而具体审计目标则是审计总目标的具体化、项目化的目标。一般审计目标概括了财务报表所有项目审计共同具有的方向和应达到的目标；项目审计目标受一般审计目标的制约，是只适用于财务报表某一特定项目的审计、最具操作性的目标。

注册会计师必须全面掌握包括审计总目标、一般审计目标和项目审计目标在内的各层次审计目标，以指导审计工作，提高审计效率，保证审计质量。

与管理层的认定相对应，一般审计目标基本结构包括与各类交易和事项相关的审计目标、与期末账户余额相关的审计目标和与列报相关的审计目标3部分。

1) 与各类交易和事项相关的审计目标

(1) 发生：确定已记录的交易和事项是真实的。它是由发生认定推导出的审计目标。例如，在对销货交易审计时，确定登记入账的销货业务是否真实发生则是其具体审计目标；如果发现将不曾发生的销售登记入账，那么管理层的发生认定不成立。此目标与发现财务报表组成要素高估错误有关。

(2) 完整性：确定已发生的交易和事项均已记录。它是由完整性认定推导出的审计目标。例如，在对销货交易审计时，确定已发生的销货业务是否均已入账则是其具体审计目标；如果发现被遗漏的销货业务，那么管理层的完整性认定不成立。此目标与发现财务报表组成要素低估错误有关。

(3) 准确性：确定已记录的交易和事项是按正确金额反映的。它是由准确性认定推导出的审计目标。例如，在对销货交易审计时，确定发出商品的数量与账单上的数量是否相符、账单上的销售价格是否有错、账单上的乘积或加总是否有错以及账簿中的金额是否有错等则是其具体审计目标；如果发现错误的金额，那么管理层的准确性认定不成立。

(4) 截止：确定接近资产负债表日的交易和事项记录于恰当的期间。它是由截止认定推导出的审计目标。例如，在对销货交易审计时，确定销货业务记录的期间是否恰当则是其具体审计目标；如果发现销货截止期限上的错误，如本期交易推延到下期，或下期交易提前至本期，那么管理层的截止认定不成立。

(5) 分类：确定记录的交易和事项经过适当分类。它是由分类认定推导出的审计目标。例如，在对销货交易审计时，确定销货业务记录是否做到适当分类则是其具体审计目标；如果发现将现销记录为赊销，或者将出售经营性固定资产所得的收入记录为营业收入，那么管理层的分类认定不成立。

2) 与期末账户余额相关的审计目标

(1) 存在：由存在认定推导的审计目标是确定记录的金额确实存在。例如，如果不存在某顾客的应收账款，在应收账款明细表中却列入了对该顾客的应收账款，则违反了存在性认定。

(2) 权利和义务：由权利和义务认定推导的审计目标是确定资产归属于被审计单位，负债属于被审计单位的义务。例如，将他人寄售商品列入被审计单位的存货中，则违反了权利认定；将不属于被审计单位的债务记入账内，则违反了义务认定。

(3) 完整性：由完整性认定推导的审计目标是确定已存在的金额均已记录。例如，如果存在某顾客的应收账款，在应收账款明细表中却没有列入对该顾客的应收账款，则违反了完整性认定。

(4) 计价和分摊：资产、负债和所有者权益以恰当的金额包括在财务报表中，与之相关的计价或分摊调整已恰当记录。

3) 与列报相关的审计目标

各类交易和账户余额的认定正确只是为列报正确打基础，财务报表还可能因被审计单位误解有关列报的规定或舞弊等而产生错报。另外，还可能因被审计单位没有遵守一些专门的披露要求而导致财务报表错报。因此，即使注册会计师审计了各类交易和账户余额的认定，实现了各类交易和账户余额的具体审计目标，也不意味着获取了足以对财务报表发表审计意见的充分、适当的审计证据。因此，注册会计师还应当对各类交易和事项及账户余额在财务报表中列报的正确性实施审计。

(1) 发生及权利和义务：将根本没有发生的交易和事项，或与被审计单位无关的交易和事项包括在财务报表中，则违反了发生及权利和义务认定。例如，复核董事会会议中是否记载了固定资产抵押等事项，询问管理层固定资产是否被抵押，即是对列报的权利认定的运用。如果抵押固定资产则需要在财务报表中列报，说明其权利受到限制。

(2) 完整性：如果应当披露的事项没有包括在财务报表中，则违反了完整性认定。例如，检查关联方和关联交易，以验证其在财务报表中是否得到充分披露，即是对列报的完整性认定的运用。

(3) 分类和可理解性：确定财务信息已被恰当地列报和描述，且披露内容表述清楚。例如，检查存货的主要类别是否已披露，是否将一年内到期的长期负债列为流动负债，即是对列报的分类和可理解性认定的运用。

(4) 准确性和计价：确定财务信息和其他信息已公允披露，且金额恰当。例如，检查财务报表附注是否分别对原材料、在产品和产成品等存货成本核算方法作了恰当说明，即是对列报的准确性和计价认定的运用。

在实务中，注册会计师尚需考虑被审计单位的具体情况、被审计项目的性质和内容等因素，确定针对财务报表单个项目审计的项目审计目标，以具体指导审计工作。

表4-1以财务报表项目应收账款为例，揭示了注册会计师根据ABC公司管理层的认定，所拟订的一般审计目标及项目审计目标。

表4-1 ABC公司管理层的认定、一般审计目标和应收账款相关审计目标

管理层认定	一般审计目标	应收账款相关审计目标
	总体合理性	应收账款的增减与公司销售业务和回款进度存在逻辑关系，无迹象表明有重大错报
存在	存在	资产负债表日，所有已记录的应收账款均存在
完整性	完整性	所有符合销售收入确认条件的赊销金额均已计入应收账款
权利和业务	权利和义务	所有大额应收账款已通过函证和其他程序被证实属于公司
计价和分摊	计价和分摊	所有应收账款均已按既定的会计政策计提坏账准备
截止	截止	年末销售截止是恰当的
准确性和计价	准确性和计价	应收账款以其账面价值在资产负债表内列示
分类	分类	应收账款已恰当地按客户名称予以分类
完整性	完整性	应收账款期初、期末余额的账龄分析等应当披露的情况在财务报表附注上得以恰当披露

总之，注册会计师了解了管理层的认定，针对被审计单位的具体情况，就很容易确定具体审计目标，并以此作为评估重大错报风险以及设计和实施进一步审计程序的基础。

4.1.3 审计过程与审计目标的实现

审计目标是在审计过程中通过制订计划、实施测试、收集证据、发表意见来得以实现的，因此，审计目标的实现与审计过程密切相关。所谓审计过程，是指审计工作从开始到结束的整个过程，包括3个阶段：审计计划阶段、实施审计阶段和审计完成阶段。本章主要叙述注册会计师审计3个阶段的基本程序。

1. 审计计划阶段

审计计划阶段是整个审计过程的第一阶段，其核心工作包括接受业务委托和制订审计计划。

1) 接受业务委托

会计师事务所应当按照执业准则的规定，谨慎决策是否接受或保持某客户的关系和具体审计业务。这是整个审计过程的起点。接受业务委托的主要工作包括了解和评价审计对象的可审性、决定是否考虑接受委托、商定业务约定条款、签订审计业务约定书等。

《中国注册会计师鉴证业务基本准则》第九条指出："在接受委托前，注册会计师应当初步了解审计业务环境。业务环境包括业务约定事项、鉴证对象特征、使用的标准、预期使用者的需求、责任方及其环境的相关特征，以及可能对鉴证业务产生重大影响的事项、交易、条件和惯例等其他事项。"只有在了解后认为符合胜任能力、独立性和应有的关注等职业道德要求，并且拟承接的业务具备下列所有特征时，注册会计师才能将其作为审计

业务予以承接：①审计对象适当；②使用的标准适当且预期使用者能够获取该标准；③注册会计师能够获取充分、适当的证据以支持其结论；④注册会计师的结论以书面报告形式表述，且表述形式与所提供的保证程度相适应；⑤该业务具有合理的目的。如果审计业务的工作范围受到重大限制，或委托人试图将注册会计师的名字和审计对象不适当地联系在一起，则该业务可能不具有合理的目的。

2) 制订审计计划

制订审计计划十分重要，计划不周不仅会导致盲目实施审计程序，无法获取充分、适当的审计证据以将审计风险降至可接受的低水平，进而影响审计目标的实现；而且还会浪费有限的审计资源，增加不必要的审计成本，影响审计工作的效率。因此，对于任何一项审计业务，注册会计师在执行具体审计程序之前，都必须根据具体情况制订科学、合理的计划，使审计业务以有效的方式得到执行。

制订审计计划的主要工作包括在本期审计业务开始时开展的初步业务活动；制定总体审计策略；制订具体审计计划等。

制订审计计划不是审计业务的一个孤立的阶段性工作，而是一个持续的、不断修正的过程，它贯穿于整个审计过程的始终。

2. 实施审计阶段

实施审计阶段是审计过程的第二个阶段，是根据审计计划阶段确定的范围、要点、步骤、方法，进行取证、评价，借以形成审计结论，实现审计目标的中间过程。实施审计阶段核心工作包括实施风险评估程序、控制测试和实质性程序。

1) 实施风险评估程序

审计准则规定，注册会计师必须实施风险评估程序，以此作为评估财务报表层次和认定层次重大错报风险的基础。

所谓风险评估程序，是指注册会计师实施的了解被审计单位及其环境并识别和评估财务报表重大错报风险的程序。风险评估程序是必要程序，了解被审计单位及其环境为注册会计师在许多关键环节作出职业判断提供了重要基础。了解被审计单位及其环境实际上是一个连续和动态地收集、更新与分析信息的过程，它贯穿于整个审计过程的始终。注册会计师应当运用职业判断确定需要了解被审计单位及其环境的程度。

实施风险评估程序的主要工作包括了解被审计单位及其环境；识别和评估财务报表层次以及各类交易、账户余额、列报认定层次的重大错报风险，包括确定需要特别考虑的重大错报风险(即特别风险)以及仅通过实施实质性程序无法应对的重大错报风险等。

2) 实施控制测试

注册会计师实施风险评估程序本身并不足以为发表审计意见提供充分、适当的审计证据，注册会计师还应当实施进一步审计程序，包括实施控制测试(必要时或决定测试时)和实质性程序。只有存在下列情形之一，控制测试才是必要的：①在评估认定层次重大错报风险时预期控制的运行是有效的，注册会计师应当实施控制测试以支持评估结果；②仅实施实质性程序不足以提供认定层次充分、适当的审计证据，注册会计师应当实施控制测试，以获取内部控制运行有效性的审计证据。

3) 实施实质性程序

注册会计师应当计划和实施实质性程序，以应对评估的重大错报风险。实质性程序包括实质性分析程序和交易、账户余额、列报的细节测试。

由于注册会计师对重大错报风险的评估是一种判断，并且内部控制存在固有局限性，因此，无论评估的重大错报风险结果如何，注册会计师均应当针对所有重大的各类交易、账户余额、列报实施实质性程序，以获取充分、适当的审计证据。

风险评估程序和实质性程序是每次财务报表审计都应实施的必要程序，而控制测试则不是。在财务报表审计业务中，注册会计师必须通过实施风险评估程序、控制测试(必要时或决定测试时)和实质性程序，才能获取充分、适当的审计证据，得出合理的审计结论，作为形成审计意见的基础。

3. 审计完成阶段

注册会计师在完成财务报表所有循环的进一步审计程序后，还应当按照有关审计准则的规定做好审计完成阶段的工作，并根据所获取的各种证据，合理运用专业判断，形成适当的审计意见。

审计完成阶段是审计过程的最后一个阶段，其核心工作是形成审计意见。具体工作包括审计期初余额、比较数据、期后事项和或有事项；考虑持续经营问题和获取管理层声明；汇总审计差异，并提请被审计单位调整或披露；复核审计工作底稿和财务报表；与管理层和治理层沟通；评价所有审计证据，形成审计意见；编制审计报告等。

4.2 审计证据

审计证据是指注册会计师在执行审计业务过程中，为了形成审计意见所获取的证据。审计证据是由注册会计师收集，并由其根据审计证据作出判断。在审计过程中，什么可作为证据，如何取得适当的证据，应由注册会计师根据审计目标与自己的专业经验加以判定。

在审计实务中，注册会计师通常是针对会计报表的每项认定来获取证据。有关某项认定(如固定资产的存在)的审计证据，不得用于代替有关另一项认定(如计价)应获取的证据。不同的审计程序可提供不同的审计证据，而不同的审计证据可用来证实不同的报表认定。注册会计师必须了解审计证据的种类，以便针对不同性质的认定，来选择最适当的方法，以获取充分、适当的证据。

4.2.1 审计证据的种类

关于审计证据的种类，各国有不同的分类标准和分类结果。一般而言，注册会计师所获取的审计证据可以按其外形特征分为实物证据、书面证据、口头证据和环境证据 4 大类。

1. 实物证据

实物证据是指通过实际观察或清点所取得的、用以确定某些实物资产是否确实存在的证据。实物证据通常是证明实物资产是否存在的非常有说服力的证据，但实物资产的存在并不能完全证实被审计单位对其拥有所有权。通过实物清点来判断其质量好坏(它将影响到资产的价值)有时也很困难。因此，对于取得实物证据的账面资产，还应就其所有权归属及其价值情况另行审计。

2. 书面证据

书面证据是注册会计师所获取的各种以书面文件为形式的证据。它包括与审计有关的各种原始凭证、会计记录(记账凭证、会计账簿和各种明细表)、各种会议记录和文件、各种合同、通知书、报告书及函件等。在审计过程中，注册会计师往往要大量地获取和利用书面证据。因此，书面证据是审计证据的主要组成部分，也被称之为基本证据。

书面证据按其来源可以分为外部证据和内部证据两类。

(1) 外部证据。外部证据是由被审计单位以外的组织机构或人士所编制的书面证据。它一般具有较强的证明力。外部证据包括由被审计单位以外的机构或人士编制并由其直接递交注册会计师的外部证据，以及由被审计单位以外的机构或人士编制但为被审计单位持有并提交注册会计师的书面证据两种。前者如应收账款函证回函，被审计单位律师与其他独立的专家关于被审计单位资产所有权等的证明函件，保险公司、寄售企业、证券经纪人的证明等，此类证据不仅由完全独立于被审计单位的外界组织或人员提供，而且未经被审计单位有关职员之手，从而排除了伪造、更改凭证或业务记录的可能性，因而其证明力最强；后者如银行对账单、购货发票、应收票据、顾客订购单、有关的契约、合同等，由于此类证据已经被审计单位职员之手，在评价其可靠性时，注册会计师应考虑被涂改或伪造的难易程度及其已被涂改的可能性。当获取的书面证据有被涂改或伪造的痕迹时，注册会计师应予以高度警觉。尽管如此，在一般情况下，外部证据仍是较被审计单位的内部证据更具证明力的一种书面证据。

此外，在外部证据中往往还包括注册会计师为证明某个事项而自己动手编制的各种计算表、分析表等。

(2) 内部证据。内部证据是由被审计单位内部机构或职员编制和提供的书面证据，它包括被审计单位的会计记录、被审计单位管理当局声明书，以及其他各种由被审计单位编制和提供的有关书面文件。一般而言，内部证据不如外部证据可靠，但如果内部证据在外部流转，并获得其他单位或个人的承认(如销货发票、付款支票等)，则具有较强的可靠性。即使只在被审计单位内部流转的书面证据，其可靠程度也因被审计单位内部控制的完善程度而异。若内部证据(如收料单与发料单)经过了被审计单位不同部门的审核、签章，且所有凭据预先都有连续编号并按序号依次处理，则这些内部证据也具有较强的可靠性；相反，若被审计单位的内部控制不太健全，注册会计师就不能过分地信赖其内部自制的书面证据。

会计记录。会计记录包括各种自制的原始凭证、记账凭证、账簿等。它是注册会计师取自被审计单位内部的一类非常重要的审计证据。注册会计师在审查会计报表项目时，往往需追溯审查被审计单位的会计账簿和各种凭证，他们通常需由分类账追查至日记账与记账凭证，然后再追查至支票的原始凭证。会计记录的可靠性，主要取决于被审计单位在填栅时内部控制的完善程度。除各种会计凭证、会计账簿外，可作为这一类审计证据的还有被审计单位编制的各种试算表和汇总表等。

被审计单位管理当局声明书。被审计单位管理当局声明书是注册会计师从被审计单位管理当局所获取的书面声明。其主要内容是以书面的形式确认被审计单位在审计过程中所作的各种重要的陈述或保证，包括：会计记录、财务数据、董事会及股东大会会议记录均已提供给注册会计师；会计报表是完整的，并按国家的有关法规、制度编制；所有需披露的事项，如或有负债、关联方交易等均已作了充分的披露；其他事项。

被审计单位管理当局声明书属于可靠性较低的内部证据，不可替代注册会计师实施其他必要的审计程序，但是它却具有以下作用：①提醒被审计单位的管理人员，他们对会计报表负有主要责任；②将被审计单位在审计期间所回答的问题予以书面化；③声明书可作为被审计单位管理当局未来意图的证据。

其他书面文件。其他书面文件是指被审计单位提供的其他有助于注册会计师形成审计结论和意见的书面文件，如被审计单位管理当局声明书中所提及的董事会及股东大会会议记录，重要的计划、合同资料，被审计单位的或有损失、关联方交易等。

3. 口头证据

口头证据是被审计单位职员或其他有关人员对注册会计师的提问做口头答复所形成的一类证据。通常在审计过程中，注册会计师会向被审计单位有关人员询问会计记录、文件的存放地点，采用特别会计政策和方法的理由，收回逾期应收账款的可能性等。对这些问题的口头答复就构成了口头证据。一般而言，口头证据本身并不足以证明事情的真相，但注册会计师往往可以通过口头证据发现一些重要的线索，从而有利于对某些需审核的情况作进一步的调查，以搜集到更为可靠的证据。

在审计过程中，注册会计师应对各种重要的口头证据尽快做出记录，并注明是何人、何时、在何种情况下所作的口头陈述，必要时还应获得被询问者的签名确认。相对而言，不同人员对同一问题所作的口头陈述相同时，口头证据具有较高的可靠性。但在一般情况下，口头证据往往需要得到其他相应证据的支持。

4. 环境证据

环境证据也称状况证据，是指对被审计单位产生影响的各种环境事实。具体而言，它又包括以下几种。

(1) 有关内部控制情况。如果被审计单位有着良好的内部控制，就可增加其会计资料的可信赖程度。也就是说，当注册会计师确认被审计单位有良好的内部控制，且其日常管理又一贯地遵守其内部控制中有关的规定时，就可认为被审计单位现行的内部控制为会计报表项目的可靠性提供了强有力的证据。此外，被审计单位内部控制的完善程度还决定着注册会计师所需的从其他各种渠道收集的审计证据的数量。内部控制越健全，所需的其他各类审计证据就越少；否则，注册会计师就必须获取较大数量的其他审计证据。

(2) 被审计单位管理人员的素质。被审计单位管理人员的素质越好，则其所提供的证据发生差错的可能性就越小。

(3) 各种管理条件和管理水平。良好的管理条件和较高的管理水平，也是影响其所提供的证据的可靠程度的一个重要因素。必须指出，环境证据一般不属于基本证据，但它可帮助注册会计师了解被审计单位及其经济活动所处的环境，是注册会计师进行判断所必需掌握的资料。

4.2.2 审计证据的特性

我国独立审计具体准则指出："注册会计师执行审计业务，应当在取得充分、适当的审计证据后，形成审计意见，出具审计报告。注册会计师应当运用专业判断，确定审计证据是否充分、适当。"这里的充分和适当正是审计证据的两大特性。

1. 审计证据的充分性

审计证据的充分性是对审计证据数量的衡量，主要与注册会计师确定的样本量有关。例如，对某个审计项目实施某一选定的审计程序，从 200 个样本中获得的证据要比从 100 个样本中获得的证据更充分。

注册会计师需要获取的审计证据的数量受错报风险的影响。错报风险越大，需要的审计证据可能越多。具体来说，在可接受的审计风险水平一定的情况下，重大错报风险越大，注册会计师就应实施越多的测试工作，将检查风险降至可接受水平，以将审计风险控制在可接受的低水平范围内。

例如，注册会计师对某电脑公司进行审计，经过分析认为，受被审计单位行业性质的影响，存货陈旧的可能性相当高，存货计价的错报可能性就比较大。为此，注册会计师在审计过程中，就要选取更多的存货样本进行测试，以确定存货陈旧的程度，从而确认存货的价值是否被高估。

2. 审计证据的适当性

1) 适当性的概念

按照准则的定义，审计证据的适当性是指审计证据的相关性和可靠性。审计证据的相关性是指审计证据应与审计目标相关联；审计证据的可靠性是指审计证据应能如实地反映客观事实。

一般而言，审计证据的相关与可靠程度越高，则所需审计证据的数量就可减少；反之，审计证据的数量就要相应增加。

2) 判断审计证据适当性应考虑的因素

(1) 审计证据的相关性。注册会计师只能利用与审计目的相关联的审计证据来证明和否定被审计单位所认定的事项。一般而言，注册会计师通过符合性测试获取审计证据时，应考虑的相关事项如下：①内部控制是否存在；②内部控制是否有效；③内部控制在审计期间是否得到一贯遵守。注册会计师通过实质性程序获取审计证据时，应考虑的相关事项主要包括：①资产或负债在某一特定时日是否存在；②资产或负债在某一特定时日是否归属于被审计单位；③经济业务的发生是否与被审计单位有关；④是否有未入账的资产、负债或其他交易事项；⑤会计记录金额是否恰当；⑥资产或负债的计价是否恰当；⑦收入与费用的配比是否恰当；⑧会计报表项目的分类反映是否恰当，并前后一致。

(2) 审计证据的可靠性。审计证据的可靠性受其来源、及时性和客观性的影响。不同来源的审计证据的可靠程度通常可用下述标准来判断：①以书面文件为形式的书面证据，比经由对有关人员口头询问而得来的口头证据可靠；②取自被审计单位以外的独立的第三者的外部证据，比取自被审计单位内部的证据可靠；③已获独立的第三者确认的内部证据，比未获独立的第三者确认的内部证据可靠；④注册会计师自行获得的证据，比由被审计单位提供的证据可靠；⑤被审计单位内部控制较好时所提供的内部证据，比被审计单位内部控制较差时所提供的内部证据可靠；⑥不同来源或不同性质的审计证据相互印证时，审计证据较具可靠性；反之，若通过某一来源所获取的证据与通过其他来源所获取的证据不相一致，或者不同性质的证据相互矛盾时，则注册会计师需要进一步审计。

3) 充分性与适当性的关系

充分性与适当性是审计证据的两个重要特征，两者缺一不可，只有充分且适当的证据才是有证明力的。

注册会计师需要获取的审计证据的数量也受审计证据质量的影响。审计质量越高，需要的审计证据数量可能越少。也就是说，审计证据的适当性会影响审计证据的充分性。例如，被审计单位的内部控制健全时生成的审计证据更可靠，注册会计师只需获取适量的审计证据，就可以为发表审计意见提供合理的基础。

需要注意的是，尽管审计证据的充分性与适当性相关，但如果审计证据的质量存在缺陷，那么注册会计师仅靠获取更多的审计证据可能无法弥补其质量上的缺陷。同样地，如果注册会计师获取的证据不可靠，那么证据数量再多也难以起到证明作用。

4.2.3 审计证据的获取

依据我国独立审计具体准则的要求，注册会计师在审计过程中可以采用检查、监盘、观察、查询及函证、计算和分析性复核等审计程序(或称审计方法)获取审计证据。

1. 检查

检查是指注册会计师对会计记录和其他书面文件可靠程度的审阅与复核。

注册会计师在审阅会计记录和其他书面文件时，应注意其是否真实、合法，具体来讲，包括以下几个方面。

(1) 审阅原始凭证时，应注意其有无涂改或伪造现象；记载的经济业务是否合理合法；是否有业务负责人的签字等。

(2) 审阅会计账簿时，应注意是否符合《企业会计准则》及国家其他有关财务会计制度的规定，包括审阅被审计单位据以入账的原始凭证是否整齐完备；账簿有关内容与原始凭证的记载是否一致；会计分录的编制或账户的运用是否恰当；货币收支的金额有无不正常现象；成本核算是否符合国家有关财务会计制度的规定；审计目标要求的其他内容。

(3) 审阅会计报表时，应注意会计报表的编制是否符合《企业会计准则》及国家其他有关财务会计法规的规定；会计报表的附注是否对应予揭示的重大问题作了充分的披露。

注册会计师在复核会计记录及其他书面文件时，应注意检查各种书面文件是否一致，具体来说，包括如下内容：①原始凭证上记载的数量、单价、金额及其合计数是否正确；②日记账上的记录是否与相应的原始凭证记录一致；③日记账与会计凭证上的记录是否与总分类账及有关的明细分类账相符；④总分类账的账户余额是否与所属明细分类账的账户余额合计数相符；⑤总分类账各账户的借方余额合计与贷方余额合计是否相等；⑥总分类账各账户的余额或发生额合计是否与会计报表上相应项目的金额相等；⑦会计报表上各有关项目的数字计算是否正确，各报表之间的有关数字是否一致，如果涉及前期的数字，是否与前期会计报表上的有关数字相符；⑧外来账单与单位存单账目的记录是否相符。

2. 监盘

监督是指注册会计师现场监督被审计单位各种实物资产及现金、有价证券等的盘点，并进行适当的抽查。

一般而言，实物资产的盘点应由被审计单位进行，注册会计师只进行现场监督；对于贵重的物资，注册会计师可抽查复点。采用监督盘点的方法是为了确定被审计单位实物形态的资产是否真实存在，并是否与账面数量相符，查明有无短缺、毁损及贪污、盗窃等问题存在。但监盘法有其局限性，它只能对实物资产是否确实存在提供有力的审计证据，但却不能保证被审计单位对资产拥有所有权，也不能对该资产的价值提供审计证据。因此，注册会计师在监盘之外，应对实物资产的计价和所有权另行审计。

3. 观察

观察是指注册会计师实地察看被审计单位的经营场所、实物资产和有关业务活动及其内部控制的执行情况等，以获取证据的方法。

4. 查询及函证

查询是指注册会计师对有关人员进行书面或口头询问以获取审计证据的方法。函证是指注册会计师为印证被审计单位会计记录所载事项而向第三者发函询证的一种方法。如果没有回函或对回函结果不满意，注册会计师应当实施必要的替代程序，以获取相应的审计证据。

5. 计算

计算是指注册会计师对被审计单位的原始凭证及会计记录中的数据所进行的验算或另行计算。

注册会计师在进行审计时，往往需对被审计单位的凭证、账簿和报表中的数字进行计算，以验证其是否正确。注册会计师的计算并不一定按照被审计单位原先的计算形式和顺序进行；在计算过程中，注册会计师不仅要注意计算结果是否正确，而且还要对某些其他可能的差错(如计算结果的过账和转账有误等)予以关注。

一般而言，计算不仅包括对被审计单位的凭证、账簿和报表中有关数字的验算，而且还包括对会计资料中有关项目的加总或其他运算。其中，加总又分为横向加总(即横向数字的加总)和纵向加总(即纵向数字的加总)。在会计报表审计中，注册会计师往往需要大量地运用加总技术来获取必要的审计证据。

6. 分析性复核

分析性复核是指注册会计师对被审计单位重要的比率或趋势进行的分析，包括调查异常变动以及这些重要比率或趋势与预期数额和相关信息的差异。

一般而言，在整个审计过程中，注册会计师都将运用分析性复核的方法。

分析性复核常用的方法又有比较分析法、比率分析法、趋势分析法 3 种。

(1) 比较分析法。比较分析法是通过某一会计报表项目与其既定标准的比较，以获取审计证据的一种技术方法。它包括本期实际数与计划数；预算数或注册会计师的计算结果之间的比较；本期实际数与同业标准之间的比较等。

(2) 比率分析法。比率分析法是通过对会计报表中的某一项目同与其相关的另一项目相比所得的值进行分析，以获取审计证据的一种技术方法。

(3) 趋势分析法。趋势分析法是通过对连续若干期某一会计报表项目的变动金额及其百分比的计算，分析该项目的增减变动方向和幅度，以获取有关审计证据的一种技术方法。

7. 审计程序与审计证据认定之间的关系

在审计过程中，为了实现由管理当局会计报表认定推论得出的众多具体审计目标，注册会计师将使用本章所介绍的所有审计程序(获取审计证据的方法)和各类审计证据。审计程序同各类审计证据及认定三者之间的关系如下。

(1) 通过监盘程序(方法)，可以获得实物证据，与存在或发生和估价认定相关。

(2) 通过观察程序(方法)，可以获得实物证据和环境证据，与存在或发生、完整性、所有权和估价认定相关。

(3) 通过分析性复核程序(方法)，可以获得环境证据和书面证据，与发生或存在、完整性和估价或分配认定相关。

(4) 通过计算程序(方法)，可以获得书面证据，与存在或发生、所有权和估价或分配认定相关。

(5) 通过检查程序(方法)，可以获得书面证据，与存在或发生、所有权和估价或分配认定相关。

(6) 通过查询及函证程序(方法)，可以获得书面证据和口头证据，与存在或发生、所有权和估价或分配认定相关。

审计程序同审计证据并不是一一对应关系。通常，一种审计程序可产生多种审计证据，而要获得某类证据，也可选用多种审计程序。

实际上，在特定情形下，执行某程序的方式也可能会影响到与某证据有关的认定的项数。例如，运用“监盘”这一审计程序来查证实物资产时，若监盘是随意性的，那么可能只是为了获得这些资产“存在”的证据。若监盘是比较全面的，那么还可能发现资产损坏或过时等情况。这样，监盘获得的实物证据就还与完整性和估计认定相关。

4.2.4 审计证据的整理与分析

注册会计师为了使所收集到的分散的、个别的审计证据变成充分、适当的具有证明力的证据，以正确评价被审计单位会计报表等有关会计资料是否恰当地反映了其财务状况、经营成果及现金流量情况，就必须按照一定的方法对审计证据进行分类整理与分析，使之条理化、系统化。只有这样，注册会计师才能对各种审计证据合理地进行审计小结，并在此基础上，恰当地形成整体的审计意见。

审计证据的收集与审计证据的整理、分析并非是互不相关的独立的环节；相反，它们经常是交叉进行的。

1. 审计证据整理与分析的方法

审计证据的整理、分析没有一个固定的模式，审计的目的不同，审计证据的种类不同，其整理、分析方法也不相同。一般而言，审计证据整理、分析的方法有如下几种。

(1) 分类。所谓分类是指将各种审计证据按其证明力的强弱，或按与审计目标的关系是否直接等分门别类排列成序。

(2) 计算。所谓计算是指按照一定的方法对数据方面的审计证据进行计算，并从计算中得出所需的新的证据。

(3) 比较。所谓比较包括两方面的内容：一方面，要将各种审计证据进行反复比较，从中分析出被审计单位经济业务的变动趋势及其特征；另一方面，还要与审计目标进行比较。判断其是否符合要求(如不符合要求，则需补充收集有关的审计证据)。

(4) 小结。所谓小结是指对审计证据在上述分类、计算和比较的基础上，注册会计师对审计证据进行归纳、总结，得出具有说服力的局部的审计结论。

(5) 综合。所谓综合是指注册会计师对各类审计证据及其所形成的局部的审计结论进行综合分析，最终形成整体的审计意见。

2. 审计证据整理与分析注意事项

(1) 审计证据的取舍。注册会计师不必也不可能把审计证据所反映的内容全部都包括到审计报告之中。在编写审计报告之前，注册会计师必须对反映不同内容的审计证据作适当的取舍，舍弃那些无关紧要的、不必在审计报告中反映的次要证据，只选择那些具有代表性的、典型的审计证据在审计报告中加以反映。审计证据取舍的标准大体有以下两方面：①金额大小。对于金额较大、足以对被审计单位的财务状况或经营成果的反映产生重大影响的证据，应当作为重要的审计证据。②问题性质的严重程度。有的审计证据本身所揭露问题的金额也许并不很大，但这类问题的性质较为严重，它可能导致其他重要问题的产生或与其他可能存在的重要问题有关，则这类审计证据也应作为重要的证据。

(2) 分清事实的现象与本质。某些审计证据所反映的可能只是一种假象，注册会计师必须对其加以认真的分析研究，透过现象找出它所反映的事物的本质，而不能被表面的假象所迷惑。

(3) 排除伪证。所谓伪证，是指被审计单位等审计证据的提供者出于某种动机而伪造的证据，或是有关方面基于主观或客观原因而提供的假证。这些证据或因精心炮制而貌似真证据，或与被审计事实之间存在某种巧合，如不认真排除，往往就会鱼目混珠，以假乱真。

4.3 审计工作底稿

审计工作底稿是审计证据的载体，是指注册会计师在执行审计业务过程中，形成的全部审计工作记录和获取的资料。其内容包括注册会计师在制定和实施审计计划时直接编制的、用以反映其审计思路和审计过程的工作记录，注册会计师从被审计单位或其他有关部门取得的、用作审计证据的各种原始资料，以及注册会计师接受并审阅他人代为编制的审计记录。审计工作底稿的全部内容，是注册会计师形成审计结论、发表审计意见的直接依据。

4.3.1 审计工作底稿的分类

根据审计工作底稿的性质和作用，可将其分为综合类工作底稿、业务类工作底稿和备查类工作底稿3类。

综合类工作底稿是指注册会计师在审计计划和审计报告阶段，为规划、控制和总结整个审计工作，并发表审计意见所形成的审计工作底稿。该类工作底稿主要包括审计业务约定书、审计计划、审计报告书未定稿、审计总结及审计调整分录汇总表等综合性的审计工作记录。

业务类工作底稿是指注册会计师在审计实施阶段执行具体审计程序所编制和取得的工作底稿。该类工作底稿主要包括注册会计师在执行预备调查、符合性测试和实质性程序等审计程序时所形成的工作底稿。

备查类工作底稿是指注册会计师在审计过程中形成的，对审计工作仅具有备查作用的审计工作底稿。该类工作底稿主要包括与审计约定事项有关的重要法律性文件、重要会议记录与纪要、重要经济合同与协议、企业营业执照、公司章程等原始资料的副本或复印件。

审计工作底稿的作用主要有以下几方面。

(1) 审计工作底稿是联结整个审计工作的桥梁。审计项目小组一般由多人组成，项目小组内要进行合理的分工。不同的审计程序、不同会计账项的审计往往由不同人员执行，而最终形成审计结论和发表审计意见时，则主要针对被审计单位的会计报表进行。因此，必须把不同人员的审计工作有机地联结起来，以便对整体会计报表表示意见，而这种联结必须借助于审计工作底稿。

(2) 审计工作底稿是注册会计师形成审计结论、发表审计意见的直接依据。审计结论和审计意见是根据注册会计师获取的各种审计证据以及注册会计师一系列的专业判断形成的。而注册会计师所收集到的审计证据和所作出的专业判断，都完整地记载于审计工作底稿中。审计工作底稿就是审计结论与审计意见的直接依据。

(3) 审计工作底稿是解脱或减轻注册会计师的审计责任、评价或考核注册会计师专业能力与工作业绩的依据。注册会计师依照独立审计准则实施了必要的审计程序，方可解脱或减轻其审计责任，而注册会计师是否实施了必要的审计程序，审计程序的选择是否合理，专业判断是否准确都必须通过审计工作底稿来体现和衡量。

(4) 审计工作底稿为审计质量控制与质量检查提供了可能。会计师事务所进行审计质量控制，主要是指导和监督注册会计师选择实施审计程序，编制审计工作底稿，并对审计工作底稿进行严格复核；注册会计师协会或其他有关单位依法进行审计质量检查，也主要是对审计工作底稿的检查。因此，没有审计工作底稿，审计质量的控制与检查就无法落到实处。

(5) 审计工作底稿对未来的审计业务具有参考备查价值。审计业务有一定的连续性，同一被审计单位前后年度的审计业务具有众多联系或共同点。因此，当年的审计工作底稿，对以后年度审计业务具有很大的参考或备查作用。

4.3.2 审计工作底稿的要素与复核

1. 审计工作底稿的基本要素

审计工作底稿的形成方式主要有两种：一种是直接编制；另一种是取得。就所编制的审计工作底稿而言，尤其是对业务类工作底稿而言，《独立审计具体准则——审计工作底稿》规定，审计工作底稿一般包括下列基本要素。

(1) 被审计单位名称。

(2) 审计项目名称。

(3) 审计项目时点或期间。

(4) 审计过程记录。

(5) 审计标志及其说明。

(6) 审计结论。

(7) 索引号及页次。

(8) 编制者姓名及编制日期。

(9) 复核者姓名及复核日期。

(10) 其他应说明事项。

2. 审计工作底稿的基本结构

注册会计师编制审计工作底稿的基本目的是为了揭示有关审计事项的未审情况、注册会计师的审计过程和经过审计后有关审计事项的审定情况。为实现上述目的，注册会计师编制审计工作底稿时，应把握以下基本结构。

(1) 被审计单位的未审情况，包括被审计单位的内部控制情况，有关会计账项的未审计发生额及期末余额。

(2) 审计过程的记录，包括注册会计师实施的审计测试性质、审计测试项目、抽取的样本及检查的重要凭证、审计标志及其说明、审计调整及其分类事项等。

(3) 注册会计师的审计结论，包括注册会计师对被审计单位内部控制情况的研究与评价结果、有关会计账项的审定发生额及审定期末余额。

3. 形成审计工作底稿的基本要求

(1) 编制审计工作底稿的基本要求。注册会计师在编制审计工作底稿时，应当做到内容完整、格式规范、标志一致、记录清晰、结论明确，以便其他注册会计师或有关人员在复核、检查或使用审计工作底稿时，能够理解和接受审计工作底稿的内容。

(2) 获取审计工作底稿的基本要求。注册会计师可直接从被审计单位或其他有关单位取得审计工作底稿，也可以要求被审计单位有关人员代为编制有关会计账项的明细分类或汇总底稿，甚至可以要求被审计单位就有关事项提供声明。对于上述审计资料，注册会计师必须做到：①注明资料来源；②实施必要的审计程序，如对有关法律性文件的复印件审阅并同原件核对一致；③形成相应的审计记录。注册会计师在审阅或核对后，应形成相应的文字记录并签名，方能形成审计工作底稿。

(3) 影响审计工作底稿繁简程度的因素。我国《独立审计具体准则——审计工作底稿》指出，审计工作底稿的繁简程度与以下基本因素相关：①审计约定事项的性质、目的和要求；②被审计单位的经营规模及审计约定事项的复杂程度；③被审计单位的内部控制是否健全、有效；④被审计单位的会计记录是否真实、合法、完整；⑤是否有必要对业务助理人员的工作进行特别指导、监督和复核；⑥审计意见类型。

注册会计师在形成审计工作底稿时，工作底稿应有索引编号及顺序编号。同时，相关的审计工作底稿之间，应保持清晰的钩稽关系，相互引用时，应注明交叉索引编号。

4. 常用的审计工作底稿类型

审计业务类型不同，被审计单位的经济性质不同，就会出现不同类型的审计工作底稿。就一般年度会计报表审计业务而言，常用审计工作底稿类型主要包括以下几种。

(1) 与被审计单位设立有关的法律性资料，如企业设立批准证书、营业执照、合同、协议与章程等文件或变更文件的复印件。

(2) 与被审计单位组织机构及管理层人员结构有关的资料。

(3) 重要的法律文件、合同、协议和会议记录的摘录或副本。

(4) 被审计单位相关内部控制的研究与评价记录。

(5) 审计业务约定书。

(6) 被审计单位的未审计会计报表及审计差异调整表。

(7) 审计计划。

(8) 实施具体审计程序的记录和资料。

(9) 与被审计单位、其他注册会计师、专家和其他有关人员的会谈记录、往来函件。

(10) 被审计单位管理当局声明书。

(11) 审计报告、管理建议书底稿及副本。

(12) 审计约定事项完成后的工作总结。

5. 审计工作底稿的复核

(1) 审计工作底稿复核制度。一张审计工作底稿往往由一名专业人员独立完成，编制者对有关资料的引用、对有关事项的判断、对会计数据的加计复算等都可能出现误差，因此，在审计工作底稿编制完成后，通过一定的程序，经过多层次的复核显得十分必要。会计师事务所应结合本所实际情况制定出实用有效的复核制度。所谓审计工作底稿复核制度，就是会计师事务所对有关复核人级别、复核程序与要点、复核人职责等所作出的明文规定。

(2) 审计工作底稿复核的作用。减少或消除人为的审计误差，以降低审计风险，提高审计质量；及时发现和解决问题，保证审计计划顺利执行，并能够不断地协调审计进度、节约审计时间、提高审计效率；便于上级管理人员对注册会计师进行审计质量监控和工作业绩考评。

(3) 审计工作底稿的复核要点。根据中国注册会计师质量控制基本准则的要求，会计师事务所应当建立多层次的审计工作底稿复核制度，而不同层次的复核人可能有不同的复核重点。但就复核工作的基本要点来看，不外乎4点：①所引用的有关资料是否翔实可靠；②所获取的审计证据是否充分、适当；③审计判断是否有理有据；④审计结论是否恰当。

(4) 审计工作底稿复核的基本要求。复核是会计师事务所进行审计项目质量控制的一项重要程序，必须有严格和明确的规则。一般说来，复核时应做好几项工作：①做好复核记录，对审计工作底稿中存在的问题和疑点要明确指出，并以文字记录于审计工作底稿中；②复核人签名和签署日期，这样，有利于划清审计责任，也有利于上级复核人对下级复核人的监督；③书面表示复核意见；④督促编制人及时修改、完善审计工作底稿。

(5) 审计工作底稿三级复核制度。为了保证审计工作底稿复核工作的质量，会计师事务所应建立多层次的审计工作底稿复核制度。就我国会计师事务所来看，建立三级复核制度是最切实可行的。所谓审计工作底稿三级复核制度，就是指会计师事务所制定的以主任会计师、部门经理 (或签字注册会计师)和项目经理为复核人，对审计工作底稿进行逐级复核的一种复核制度。这一复核制度目前已在我国众多的会计师事务所实行，对提高审计质量发挥了重要作用。

项目经理(或项目负责人)复核是三级复核制度中的第一级复核，称为详细复核。它要求项目经理对下属审计人员形成的审计工作底稿逐张复核，发现问题及时指出，并督促审计人员及时修改完善。部门经理(或签字注册会计师)是三级复核制度中的第二级复核，称为一般复核。它是在项目经理完成了详细复核之后，再对审计工作底稿中重要会计账项的审计、重要审计程序的执行，以及审计调整事项等进行复核。部门经理复核既是对项目经理复核的一种再监督，也是对重要审计事项的重点把关。主任会计师 (或合伙人)复核是三级复核中的最后一级复核，又称重点复核。它是对审计过程中的重大会计审计问题、重大审计调整事项及重要的审计工作底稿所进行的复核。主任会计师复核既是对前面二级复核的再监督，也是对整个审计工作的计划、进度和质量的重点把握。

若部门经理作为某一审计项目的项目负责人，该项目又没有项目经理参加，则该部门经理的复核应视为项目经理复核，主任会计师应另行指定人员代为执行部门经理复核工作，以保证三级复核的贯彻执行。

审计工作底稿形成后，注册会计师应按照一定的标准予以归档。归档时，可以按照审计循环或会计报表项目，以及审计工作底稿的使用期限长短先行分类，再编上相应标志号和页次后分别存档。

阅读资料 4-1

2008 年 2 月 31 日，助理人员小张经注册会计师小王的安排，前去广生公司验证存货的账面余额。在盘点前，小张在过道上听到几个工人的议论，得知存货中可能存在不少无法出售的变质产品。对此，小张对存货进行实地抽点，并比较库存量与最近销量。抽点结果表明，存货数量合理，收发亦较为有序。由于该产品技术含量较高，小张无法鉴别出存货中是否有变质产品，于是，他不得不询问该公司的存货部高级主管。高级主管的答复是，该产品无质量问题。

小张在盘点工作结束后，开始编制工作底稿。在备注中，小张将听说有变质产品的事填入其中，并建议在下阶段的存货审计程序中，应特别注意是否存在变质产品。小王在复核工作底稿时，再一次向小张详细了解存货盘点情况，特别是有关变质产品的情况。另外，还特别对当时议论此事的工人进行询问。但这些工人矢口否认了此事。于是，小王与存货部高级主管进行商讨，之后得出结论，认为“存货价值公允且均可出售”。底稿复核后，小王在备注栏后填写了“变质产品问题经核尚无证据，但下次审计时应加以考虑”由于广生公司总经理抱怨王玲前几次出具了有保留意见的审计报告，使得他们贷款遇到了不少麻烦。审计结束后，注册会计师小王对该年的财务报表出具了无保留意见的审计报告。

两个月后，广生公司资金周转不灵，主要是存货中存在大量的变质产品而无法出售，致使到期的银行贷款无法偿还。银行拟向会计师事务所索赔，认为注册会计师在审核存货时，具有重大过失。债权人在法庭上出示了小王的工作底稿，认为注册会计师明知存货高估，但迫于总经理的压力，没有揭示财务报表中存在问题，因此，应该承担银行的贷款损失。

要求:

1. 引述工人在过道上关于变质产品的议论是否应列入工作底稿?
2. 注册会计师小王是否已尽到了责任?
3. 对于银行的指控，这些工作底稿能否支持或不利于注册会计师的抗辩立场?
4. 银行的指控是否具有充分证据？请说明理由。

4.3.3 审计档案的管理

审计工作底稿经过分类整理、汇集归档后，就形成了审计档案。审计档案是会计师事务所审计工作的重要历史资料，是会计师事务所的宝贵财富，应当妥善管理。

1. 审计档案的分类

审计档案按其使用期限的长短和作用大小可以分为永久性档案和当期档案。

永久性档案是指由那些记录内容相对稳定、具有长期使用价值，并对以后审计工作具有重要影响和直接作用的审计工作底稿所组成的审计档案。永久性档案主要由综合类工作底稿和备查类工作底稿组成。在这些工作底稿中，有些记录内容十分重要，诸如审计报告书副本等；有些记录内容则是可供以后年度直接使用，诸如重要的法律性文件、合同及协议等。因此，应把它们归入永久性档案管理。

当期档案又称一般档案，是指由那些记录内容在各年度之间经常发生变化、只供当期审计使用和下期审计参考的审计工作底稿所组成的审计档案。一般档案主要由业务类工作底稿组成，诸如符合性测试工作底稿、具体会计账项实质性程序的工作底稿等。这些工作底稿所记录的内容，在各年度之间是不同的，因此，主要供当期审计使用。

2. 审计档案的所有权与保管

审计工作底稿是注册会计师对其执行的审计工作所作的完整记录。从一般意义上讲，审计档案的所有权应属于执行该项业务的注册会计师。但是，我国注册会计师不能独立于会计师事务所之外承揽审计业务，审计业务必须以会计师事务所的名义承接。因此，我国现行准则规定审计档案的所有权属于承接该项业务的会计师事务所。

会计师事务所应当制定审计档案保管制度，对审计档案妥善管理，以保证审计档案的安全、完整。审计档案的保管期限可视不同档案类别而有所不同。对于永久性档案，应当长期保存。若会计师事务所中止了对被审计单位的后续审计服务，那么，其永久性档案的保管年限与最近 1 年当期档案的保管年限相同。对当期档案，会计师事务所应当自审计报告签发之日起，至少保存 10 年。即使会计师事务所中止了对被审计单位的后续审计服务，其当期档案的保存年限也不得任意缩减。对于最低保存年限届满的审计档案，会计师事务所可以决定将其销毁。但在销毁之前，应当按规定履行必要的手续，对将要销毁的审计档案作最后一次检查，然后报主任会计师批准。销毁时，有关人员应进行现场监督或检查，以保证被销毁的审计档案彻底销毁干净。

3. 审计档案的保密与调阅

会计师事务所应建立严格的审计工作底稿保密制度，并落实专人管理。除下列情况外，会计师事务所不得对外泄漏审计档案中涉及的商业秘密及有关内容。

(1) 法院、检察院及其他部门因工作需要，在按规定办理了手续后，可依法查阅审计档案中的有关审计工作底稿。

(2) 注册会计师协会对执业情况进行检查时，可查阅审计档案。

(3) 不同会计师事务所的注册会计师，因审计工作的需要，并经委托人同意，在下列情况下，办理了有关手续后，可以要求查阅审计档案：①被审计单位更换了会计师事务所，后任注册会计师可以调阅前任注册会计师的审计档案；②基于合并会计报表审计业务的需要，母公司所聘的注册会计师可以调阅子公司所聘注册会计师的审计档案；③联合审计；④会计师事务所认为合理的其他情况。拥有审计工作底稿的会计师事务所应当对要求查阅者提供适当的协助，并根据有关审计工作底稿的性质和内容，决定是否允许要求查阅者阅览其底稿，及复印或摘录其中的有关内容。审计工作底稿中的内容被查阅者引用后，因为查阅者的误用而造成的后果，与拥有审计工作底稿的会计师事务所无关。

本 章 小 结

财务报表审计的总目标是注册会计师通过执行审计工作，对财务报表的下列方面发表审计意见。①财务报表是否按照适用的会计准则和相关会计制度的规定编制；②财务报表是否在所有重大方面公允反映被审计单位的财务状况、经营成果和现金流量。一般审计目标基本结构包括与各类交易和事项相关的审计目标、与期末账户余额相关的审计目标和与列报相关的审计目标3部分。审计证据可以按其外形特征分为实物证据、书面证据、口头证据和环境证据4大类。充分性和适当性是审计证据的两大特性。审计工作底稿按性质和作用可将其分为综合类工作底稿、业务类工作底稿和备查类工作底稿3类。

习　　题

一、单项选择题

1. 在财务报表审计中，有关管理层对财务报表责任的陈述中不恰当的是(　　)。

A. 选择和运用恰当的会计政策

B. 保证财务报表不存在重大错报以减轻注册会计师的责任

C. 根据企业的具体情况，作出合理的会计估计

D. 选择适用的会计准则和相关会计制度

2. 以下说法中不正确的是(　　)。

A. 职业怀疑态度并不要求注册会计师假设管理层是不诚信的，但也不能假设管理层的诚信毫无疑问

B. 如果从不同来源获取的审计证据或获取的不同性质的审计证据不一致，可能表明其中某项或某几项审计证据不可靠，因此，注册会计师应当追加必要的审计程序

C. 注册会计师通过不断修正的、系统的执业过程，获取充分、适当的审计证据，对财务报表整体发表审计意见，它提供的是一种高水平的绝对保证

D. 注册会计师不应将审计中发现的舞弊视为孤立发生的事项

3. 注册会计师在审查应收账款时，发现账上某笔记录“借：应收账款——A公司100，贷：营业收入100”，通过函证A公司，检查该笔销货记录证实，A公司实际欠款50万元。那么，注册会计师首先认为管理层对主营业务收入账户的(　　)认定存在问题。

A. 发生　　B. 准确性　　C. 完整性　　D. 权利和义务

4. 在注册会计师所关心的下列各种问题中，能够实现截止目标的是(　　)。

A. 应收账款是否已经按照规定计提坏账准备

B. 年后开出的支票是否未计入报告期报表中

C. 存货的跌价损失是否已抵减

D. 固定资产是否有用作抵押的

5. 在注册会计师针对下列各项目分别提出的具体目标中，属于完整性目标的是(　　)。

A. 实现的销售是否均已登记入账

B. 关联交易类型、金额是否在附注中恰当披露

C. 将下期交易提前到本期入账

D. 有价证券的金额是否予以适当列示

二、多项选择题

1. 以下说法中正确的有(　　)。

A. 审计目标包括财务报表审计目标以及与各类交易、账户余额、列报相关的审计目标两个层次

B. 财务报表审计能够提高财务报表的可信赖程度

C. 在财务报表审计中，被审计单位管理层和治理层与注册会计师承担着不同的责任，不能相互混淆和替代

D. 审计目标界定了注册会计师的责任范围，决定了注册会计师如何发表审计意见

2. 关于职业怀疑态度，下列说法中正确的有(　　)。

A. 职业怀疑态度不能假设管理层的诚信毫无疑问，为了稳妥起见，要怀疑其是不诚信的

B. 如果从不同来源获取的审计证据或获取的不同性质的审计证据不一致，可能表明其中某项或某几项审计证据不可靠，因此，注册会计师应当追加必要的审计程序

C. 注册会计师通过不断修正的、系统的执业过程，获取充分、适当的审计证据，对财务报表整体发表审计意见，它提供的是一种高水平的绝对保证

D. 注册会计师不应将审计中发现的舞弊视为孤立发生的事项

3. 为实现对上市公司“完整性”认定相关的审计目标，注册会计师一般考虑与(　　)项目的低估有关。

A. 应付账款　　B. 应收账款　　C. 管理费用　　D. 预付款项

4. 注册会计师准备执行商业银行财务报表审计，在审计资产负债表表外业务时，注册会计师应当检查相应收入的来源，并实施相关审计程序，以证实(　　)。

A. 相关会计记录是否完整　　B. 金额是否正确

C. 计提的减值准备是否充分　　D. 披露是否充分

5. 被审计单位将固定资产已作抵押，但未在财务报表附注中披露，则涉及的认定包括(　　)。

A. 计价和分摊　　B. 完整性

C. 发生及权利和义务　　D. 分类和可理解性

三、简析题

A 会计师事务所原负责审计档案管理的 B 职员调离岗位，C 职员自 2009 年 2 月起继任。C 职员在工作中遇到下面问题：

G 公司 2007、2008 年年度会计报表审计业务均有 M 注册会计师负责。在审计 G 公司 2008 年年度会计报表时，M 注册会计师调阅了 2007 年度的审计工作底稿。2009 年 5 月，M 注册会计师将 2007 年年度底稿退还时，C 职员发现某些底稿中有修改的痕迹。

请根据相关准则的要求，分析 C 职员应该怎样处理这种情况？

第 5 章　计划审计工作

教学目标

通过本章的学习，了解计划审计工作的意义和主要内容，理解初步业务活动、审计业务约定书和初步计划的影响因素和主要内容，掌握审计重要性的意义及其判断与确定，掌握审计风险的评估方法。

教学要求

审计计划、审计重要性和审计风险。

基本概念

审计业务约定书　审计计划　审计重要性　审计风险

导入案例

联区金融集团租赁审计案例

1938 年年初，长期贷款给罗宾斯药材公司的朱利安·汤普森公司，在审核罗宾斯药材公司财务报表时发现两个疑问。

美国联区金融集团是一家从事金融服务的企业，公司有可公开交易的债券上市，美国证券交易委员会要求它定期提供财务报表。经过 7 年的发展，联区金融集团租赁公司的雇员已超过 4 万名，在全国各地设有 10 个分支机构，未收回的应收租赁款接近 4 亿美元，占合并总资产的 35%。

1981 年年底，联区金融集团租赁公司进攻型市场策略的弊端开始显现出来，债务拖欠率日渐升高，该公司不得不采用多种非法手段，来掩饰其财务状况已经恶化的事实。美国证券交易委员会指控联区金融集团租赁公司在其定期报送的财务报表中，始终没有对应收租赁款计提充足的坏账准备金。1981 年以前，坏账准备金为 1.5%，1981 年调增至 2%，1982 年调增至 3%。尽管这种估计坏账损失的会计方法，美国证券交易委员会是认可的，但该联邦机构一再重申，联区金融集团租赁公司的管理当局应该早就知晓，他们所选用的固定比率，百分比实在太小了。事实上，截至 1982 年 9 月，该公司应收账款中拖欠期超过 90 天的金额，已高达 20%以上。对坏账准备金缺乏应有的控制所引起的一个直接后果是，财务报表中该账户的金额被严重低估。

美国证券交易委员会对塔奇·罗丝会计师事务所在联区金融集团租赁公司 1981 年度审计中的表现极为不满。联邦机构指责该年度的审计“没有进行充分的计划和监督”。美国证券交易委员会宣称，事务所在编制联区金融集团租赁公司 1981 年度的审计计划及设计审计程序时，没有充分考虑存在于该公司的大量审计风险因素。事实上，美国证券交易委员会发现，1981 年度的审计计划“大部分是以前年度审计计划的延续”。该审计计划缺陷如下。

(1) 塔奇·罗丝会计师事务所没有对超期应收租赁款账户的内部会计控制加以测试。由于审计计划没有测试公司的会计制度是否能准确地确定应收租赁款的超期时间，审计人员无法判断从客户那里获取的账龄汇总表是否准确。

(2) 塔奇·罗丝会计师事务所的审计计划只要求测试一小部分(8%)未收回的应收租赁款。由于把大部分注意力集中在金额超过 5 万美元、拖欠期达 120 天的超期应收租赁款上，塔奇·罗丝会计师事务所忽略了相当部分无法收回的应收租赁款。

(3) 尽管审计计划要求对客户坏账核销政策进行复核，但并没有要求外勤审计人员去确定该政策是否被实际执行。事实上，该公司并没有遵循其坏账核销政策。联区金融集团租赁公司实际采用的是一种核销坏账的预算方法，可以随时将大量无法收回的租赁款冲销坏账准备，而事先却根本没有对这些应收租赁款计提坏账准备金。据美国证券交易委员会称，某些无法收回的应收租赁款挂账多达几年。

(4) 塔奇·罗丝会计师事务所无视联区金融集团租赁公司审计的复杂性以及非同寻常的高风险性，在所分派的执行 1981 年度审计聘约的审计人员中，大多数人对客户以及租赁行业的情况非常陌生。事实上，该公司的会计主管后来作证说，塔奇·罗丝会计师事务所第一次分派了一些对租赁行业少有涉猎或缺乏经验甚至一无所知的审计人员来执行审计。

最后，美国证券交易委员会决定对该事务所进行惩罚，并批评了塔奇·罗丝会计师事务所负责监督指导联区金融集团租赁公司 1980—1982 年度审计工作的合伙人。

资料来源：辛金国. 新编审计学(第 2 版). 北京：科学出版社，2008 年

点评：

审计计划是审计人员为了高效地完成某项审计业务而制订的预期性的、整体性的工作安排，包括总体审计计划和具体审计计划。审计计划的制订，是为了审计过程有序及有效地开展。但最根本的目的，是为了通过有组织的审计活动，达到应有的审计目标。因此，如果在执行审计计划的过程中，发现实际情况与原先设想的情况大相径庭时，就应及时改变审计计划，以确保审计目标的实现。但是，在联区金融集团租赁公司审计案例中，塔奇·罗丝会计师事务所的注册会计师，为了能按计划完成应收账款备抵坏账的测试，情愿放弃对可能发现情况予以关注的机械态度，使得本应发现的问题，因为要贯彻审计计划，而被忽视了。这种舍本求末的做法，彻底违背了制订审计计划的初衷。

从接受业务委托到出具审计报告，要保证高效有序地完成全部审计工作，科学合理地计划审计工作是一项必要的程序。合理的计划审计工作有助于注册会计师适当关注重要的审计领域；有助于注册会计师及时发现和解决潜在的问题；有助于注册会计师恰当地组织和管理审计业务，以有效的方式执行审计业务；有助于选择具备必要的专业素质和胜任能力的项目组成员应对预期风险，并有助于向项目组成员分派适当的工作；有助于指导和监督项目组成员并复核其工作；在适用的情况下，有助于协调组成部分注册会计师和专家的工作。因此，注册会计师应当计划审计工作，使审计业务以有效的方式得到执行。计划审计工作并非审计业务的一个孤立阶段，而是一项持续的过程，注册会计师通常在前一期审计工作结束后即开始开展本期的审计计划工作，并直到本期审计工作结束，贯穿于整个审

计业务的始终。在计划审计工作时，注册会计师需要进行初步业务活动、制定总体审计策略和具体审计计划。在此过程中，需要作出很多关键决策，包括确定可接受的审计风险水平和重要性等。

5.1 初步业务活动

5.1.1 初步业务活动的目的

注册会计师在计划审计工作前，需要开展初步业务活动，以实现以下 3 个目的。

1. 确保注册会计师已具备执行业务所需要的独立性和专业胜任能力

在执行鉴证业务时，注册会计师应当遵守的首要道德原则是保持应有的独立性，尤其是执行审计业务时，项目组的全体成员只有保持应有的独立性，才能够保持专业的怀疑态度、公正的执业、客观的作出判断，也只有保持应有的独立性，才能够取信于公众。除应具备应有的独立性外，注册会计师还应当具有专业的胜任能力，具有执业所必需的专业知识、技能和经验，能够经济、有效地完成客户委托的业务。

2. 确保不存在因管理层诚信问题而影响注册会计师保持该项业务意愿的情况

在审计业务中，包括财务报表在内的大多数财务信息是由客户管理层加工和提供的，如果管理层缺乏应有的诚信，精心策划舞弊并提供虚假的财务信息，那么，注册会计师运用常规审计程序能够发现舞弊的可能性较小，这是现代会计师所面临的最大的风险之一。因此，制订审计计划之前，进一步确认不存在因管理层诚信问题而影响注册会计师保持该项业务意愿的情况是非常必要的。

3. 确保与被审计单位不存在对业务约定条款的误解

在审计中，能否得到客户密切的配合是审计工作确保顺利完成的关键。为此，在接受委托业务时，注册会计师已经就审计业务约定条款与委托人、客户进行了充分的沟通，并签订业务约定书。为了确保审计计划的顺利进行，注册会计师应当进一步确认与客户不存在对业务约定条款的误解。

5.1.2 初步业务活动的内容

注册会计师在本期审计业务开始时应当开展的初步业务活动有：①针对保持客户关系和具体审计业务实施相应的质量控制程序；②评价遵守职业道德规范的情况，包括评价独立性；③及时签订或修改审计业务约定书，就业务约定条款与被审计单位达成一致理解。

1. 针对保持客户关系和具体审计业务实施相应的质量控制程序

针对保持客户关系和具体审计业务实施质量控制程序，并且根据实施相应程序的结果作出适当的决策是注册会计师控制审计风险的重要环节。《中国注册会计师审计准则第 1121 号——历史财务信息审计的质量控制》及《会计师事务所质量控制准则第 5101 号——业务质量控制》含有与客户关系和具体业务的接受与保持相关的要求，注册会计师应当按照其规定开展初步业务活动。

连续审计时，注册会计师通常执行针对保持客户关系和具体审计业务的质量控制程序，而在首次接受审计委托时，注册会计师需要执行针对建立有关客户关系和承接具体审计业务的质量控制程序。总体来讲，无论是连续审计还是首次接受审计委托，注册会计师均应当考虑下列主要事项，以确定保持客户关系和具体审计业务的结论是恰当的：①被审计单位的主要股东、关键管理人员和治理层是否诚信；②项目组是否具备执行审计业务的专业胜任能力以及必要的时间和资源；③会计师事务所和项目组能否遵守职业道德规范。

由于在连续审计的情况下，注册会计师已经积累了一定的审计经验，因此在决定是否保持与某一客户的关系时，项目负责人通常重点考虑本期或前期审计中发现的重大事项，及其对保持该客户关系的影响。在实务中，会计师事务所可以区别首次接受审计委托和连续审计的情况制定不同的质量控制程序，以提高审计工作的效率及效果。

2. 评价遵守职业道德规范的情况

评价遵守职业道德规范的情况也是一项非常重要的初步业务活动。质量控制准则含有包括独立性在内的有关职业道德要求，注册会计师应当按照其规定执行。

职业道德规范要求项目组成员恪守独立、客观、公正的原则，保持专业胜任能力和应有的关注，并对审计过程中获知的信息保密。

对于保持独立性，质量控制准则要求会计师事务所制定政策和程序，以及项目负责人实施相应措施。例如，会计师事务所应当每年至少一次向所有受独立性要求约束的人员获取其遵守独立性政策和程序的书面确认函。

值得注意的是，由于审计过程中情况会发生变化，因此，注册会计师对上述第一项(针对保持客户关系和具体审计业务实施相应的质量控制程序)及第二项(评价遵守职业道德规范的情况)的考虑应当贯穿审计业务的全过程。例如，在现场审计过程中，如果注册会计师发现财务报表存在舞弊，因而对管理层、治理层的胜任能力或诚信产生了极大疑虑，则注册会计师需要针对这一新情况，考虑并在必要时重新实施相应的质量控制程序，并决定是否继续保持该项业务及其客户关系。

虽然保持客户关系及具体审计业务和评价职业道德的工作贯穿审计业务的全过程，但是这两项活动需要安排在其他审计工作之前，以确保注册会计师已具备执行业务所需要的独立性和专业胜任能力，且不存在因管理层诚信问题而影响注册会计师保持该项业务意愿等情况。

3. 及时签订或修改审计业务约定书

在作出接受或保持客户关系及具体审计业务的决策后，注册会计师应当按照《中国注册会计师审计准则第 1111 号——审计业务约定书》的规定，在审计业务开始前，与被审计单位就审计业务约定条款达成一致意见，签订或修改审计业务约定书，以避免双方对审计业务的理解产生分歧。

阅读资料 5-1

世纪元公司系ABC会计师事务所的常年审计客户，由于其业务的性质和经营规模发生重大变化，ABC会计师事务所正在考虑是否继续接受委托以及审计收费等问题。

要求：

1. 连续审计情况下，哪些情况下注册会计师应当考虑重新签订审计业务约定书？
2. 在重新签订业务约定书前，ABC 会计师事务所开展初步业务活动的目的是什么？
3. 开展初步业务的内容一般包括哪些？

5.2 审计业务约定书

5.2.1 审计业务约定书概述

1. 审计业务约定书的含义

审计业务约定书是指会计师事务所与被审计单位签订的，用以记录和确认审计业务的委托与受托关系、审计目标和范围、双方的责任以及报告的格式等事项的书面协议。

审计业务约定书的含义可从以下几方面加以理解。

(1) 签约主体通常是会计师事务所和被审计单位，但也存在委托人与被审计单位不是同一方的情形，在这种情形下，签约主体通常还包括委托人。

(2) 约定内容主要涉及审计业务的委托与受托关系、审计目标和范围、双方责任以及报告的格式。

(3) 文件性质属于书面协议，具有委托合同的性质，一经有关签约主体签字或盖章，在各签约主体之间即具有法律约束力。

2. 签订业务约定书的总体要求

注册会计师应当在审计业务开始前，与被审计单位就审计业务约定条款达成一致意见，并签订审计业务约定书，以避免双方对审计业务的理解产生分歧。需要说明的是，这里的注册会计师是指与委托人签订审计业务约定书的会计师事务所。

如果被审计单位不是委托人，在签订审计业务约定书前，注册会计师应当与委托人、被审计单位就审计业务约定相关条款进行充分沟通，并达成一致意见。

在实务中，审计业务约定书可以采用合同式或信函式两种形式，尽管形式不同，但其实质内容是相同的。合同式审计业务约定书参考格式见 5.2.2。注册会计师在使用时可以根据实际需要进行修改调整。

5.2.2 审计业务约定书的内容

1. 审计业务约定书的必备条款

审计业务约定书的具体内容可能因被审计单位的不同而存在差异，但应当包括下列主要内容。

(1) 财务报表审计的目标。财务报表审计的目标是注册会计师通过执行审计工作，对财务报表是否按照适用的会计准则和相关会计制度的规定编制，是否在所有重大方面公允反映被审计单位的财务状况、经营成果和现金流量发表审计意见。

(2) 管理层对财务报表的责任。在被审计单位治理层的监督下，按照适用的会计准则和相关会计制度的规定编制财务报表是被审计单位管理层的责任。

(3) 管理层编制财务报表采用的会计准则和相关会计制度。

(4) 审计范围，包括指明在执行财务报表审计业务时遵守的中国注册会计师审计准则(以下简称审计准则)。审计范围是指为实现财务报表审计目标，注册会计师根据审计准则和职业判断实施的恰当的审计程序的总和。

(5) 执行审计工作的安排，包括出具审计报告的时间要求。

(6) 审计报告格式和对审计结果的其他沟通形式。

(7) 由于测试的性质和审计的其他固有限制，以及内部控制的固有局限性，不可避免地存在着某些重大错报可能仍然未被发现的风险。

(8) 管理层为注册会计师提供必要的工作条件和协助。

(9) 注册会计师不受限制地接触任何与审计有关的记录、文件和所需要的其他信息。

(10) 管理层对其作出的与审计有关的声明予以书面确认。

(11) 注册会计师对执业过程中获知的信息保密。

(12) 审计收费，包括收费的计算基础和收费安排。在签订审计业务约定书前、注册会计师应当与委托人商定审计收费。在确定收费时，注册会计师应当考虑以下因素：审计服务所需的知识和技能；所需专业人员的数量、水平和经验；每一专业人员提供服务所需的时间；提供审计服务所需承担的责任；各地有关审计收费标准的规定。

(13) 违约责任。

(14) 解决争议的方法。

(15) 签约双方法定代表人或其授权代表的签字盖章，以及签约双方加盖的公章。

上述条款都是审计业务约定书的必备条款。之所以将这些条款作为审计业务约定书的必备条款，主要是由于审计工作专业性强，而委托人可能混淆被审计单位管理层与注册会计师的责任，或不了解审计的固有限制而对审计有不恰当的预期。在这种情况下，在审计业务约定书中明确上述条款，有助于避免委托人对审计业务的目标和作用等产生误解。

2. *在情况需要时应当考虑增加的业务约定条款*

如果情况需要，注册会计师应当考虑在审计业务约定书中列明下列内容。

(1) 在某些方向对利用其他注册会计师和专家上作的安排。

(2) 与审计涉及的内部审计人员和被审计单位其他员工工作的协调。

(3) 预期向被审计单位提交的其他函件或报告。

(4) 与治理层整体直接沟通。

(5) 在首次接受审计委托时，对与前任注册会计师沟通的安排。

(6) 注册会计师与被审计单位之间需要达成进一步协议的事项。

3. *集团财务报表审计应当考虑的因素*

如果负责集团财务报表审计的注册会计师同时负责组成部分财务报表的审计，注册会计师应当考虑下列因素，决定是否与各个组成部分单独签订审计业务约定书。

(1) 组成部分注册会计师的委托人

如果集团和组成部分审计是由不同的委托人委托的，注册会计师通常与不同的委托人分别签订审计业务约定书。例如，××会计师事务所受甲集团母公司委托，对甲集团合并财务报表及集团母公司年度财务报表进行审计，同时，甲集团所属子公司乙公司也聘请××会计师事务所对年度财务报表进行审计。在这种情况下，××会计师事务所应当分别与甲公司和乙公司签订审计业务约定书。

(2) 是否对组成部分单独出具审计报告。

如果集团母公司聘请注册会计师对集团合并财务报表和集团组成部分的年度财务报表进行审计，但明确不对集团组成部分单独出具审计报告，那么，注册会计师一般无须与组成部分另行签订审计业务约定书。

(3) 法律法规的规定。

如果法律法规有明确要求，应按相关要求办理。

(4) 母公司、总公司或总部占组成部分的所有权份额。

如果母公司、总公司或总部占组成部分的所有权份额很大，那么注册会计师可能无须与组成部分另行签约。

(5) 组成部分管理层的独立程度。

组成部分管理层，是指负责编制组成部分财务信息的管理层。在某些情况下，组成部分管理层没有独立决策的权力(如组成部分是某公司的销售部门)，而由集团管理层进行日常经营决策，而且很可能该组成部分在法律上也不具备独立签约的资格，那么注册会计师与其签约是没有意义的。

4. 连续审计情况下，审计业务约定书的修改与重签

对于连续审计，注册会计师应当考虑是否需要根据具体情况修改业务约定的条款，以及是否需要提醒被审计单位注意现有的业务约定条款。注册会计师可以与被审计单位签订长期审计业务约定书。但如果出现下列情况，应当考虑重新签订审计业务约定书。

(1) 有迹象表明被审计单位误解审计目标和范围。

(2) 需要修改约定条款或增加特别条款。

(3) 高级管理人员、董事会或所有权结构近期发生变动。

(4) 被审计单位业务的性质或规模发生重大变化。

(5) 法律法规的规定。

(6) 管理层编制财务报表采用的会计准则和相关会计制度发生变化。

出现上述第(2)种情况时，注册会计师也可以与被审计单位签订补充协议，原审计业务约定书继续有效。会计师事务所或被审计单位(或委托人)如需修改、补充审计业务的约定内容，应当以适当的方式获得对方的确认。

5. 审计业务变更对审计业务约定条款的影响

在完成审计业务前，如果被审计单位要求注册会计师将审计业务变更为保证程度较低的鉴证业务或相关服务，注册会计师应当考虑变更业务的适当性。下列原因可能导致被审计单位要求变更业务。

1) 情况变化对审计服务的需求产生影响

例如，某企业为了公开发行股票需要进行审计，由于情况变化，该企业决定不再上市，因此要求将审计业务变更为保证程度较低的审阅业务。

2) 对原来要求的审计业务的性质存在误解

例如，某广告公司在与其客户就广告项目签约时，约定广告公司发生的与该项目有关的支出均由该客户承担。根据这一约定，广告公司聘请注册会计师对其财务报表进行审计。但在审计过程中，广告公司了解到注册会计师审计的目标是对财务报表整体的合法性和公允性发表意见，而不是对客户关心的事项进行特别报告。广告公司在与其客户沟通之后，提出将审计业务变更为对特定支出明细表执行商定程序业务。

3) 审计范围存在限制

例如，在实施审计过程中，注册会计师无法通过函证等程序对应收账款期末余额获取充分、适当的审计证据。为避免注册会计师出具保留意见或无法表示意见的审计报告，被审计单位要求注册会计师将约定的审计业务变更为审阅业务。

上述第 1)和第 2)项通常被认为是变更业务的合理理由，但如果有迹象表明该变更要求与错误的、不完整的或者不能令人满意的信息有关，注册会计师不应认为该变更是合理的。

在同意将审计业务变更为其他服务前，注册会计师还应当考虑变更业务对法律责任或业务约定条款的影响。如果变更业务引起业务约定条款的变更，注册会计师应当与被审计单位就新条款达成一致意见。如果认为变更业务具有合理的理由，并且按照审计准则的规定已实施的审计工作也适用于变更后的业务，注册会计师可以根据修改后的业务约定条款出具报告。

如果没有合理的理由，注册会计师不应同意变更业务。如果不同意变更业务，被审计单位又不允许继续执行原审计业务，注册会计师应当解除业务约定，并考虑是否有义务向被审计单位董事会或股东会等方面说明解除业务约定的理由。

阅读资料 5-2

CA 股份有限公司委托××会计师事务所对其会计报表进行审计，双方签订了如下的审计业务约定书。

甲方：CA 股份有限公司

乙方：××会计师事务所

甲方委托乙方进行 2002 年会计报表审计，经双方协商，达成以下约定：

一、审计范围及委托目的

乙方接受甲方委托，对甲方 12 月 31 日的资产负债表以及该年度的利润表和现金流量表进行审计。乙方将根据中国注册会计师独立审计准则，对甲方内部控制制度进行研究和评价，对会计记录进行必要的抽查，并在乙方认为需要时实施其他必要的审计程序，在此基础上，对上述会计报表的合法性、公允性及会计处理方法的一贯性发表审计意见。

二、甲方的责任与任务

为乙方审计工作及时提供所需的全部资料和其他有关资料。

委派乙方的审计人员提供必要的条件及合作，具体事项将在乙方所派人员于审计工作开始之前提供的清单中列明。

按本约定书的规定，向乙方及时足额地支付审计费用。

三、按照独立审计准则的要求进行审计，出具审计报告，保证审计报告的真实性、合法性。

四、审计收费

按《×××收费规定》，乙方应收本项业务具体费用，以及所花费的工作时间确定，预计收取人民币×××万元，甲方应在本约定书签订后预付上述费用的××%，其余部分在乙方提交审计报告时一并付清。如在审计过程中遇到重大问题，致使乙方实际花费审计工作时间有较大幅度的增加，甲方应在了解实际情况后，酌情增加审计费用。

五、约定书的有效期间

本约定书一式两份，甲乙双方各执一份。

本约定书自2003年1月10日期生效，并在全部约定事项完成之前有效。

六、约定事项的变更

由于出现不可预见的情况，影响审计工作的如期完成，或许提前出具审计报告，甲乙双方可要求变更约定事项，但应及时通知对方，由双方协商解决。

七、甲乙双方对其他事项的约定

甲方：CA股份有限公司　　乙方：××会计师事务所

代表：(签章)　　代表：(签章)

要求：

指出审计业务约定书中存在的问题。

5.3 初步计划

审计计划分为总体审计策略和具体审计计划两个层次。注册会计师应当针对总体审计策略中所识别的不同事项，制订具体审计计划，并考虑通过有效利用审计资源以实现审计目标。值得注意的是，虽然制定总体审计策略的过程通常在具体审计计划之前，但是两项计划具有内在紧密联系，对其中一项的决定可能会影响甚至改变对另外一项的决定。

5.3.1 总体审计策略

1. 制定总体审计策略时应考虑的因素

注册会计师应当为审计工作制定总体审计策略。本总体审计策略用以确定审计范围、时间和方向，并指导制订具体审计计划。在制定总体审计策略时，注册会计师应当考虑审计范围、审计目标及审计方向等，同时这些事项也会影响具体审计计划。

1) 审计范围

注册会计师应当确定审计业务的特征，包括采用的会计准则和相关会计制度、特定行业的报告要求以及被审计单位组成部分的分布等，以确定审计范围。

具体来说，在确定审计范围时，注册会计师需要考虑的事项包括编制财务报表适用的会计准则和相关会计制度；特定行业的报告要求，如某些行业的监管部门要求提交的报告；预期的审计工作涵盖范围，包括需审计的集团内组成部分的数量及所在地点；母公司和集团内其他组成部分之间存在的控制关系的性质，以确定如何编制合并财务报表；其他注册会计师参与组成部分审计的范围；需审计的业务分部性质，包括是否需要具备专门知识；外币业务的核算方法及外币财务报表折算和合并方法；除对合并财务报表审计之外，是否需要对组成部分的财务报表单独进行审计；内部审计工作的可利用性及对内部审计工作的拟依赖程度；被审计单位使用服务机构的情况，及注册会计师如何取得有关服务机构内部控制设计、执行和运行有效性的证据；拟利用在以前期间审计工作中获取的审计证据的程度，如获取的与风险评估程序和控制测试相关的审计证据；信息技术对审计程序的影响，包括数据的可获得性和预期使用计算机辅助审计技术的情况；根据中期财务信息审阅及在审阅中所获信息对审计的影响，相应调整审计涵盖范围和时间安排；与为被审计单位提供其他服务的会计师事务所人员讨论可能影响审计的事项；被审计单位的人员和相关数据可利用性。

2) 报告目标

总体审计策略的制定应当包括明确审计业务的报告目标，以计划审计的时间安排和所需沟通的性质，包括提交审计报告的时间要求，预期与管理层和治理层沟通的重要日期等。

为计划报告目标、时间安排和所需沟通，注册会计师需要考虑下列事项：被审计单位的财务报告时间表；与管理层和治理层就审计工作的性质、范围和时间所举行的会议的组织工作；与管理层和治理层讨论预期签发报告和其他沟通文件的类型及提交时间，如审计报告、管理建议书和与治理层的沟通函等；就组成部分的报告和其他沟通文件的类型及提交时间与负责组成部分审计的注册会计师沟通；项目组成员之间预期沟通的性质和时间安排，包括项目组会议的性质和时间安排及复核工作的时间安排；是否需要跟第三方沟通，包括与审计相关的法律法规规定和业务约定书约定的报告责任；与管理层讨论预期在整个审计过程中通报审计工作进展及审计结果的方式。

3) 审计方向

总体审计策略的制定应当包括考虑影响审计业务的重要因素，以确定项目组工作方向，包括确定适当的重要性水平，初步识别可能存在较高的重大错报风险的领域，初步识别重要的组成部分和账户余额，评价是否需要针对内部控制的有效性获取审计证据，识别被审计单位、所处行业、财务报告要求及其他相关方面最近发生的重大变化等。

在确定审计方向时，注册会计师需要考虑下列事项：

重要性方面。具体包括在制订审计计划时确定的重要性水平、为组成部分确定重要性且与组成部分的注册会计师沟通、在审计过程中重新考虑重要性和识别重要的组成部分和账户余额；重大错报风险较高的审计领域；评估的财务报表层次的重大错报风险对指导、监督及复核的影响；项目组成员的选择(在必要时包括项目质量控制复核人员)和工作分工，包括向重大错报风险较高的审计领域分派具备适当经验的人员；项目预算，包括考虑为重大错报风险可能较高的审计领域分配适当的工作时间；向项目组成员强调在收集和评价审计证据过程中保持职业怀疑必要性的方式；以往审计中对内部控制运行有效性评价的结果，包括所识别的控制缺陷的性质及应对措施；管理层重视设计和实施健全的内部控制的相关证据，包括这些内部控制得以适当记录的证据；业务交易量规模，以基于审计效率的考虑确定是否信赖内部控制；管理层对内部控制重要性的重视程度；影响被审计单位经营的重大发展变化，包括信息技术和业务流程的变化、关键管理人员变化，以及收购、兼并和分立；重大的行业发展情况，如行业法规变化和新的报告规定；会计准则及会计制度的变化；其他重大变化，如影响被审计单位的法律环境的变化。

另外，在制定总体审计策略时，注册会计师还应考虑初步业务活动的结果，以及为被审计单位提供其他服务时所获得的经验。

2. 总体审计策略的主要内容

注册会计师应当在总体审计策略中清楚地说明下列内容。

(1) 向具体审计领域调配的资源，包括向高风险领域分派有适当经验的项目组成员，就复杂的问题利用专家工作等。

(2) 向具体审计领域分配资源的数量，包括安排到重要存货存放地观察存货盘点的项目组成员的数量，对其他注册会计师工作的复核范围，对高风险领域安排的审计时间预算等。

(3) 何时调配这些资源，包括是在期中审计阶段还是在关键的截止日期调配资源等。

(4) 如何管理、指导、监督这些资源的利用，包括预期何时召开项目组预备会和总结会，预期项目负责人和经理如何进行复核，是否需要实施项目质量控制复核等。

总体审计策略一经制定，注册会计师应当针对总体审计策略中所识别的不同事项，制订具体审计计划，并考虑通过有效利用审计资源实现审计目标。值得注意的是，虽然编制总体审计策略的过程通常在具体审计计划之前，但是两项计划活动并不是孤立、不连续的过程，而是内在紧密联系的，对其中一项的决定可能会影响甚至改变对另外一项的决定。因此，注册会计师应当根据实施风险评估程序的结果，对总体审计策略的内容予以调整。在实务中，注册会计师将制定总体审计策略和具体审计计划相结合进行，可能会使计划审计工作更有效率及效果，并且注册会计师也可以采用将总体审计策略和具体审计计划合并为一份审计计划文件的方式，提高编制及复核工作的效率，增强其效果。

另外，总体审计策略的详略程度应当随被审计单位的规模及该项审计业务的复杂程度的不同而变化。在小型被审计单位审计中，全部审计工作可能由一个很小的审计项目组执行，项目组成员间容易沟通和协调，总体审计策略可以相对简单。

5.3.2 具体审计计划

注册会计师应当为审计工作制订具体审计计划。具体审计计划比总体审计策略更加详细，其内容包括为获取充分、适当的审计证据以将审计风险降至可接受的低水平，项目组成员拟实施的审计程序的性质、时间和范围。可以说，为获取充分、适当的审计证据，而确定审计程序的性质、时间和范围的决策是具体审计计划的核心。具体审计计划应当包括风险评估程序、计划实施的进一步审计程序和其他审计程序。

1. 风险评估程序

具体审计计划应当包括按照《中国注册会计师审计准则第 1211 号——了解被审计单位及其环境并评估重大错报风险》的规定，为了足够识别和评估财务报表重大错报风险，注册会计师计划实施的风险评估程序的性质、时间和范围。

2. 计划实施的进一步审计程序

具体审计计划应当包括按照《中国注册会计师审计准则第 1231 号——针对评估的重大错报风险实施的程序》的规定，针对评估的认定层次的重大错报风险，注册会计师计划实施的进一步审计程序的性质、时间和范围。进一步审计程序包括控制测试和实质性程序。

通常，注册会计师计划的进一步审计程序可以分为进一步审计程序的总体方案和拟实施的具体审计程序(包括进一步审计程序的具体性质、时间和范围)两个层次。进一步审计程序的总体方案主要是指注册会计师针对各类交易、账户余额和列报决定采用的总体方案(包括实质性方案或综合性方案)。具体审计程序则是对进一步审计程序的总体方案的延伸和细化，它通常包括控制测试和实质性程序的性质、时间和范围。

另外，完整、详细的进一步审计程序的计划包括对各类交易、账户余额和列报实施的具体审计程序的性质、时间和范围，包括抽取的样本量等。在实务中，注册会计师可以统筹安排进一步审计程序的先后顺序，如果对某类交易、账户余额或列报已经作出计划，则可以安排先行开展工作，与此同时再制定其他交易、账户余额和列报的进一步审计程序。

3. 计划其他审计程序

具体审计计划应当包括根据审计准则的规定，注册会计师针对审计业务需要实施的其他审计程序。计划的其他审计程序可以包括上述进一步程序的计划中没有涵盖的、根据其他审计准则的要求注册会计师应当执行的既定程序。

5.3.3 审计计划的更改与记录

1. 审计过程中对计划的更改

计划审计工作并非审计业务的一个孤立阶段，而是一个持续的、不断修正的过程，贯穿于整个审计业务的始终。由于未预期事项条件的变化或在实施审计程序中获取的审计证据等原因，注册会计师在必要时应当对总体审计策略和具体审计计划作出更新和修改。

审计过程可以分为不同阶段，通常前面阶段的工作结果会对后面阶段的工作计划产生一定的影响，而后面阶段的工作过程中又可能发现需要对已制订的相关计划进行相应的更新和修改。通常来讲，这些更新和修改涉及比较重要的事项。例如，对重要性水平的修改，对某类交易、账户余额和列报的重大错报风险的评估和进一步审计程序(包括总体方案和拟实施的具体审计程序)的更新和修改等。一旦计划被更新和修改，审计工作也就应当进行相应修正。

2. 对计划审计工作的记录

注册会计师应当记录总体审计策略和具体审计计划，包括在审计工作过程中作出的任何重大更改。

1) 对总体审计策略的记录

注册会计师对总体审计策略的记录，应当包括为恰当计划审计工作和向项目组传达重大事项而作出的关键决策。例如，注册会计师可以以备忘录的形式记录总体审计策略，包括对审计的范围、时间及执行所作出的关键决策。

2) 对具体审计计划的记录

注册会计师对具体审计计划的记录，应当能够反映的内容包括计划实施的风险评估程序的性质、时间和范围，针对评估的重大错报风险计划实施的进一步审计程序的性质、时间和范围。

注册会计师对具体审计计划的记录可以使用标准的审计程序表或审计工作完成核对表，但应当根据具体审计业务的情况作出适当修改。

3) 对计划的重大修改的记录

注册会计师应当记录对总体审计策略和具体审计计划作出的重大更改及其理由，以及对导致此类更改的事项、条件或审计程序结果采取的应对措施。

由于总体审计策略和具体审计计划已经制定，在实务中，如果只是针对某一或某几方面更改审计计划，注册会计师可以保留原有的总体审计策略、具体审计计划，以及已经执行的审计程序的记录，并根据准则的要求，将对审计计划的重大修改情况记录在进一步审计程序表和重大事项概要中。具体的记录模式参见《中国注册会计师审计准则第1131号——审计工作底稿》及其指南中的附录包括的范例。如果对计划的修改涉及整个计划的各个方面，以及多个类别的交易、账户余额和列报，为使整套审计工作底稿内容、脉络更清楚，注册会计师可以考虑重新编制总体审计策略和具体审计计划，并保留原有的总体审计策略和具体审计计划。

注册会计师对计划审计工作记录的形式和范围，取决于被审计单位的规模和复杂程度、重要性、具体审计业务的情况以及对其他审计工作记录的范围等事项。

阅读资料 5-3

注册会计师负责对常年审计客户甲公司 2010 年度财务报表进行审计，撰写了总体审计策略和具体审计计划，部分内容摘要如下。

(1) 初步了解 2010 年度甲公司及其环境未发生重大变化，拟利用以往审计中对管理层、治理层诚信形成的判断。

(2) 因对甲公司内部审计人员的客观性和专业胜任能力存有疑惑，拟不利用内部审计的工作。

(3) 如对计划的重要性水平作出修正，拟通过修改计划实施的实质性程序的性质、时间和范围降低重大错报风险。

(4) 假定甲公司在收入确认方面存在舞弊风险，拟将销售交易及其认定的重大错报风险评估为高水平，不再了解和评估相关控制设计的合理性并确定其是否已得到执行，直接实施细节测试。

(5) 因甲公司于 2010 年 9 月关闭某地办事处并注销其银行账户，拟不再函证该银行账户。

(6) 因审计工作时间安排紧张，拟不函证应收账款，直接实施替代审计程序。

(7) 2010 年度甲公司购入股票作为可供出售的金融资产核算。除实施询问程序外，预期无法获取有关管理层持有意图的其他充分、适当的审计证据，拟就询问结果获取管理层书面声明。

要求：针对上述 7 项，逐项指出册会计师拟订的计划是否存在不当之处。如有不当之处，简要说明理由。

5.4 审计重要性

5.4.1 重要性的含义

所谓“重要性”，是指被审计单位会计报表中错报或漏报的严重程度，这一程度在特定环境下可能影响会计报表使用者的判断或决策。重要性取决于在具体环境下对错报金额和性质的判断。如果一项错报单独或连同其他错报可能影响财务报表使用者依据财务报表作出的经济决策，则该项错报是重大的。

在理解和应用重要性概念时，要注意以下几个问题。

(1) 重要性概念中的错报包含漏报。

财务报表错报包括财务报表金额的错报和财务报表披露的错报。

(2) 重要性包括对数量和性质两个方面的考虑。

所谓数量方面是指错报的金额大小，性质方面则是指错报的性质。一般而言，金额大的错报比金额小的错报更重要。在有些情况下，某些金额的错报从数量上看并不重要，但从性质上考虑，则可能是重要的，对于某些财务报表披露的错报，难以从数量上判断是否重要，应从性质上考虑其是否重要。

(3) 重要性概念是针对财务报表使用者决策的信息需求而言的。

判断一项错报重要与否，应视其对财务报表使用者依据财务报表作出经济决策的影响程度而定。如果财务报表中的某项错报足以改变或影响财务报表使用者的相关决策，则该项错报就是重要的，否则就不重要。

值得说明的是，在通用目的财务报表的审计中，注册会计师对重要性的判断是基于将财务报表使用者作为具有一定的理解能力并能理性地作出相关决策的一个集体来考虑的。注册会计师难以考虑错报对具体的单个使用者可能产生的影响，因为他们的需求千差万别。例如，就一个以盈利为目的的企业而言，由于投资者是该企业风险资本的提供者，能满足这些投资者信息需求的财务报表也将能满足该财务报表的其他使用者的信息需求。因此，在审计这类企业的财务报表时，投资者群体可被视为所有信息使用者的代表，投资者的信息需求是确定重要性的合适的参考依据。

所谓通用目的财务报表，是指被审计单位按照适用的会计准则和相关会计制度的规定编制的、用以满足广大使用者的共同信息需求的财务报表。

如果注册会计师对特殊目的审计业务出具审计报告，在确定重要性时需要考虑特定使用者的信息需求，以实现特殊审计目标。

(4) 重要性的确定离不开具体环境。

由于不同的被审计单位面临不同的环境，不同的报表使用者有着不同的信息需求，因此注册会计师确定的重要性也不相同。某一金额的错报对某被审计单位的财务报表来说是重要的，而对另一个被审计单位的财务报表来说可能不重要。例如，错报 10 万元对一个小公司来说可能是重要的，而对另一个大公司来说则可能不重要。

(5) 对重要性的评估需要运用职业判断。

影响重要性的因素很多，注册会计师应当根据被审计单位面临的环境，并综合考虑其他因素，合理确定重要性水平。不同的注册会计师在确定同一被审计单位财务报表层次和认定层次的重要性水平时，得出的结果可能不同。主要是因为对影响重要性的各因素的判断存在差异。因此，注册会计师需要运用职业判断来合理评估重要性。

需要注意的是，如果仅从数量角度考虑，重要性水平只是一个门槛或临界点。在该门槛或临界点之上的错报就是重要的；反之，该错报则不重要。重要性并不是财务信息的主要质量特征。

5.4.2 确定重要性水平时考虑的因素

注册会计师应当运用职业判断确定重要性。在计划审计工作时，注册会计师应当确定一个可接受的重要性水平，以发现金额上的重大错报。审计人员确定重要性水平时应考虑如下因素。

(1) 对被审计单位及其环境的了解。

被审计单位的行业状况、法律环境与监管环境等其他外部因素，以及被审计单位业务的性质，对会计政策的选择和应用，被审计单位的目标、战略及相关的经营风险，被审计单位的内部控制等因素，都将影响注册会计师对重要性水平的判断。

(2) 审计的目标。

审计的目标包括特定报告要求。信息使用者的要求等因素影响注册会计师对重要性水平的确定。例如，对特定财务报表项目进行审计的业务，其重要性水平可能需要以该项目金额，而不是以财务报表的一些汇总性财务数据为基础加以确定。

(3) 财务报表各项目的性质及其相互关系。

财务报表使用者对不同的报表项目的关心程度不同。一般而言，如果认为流动性较高的项目出现较小金额的错报就会影响报表使用者的决策，注册会计师应当对此从严确定重要性水平。由于财务报表各项目之间是相互联系的，注册会计师在确定重要性水平时，需要考虑这种相互联系。

(4) 财务报表项目的金额及其波动幅度。

财务报表项目的金额及其波动幅度可能促使财务报表使用者作出不同的反应。因此，注册会计师在确定重要性水平时，应当深入研究这些项目的金额及其波动幅度。

5.4.3 重要性水平的确定

注册会计师应当考虑财务报表层次和各类交易、账户余额、列报认定层次的重要性。前已提及，注册会计师应当从数量和性质两个方面考虑重要性。重要性水平是针对错报的金额大小而言的。重要性水平是一个经验值，注册会计师只能通过职业判断确定重要性水平。在审计过程中，注册会计师应当考虑财务报表层次和各类交易、账户余额、列报认定层次的重要性水平。

1. 从数量方面确定重要性水平

1) 财务报表层次的重要性水平

由于财务报表审计的目标是注册会计师通过执行审计工作对财务报表发表审计意见，因此，注册会计师应当考虑财务报表层次的重要性。只有这样，才能得出财务报表是否公允反映的结论。注册会计师在制定总体审计策略时，应当确定财务报表层次的重要性水平。

确定多大错报会影响到财务报表使用者所作决策，是注册会计师运用职业判断的结果。很多注册会计师根据所在会计师事务所的惯例及自己的经验，考虑重要性水平。注册会计师通常先选择一个恰当的基准，再选用适当的百分比乘以该基准，从而得出财务报表层次的重要性水平。

在实务中，有许多汇总性财务数据可以用做确定财务报表层次重要性水平的基准，如总资产、净资产、销售收入、费用总额、毛利、净利润等。在选择适当的基准时，注册会计师应当考虑的因素包括财务报表的要素(如资产、负债、所有者权益、收入和费用等)、适用的会计准则和相关会计制度所定义的财务报表指标(如财务状况、经营成果和现金流量)，以及适用的会计准则和相关会计制度提出的其他具体要求；对被审计单位而言，是否存在财务报表使用者特别关注的财务报表项目(如特别关注与评价经营成果相关的信息)；被审计单位的性质及所在行业；被审计单位的规模、所有权性质以及融资方式。

注册会计师对基准的选择有赖于被审计单位的性质和环境。例如，对以盈利为目的的被审计单位，来自经常性业务的税前利润或税后净利润可能是一个适当的基准；而对于收益不稳定的被审计单位或非盈利组织，选择税前利润或税后净利润作为判断重要性水平的基准就不合适。对于资产管理公司，净资产可能是一个适当的基准。注册会计师通常选择一个相对稳定、可预测且能够反映被审计单位正常规模的基准。由于销售收入和总资产具有相对稳定性，注册会计师经常将其用做确定计划重要性水平的基准。

在确定恰当的基准后，注册会计师通常运用职业判断合理选择百分比，据以确定重要性水平。以下是一些参考数值的举例：①对于以盈利为目的的企业，来自经常性业务的税前利润或税后净利润的 5%，或总收入的 0.5%。在适当情况下，也可采用总资产或净资产的一定比例等。②对于非盈利组织，采用费用总额或总收入的 0.5%。③对于共同基金公司，采用净资产的 0.5%。

前已述及，对重要性的评估需要职业判断。注册会计师执行具体审计业务时，可能认为采用比上述百分比更高或更低的比例是适当的。当根据不同的基准计算出不同的重要性水平时，注册会计师应当根据实际情况决定采用何种计算方法更为恰当。

此外，注册会计师在确定重要性时，通常考虑以前期间的经营成果和财务状况、本期的经营成果和财务状况、本期的预算和预测结果、被审计单位情况的重大变化(如重大的企业购并)以及宏观经济环境和所处行业环境发生的相关变化。例如，注册会计师在将净利润作为确定某被审计单位重要性水平的基准时，因情况变化使该被审计单位本年度净利润出现意外的情况增加或减少，注册会计师可能认为选择近几年的平均净利润作为确定重要性水平的基准更加合适。

注册会计师在确定重要性水平时，不需考虑与具体项目计量相关的固有不确定性。例如，财务报表含有高度不确定性的大额估计，注册会计师并不会因此而确定一个比不含有该估计的财务报表的重要性更高或更低的重要性水平。

2) 各类交易、账户余额、列报认定层次的重要性水平

由于财务报表提供的信息由各类交易、账户余额、列报认定层次的信息汇集加工而成，注册会计师只有通过对各类交易、账户余额、列报认定层次实施审计，才能得出财务报表是否公允反映的结论。因此，注册会计师还应当考虑各类交易、账户余额、列报认定层次的重要性。

各类交易、账户余额、列报认定层次的重要性水平称为可容忍错报。可容忍错报的确定以注册会计师对财务报表层次重要性水平的初步评估为基础。它是在不导致财务报表存在重大错报的情况下，注册会计师对各类交易、账户余额、列报确定的可接受的最大错报。

在确定各类交易、账户余额、列报认定层次的重要性水平时，注册会计师应当考虑以下主要因素：①各类交易、账户余额、列报的性质及错报的可能性；②各类交易、账户余额、列报的重要性水平与财务报表层次重要性水平的关系。由于为各类交易、账户余额、列报确定的重要性水平可容忍错报，对审计证据数量有直接的影响，因此，注册会计师应当合理确定可容忍错报。

需要强调的是，在制定总体审计策略时，注册会计师应当对那些金额本身就低于所确定的财务报表层次重要性水平的特定项目作额外的考虑。注册会计师应当根据被审计单位的具体情况，运用职业判断，考虑是否能够合理预计这些项目的错报将影响使用者依据财务报表作出的经济决策(如有这种情况可能出现)。注册会计师在作出这一判断时，应当考

虑的因素包括会计准则、法律法规是否影响财务报表使用者对特定项目计量和披露的预期(如关联方交易、管理层及治理层的报酬)；与被审计单位所处行业及其环境相关的关键性披露(如制药业的研究与开发成本)；财务报表使用者是否特别关注财务报表中单独披露的特定业务分部(如新近购买的业务)的财务业绩。

了解治理层和管理层对上述问题的看法和预期，可能有助于注册会计师根据被审计单位的具体情况作出这一判断。

2. *从性质方面确定重要性水平*

金额不重要的错报从性质上看有可能是重要的。注册会计师在判断错报的性质是否重要时应该考虑的具体情况如下。

(1) 错报对遵守法律法规要求的影响程度。

(2) 错报对遵守债务契约或其他合同要求的影响程度。

(3) 错报掩盖收益或其他趋势变化的程度(尤其在联系宏观经济背景和行业状况进行考虑时)。

(4) 错报对用于评价被审计单位财务状况、经营成果或现金流量的有关比率的影响程度。

(5) 错报对财务报表中列报的分部信息的影响程度。例如，错报事项对分部或被审计单位其他经营部分的重要程度，而这些分部或经营部分对被审计单位的经营或盈利有重大影响。

(6) 错报对增加管理层报酬的影响程度。例如，管理层通过错报来达到有关奖金或其他激励政策规定的要求，从而增加其报酬。

(7) 错报对某些账户余额之间错误分类的影响程度，这些错误分类影响到财务报表中应单独披露的项目。例如，经营收益和非经营收益之间的错误分类，非盈利单位的受到限制资源和非限制资源的错误分类。

(8) 相对于注册会计师所了解的以前向报表使用者传达的信息而言，错报的重大程度。

(9) 错报是否与涉及特定方的项目相关。例如，与被审计单位发生交易的外部单位是否与被审计单位管理层的成员有关联。

(10) 错报对信息漏报的影响程度。在有些情况下，适用的会计准则和相关会计制度并未对该信息作出具体要求，但是注册会计师运用职业判断，认为该信息对财务报表使用者了解被审计单位的财务状况、经营成果或现金流量很重要。

(11) 错报对与已审计财务报表一同披露的其他信息的影响程度，该影响程度能被合理预期将对财务报表使用者作出经济决策产生影响。

需要指出的是，这些因素只是举例，不可能包括所有情况，也并非所有审计都会出现上述全部因素。注册会计师不能以存在这些因素为由而必然认为错报是重大的。这些因素仅供注册会计师参考。

5.4.4 重要性与审计风险的关系

重要性与审计风险之间存在反向关系。重要性水平越高，审计风险越低；重要性水平越低，审计风险越高。这里所说的重要性水平高低指的是金额的大小。通常，4 000 元的重要性水平比 2 000 元的重要性水平高。在理解两者之间的关系时，必须注意，重要性水平是注册会计师从财务报表使用者的角度进行判断的结果。如果重要性水平是 4 000 元，则意味着低于 4 000 元的错报不会影响到财务报表使用者的决策，此时注册会计师需要通过执行有关审计程序合理保证能发现高于 4 000 元的错报。如果重要性水平是 2 000 元，则金额在 2 000 元以上的错报就会影响财务报表使用者的决策，此时注册会计师需要通过执行有关审计程序合理保证能发现金额在 2 000 元以上的错报。显然，重要性水平为 2 000 元时审计不出这样的重大错报的可能性即审计风险，要比重要性水平为 4 000 元时的审计风险高。审计风险越高，越要求注册会计师收集更多更有效的审计证据，以将审计风险降至可接受的低水平。因此，重要性和审计证据之间也是反向变动关系。

值得注意的是，注册会计师不能通过不合理地人为调高重要性水平，降低审计风险。因为重要性是依据重要性概念中所述的判断标准确定的，而不是由主观期望的审计风险水平决定。

由于重要性和审计风险存在上述反向关系，而且这种关系对注册会计师将要执行的审计程序的性质、时间和范围有直接的影响，因此，注册会计师应当综合考虑各种因素，合理确定重要性水平。

阅读资料 5-4

ABC 会计师事务所接受委托审计 K 公司 2010 年年度的财务报表，确定的报表层重要性水平为 80 万元。2011 年 3 月 15 日完成审计工作，被审计单位管理层同日签署了已审财务报表，3 月 25 日，会计师事务所将出具的审计报告交给 K 公司。同日，K 公司将财务报表及审计报告对外报出。

资料一

(1) 3 月 10 日，注册会计师发现 K 公司准备与财务报表同时报出的公司财务状况说明中，2010 年的利润总额为 1 000 万元，但经过注册会计师审计确认的 K 公司当期利润总额为 800 万元，经核实为公司财务状况说明书中的数据有误。

(2) 3 月 13 日，注册会计师发现 K 公司准备与财务报表同时报出的公司治理结构说明书中，董事会成员名单有误。

(3) 3 月 20 日，注册会计师发现 K 公司准备与财务报表同时报出的公司资产说明书中，长期股权投资为 100 万元，财务报表中长期股权投资金额为 1 000 万元，经过进一步审计程序，发现财务报表有误。

资料二

(1) 当财务报表中列报对应数据时，如果以前针对上期财务报表发表了保留意见，且导致保留意见的事项仍未解决，但对本期数据的影响或可能的影响不重大。

(2) 当列报比较财务报表时，上期财务报表未经审计。

要求：

1. 根据资料一，请分别判断该事项的性质(重大不一致/对事实的重大错报)，并简要说明注册会计师的应对措施。

2. 根据资料二，请分别判断注册会计师应当如果处理？

5.5 审计风险

在审计的发展历程中，审计方法的演变经历了账项基础审计到制度基础审计，再到风险导向审计的过渡。风险导向审计的基本思想就是按照审计人员综合分析各风险要素之后而订立的风险水平来确定审计测试的性质、时间和范围，风险要素的分析和风险水平的确定则是通过运用审计风险模型来实现的。传统的审计风险模型要求审计人员通过综合评估固有风险和控制风险来控制检查风险。2006 年我国颁布的新的注册会计师审计准则，通过修订传统的审计风险模型，强调从宏观上了解被审计单位及其环境，以充分识别和评估财务报表重大错报风险，并针对评估的重大错报风险设计和实施控制测试和实质性分析程序。

5.5.1 审计风险模型

1. 审计风险

审计风险是指财务报表存在重大错报而注册会计师发表不恰当审计意见的可能性。审计风险并不包含这种情况，即财务报表不含有重大错报，而注册会计师错误地发表了财务报表含有重大错报的审计意见的风险。合理保证与审计风险互为补数，即合理保证与审计风险之和等于 100%。如果注册会计师将审计风险降至可接受的低水平，则对财务报表不存在重大错报获取了合理保证。

审计人员发表不恰当审计意见的可能性是有两个方面的风险要素共同构成的：一方面是财务报表本身存在重大错报风险或漏报的风险，即重大错报风险，属于客观风险；另一方面则是审计人员所实施的审计没有发现重大错报或漏报的风险，即检查风险，属于主观风险。

审计风险取决于重大错报风险和检查风险。审计风险、重大错报风险和检查风险之间的关系用模型表示为审计风险=重大错报风险×检查风险。这个模型也就是审计风险模型。注册会计师应当实施审计程序，评估重大错报风险，并根据评估结果设计和实施进一步审计程序，以控制检查风险。

2. 重大错报风险

重大错报风险是指财务报表在审计前存在重大错报的可能性。在设计审计程序以确定财务报表整体是否存在重大错报时，注册会计师应当从财务报表层次和各类交易、账户余额、列报认定层次两个层次考虑重大错报风险。

(1) 两个层次的重大错报风险。

某些重大错报风险可能与财务报表整体广泛相关，进而影响多项认定。例如，在经济不稳定的国家和地区开展业务、资产的流动性出现问题、重要客户流失、融资能力受到限制等，可能导致注册会计师对被审计单位的持续经营能力产生重大疑虑。又如，管理层缺乏诚信或承受异常的压力可能引发舞弊风险，这些风险与财务报表整体相关。注册会计师评估财务报表层次重大错报风险的措施包括考虑审计项目组承担重要责任的人员的学识、技术和能力，是否需要专家介入；考虑给予业务助理人员适当程度的监督指导；考虑是否存在导致注册会计师怀疑被审计单位持续经营假设合理性的事项或情况。

某些重大错报风险可能与特定的各类交易、账户余额、列报的认定相关。例如，被审计单位存在复杂的联营或合资，这一事项表明长期股权投资账户的认定可能存在重大错报风险。又如，被审计单位存在重大的关联方交易，该事项表明关联方及关联方交易的披露认定可能存在重大错报风险。注册会计师同时考虑各类交易、账户余额、列报认定层次的重大错报风险，考虑的结果直接有助于注册会计师确定认定层次上实施的进一步审计程序的性质、时间和范畴。注册会计师在各类交易、账户余额、列报认定层次获取审计证据，以便能够在审计工作完成时，以可接受的低审计风险水平对财务报表整体发表审计意见。注册会计师审计准则对注册会计师针对评估的认定层次重大错报风险如何设计和执行进一步的审计程序，提出了详细的要求。

(2) 固有风险和控制风险。

认定层次的重大错报风险又可以进一步细分为固有风险和控制风险。

固有风险，是指假定不存在相关内部控制时，某一账户或交易类别单独或连同其他账户、交易类别产生重大错报或漏报的可能性。固有风险与被审计单位管理当局的诚信程度、管理当局对财务报告可靠性的态度、被审单位业务的复杂程度以及所在行业的特性等因素有关。如果审计人员认为管理人员是高度诚信的，能真正关注财务报告的正确性，欺诈性财务报告出现的可能性将大大降低。如果被审计单位所在行业具有一些独特行业特性，会增加审计的复杂性和不确定性，从而增加了财务报表中存在未发现的错报或漏报的可能性，导致固有风险增加。

控制风险，是指某一账户或交易类别单独或连同其他账户、交易类别产生错报或漏报，而未能被内部控制防止、发现或纠正的可能性。现代企业为了保证经营管理活动顺利而有效地进行都建立了内部控制，内部控制的存在有利于防范和检查交易或事项的发生及其处理过程中的差错。但是，内部控制的这种能力是有限的，主要原因在于：①由于成本效益原则的要求，内部控制的设计只能提供适当的保证能力，而绝对不是充分的；②由于人为因素和外部环境因素的影响，内部控制的实际执行效果和其设计目标之间会产生差异；③由于内部控制对象的局限性，内部控制通常对企业高层管理人员不能产生有效的作用力；④由于企业内外环境的变化，原来有效的内部控制有可能因过时而失效。因此，内部控制的局限性是控制风险产生的主要原因。

3. 检查风险

检查风险，是指某一账户或交易类别单独或连同其他账户、交易类别产生重大错报或漏报，而未能被实质性程序发现的可能性。检查风险是由于现代审计方法本身的局限性造成的，同时它还受审计程序的性质、时间和范围的影响。比如，详查法比抽查法更能减少检查风险，但是由于成本效益原则的限制，检查风险并非越低越好，审计人员必须通过对审计程序的合理安排将检查风险调整到适当的水平。

在既定的审计风险水平下，可接受的检查风险水平与认定层次重大错报风险的评估结果成反向关系。评估的重大错报风险越高，可接受的检查风险越低；评估的重大错报风险越低，可接受的检查风险越高。

5.5.2 审计风险的控制

注册会计师应当通过计划和实施审计工作，获取充分、适当的审计证据，将审计风险降至可接受的低水平，这是控制审计风险的总体要求。在审计风险模型中，重大错报风险是企业的风险，不受注册会计师的控制。注册会计师只能通过实施风险评估程序来评估重大错报风险，并根据评估的两个层次的重大错报风险分别采取应对措施。需要明确的是，该风险评估只是一个判断，而不是对风险的精确计量。

注册会计师应当评估财务报表层次的重大错报风险，并根据评估结果确定下列总体应对措施。这些应对措施包括以下几种：①向项目组强调在获取和评价审计证据过程中保持职业怀疑态度的必要性；②分派更有经验或具有特殊技能的审计人员，或利用专家的工作；③提供更多的督导；④在选择进一步审计程序时，应当注意使某些程序不被管理层预见或事先了解；⑤对拟实施审计程序的性质、时间和范围作出总体修改。

注册会计师应当获取认定层次充分、适当的审计证据，以便能够在审计工作完成时，能够以可接受的低审计风险对财务报表整体发表审计意见。对于各类交易、账户余额、列报认定层次的重大错报风险，注册会计师可以通过控制检查风险将审计风险降至可接受的低水平。

检查风险取决于审计程序设计的合理性和执行的有效性。注册会计师通常无法将检查风险降低为零，其原因主要有两点：一是注册会计师通常并不对所有的交易、账户余额和列报进行检查；二是注册会计师可能选择了不恰当的审计程序，或是审计程序执行不当，或是错误理解了审计结论。第二方面的问题可以通过适当计划、在项目组成员之间进行恰当的职责分配、保持职业怀疑态度以及监督、指导和复核助理人员所执行的审计工作得以解决。注册会计师应当合理设计审计程序的性质、时间和范围，并有效执行审计程序，以控制检查风险。

5.5.3 重大错报风险的识别与评估

1. 可能表明被审计单位存在重大错报风险的事项和情况

注册会计师应当关注下列事项和情况可能表明被审计单位存在重大错报风险：在经济不稳定的国家或地区开展业务；在高度波动的市场开展业务；在严厉、复杂的监管环境中开展业务；持续经营和资产流动性出现问题，包括重要客户流失；融资能力受到限制；行业环境发生变化；供应链发生变化；开发新产品或提供新服务，或进入新的业务领域；开辟新的经营场所；发生重大收购、重组或其他非经常性事项；拟出售分支机构或业务分部；复杂的联营或合资；运用表外融资、特殊目的实体以及其他复杂的融资协议；重大的关联方交易；缺乏具备胜任能力的会计人员；关键人员变动；内部控制薄弱；信息技术战略与经营战略不协调；信息技术环境发生变化；安装新的与财务报告有关的重大信息技术系统；经营活动或财务报告受到监管机构的调查；以往存在重大错报或本期期末出现重大会计调整；发生重大的非常规交易；按照管理层特定意图记录的交易；应用新颁布的会计准则或相关会计制度；会计计量过程复杂；事项或交易在计量时存在重大不确定性；存在未决诉讼和或有负债。

注册会计师应当充分关注可能表明被审计单位存在重大错报风险的上述事项和情况，并考虑由于上述事项和情况导致的风险是否重大，以及该风险导致财务报表发生重大错报的可能性。

2. 识别和评估重大错报风险的审计程序

识别和评估重大错报风险时，注册会计师应当实施下列审计程序。

(1) 在了解被审计单位及其环境的整个过程中识别风险，并考虑各类交易、账户余额、列报。注册会计师应当运用各项风险评估程序，在了解被审计单位及其环境的整个过程中识别风险，并将识别的风险与各类交易、账户余额和列报相联系。例如，被审计单位因相关环境法规的实施需要更新设备，可能面临原有设备闲置或贬值的风险；宏观经济的低迷可能预示应收账款的回收存在问题；竞争者开发的新产品上市，可能导致被审计单位的主要产品在短期内过时，预示将出现存货跌价和长期资产(如固定资产等)的减值。

(2) 将识别的风险与认定层次可能发生错报的领域相联系。注册会计师应当将识别的风险与认定层次可能发生错报的领域相联系。例如，销售困难使产品的市场价格下降，可能导致年末存货成本高于其可变现净值而需要计提存货跌价准备，这显示存货的计价认定可能发生错报。

(3) 考虑识别的风险是否重大。风险是否重大是指风险造成后果的严重程度。上例中，除考虑产品市场价格下降因素外，注册会计师还应当考虑产品市场价格下降的幅度、该产品在被审计单位产品中的比重等，以确定识别的风险对财务报表的影响是否重大。假如产品市场价格大幅下降，导致产品销售收入不能补偿成本，毛利率为负，那么年末存货跌价问题严重，存货计价认定发生错报的风险重大；假如价格下降的产品在被审计单位销售收入中所占比例很小，被审计单位其他产品销售毛利率很高，尽管该产品的毛利率为负，但可能不会使年末存货发生重大跌价问题。

(4) 考虑识别的风险导致财务报表发生重大错报的可能性。注册会计师还需要考虑上述识别的风险是否会导致财务报表发生重大错报。例如，考虑存货的账面全额是否重大，是否已适当计提存货跌价准备等。在某些情况下，尽管识别的风险重大，但仍不至于导致财务报表发生重大错报。例如，期末财务报表中存货的余额较低，尽管识别的风险重大，但不至于导致存货的计价认定发生重大错报风险。又如，被审计单位对于存货跌价准备的计提实施了比较有效的内部控制，管理层已根据存货的可变现净值，计提了相应的跌价准备。在这种情况下，财务报表发生重大错报的可能性将相应降低。

阅读资料 5-5

H 会计师事务所的注册会计师 A 和 B 接受指派，审计 X 股份有限公司(以下简称 X 公司)2008 年度财务报表。现正在编制审计计划。

资料一：根据 X 公司的具体情况和审计质量控制的要求，H 会计师事务所要求 A 和 B 注册会计师将 X 公司财务报表审计业务的可接受审计风险水平控制在 5%的水平上。按 H 会计师事务所的业务指导手册，规定 10%(含)以下的风险水平为低水平，10%～40%(含)的风险水平为中等水平，超过 40％的风险水平为高水平。

资料二：在编制具体审计计划时，为确定财务报表各主要项目的实质性程序，A 和 B 注册会计师根据风险评估和控制测试结果，分别确定了各类交易、余额的固有风险和控制风险水平。表 5-1 列示了其中 5 个账户的情况。

表 5-1　其中 5 个账户的情况

风险要素	应收票据	应收账款	固定资产	存货	短期借款
固有风险	难以确定	20%	30%	30%	80%
控制风险	6%	25%	90%	40%	90%

要求：

1. 简要说明重要性水平与可接受的审计风险水平以及重要性水平与所需审计证据数量之间的关系。

2. 针对资料，请代 A 和 B 注册会计师确定表中所列的财务报表各项目的可接受审计风险水平和重大错报风险水平，并简要说明理由。

3. 运用审计风险模型公式，计算表中所列各项目的可接受检查风险水平。

本 章 小 结

从接受业务委托到出具审计报告，要保证高效有序地完成全部审计工作，科学合理地计划审计工作是一项必要的程序。在计划审计工作时，注册会计师需要进行初步业务活动、制定总体审计策略和具体审计计划。在此过程中，需要作出很多关键决策，包括确定可接受的审计风险水平和重要性等。注册会计师应当在本期审计业务开始时开展初步业务活动并与被审计单位就审计业务约定条款达成一致意见，签订或修改审计业务约定书。审计计划分为总体审计策略和具体审计计划两个层次。注册会计师应当针对总体审计策略中所识别的不同事项，制订具体审计计划，并考虑通过有效利用审计资源以实现审计目标。在计划审计工作时，注册会计师应当考虑导致财务报表发生重大错报的原因，并应当在了解被审计单位及其环境的基础上，确定一个可接受的重要性水平。在编制审计计划时，注册会计师还必须对审计风险加以评估。

习　　题

一、单项选择题

1．下列关于财务报表层次重大错报风险的说法不正确的是(　　)。

A．通常与控制环境有关

B．与财务报表整体存在广泛联系

C．可能影响多项认定

D．可以界定某类交易、账户余额和披露的具体认定

2．注册会计师执行年度财务报表审计时，下列各项中最有可能帮助其对重要性水平作出初步判断的是(　　)。

A．与管理层的沟通函

B．被审计单位的中期财务报表

C．内部控制调查问卷

D．计划实施实质性程序时确定的预期样本量

3．在理解重要性概念时，下列表述中错误的是(　　)。

A．重要性取决于在具体环境下对错报金额和性质的判断

B．如果一项错报单独或连同其他错报可能影响财务报表使用者依据财务报表作出的经济决策，则该项错报是重大的

C．判断一项错报对财务报表是否重大，应当将使用者作为一个群体对共同性的财务信息的需求来考虑

D．在重要性水平之下的小额错报，无须关注

4．总体审计策略的制定应当包括考虑影响审计业务的重要因素，以确定项目组工作方向，在确定审计方向时，不应当考虑的因素是(　　)。

A．重大的行业发展情况

B．对内部控制重要性的重视程度

C．信息技术对审计程序的影响

D．重大错报风险较高的审计领域

5. 下列有关审计业务约定书的说法中错误的是(　　)。

A. 审计业务约定书是会计师事务所与被审计单位签订的，而不是与委托人签订的

B. 审计业务约定书的具体内容和格式不会因不同的被审计单位而不同

C. 审计业务约定书具有经济合同的性质，它的目的是为了明确约定各方的权利和义务。约定书一经约定各方签字认可，即成为法律上生效的契约，对各方均具有法定约束力

D. 会计师事务所承接任何审计业务，均应与被审计单位签订审计业务约定书

二、多项选择题

1. 以下关于财务报表审计中审计风险的表述正确的有(　　)。

A. 注册会计师的合理保证意味审计风险始终存在

B. 注册会计师应当通过控制检查风险以使审计风险降至可接受的低水平

C. 财务报表层次的重大错报风险与财务报表整体存在广泛联系，并可能影响多项认定

D. 如果审计程序设计合理并且执行有效，可以将检查风险降低为零

2. 下列有关重要性的表述中正确的有(　　)。

A. 注册会计师对审计重要性水平确定的越高，所需收集的审计证据的数量就越少

B. 财务报表项目的金额及其波动幅度可能促使财务报表使用者作出不同的反应，基于谨慎性，注册会计师应按最近几年的最低金额确定重要性

C. 从报表使用者决策的信息需求而言，如果财务报表中的某项错报足以改变或影响财务报表使用者的相关决策，则该项错报就是重要的

D. 在计划审计工作时，注册会计师应当考虑导致财务报表发生重大错报的原因，并应当在了解被审计单位及其环境的基础上，确定一个可接受的重要性水平，即首先为财务报表层次确定重要性水平，以发现在金额上重大的错报

3. 注册会计师在确定报告目标、时间安排和所需沟通时，需要考虑的事项包括(　　)。

A. 被审计单位对外报告的时间表

B. 由组成部分注册会计师审计组成部分的范围

C. 与管理层讨论预期就整个审计业务中对审计工作的进展进行的沟通

D. 项目组成员之间沟通的性质和时间安排

4. 在完成审计业务前，通常情况下，导致被审计单位业务变更的合理理由有(　　)。

A. 有迹象表明被审计单位会计信息有误

B. 审计范围存在限制

C. 对原来要求的审计业务的性质存在误解

D. 环境变化对审计服务的需求产生影响

5. 注册会计师在计划审计工作前需要开展初步业务活动，下列活动中属于初步业务活动的有(　　)。

A. 针对保持客户关系和具体审计业务实施相应的质量控制程序

B. 评价遵守职业道德规范的情况

C. 详细了解被审计单位及其环境

D. 就审计业务约定条款达成一致意见

三、简析题

M公司属于国有控股公司，公司总资产为270亿元，下属公司和子公司37个。××会计师事务所接受委托，对M公司会计报表审计。D注册会计师在制订审计计划时，按税前利润的5%，将公司总体重要性水平确定为2 198万元。在审计实施阶段采用抽样审计方法，抽取了5家单位，利用其他会计师事务所审计了其他5家单位，然后根据已发现的单项未调整审计差异与总体重要性水平的比较形成了审计意见。

思考：

1. 评价注册会计师对审计项目的重要性水平确定是否合理？你认为应如何确定其重要性水平？
2. 重要性水平确定与审计风险有何关系？

第 6 章 风险评估

教学目标

通过本章的学习，掌握风险导向审计的基本理念，了解审计的实施要以评估风险为切入点，将对审计风险的识别、评估和应对贯穿于整个审计过程，将审计风险降低至可接受的水平，为经过审计的财务报表不存在重大错报提供合理保证。

教学要求

了解和评价内部控制和风险评估程序、评估重大错报风险。

基本概念

内部控制　企业风险管理　穿行测试　风险评估

导入案例

中航油事件

中国航油(新加坡)股份有限公司(以下简称中航油)是中国航空油料集团公司的海外控股公司。经国家有关部门批准，新加坡公司在取得中国航油集团公司授权后，自 2003 年开始做油品套期保值业务。在此期间，新加坡公司总裁陈久霖擅自扩大业务范围，从 2003 开始从事石油衍生品期权交易，事实上，陈久霖这种石油期权投机交易，其股东方中航油集团公司是明令禁止的。然而，中航油从事以上交易时，一直未向中国航空油料集团公司报告，而且中国航空油料集团也没有发现。直到保证金支付问题难以解决、经营难以为继的情况下，新加坡公司才向中国航空油料集团公司紧急报告。即便如此，中航油公司也没有向集团公司说明实情。而且为了掩饰公司的违法行为，中航油开始向上级公司提供假账，2004 年 6 月，中航油就已经在石油期货交易上面临 3 580 万美元的潜在亏损。但公司仍然一意孤行，继续追加了错误方向“做空”资金，但在财务账面上没有任何显示。由于陈久霖在场外进行交易，集团通过正常的财务报表没有发现陈久霖的秘密，新加坡当地的监督机构也没有发现其有违规现象，因此，才使得中航油事件从一个并不很大的失误开始，酿成为石破天惊的大案、要案。

资料来源：经济日报，北京，2004.12.11

点评：

关注企业风险比关注企业细节控制更为重要。一个组织必须识别影响其目标实现的内外部事项，区分哪些是风险、哪些是机会。可能有负面影响的事项代表了风险，可能有正面影响的事项代表了能抵消负面作用的机会，通过事项识别，能引导管理层战略或者目标始终能保持不被偏离。当我们看到该事项为公司赚取了大量利润的同时，应该清醒地认识到，该事项可能产生的巨大风险。因此，利用事项识别技巧来区分机会和风险，显得十分重要。这也是新报告中符合时代要求的一个重要因素。

6.1 内部控制发展历程

内部控制和风险管理作为现代企业管理的一种重要监控手段和理论方法，对于完善企业内部管理，确保会计信息质量，预防和控制各种风险，保护投资者利益等具有重要的意义。20 世纪 90 年代发生的安然、世通事件等在很大程度上与内部控制失灵有关，这使重视企业内部控制和风险管理成为全球化趋势。为了加强对资本市场参与方的监管，美国颁布了《萨班斯·奥克斯利法案》(又被称为《2002 年公众公司会计改革和投资者保护法案》，以下简称《萨班斯法案》)，旨在法律上加强在美国上市公司的内部控制建设和监控，以免企业陷入危机。2004 年 3 月，美国上市公司会计监管委员会(PCAOB)发布的审计准则 2 号把美国 COSO 委员会发布的 COSO 报告，即《内部控制整合框架》纳入审计准则。2004 年 8 月，COSO 在《内部控制整合框架》的基础上发布了 COSO 新报告，即《企业风险管理整合框架》，COSO 企业内部控制和风险管理框架随即成为全球企业内部控制框架的参照性标准及企业风险管理的基础。它把全面风险管理观念引入内部控制，开创了内部控制的新纪元。2005 年 10 月，自证监会《关于提高上市公司质量意见》出台后，我国相继出台了一系列与内部控制和企业风险管理相关的制度。2008 年 6 月，我国第一部《企业内部控制基本规范》发布，并于 2009 年 7 月 1 日首先在上市公司范围内实施。

6.1.1 内部控制的内涵

1949 年，美国会计师协会在《内部控制：一种协调性系统要素及其对管理当局和注册会计师的重要性》的报告中，首次对内部控制作出了明确定义，认为："内部控制包括组织机构的设计和企业内部采取的所有相互协调的方法和措施。这些方法和措施目的在于保护企业的财产，检查会计数据的准确性，提高经营效率，促进企业执行既定的管理政策。"1992 年，美国反对虚假财务报告委员会的发起组织 COSO 委员会发布了 COSO 报告——《内部控制整合框架》，将内部控制定义为："内部控制是由企业董事会、管理层和其他员工制定和实施的，旨在为经营的效果和效率、财务报告的可靠性以及相关法律法规的遵循性等目标提供合理保证的过程。"该报告将内部控制分为 5 个要素：控制环境、风险评估、控制活动、信息与沟通、监控。由此可以看出，在国外，人们对内部控制的认识是不断变化的，内部控制是一个动态概念，今后仍然会继续发生变化。总体趋势看来，内部控制的范围在逐渐扩大，其由最初侧重于财务会计角度的控制发展到目前包含战略管理、风险管理、绩效管理等内在的管理活动。

6.1.2 内部控制理论的发展历程

内部控制理论的发展经过了一个漫长的时期，它大致经历了 5 个阶段，即内部牵制阶段、内部控制论阶段、内部控制结构论阶段、内部控制整合框架论阶段和企业风险管理整合框架论阶段。

1. 萌芽期——内部牵制

内部控制，作为一个专用名词和完整概念，直到 20 世纪 30 年代才被人们提出、认识和接受。但在此前的人类社会发展史中，早已存在着内部控制的基本思想和初级形式，这就是内部牵制(internal check)。例如，在古罗马时代，对会计账簿实施的“双人记账制”(某笔经济业务发生后，由两名记账人员同时在各自的账簿上加以登记然后定期核对双方账簿记录，以检查有无记账差错或舞弊行为，进而达到控制财物收支的目的)即是典型的内部牵制措施。

2. 发展期——内部会计控制与内部管理控制

1934 年，美国《证券交易法》首先提出了“内部会计控制”(internal accounting control system)的概念。审计程序委员会下属的内部控制专门委员会 1949 年对内部控制首次做出了如下权威定义：“内部控制是企业所制定的旨在保护资产、保证会计资料可靠性和准确性、提高经营效率，推动管理部门所制定的各项政策得以贯彻执行的组织计划和相互配套的各种方法及措施。”1953 年 10 月，审计程序委员会又发布了《审计程序公告第 19 号》，将内部控制划分为会计控制和管理控制。1972 年，美国审计准则委员会在第 1 号公告中，对管理控制和会计控制提出了今天已广为人知的定义：①内部会计控制。会计控制由组织计划以及与保护资产和保证财务资料可靠性有关的程序和记录构成。②内部管理控制。管理控制包括但不限于组织计划以及与管理部门授权办理经济业务的决策过程有关的程序及其记录。这种授权活动是管理部门的职责，它直接与管理部门执行该组织的经营目标有关，是对经济业务进行会计控制的起点。

3. 成熟期——内部控制结构和内部控制整体架构

(1) 内部控制结构(internal control structure)。1988 年 4 月，美国注册会计师协会发布的《审计准则公告第 55 号》，规定从 1990 年 1 月起以该文告取代 1972 年发布的《审计准则公告第 1 号》。该文告首次以内部控制结构一词取代原有的“内部控制”。

(2) 内部控制整体架构(Internal Control Integrated Framework)。1992 年，美国 COSO 委员会在进行专门研究后提出专题报告《内部控制——整体架构》，也称 COSO 报告。参与 COSO 报告的主要机构包括美国注册会计师协会、内部审计师协会、财务经理协会、美国会计学会、管理会计协会。COSO 报告指出，内部控制是一个过程，受企业董事会、管理当局和其他员工影响，旨在保证财务报告的可靠性、经营的效果和效率以及现行法规的遵循。它认为内部控制整体架构主要包括控制环境(control environment)、风险评估(risk assessment)、控制活动(control activities)、信息与沟通(information and communication)、监督(monitoring)。2004 年 10 月，COSO 委员会对《内部控制——整体架构(Internal Control 一 Integrated Framework)》作了进一步的延伸和扩展，提出了《企业风险管理——整合框架(Enterprise Risk Management Integrated Framework)》。

6.1.3 内部控制制度要素

1. 控制环境

控制环境(control environment)提供企业纪律与架构，塑造企业文化和正确的价值观，并影响企业员工的控制意识和工作能力，是所有其他内部控制组成要素的基础。控制环境的因素具体包括正直守德的价值取向、对员工胜任能力的关注、董事会或审计委员会、管理哲学和经营风格、公司组织结构、职权和职责的分配、人力资源政策及实务。

2. 风险评价

每个企业都面临来自内部和外部的不同风险，这些风险都必须加以评价，以找出有效的应对方法。评价风险的先决条件是制定目标。风险评价(risk assessment)就是分析和识别威胁所定目标实现的风险。经济、法律及管理的环境等内外部因素不断变化，企业主动发现和处理由于情况变化所带来的风险是很有必要的。

3. 控制活动

控制活动(control activity)是确保管理层的指令得以执行的政策及程序，是管理层识别和评估风险后，对控制这些风险所实行的针对性措施。政策通常回答必须做什么事情，而程序则回答具体应该怎样做的问题。控制活动包括授权审批、核对、关键绩效指标、资产安全控制及职责分离等各种类型。企业控制活动又可以分为人工控制和信息系统控制两大类。控制活动是各控制要素中数量最大的一类，因此企业控制活动的设计必须进行成本和收益的权衡。此外，控制活动应尽可能用书面方式予以规定和沟通。

4. 信息与沟通

内部控制的全过程都需要高质量的信息以及顺畅的沟通(information and communication)。高质量信息具有内容相关、正确、提供及时以及便于获取等特征。在现代企业中，信息系统的广泛应用正是为了提高信息质量。同时，高质量的信息还应能够以适当的形式及时、准确地沟通至信息需求者。企业不仅应当致力于提升内部沟通的有效性，以便控制责任人能够履行其职责，还应关注与企业外部的沟通问题。外部沟通(如客户、供应商、审计师等)有助于管理层建立企业目标，向外传递企业理念和工作标准，并从外部了解内部控制的运行状况。

5. 监控

内部控制系统需要监控(monitoring)。监控是由适当的人员，在适当及时的基础下，评价控制的设计和运作情况的过程。这一活动由持续监督、个别评价所组成，其可确保企业内部控制能持续有效地运作。持续监督活动在营运过程中发生，它包括例行的管理和监督活动，以及其他员工为履行其职务所采取的行动。尽管持续监督程序可以有效地评价内部控制体系，但企业有时需要组织例外评价(即个别评价)以直接监视控制系统的有效性。这种做法更可评价持续性监督程序。评价的范围和频率，视风险的大小及控制的重要性而定。

6.2 企业风险管理整体框架

多年来，人们在风险管理实践中逐渐认识到，一个企业内部不同部门或不同业务的风险，有的相互叠加放大，有的相互抵消减少。因此，企业不能仅仅从某项业务、某个部门的角度考虑风险，必须根据风险组合的观点，从贯穿整个企业的角度看风险，即要实行“全面风险管理”。在这样的背景下，COSO 委员会为了顺应内部控制理论与实务的发展需要，于 2004 年 10 月正式发布了《企业风险管理框架》，认为企业风险管理包括内部控制，并且会全面取代内部控制，从而确立了内部控制向企业风险管理发展的合理性。

在总结我国改革开放以来经验教训的基础上，同时借鉴了国外先进的内部控制理论和经验，2006 年 6 月，国资委出台了《中央企业全面风险管理指引》，要求中央企业可根据自身实际情况贯彻执行，其他企业也可结合本企业实际情况借鉴实施。

6.2.1 企业风险管理的定义

企业风险管理是一个由企业的董事会、管理层和其他员工共同参与的，应用于企业战略制定和企业内部各个层次和部门的，用于识别可能对企业造成潜在影响的事项，并在其风险偏好范围内管理风险的，为企业目标的实现提供合理保证的过程。这是一个广义的风险管理定义，适用于各种类型的组织、行业和部门。该定义直接关注企业目标的实现，并且为衡量企业风险管理的有效性提供了基础。该定义主要强调以下几方面的内容。

(1) 企业的风险管理是一个过程，其本身并不是一个结果，而是实现结果的一种方式。企业的风险管理是渗透于企业各项活动中的一系列行动，这些行动普遍存在于管理者对企业的日常管理中，是企业日常管理所固有的。

(2) 企业风险管理是一个由人参与的过程，涉及企业各个层次的员工。

(3) 企业风险管理过程可用于企业的战略制定。企业的战略目标是企业最高层次的目标，它与企业的预期和任务相联系并支持预期和任务的实现。一个企业为实现其战略目标而制定战略，将战略分解成相应的子目标，再将子目标层层分解到业务部门、行政部门和各生产过程。在制定战略时，管理者应考虑与不同的战略相关联的风险。

(4) 企业风险管理过程应用于企业内部每个层次和部门，企业管理者对企业所面临的风险应有一个总体层面上的风险组合观。企业的风险管理应考虑组织内所有层面的活动，从企业总体的活动(如战略计划和资源分配)到业务部门的活动(如市场部、人力资源部)，再到业务流程(如生产过程和新客户信用复核)。

(5) 企业风险管理过程是用来识别可能对企业造成潜在影响的事项，并在企业风险偏好的范围内管理风险。

(6) 设计合理、运行有效的风险管理，能够向企业的管理者和董事会在企业各目标的实现上提供合理的保证。

(7) 企业风险管理框架针对一类或几类相互独立但又存在重叠的目标，目的在于企业目标的实现。

总之，企业风险管理是一个过程，企业风险管理的有效性是某一时点的一个状态或条件。决定一个企业的风险管理是否有效是基于对风险管理要素设计和执行是否正确的评估基础上的一个主观判断。企业的风险管理要有效，则其设计必须包括所有的要素并得到执行。企业风险管理可以从一个企业的总体来认识，也可以从一个单独的部门或多个部门的角度来认识，即使是站在某一特定的业务部门的角度来看待风险管理，所有的要素也都应作为基准包含在内。

6.2.2 企业风险管理的构成要素

COSO 的《企业风险管理——整体框架》提出企业风险管理由 8 个相互关联的要素构成，它们源自管理当局的经营方式，并与管理过程整合在一起，这 8 个要素包括内部环境、目标制定、事项识别、风险评估、风险反应、控制活动、信息和沟通、监控。各要素贯穿在企业的管理过程中。

(1) 内部环境。内部环境是组织内人员如何看待风险、对待风险的态度，包括风险管理理念、风险承受能力、正直和道德价值观及工作环境。内部环境为企业中的人如何看待风险和着手控制风险确立了基础。

(2) 目标设定。只有先制定目标，管理层才能识别影响目标实现的事件。企业风险管理确保管理层参与目标制定流程，确保所选择的目标不仅和企业使命方向一致，支持企业的使命，而且与其风险承受能力相符。

(3) 事项识别。必须识别影响企业目标实现的内外事件，分清风险和机会。管理层制定战略或目标时应考虑到机会，机会应被追溯到管理当局的战略或目标制定过程。

(4) 风险评估。要对识别的风险进行分析，以便确定管理的依据。风险与可能被影响的目标相关联。既要对固有风险进行评估，也要对剩余风险进行评估，评估要考虑到风险的可能性和影响。

(5) 风险对策。管理层选择风险应对方式，包括规避、接受、降低或分担并制定一套措施把风险控制在企业的风险容忍度和风险承受能力之内。

(6) 控制活动。制定和实施政策与程序以确保管理当局所选择的风险应对策略得以有效实施。

(7) 信息与沟通。企业的各个层级都需要借助信息来识别、评估和应对风险。有效信息沟通的外延比较广泛，包括企业内信息的上传、下达和平行流动。

(8) 监督。整个企业风险管理处于监控之下，必要时还会进行修正。这种方式能够动态地反映风险管理状况，并使之根据条件的要求而变化。监控通过持续的管理活动、对企业风险管理进行单独评价或者两者的结合来完成。

6.3 风险评估程序

6.3.1 风险评估程序概述

注册会计师了解被审计单位及其环境，目的是为了识别和评估财务报表重大错报风险。为了解被审计单位及其环境而实施的程序称为“风险评估程序”。注册会计师应当依据实施这些程序所获取的信息，评估重大错报风险。

注册会计师应当实施下列风险评估程序，以了解被审计单位及其环境：①询问被审计单位管理层和内部其他相关人员；②分析程序(必须执行)；③观察和检查。

在实施上述程序时有两点需要注意：①注册会计师在了解被审计单位及其环境过程中，往往将上述程序结合在一起；②注册会计师并非在了解被审计单位及其环境的每个方面均实施上述风险评估程序。注册会计师除了实施通常的风险评估程序外，还可以询问法律顾问、其他服务机构、投资顾问等，以获取对被审计单位及其环境的了解。

1. 询问被审计单位管理层和内部其他相关人员

询问被审计单位管理层和内部其他相关人员是注册会计师了解被审计单位及其环境的一个重要信息来源。注册会计师可以考虑向管理层和财务负责人询问下列事项。

(1) 管理层所关注的主要问题，如新的竞争对手、主要客户和供应商的流失、新的税收法规的实施以及经营目标或战略的变化等。

(2) 被审计单位最近的财务状况、经营成果和现金流量。

(3) 可能影响财务报告的交易和事项，或者目前发生的重大会计处理问题，如重大的购并事宜等。

(4) 被审计单位发生的其他重要变化，如所有权结构、组织结构的变化，以及内部控制的变化等。尽管注册会计师通过询问管理层和财务负责人可获取大部分信息，但是询问被审计单位内部的其他人士可能为注册会计师提供不同的信息，有助于识别重大错报风险。因此，注册会计师除了询问管理层和对财务报告负有责任的人员外，还应当考虑询问内部审计人员、采购人员、生产人员、销售人员等其他相关人员，并考虑询问不同级别的员工，以获取对识别重大错报风险有用的信息。

2. 实施分析程序

分析程序是指注册会计师通过研究不同财务数据之间以及财务数据与非财务数据之间的内在关系，对财务信息作出评价。分析程序还包括调查识别出的、与其他相关信息不一致或与预期数据严重偏离的波动和关系。

分析程序既可用做风险评估程序和实质性程序，也可用于对财务报表的总体复核。注册会计师实施分析程序有助于识别异常的交易或事项，以及对财务报表和审计产生影响的金额、比率和趋势。在实施分析程序时，注册会计师应当预期可能存在的合理关系，并与被审计单位记录的金额、依据记录金额计算的比率或趋势相比较；如果发现异常或未预期到的关系，注册会计师应当在识别重大错报风险时考虑这些比较结果。例如，注册会计师通过实施分析程序发现，两个会计期间的毛利率相当。但是，注册会计师通过对被审计单位的了解，获知在生产成本中占较大比例的原材料成本在相关期间内上升，注册会计师预期销售成本也应相应上升，而毛利率应相应下降。上述分析可能使注册会计师得出结论：销售成本可能存在重大错报风险，应对其给予足够的重视。

如果使用了高度汇总的数据，实施分析程序的结果仅可能初步显示财务报表存在重大错报风险，注册会计师应当将分析结果连同识别重大错报风险时获取的其他信息一并考虑。例如，被审计单位存在很多产品系列，各个产品系列的毛利率存在一定差异。对总体毛利率实施分析程序的结果仅可能初步显示销售成本存在重大错报风险，注册会计师需要实施更为详细的分析程序。例如，对每一产品系列进行毛利率分析，或者将总体毛利率分析的结果连同其他信息一并考虑。

3. 观察和检查

观察和检查程序可以印证对管理层和其他相关人员的询问结果，并可提供有关被审计单位及其环境的信息，注册会计师应当实施下列观察和检查程序。

(1) 观察被审计单位的生产经营活动。例如，观察被审计单位人员正在从事的生产活动和内部控制活动，可以增加注册会计师对被审计单位人员进行生产经营活动及实施内部控制的了解。

(2) 检查文件、记录和内部控制手册。例如，检查被审计单位的章程，与其他单位签订的合同、协议，各业务流程操作指引和内部控制手册等，了解被审计单位组织结构和内部控制制度的建立健全情况。

(3) 阅读由管理层和治理层编制的报告。例如，阅读被审计单位年度和中期财务报告，股东大会、董事会会议、高级管理层会议的会议记录或纪要，管理层的讨论和分析资料，经营计划和战略，对重要经营环节和外部因素的评价，被审计单位内部管理报告以及其他特殊目的报告(如新投资项目的可行性分析报告)等，了解自上一审计结束至本期审计期间被审计单位发生的重大事项。

(4) 实地察看被审计单位的生产经营场所和设备。通过现场访问和实地察看被审计单位的生产经营场所和设备，可以帮助注册会计师了解被审计单位的性质及其经营活动。在实地察看被审计单位的厂房和办公场所的过程中，注册会计师有机会与被审计单位的管理层和担任不同职责的员工进行交流，可以增强注册会计师对被审计单位的经营活动及其重大影响因素的了解。

(5) 追踪交易在财务报告信息系统中的处理过程(穿行测试)。这是注册会计师了解被审计单位业务流程及其相关控制时经常使用的审计程序。通过追踪某笔或某几笔交易在业务流程中的生成、记录、处理和报告，以及相关内部控制的执行，注册会计师可以确定被审计单位的交易流程和相关控制是否与之前通过其他程序所获得的了解一致，并确定相关控制是否得到执行。

6.3.2 其他审计程序

除了采用上述程序从被审计单位内部获取信息以外，如果根据职业判断认为从被审计单位外部获取的信息有助于识别重大错报风险，注册会计师应当实施其他审计程序以获取这些信息。例如，询问被审计单位聘请的外部法律顾问、专业评估师、投资顾问和财务顾问等。

阅读外部信息也可能有助于注册会计师了解被审计单位及其环境。外部信息包括证券分析师、银行、评级机构出具的有关被审计单位及其所处行业的经济或市场环境等状况的报告，贸易与经济方面的报刊、法规或金融出版物，以及政府部门或民间组织发布的行业报告和统计数据等。

6.3.3 项目组内部的讨论

注册会计师应当组织项目组成员对财务报表存在重大错报的可能性进行讨论，并运用职业判断确定讨论的目标、内容、参与人员、时间和方式。

1. 讨论的目标

项目组内部的讨论为项目组成员提供了交流信息和分享见解的机会。项目组通过讨论可以使成员更好地了解在各自分工负责的领域中，由于舞弊或错误导致财务报表重大错报的可能性，并了解各自实施审计程序的结果如何影响审计的其他方面，包括对确定进一步审计程序的性质、时间和范围的影响。

2. 讨论的内容

项目组应当讨论被审计单位面临的经营风险、财务报表容易发生错报的领域以及发生错报的方式，特别是由于舞弊导致重大错报的可能性。讨论的内容和范围受项目组成员的职位、经验和所需要的信息的影响。

3. 参与讨论的人员

注册会计师应当运用职业判断确定项目组内部参与讨论的成员。项目组的关键成员应当参与讨论，如果项目组需要拥有信息技术或其他特殊技能的专家，这些专家也应参与讨论。参与讨论人员的范围受项目组成员的职责经验和信息需要的影响。例如，在跨地区审计中，每个重要地区项目组的关键成员应参加讨论。不要求所有成员每次都参与项目组的讨论。

4. 讨论的时间和方式

项目组应当根据审计的具体情况，在整个审计过程中持续交换有关财务报表发生重大错报可能性的信息。按照《中国注册会计师审计准则第 1101 号——财务报表审计的目标和一般原则》的规定，注册会计师应当在计划和实施审计工作时保持职业怀疑态度，充分考虑可能存在导致财务报表发生重大错报的情形。项目组在讨论时应当强调在整个审计过程中保持职业怀疑态度，警惕可能发生重大错报的迹象，并对这些迹象进行严格追踪。通过讨论，项目组成员可以交流和分享在整个审计过程中获得的信息，包括可能对重大错报风险评估产生影响的信息或针对这些风险实施审计程序的信息。

项目组成员还可以根据实际情况讨论其他重要事项。

阅读资料 6-1

W 公司主要从事小型电子消费品的生产和销售，产品销售以 W 公司仓库为交货地点。W 公司日常交易采用自动化信息系统(以下简称系统)和手工控制相结合的方式进行。系统自 2006 年以来没有发生变化。W 公司产品主要销售给国内各主要城市的电子消费品经销商。A 和 B 注册会计师负责审计 W 公司 2007 年度财务报表。

资料一：A 和 B 注册会计师在审计工作底稿中记录了所了解的 W 公司及其环境的情况，部分内容摘录如下。

资料二：A 和 B 注册会计师在审计工作底稿中记录了所获取的 W 公司财务数据，部分内容摘录见表 6-1。

表 6-1　W 公司部分财务数据

	2007 年		2006 年	
	C 产品	D 产品	C 产品	D 产品
产成品	2 000	1 800	2 500	0
存货跌价准备	0		0	
主营业务收入	18 500	8 000	20 000	0
主营业务成本	17 000	5 600	16 800	0
销售费用-运输费	1 200		1 150	
利息支出	300		25	
减：利息资本化	250		25	
净利息支出	50		0	

(1) 在 2006 年度实现销售收入增长 10%的基础上，W 公司董事会确定的 2007 年销售收入增长目标为 20%。W 公司管理层实行年薪制，总体薪酬水平根据上述目标的完成情况上下浮动。W 公司所处行业 2007 年的平均销售增长率是 12%。

(2) W 公司财务总监已为 W 公司工作超过 6 年，于 2007 年 9 月劳动合同到期后被 W 公司的竞争对手高薪聘请。由于工作压力大，W 公司会计部门人员流动频繁，除会计主管服务期超过 4 年外，其余人员的平均服务期少于 2 年。

(3) W 公司的产品面临快速更新换代的压力，市场竞争激烈。为巩固市场占有率，W 公司于 2007 年 4 月将主要产品(C 产品)的销售下调了 8%～10%。另外，W 公司在 2007 年 8 月推出了 D 产品(C 产品的改良型号)，市场表现良好，计划在 2008 年全面扩大产量，并在 2008 年 1 月停止 C 产品的生产。为了加快资金流转，W 公司于 2008 年 1 月针对 C 产品开始实施新一轮的降价促销，平均降价幅度达到 10%。

(4) W 公司销售的产品均由经客户认可的外部运输公司实施运输，运输费由 W 公司承担，但运输途中风险仍由客户自行承担。由于受能源价格上涨影响，2007 年的运输单价比上年平均上升了 15%，但运输商同意将运输费用结算周期从原来的 30 天延长至 60 天。

(5) 2007 年度 W 公司主要原料的价格与上年基本持平，供应商也没有大的变化，但由于技术要求发生变化，D 产品所耗高档金属材料比 C 产品略有上升，使得 D 产品的原材料成本比 C 产品上升了 3%。

(6) W 公司除了于 2006 年 12 月借入的 2 年期、年利率 6%的银行借款 5 000 万元外，W 公司没有其他借款。上述长期借款专门用于扩建现有的一条生产线，以满足 D 产品的生产需要。该生产线总投资 6 500 万元，2006 年 12 月开工，2007 年 7 月完工投入使用。(假设不考虑利息收入)

要求：针对资料一，结合资料二，假定不考虑其他条件，请逐项指出资料一所列事项是否可能表明存在重大错报风险。如果认为存在，请简要说明理由，并分别说明该风险是属于财务报表层次还是认定层次。如果认为属于认定层次，请指出相关事项与何种交易或账户的何种认定相关。请将答案直接填入相应表格内。

6.4　被审计单位及其环境

6.4.1　总体要求

注册会计师应当了解被审计单位及其环境的内容有：①行业状况、法律环境与监管环境以及其他外部因素；②被审计单位的性质；③被审计单位对会计政策的选择和运用；④被审计单位的目标、战略以及相关经营风险；⑤被审计单位财务业绩的衡量和评价；⑥被审计单位的内部控制。

上述①项是被审计单位的外部因素，②、③、④、⑥项为被审计单位的内部因素，⑤项既有内部因素也有外部因素。值得注意的是被审计单位及其环境的各个方面可能会互相影响。例如，被审计单位的行业状况、法律环境及监管环境以及其他外部因素可能影响到被审计单位的目标、战略以及相关经营风险，而被审计单位的性质、目标、战略以及相关经营风险可能影响到被审计单位对会计政策的选择和运用，以及内部控制的设计和执行。因此，注册会计师在对被审计单位及其环境的各个方面进行了解和评估时，应当考虑各因素之间的相互关系。

注册会计师针对上述 6 个方面实施的风险评估程序的性质、时间和范围取决于审计业务的具体情况，如被审计单位的规模和复杂程度，以及注册会计师的相关审计经验，包括以前对被审计单位提供审计和相关服务的经验以及对类似行业、类似企业的审计经验。此外，识别被审计单位及其环境在上述各个方面与以前期间相比发生的重大变化，对于充分了解被审计单位及其环境、识别和评估重大错报风险尤为重要。

6.4.2 行业状况、法律环境与监管环境以及其他外部因素

1. 行业状况

了解行业状况有助于注册会计师识别与被审计单位所处行业有关的重大错报风险。

注册会计师应当了解被审计单位的行业状况，主要包括如下内容：①所处行业的市场供求与竞争；②生产经营的季节性和周期性；③产品生产技术的变化；④能源供应与成本；⑤行业的关键指标和统计数据。

具体而言，注册会计师可能需要了解以下情况。

(1) 被审计单位所处行业的总体发展趋势是什么？

(2) 处于哪一发展阶段，如起步、快速成长、成熟/产生现金流入或衰退阶段？

(3) 所处市场的需求、市场容量和价格竞争如何？

(4) 该行业是否受经济周期波动的影响？采取了什么行动使波动产生的影响最小化？

(5) 该行业受技术发展影响的程度如何？

(6) 是否开发了新的技术？

(7) 能源消耗在成本中所占比重，能源价格的变化对成本的影响？

(8) 谁是被审计单位最重要的竞争者，他们各自所占的市场份额是多少？

(9) 被审计单位与其竞争者相比主要的竞争优势是什么？

(10) 被审计单位业务的增长率和财务业绩与行业的平均水平及主要竞争者相比如何，存在重大差异的原因是什么？

(11) 竞争者是否采取了某些行动，如购并活动、降低销售价格、开发新技术等，从而对被审计单位的经营活动产生影响？

2. 法律环境及监管环境

了解法律环境及监管环境的主要原因：①某些法律法规或监管要求可能对被审计单位经营活动有重大影响，如不遵守将导致停业等严重后果；②某些法律法规或监管要求(如环保法规等)规定了被审计单位某些方面的责任和义务；③某些法律法规或监管要求决定了被审计单位需要遵循的行业惯例和核算要求。

注册会计师应当了解被审计单位所处的法律环境及监管环境，主要包括如下内容：①适用的会计准则、会计制度和行业特定惯例；②对经营活动产生重大影响的法律法规及监管活动；③对开展业务产生重大影响的政府政策，包括货币、财政、税收和贸易等政策；④与被审计单位所处行业和所从事经营活动相关的环保要求。

具体而言，注册会计师可能还需要了解以下情况。

(1) 国家对某一行业的企业是否有特殊的监管要求(如对银行、保险等行业的特殊监管要求)？

(2) 是否存在新出台的法律法规(如新出台的有关产品责任、劳动安全或环境保护的法律法规等)？对被审计单位有何影响？

(3) 国家货币、财政、税收和贸易等方面政策的变化是否会对被审计单位的经营活动产生影响。

(4) 与被审计单位相关的税务法规是否发生变化。

例如，审计商业银行的财务报表，注册会计师是否了解银行业的特定惯例和特定要求，银监会的监管要求，新出台的规定、文件等。审计汽车行业时，就要清楚环保的要求，如果企业生产的汽车达不到某些大城市的环保要求，就会影响到收入、利润等。

3. 其他外部因素

注册会计师应当了解影响被审计单位经营的其他外部因素，主要包括如下内容：①宏观经济的景气度；②利率和资金供求状况；③通货膨胀水平及币值变动；④国际经济环境和汇率变动。

具体而言，注册会计师可能还需要了解以下情况。

(1) 当前的宏观经济状况以及未来的发展趋势如何？

(2) 目前国内或本地区的经济状况(如增长率、通货膨胀、失业率、利率等)怎样影响被审计单位的经营活动？

(3) 被审计单位的经营活动是否受到外币汇率波动或全球市场力量的影响。

4. 了解的重点和程度

注册会计师对行业状况、法律环境与监管环境以及其他外部因素了解的范围和程度会因被审计单位所处行业、规模以及其他因素(如在市场中的地位)的不同而不同。例如，对从事计算机硬件制造的被审计单位，注册会计师可能更关心市场和竞争以及技术进步的情况；对金融机构，注册会计师可能更关心宏观经济走势以及货币、财政等方面的宏观经济政策；对化工等产生污染的行业，注册会计师可能更关心相关环保法规。注册会计师应当考虑将了解的重点放在对被审计单位的经营活动可能产生重要影响的关键外部因素以及与前期相比发生的重大变化上。

注册会计师应当考虑被审计单位所在行业的业务性质或监管程度是否可能导致特定的重大错报风险，考虑项目组是否配备了具有相关知识和经验的成员。

6.4.3 被审计单位的性质

1. 所有权结构

对被审计单位所有权结构的了解有助于注册会计师识别关联方关系并了解被审计单位的决策过程。注册会计师应当了解所有权结构以及所有者与其他人员或单位之间的关系，考虑关联方关系是否已经得到识别，以及关联方交易是否得到恰当核算。例如，注册会计师应当了解被审计单位是属于国有企业、外商投资企业、民营企业，还是属于其他类型的企业，还应当了解其直接控股母公司、间接控股母公司、最终控股母公司和其他股东的构成，以及所有者与其他人员或单位(如控股母公司控制的其他企业)之间的关系。注册会计师应当按照《中国注册会计师审计准则第 1323 号——关联方》的规定，了解被审计单位识别关联方的程序，获取被审计单位提供的所有关联方信息，并考虑关联方关系是否已经得到识别，关联方交易是否得到恰当记录和充分披露。

同时，注册会计师可能需要对其控股母公司(股东)的情况作进一步的了解，包括控股母公司的所有权性质、管理风格及其对被审计单位经营活动及财务报表可能产生的影响；控股母公司与被审计单位在资产、业务、人员、机构、财务等方面是否分开，是否存在占用资金等情况；控股母公司是否施加压力，要求被审计单位达到其设定的财务业绩目标。

2. 治理结构

良好的治理结构可以对被审计单位的经营和财务运作实施有效的监督，从而降低财务报表发生重大错报的风险。注册会计师应当了解被审计单位的治理结构。例如，董事会的构成情况、董事会内部是否有独立董事；治理结构中是否设有审计委员会或监事会及其运作情况。第二十六条还规定，注册会计师应当考虑治理层是否能够在独立于管理层的情况下对被审计单位事务(包括财务报告)作出客观判断。

3. 组织结构

复杂的组织结构可能导致某些特定的重大错报风险。注册会计师应当了解被审计单位的组织结构，考虑复杂组织结构可能导致的重大错报风险，包括财务报表合并、商誉摊销和减值、长期股权投资核算以及特殊目的实体核算等问题。

例如，对于在多个地区拥有子公司、合营企业、联营企业或其他成员机构，或者存在多个业务分部和地区分部的被审计单位，不仅编制合并财务报表的难度增加，还存在其他可能导致重大错报风险的复杂事项，包括对子公司、合营企业、联营企业和其他股权投资类别的判断及其会计处理，商誉在不同业务分部间的摊销及减值，对特殊目的实体是否进行了适当的会计处理等。

4. 经营活动

了解被审计单位经营活动有助于注册会计师识别预期在财务报表中反映的主要交易类别、重要账户余额和列报。注册会计师应当了解被审计单位的经营活动。主要包括如下内容。

(1) 主营业务的性质。例如，主营业务是制造业还是商品批发与零售，是银行、保险还是其他金融服务，是公用事业、交通运输还是提供技术产品和服务等。

(2) 与生产产品或提供劳务相关的市场信息。例如，主要客户和合同、付款条件、利润率、市场份额、竞争者、出口、定价政策、产品声誉、质量保证、营销策略和目标等。

(3) 业务的开展情况。例如，业务分部的设立情况、产品和服务的交付、衰退或扩展的经营活动的详情等。

(4) 联盟、合营与外包情况。

(5) 从事电子商务的情况。例如，是否通过互联网销售产品和提供服务以及从事营销活动。

(6) 地区与行业分布。例如，是否涉及跨地区经营和多种经营，各个地区和各行业分布的相对规模以及相互之间是否存在依赖关系。

(7) 生产设施、仓库的地理位置及办公地点。

(8) 关键客户。例如，销售对象是少量的大客户还是众多的小客户，是否有被审计单位高度依赖的特定客户(如超过销售总额的 10%的顾客)，是否有造成高回收性风险的若干客户或客户类别(如正处在一个衰退市场中的客户)，是否与某些客户订立了不寻常的销售条款或条件。

(9) 重要供应商。例如，是否签订长期供应合同，原材料供应的可靠性和稳定性，付款条件，以及原材料是否受重大价格变动的影响。

(10) 劳动用工情况。例如，分地区用工情况、劳动力供应情况、工资水平、退休金和其他福利、股权激励或其他奖金安排以及与劳动用工事项相关的政府法规。

(11) 研究与开发活动及其支出。

(12) 关联方交易。例如，有些客户或供应商是否为关联方，对关联方和非关联方是否采用不同的销售和采购条款。此外，还存在哪些关联方交易，这些交易采用怎样的定价政策。

5. 投资活动

了解被审计单位投资活动有助于注册会计师关注被审计单位在经营策略和方向上的重大变化。注册会计师应当了解被审计单位的投资活动。主要包括如下内容。

(1) 近期拟实施或已实施的并购活动与资产处置情况，包括业务重组或某些业务的终止。注册会计师应当了解并购活动如何与被审计单位目前的经营业务相协调，并考虑他们是否会引发进一步的经营风险。

(2) 证券投资、委托贷款的发生与处置。

(3) 资本性投资活动，包括固定资产和无形资产投资，近期或计划发生的变动，以及重大的资本承诺等。

(4) 不纳入合并范围的投资。例如，联营、合营或其他投资，包括近期计划的投资项目。

6. 筹资活动

了解被审计单位筹资活动有助于注册会计师评估被审计单位在融资方面的压力，并进一步考虑被审计单位在可预见未来的持续经营能力。主要包括如下内容。

(1) 债务结构和相关条款，包括担保情况及表外融资。例如，获得的信贷额度是否可以满足营运需要；得到的融资条件及利率是否与竞争对手相似，如不相似，原因何在；是否存在违反借款合同中限制性条款的情况；是否承受重大的汇率与利率风险。

(2) 固定资产的租赁，包括通过融资租赁方式进行的筹资活动。

(3) 关联方融资。例如，关联方融资的特殊条款。

(4) 实际受益股东。例如，实际受益股东是国内的，还是国外的，其商业声誉和经验可能对被审计单位产生的影响。

(5) 衍生金融工具的运用。例如，衍生金融工具是用于交易目的还是套期目的，以及运用的种类、范围和交易对手等。

6.4.4 被审计单位对会计政策的选择和运用

1. 重要项目的会计政策和行业惯例

重要项目的会计政策包括收入确认、存货的计价方法、投资的核算、固定资产的折旧方法、坏账准备、存货跌价准备和其他资产减值准备的确定、借款费用资本化方法、合并财务报表的编制方法等。除会计政策外，某些行业可能还存在一些行业惯例，注册会计师应当熟悉这些行业惯例。当被审计单位采用与行业惯例不同的会计处理方法时，注册会计师应当了解其原因，并考虑采用与行业惯例不同的会计处理方法是否适当。

2. 重大和异常交易的会计处理方法

例如，本期发生的企业合并的会计处理方法。某些被审计单位可能存在与其所处行业相关的重大交易。例如，银行向客户发放贷款、证券公司对外投资、医药企业的研究与开发活动等，注册会计师应当考虑对重大的和不经常发生的交易的会计处理方法是否适当。

3. 在新领域和缺乏权威性标准或共识的领域，采用重要会计政策产生的影响

在新领域和缺乏权威性标准或共识的领域，注册会计师应当关注被审计单位选用了哪些会计政策，为什么选用这些会计政策以及选用这些会计政策产生的影响。

4. 会计政策的变更

如果被审计单位变更了重要的会计政策，注册会计师应当考虑变更的原因及其适当性：①会计政策的变更是否是法律、行政法规或者适用的会计准则和相关会计制度要求的变更；②会计政策变更是否能够提供更可靠、更相关的会计信息。除此之外，注册会计师还应当关注会计政策的变更是否得到充分披露。

5. 被审计单位何时采用以及如何采用新颁布的会计准则和相关会计制度

例如，新的企业会计准则自2007年1月1日起在上市公司施行，并鼓励其他企业执行。注册会计师应考虑被审计的上市公司是否已按照新会计准则的要求，做好衔接调整工作，并收集执行新会计准则需要的信息资料。

6.4.5 被审计单位的目标、战略以及相关经营风险

1. 目标、战略以及相关经营风险

目标是企业经营活动的指针。企业管理层或治理层一般会根据企业经营面临的外部环境和内部各种因素，制定合理可行的经营目标。战略是企业管理层为实现经营目标采用的总体层面的策略和方法。为了实现某一既定的经营目标，企业可能有多个可行战略。例如，

如果目标是在某一特定期间内进入一个新的市场，那么可行的战略可能包括收购该市场内的现有企业、与该市场内的其他企业合资经营或自行开发进入该市场。随着外部环境的变化，企业应对目标和战略作出相应的调整。

经营风险源于对被审计单位实现目标和战略产生不利影响的重大情况、事项、环境和行动，或源于不恰当的目标和战略。不同的企业可能面临不同的经营风险，这取决于企业经营的性质、所处行业、外部监管环境、企业的规模和复杂程度。管理层有责任识别和应对这些风险。

2. 经营风险对重大错报风险的影响

经营风险与财务报表重大错报风险是既有联系又相互区别的两个概念，前者比后者范围更广。注册会计师了解被审计单位的经营风险有助于其识别财务报表重大错报风险。但并非所有的经营风险都与财务报表相关，注册会计师没有责任识别或评估对财务报表没有影响的经营风险。

多数经营风险最终都会产生财务后果，从而影响财务报表，但并非所有经营风险都会导致重大错报风险。经营风险可能对各类交易、账户余额以及列报认定层次或财务报表层次产生直接影响。例如，企业合并导致银行客户群减少，使银行信贷风险集中，由此产生的经营风险可能增加与贷款计价认定有关的重大错报风险。同样的风险，尤其是在经济紧缩时，可能具有更为长期的后果，注册会计师在评估持续经营假设的适当性时需要考虑这一问题。注册会计师应当根据被审计单位的具体情况考虑经营风险是否可能导致财务报表发生重大错报。目标、战略、经营风险和重大错报风险之间的相互联系可举一例予以说明。例如，企业当前的目标是在某一特定期间内进入某一新的海外市场，企业选择的战略是在当地成立合资公司。从该战略本身看，是可以实现这一目标的。但是，成立合资公司可能会带来很多的经营风险，如企业如何与当地合资方在经营活动、企业文化等各方面协调，如何在合资公司中获得控制权或共同控制权，当地市场情况是否会发生变化，当地对合资公司的税收和外汇管理方面的政策是否稳定，合资公司的利润是否可以汇回，是否存在汇率风险等。这些经营风险反映到财务报表中，可能会因对合资公司是属于子公司、合营企业或联营企业的判断问题，投资核算问题(包括是否存在减值问题)，对当地税收规定的理解，以及外币折算等问题而导致财务报表出现重大错报风险。

3. 被审计单位的风险评估过程

管理层通常制定识别和应对经营风险的策略，注册会计师应当了解被审计单位的风险评估过程。此类风险评估过程是被审计单位内部控制的组成部分。

4. 对小型被审计单位的考虑

小型被审计单位通常没有正式的计划和程序来确定其目标、战略并管理经营风险。注册会计师应当询问管理层或观察小型被审计单位如何应对这些事项，以获取了解，并评估重大错报风险。

6.4.6 被审计单位财务业绩的衡量和评价

被审计单位管理层经常会衡量和评价关键业绩指标（包括财务和非财务的）、预算及差异分析、分部信息和分支机构、部门或其他层次的业绩报告以及与竞争对手的业绩比较。此外，外部机构也会衡量和评价被审计单位的财务业绩，如分析师的报告和信用评级机构的报告。

1. 了解的主要方面

在了解被审计单位财务业绩衡量和评价情况时，注册会计师应当关注下列信息：

(1) 关键业绩指标。

(2) 业绩趋势。

(3) 预测、预算和差异分析。

(4) 管理层和员工业绩考核与激励性报酬政策。

(5) 分部信息与不同层次部门的业绩报告。

(6) 与竞争对手的业绩比较。

(7) 外部机构提出的报告。

2. 关注内部财务业绩衡量的结果

内部财务业绩衡量可能显示未预期到的结果或趋势。在这种情况下，管理层通常会进行调查并采取纠正措施。与内部财务业绩衡量相关的信息可能显示财务报表存在错报风险，例如，内部财务业绩衡量可能显示被审计单位与同行业其他单位相比具有异常快的增长率或盈利水平，此类信息如果与业绩奖金或激励性报酬等其他因素结合起来考虑，可能显示管理层在编制财务报表时存在某种倾向的错报风险。注册会计师应当关注被审计单位内部财务业绩衡量所显示的未预期到的结果或趋势、管理层的调查结果和纠正措施，以及相关信息是否显示财务报表可能存在重大错报。

3. 考虑财务业绩衡量指标的可靠性

如果拟利用被审计单位内部信息系统生成的财务业绩衡量指标，注册会计师应当考虑相关信息是否可靠，以及利用这些信息是否足以实现审计目标。许多财务业绩衡量中使用的信息可能由被审计单位的信息系统生成。如果被审计单位管理层在没有合理基础的情况下，认为内部生成的衡量财务业绩的信息是准确的，而实际上信息有误，那么根据有误的信息得出的结论也可能是错误的。如果注册会计师计划在审计中(如在实施分析程序时)利用财务业绩指标，应当考虑相关信息是否可靠，以及在实施审计程序时利用这些信息是否足以发现重大错报。

4. 对小型被审计单位的考虑

小型被审计单位通常没有正式的财务业绩衡量和评价程序，管理层往往依据某些关键指标作为评价财务业绩和采取适当行动的基础，注册会计师应当了解管理层使用的关键指标。

阅读资料 6-2

W 公司主要从事小型电子消费品的生产和销售，产品销售以 W 公司仓库为交货地点。W 公司日常交易采用自动化信息系统(以下简称系统)和手工控制相结合的方式进行。系统自 2006 年以来没有发生变化。W 公司产品主要销售给国内各主要城市的电子消费品经销商。A 和 B 注册会计师负责审计 W 公司 2007 年度财务报表。

资料：A 和 B 注册会计师在审计工作底稿中记录了所了解的有关销售与收款循环的控制，部分内容摘录如下。

(1) 仓库人员在系统中根据经销售部门批准的客户订单生成连续编号的发货单，并在将产品交给运输商发运后，将发货单设置为“已执行”状态并提交结算部门。结算部门根据系统中的“已执行”发货单记录订单及相关客户基础资料，在系统中生成并打印销售发票，系统在月末根据发货单和发票信息自动汇总主营业务收入，并据此过入应收账款和主营业务收入账簿。

(2) 每月末，系统自动匹配发货单、订单、发票和入账的主营业务收入，并可以生成一个专门报告反映未匹配项目的清单。系统授权可以生成和阅读该报告的人员是 W 公司销售部经理和总经理。

要求：

1. 针对资料，请逐项指出上述控制与何种交易或账户的何种认定相关。

2. 针对资料，假定不考虑其他条件，请逐项判断上述控制在设计上是否存在缺陷。如果存在缺陷，请分别予以指出，并简要说明理由，提出改进建议。

6.5　了解和评价内部控制系统

6.5.1　内部控制的含义和要素

内部控制是被审计单位为了合理保证财务报告的可靠性、经营的效率和效果以及对法律法规的遵守，由治理层、管理层和其他人员设计与执行的政策及程序。可以从以下几方面理解内部控制。

(1) 内部控制的目标是合理保证：①财务报告的可靠性目标与管理层履行财务报告编制责任密切相关；②经营的效率和效果，即经济有效地使用企业资源，以最优方式实现企业的目标；③在所有经营活动中遵守法律法规的要求，即在法律法规的框架下从事经营活动。之所以是合理保证而不是绝对保证，参见本准则第四章第五节对内部控制局限性的说明。

(2) 设计和实施内部控制的责任主体是治理层、管理层和其他人员，组织中的每一个人都对内部控制负有责任。

(3) 实现内部控制目标的手段是设计和执行控制政策和程序。内部控制包括下列要素：①控制环境；②风险评估过程；③信息系统与沟通；④控制活动；⑤对控制的监督。内部控制包括上述 5 项要素；控制包括上述一项或多项要素，或要素表现出的各个方面。

6.5.2　与审计相关的控制

内部控制的目标旨在合理保证财务报告的可靠性、经营的效率和效果以及对法律法规的遵守。注册会计师审计的目标是对财务报表是否存在重大错报发表审计意见，尽管要求注册会计师在财务报表审计中考虑与财务报表编制相关的内部控制，但目的并非对被审计单位内部控制的有效性发表意见。注册会计师需要了解和评价的内部控制只是与财务报表审计相关的内部控制，并非被审计单位所有的内部控制。

6.5.3 对内部控制了解的深度

对内部控制了解的深度，是指在了解被审计单位及其环境时对内部控制了解的程度。包括评价控制的设计，并确定其是否得到执行，但不包括对控制是否得到一贯执行的测试。

1. 评价控制的设计

注册会计师在了解内部控制时，应当评价控制的设计，并确定其是否得到执行。评价控制的设计是指考虑一项控制单独或连同其他控制是否能够有效防止或发现并纠正重大错报。控制得到执行是指某项控制存在且被审计单位正在使用。设计不当的控制可能表明内部控制存在重大缺陷，注册会计师在确定是否考虑控制得到执行时，应当首先考虑控制的设计。如果控制设计不当，则不需要再考虑控制是否得到执行。

2. 获取控制设计和执行的审计证据

注册会计师通常实施下列风险评估程序，以获取有关控制设计和执行的审计证据。

(1) 询问被审计单位的人员。

(2) 观察特定控制的运用。

(3) 检查文件和报告。

(4) 追踪交易在财务报告信息系统中的处理过程(穿行测试)。这些程序是风险评估程序在了解被审计单位内部控制方面的具体运用。

询问本身并不足以评价控制的设计以及确定其是否得到执行，注册会计师应当将询问与其他风险评估程序结合使用。

3. 了解内部控制与测试控制运行有效性的关系

除非存在某些可以使控制得到一贯运行的自动化控制，注册会计师对控制的了解并不能够代替对控制运行有效性的测试。例如，获取某一人工控制在某一时点得到执行的审计证据，并不能证明该控制在所审计期间内的其他时点也有效运行。

6.5.4 内部控制的人工和自动化成分

大多数被审计单位出于编制财务报告和实现经营目标的需要使用信息技术。然而，即使信息技术得到广泛使用，人工因素仍然会存于这些系统之中。不同的被审计单位采用的控制系统中人工控制和自动化控制的比例是不同的。在一些小型的生产经营不太复杂的被审计单位，可能以人工控制为主；而在另外一些被审计单位，可能以自动化控制为主。内部控制可能既包括人工成分又包括自动化成分，在风险评估以及设计和实施进一步审计程序时，注册会计师应当考虑内部控制的人工和自动化特征及其影响。

6.5.5 内部控制的局限性

1. 内部控制的固有局限性

内部控制存在固有局限性，无论如何设计和执行，只能对财务报告的可靠性提供合理的保证。内部控制存在的固有局限性包括以下几方面。

(1) 在决策时人为判断可能出现错误和由于人为失误而导致内部控制失效。例如，被审计单位信息技术工作人员没有完全理解系统如何处理销售交易，为使系统能够处理新型产品的销售，可能错误地对系统进行更改；或者对系统的更改是正确的，但是程序员没能把此次更改转化为正确的程序代码。

(2) 可能由于两个或更多的人员进行串通或管理层凌驾于内部控制之上而被规避。例如，管理层可能与客户签订背后协议，对标准的销售合同作出变动，从而导致收入确认发生错误。再如，软件中的编辑控制旨在发现和报告超过赊销信用额度的交易，但这一控制可能被逾越或规避。

2. 对小型被审计单位的考虑

小型被审计单位拥有的员工通常较少，限制了其职责分离的程度。业主凌驾于内部控制之上的可能性较大。注册会计师应当考虑一些关键领域是否存在有效的内部控制。

6.5.6 控制环境

控制环境包括治理职能和管理职能，以及治理层和管理层对内部控制及其重要性的态度、认识和措施。控制环境设定了被审计单位的内部控制基调，影响员工对内部控制的认识和态度。良好的控制环境是实施有效内部控制的基础，注册会计师应当了解控制环境。防止或发现并纠正舞弊和错误是被审计单位治理层和管理层的责任。在评价控制环境的设计和实施情况时，注册会计师应当了解管理层在治理层的监督下，是否营造并保持了诚实守信和合乎道德的文化，以及是否建立了防止或发现并纠正舞弊和错误的恰当控制。实际上，在审计业务承接阶段，注册会计师就需要对控制环境作出初步了解和评价。注册会计师应当对控制环境的构成要素获取足够的了解，并考虑内部控制的实质及其综合效果，以了解管理层和治理层对内部控制及其重要性的态度、认识以及所采取的措施。

6.5.7 被审计单位的风险评估过程

被审计单位的风险评估过程包括识别与财务报告相关的经营风险，以及针对这些风险所采取的措施。注册会计师应当了解被审计单位的风险评估过程和结果。

1. 对风险评估过程的了解

注册会计师在对被审计单位整体层面的风险评估过程进行了解和评估时，考虑的主要因素可能包括以下几方面。

(1) 被审计单位是否已建立并沟通其整体目标，并辅以具体策略和业务流程层面的计划。

(2) 被审计单位是否已建立风险评估过程，包括识别风险、估计风险的重大性、评估风险发生的可能性以及确定需要采取的应对措施。

(3) 被审计单位是否已建立某种机制，识别和应对可能对被审计单位产生重大且普遍影响的变化，如在金融机构中建立资产负债管理委员会，在制造型企业中建立期货交易风险管理组等。

(4) 会计部门是否建立了某种流程，以识别会计准则的重大变化。

(5) 当被审计单位业务操作发生变化并影响交易记录的流程时，是否存在沟通渠道以通知会计部门。

(6) 风险管理部门是否建立了某种流程，以识别经营环境包括监管环境发生的重大变化。

注册会计师可以通过了解被审计单位及其环境的其他方面信息，评价被审计单位风险评估过程的有效性。例如，在了解被审计单位的业务情况时，发现了某些经营风险，注册会计师应当了解管理层是否也意识到这些风险以及如何应对。在对业务流程的了解中，注册会计师还可能进一步获得被审计单位有关业务流程的风险评估过程的信息。例如，在销售循环中，如果发现了销售的截止性错报的风险，注册会计师应当考虑管理层是否也识别了该错报风险以及如何应对该风险。

2. 对小型被审计单位的考虑

在小型被审计单位，管理层可能没有正式的风险评估过程，注册会计师应当与管理层讨论其如何识别经营风险以及如何应对这些风险。

6.5.8 信息系统与沟通

注册会计师在对被审计单位整体层面的信息系统与沟通进行了解和评估时，考虑的主要因素可能包括与财务报告相关的信息系统和与财务报告相关的沟通。与财务报告相关的信息系统应当与业务流程相适应，其职能更多地体现在业务流程层面，因此，注册会计师应当更进一步地在业务流程层面了解业务流程和相关信息系统。

6.5.9 控制活动

控制活动是指有助于确保管理层的指令得以执行的政策和程序。注册会计师对被审计单位整体层面的控制活动进行的了解和评估，主要是针对被审计单位的一般控制活动，特别是信息技术的一般控制。

6.5.10 对控制的监督

注册会计师在对被审计单位整体层面的监督进行了解和评估时，考虑的主要因素可能包括以下几方面。

(1) 被审计单位是否定期评价内部控制。

(2) 被审计单位人员在履行正常职责时，能够在多大程度上获得内部控制是否有效运行的证据。

(3) 与外部的沟通能够在多大程度上证实内部产生的信息或者指出存在的问题。

(4) 管理层是否采纳内部审计人员和注册会计师有关内部控制的建议。

(5) 管理层是否及时纠正控制运行中的偏差。

(6) 管理层根据监管机构的报告及建议是否及时采取纠正措施。

(7) 是否存在协助管理层监督内部控制的职能部门(如内部审计部门)。

阅读资料 6-3

某执业质量检查组对 A 会计师事务所进行执业质量检查，小孙负责检查小陶、小徐两位注册会计师签发的甲公司年报审计报告，检查工作底稿中对了解内控和控制测试方面的审计情况后，记录了如下问题：注册会计师仅通过询问和观察程序对被审计单位的内部控制进行了一些简单了解，但了解的内容不全面、不透彻，评价内部控制的依据不完整、不充分，没有实施检查和穿行测试，也未能将对内部控制的了解与对审计风险的评估有机结合，对内控了解的情况和深度不足以识别潜在错报的类型和考虑导致重大错报风险的因素。注册会计师没有对被审计单位的内部控制进行测试，但依据对内部控制并不全面也未深入地了解，不仅作出了内部控制存在、设计有效、得到执行、可以信赖且运行有效的审计结论，而且还作出了仅需从实质性程序对各类交易、账户余额、列报获取保证程度为低的职业判断。小陶和小徐提出不同意见，认为，由于受到客观因素的制约，他们已在力所能及的范围内对甲公司的内部控制进行了充分了解，且已做了必要的记录和取证，同时进行了分析和评价，并形成了审计结论。至于未进行控制测试的问题，他们认为，在了解内部控制的同时，通过询问和观察，认为所了解的内部控制确实得到了很好执行，所以就得出了内部控制存在、设计有效、得到执行且运行有效的审计结论，即他们已将对内部控制的了解与测试合二为一。但两人也承认，在内部控制方面实施的程序总体上简单，对甲公司及其环境的了解也不够全面，工作底稿中作出内部控制得到执行且运行有效的依据也欠充分，由于受到甲公司客观情况的限制，已尽了最大努力。

要求：

1. 分析两位注册会计师是否模糊了与内部控制相关各概念的含义？
2. 分析两位注册会计师执行的审计程序是否足够支持得出的结论？

6.6 重大错报风险的评估

评估重大错报风险是风险评估阶段的最后一个步骤。获取的关于风险因素和抵消控制风险的信息(通过实施风险评估程序)，将全部用于对财务报表层次以及各类交易、账户余额和列报认定层次的评估重大错报风险。评估将作为确定进一步审计程序的性质、范围和时间的基础，以应对识别的风险。

6.6.1 评估财务报表层次和认定层次的重大错报风险

1. 评估重大错报风险时考虑的因素

表 6-2 列示了风险评估时考虑的部分风险因素。

表 6-2 风险评估时考虑的部分风险因素

风险评估层次	考虑的因素
1. 已识别的风险是什么？	
财务报表层次	1. 源于薄弱的被审计单位层次内部控制或信息技术一般控制； 2. 特别风险； 3. 与管理层凌驾和舞弊相关的风险因素； 4. 管理层愿意接受的风险，如小企业因缺乏职责分工导致的风险
认定层次	1. 与完整性、准确性、存在或计价相关的特定风险： 2. 收入、费用和其他交易； 3. 账户余额； 4. 财务报表披露； 5. 可能产生多重错报的风险
相关内部控制程序	1. 特别风险； 2. 用于预防、发现或减轻已识别风险的恰当设计并执行的内部控制程序； 3. 仅通过执行控制测试应对的风险

续表

风险评估层次	考虑的因素
2．错报(金额影响)可能发生的规模有多大？	
财务报表层次	什么事项可能导致财务报表重大错报？考虑管理层凌驾、舞弊、未预期事件和以往经验
认定层次	1．交易、账户余额或披露的固有性质； 2．日常和例外事件； 3．以往经验
3．事件(风险)发生的可能性有多大？	
财务报表层次	1．来自高层的基调； 2．管理层风险管理的方法； 3．采用的政策和程序； 4．以往经验
认定层次	1．相关的内部控制活动； 2．以往经验
相关内部控制程序	识别对于降低事件发生可能性非常关键的管理层风险应对要素

2．评估重大错报风险的审计程序

在评估重大错报风险时，注册会计师应当实施下列审计程序。

(1) 在了解被审计单位及其环境的整个过程中识别风险，并考虑各类交易、账户余额、列报。注册会计师应当运用各项风险评估程序，在了解被审计单位及其环境的整个过程中识别风险，并将识别的风险与各类交易、账户余额和列报相联系。

(2) 将识别的风险与认定层次可能发生错报的领域相联系。注册会计师应当将识别的风险与认定层次可能发生错报的领域相联系。例如，销售困难使产品的市场价格下降，可能导致年末存货成本高于其可变现净值而需要计提存货跌价准备，这显示存货的计价认定可能发生错报。

(3) 考虑识别的风险是否重大。风险是否重大是指风险造成后果的严重程度。上例中，除考虑产品市场价格下降因素外，注册会计师还应当考虑产品市场价格下降的幅度、该产品在被审计单位产品中的比重等，以确定识别的风险对财务报表的影响是否重大。假如产品市场价格大幅下降，导致产品销售收入不能补偿成本，毛利率为负，那么年末存货跌价问题严重，存货计价认定发生错报的风险重大；假如价格下降的产品在被审计单位销售收入中所占比例很小，被审计单位其他产品销售毛利率很高，尽管该产品的毛利率为负，但可能不会使年末存货发生重大跌价问题。

(4) 考虑识别的风险导致财务报表发生重大错报的可能性。注册会计师还需要考虑上述识别的风险是否会导致财务报表发生重大错报。例如，考虑存货的账面余额是否重大，是否已适当计提存货跌价准备等。在某些情况下，尽管识别的风险重大，但仍不至于导致财务报表发生重大错报。例如，被审计单位对于存货跌价准备的计提实施了比较有效的内部控制，管理层已根据存货的可变现净值，计提了相应的跌价准备。在这种情况下，财务报表发生重大错报的可能性将相应降低。

注册会计师应当利用实施风险评估程序获取的信息，包括在评价控制设计和确定其是否得到执行时获取的审计证据，作为支持风险评估结果的审计证据。注册会计师应当根据风险评估结果，确定实施进一步审计程序的性质、时间和范围。

3. 识别两个层次的重大错报风险

(1) 在对重大错报风险进行识别和评估后，注册会计师应当确定识别的重大错报风险是与特定的某类交易、账户余额、列报的认定相关，还是与财务报表整体广泛相关，进而影响多项认定。

(2) 某些重大错报风险可能与特定的某类交易、账户余额、列报的认定相关。例如，被审计单位存在复杂的联营或合资，这一事项表明长期股权投资账户的认定可能存在重大错报风险。又如，被审计单位存在重大的关联方交易，该事项表明关联方及关联方交易的披露认定可能存在重大错报风险。

(3) 某些重大错报风险可能与财务报表整体广泛相关，进而影响多项认定。例如，在经济不稳定的国家和地区开展业务、资产的流动性出现问题、重要客户流失、融资能力受到限制等，可能导致注册会计师对被审计单位的持续经营能力产生重大疑虑。又如，管理层缺乏诚信或承受异常的压力可能引发舞弊风险，这些风险与财务报表整体相关。

表 6-3 给出了评估认定层次重大错报风险汇总表示例。

表 6-3　评估认定层次的重大错报风险汇总表

重大账户	认定	识别的重大错报风险	风险评估结果
列示重大账户，如应收账款	列示相关的认定，如存在、完整性、计价或分摊等	汇总实施审计程序识别出的与该重大账户的某项认定相关的重大错报风险	评估该项认定的重大错报风险水平(应考虑控制设计是否合理，是否得到执行)

注：注册会计师也可以在该表中记录针对评估的认定层次重大错报风险而相应制定的审计方案。

6.6.2　需要特别考虑的重大错报风险

在确定哪些风险是特别风险时，注册会计师应当在考虑识别出的控制对相关风险的抵消效果前，根据风险的性质、潜在错报的重要程度(包括该风险是否可能导致多项错报)和发生的可能性，判断风险是否属于特别风险。在确定风险的性质时，注册会计师应当考虑下列事项：①风险是否属于舞弊风险；②风险是否与近期经济环境、会计处理方法和其他方面的重大变化有关；③交易的复杂程度；④风险是否涉及重大的关联方交易；⑤财务信息计量的主观程度，特别是对不确定事项的计量存在较大区间；⑥风险是否涉及异常或超出正常经营过程的重大交易。

6.6.3　仅通过实质性程序无法应对的重大错报风险

作为风险评估的一部分，如果认为仅通过实质性程序获取的审计证据无法将认定层次的重大错报风险降至可接受的低水平，注册会计师应当评价被审计单位针对这些风险设计的控制，并确定其执行情况。

在被审计单位对日常交易采用高度自动化处理的情况下，审计证据可能仅以电子形式存在，其充分性和适当性通常取决于自动化信息系统相关控制的有效性，注册会计师应当考虑仅通过实施实质性程序不能获取充分、适当审计证据的可能性。例如，某企业通过高度自动化的系统确定采购品种和数量，生成采购订购单，并通过系统中设定的收货确认和付款条件进行付款。除了系统中的相关信息以外，该企业没有其他有关订购单和收货的记录。在这种情况下，如果认为仅通过实施实质性程序不能获取充分、适当的审计证据，注册会计师应当考虑依赖的相关控制的有效性，并对其进行了解、评估和测试。

6.6.4 对风险评估的修正

注册会计师对认定层次重大错报风险的评估应以获取的审计证据为基础，并可能随着不断获取审计证据而作出相应的改变。例如，注册会计师对重大错报风险的评估可能基于预期控制运行有效这一判断，即相关控制可以防止或发现并纠正认定层次的重大错报。但在测试控制运行的有效性时，注册会计师获取的证据可能表明相关控制在被审计期间并未有效运行。同样，在实施实质性程序后，注册会计师可能发现错报的金额和频率比在风险评估时预计的金额和频率要高。因此，如果通过实施进一步审计程序获取的审计证据与初始评估获取的审计证据相矛盾，注册会计师应当修正风险评估结果，并相应修改原计划实施的进一步审计程序。

因此，评估重大错报风险与了解被审计单位及其环境一样，也是一个连续、动态地收集、更新与分析信息的过程，贯穿于整个审计过程的始终。

本章小结

本章通过对风险评估的论述，介绍了风险评估程序，通过了解被审单位及其环境，了解被审单位的内部控制，评估并识别重大错报风险。具体如下：①实施审计程序，更广、更深地了解被审单位及其环境的各个方面，包括了解内控，为识别财务报表层次以及认定层次重大错报风险提供更好的基础。②实施更为严格的风险评估程序，将识别的风险与认定层次可能发生错报的领域相联系。③在设计和实施进一步审计程序(控制测试和实质性程序)时，应将审计程序的性质、时间和范围与识别、评估的风险相联系。④将识别、评估和应对风险的关键程序形成审计工作记录。

习　题

一、单项选择题

1. A注册会计师负责对甲公司2009年度财务报表进行审计，在了解内部控制时，A注册会计师遇到下列事项，请代为做出正确的专业判断。

(1) 在了解甲公司内部控制时，A注册会计师最应当关注的是(　　)。

A. 内部控制是否按照管理层的意图，实现了经营效率

B. 内部控制是否能够防止或发现并纠正错误或舞弊

C. 内部控制是否明确区分控制要素

D. 内部控制是否没有因串通而失效

(2) 在了解内部控制时，A注册会计师通常不实施的审计程序是(　　)。

A. 了解控制活动是否得到执行

B. 了解内部控制的设计

C. 记录了解的内部控制

D. 寻找内部控制运行中的缺陷

2. 了解被审计单位财务业绩衡量和评价的最重要的目的是(　　)。

A. 了解被审计单位的业绩趋势

B. 确定被审计单位的业绩是否达到预算

C. 将被审计单位的业绩与同行业作比较

D. 考虑是否存在舞弊风险

3. 注册会计师实施的下列审计程序中，不属于风险评估程序的是(　　)。

A. 将被审计单位的应收账款周转率与同行业其他企业相比较，观察其是否异常

B. 了解被审计单位月末与客户核对应收账款余额的程序

C. 以被审计单位的名义向欠款单位函证应收账款的期末余额

D. 了解被审计单位赊销信用批准政策

二、多项选择题

1. 在识别和评估重大错报风险时，注册会计师可能实施的审计程序有(　　)。

A. 识别甲公司的所有经营风险

B. 考虑识别的错报风险导致财务报表发生重大错报的可能性

C. 考虑识别的错报风险是否重大

D. 将识别的错报风险与认定层次可能发生错报的领域相联系

2. 在应对仅通过实质性程序无法应对的重大错报风险时，注册会计师应当考虑的主要因素有(　　)。

A. 甲公司是否针对这些风险设计了控制

B. 相关控制是否可以信赖

C. 相关交易是否采用高度自动化的处理

D. 会计政策是否发生变更

3. 在了解内部控制时，注册会计师执行穿行测试的目的是为了确认(　　)。

A. 是否正确了解了内部控制并且书面记录准确

B. 交易流程中所有与财务报表有关的可能发生错报的环节都已识别

C. 所获取的有关流程中的预防性控制和检查性控制信息的准确性

D. 评估控制设计的合理性并确认控制执行的有效性

4. 控制环境是实施内部控制的基础。下列有关控制环境的表述中，正确的有(　　)。

A. 企业文化是企业在经营管理过程中形成的、影响内部控制环境的精神和理念，包括高级管理人员的管理理念、经营风格与职业操守，企业的整体价值观，员工的行为守则等

B. 健全的治理结构、科学的内部机构设置和权责分配是内部控制的基本前提，是控制环境的重要内容

C. 科学合理的人力资源政策是内部控制的人才和工作机制的保证，有利于调动员工的积极性、主动性和创造性

D. 有效的反舞弊机制是发现和处理舞弊行为的制度安排，有利于及时防范因舞弊而导致内部控制措施失效

5．在下列表述中，正确的有(　　)。

A. 如果并不打算依赖控制，注册会计师就没有必要进一步了解业务流程层面的控制

B. 如果不打算信赖内部控制，注册会计师就没有必要进行穿行测试

C. 如果认为仅通过实质性程序无法将认定层次的检查风险降至可接受的水平，注册会计师应当了解和评估相关的控制活动

D. 针对特别风险，注册会计师应当了解和评估相关的控制活动

三、简析题

大中华剧院的出纳员在剧院专设的售票室负责售票、收款工作，每日各场次所出售的戏票、电影票均事先连续编号。顾客一手交钱、出纳员一手交票。顾客买票后须将入场券交给守门员才能进入剧院，守门员将入场券撕成两半，正券还给顾客，副券则投入加锁的票箱中。

请对以下问题做简要分析。

1. 本例在现金收入方面采取了哪些内部控制措施？

2. 假设售票员与守门员串通窃取现金收入，他们将采取哪些行动？

3. 对串通舞弊行为，可以采取何种措施揭发？

4. 剧院经理可以采取哪些手段使现金内部控制达到最佳效果？

第 7 章 风险应对

教学目标

通过本章的学习，应明确注册会计师应当针对评估的财务报表层次重大错报风险确定总体应对措施，并针对评估的认定层次重大错报风险设计和实施进一步审计程序，以将审计风险降至可接受的低水平。

教学要求

针对财务报表层次重大错报风险采取的总体应对措施，控制测试程序性质、时间和范围，实质性程序的性质、时间和范围。

基本概念

进一步审计程序　控制测试程序　实质性分析程序

导入案例

安达信倒闭事件

安达信的倒闭缘起美国另一家巨子企业安然公司的破产案。位于美国得克萨斯州的安然公司曾是世界上最大的电力、天然气以及电讯公司之一，资产规模曾达 1000 多亿美元，连续多年被《财富》杂志评选为“美国最具创新精神公司”。然而就在 2001 年 10 月 16 日，安然的命运发生了急遽的转向。当天股市收盘之后，安然发布了第三季度财报。其中有一项是公司一次性冲销了高达逾 10 亿美元的税后投资坏账，这笔巨额坏账是在安然和两家关联公司的交易中形成的。诡异的是，这两家公司都由安然首席财务官法斯特管理。证券分析师们当天就此质询安然，美国证券交易委员会则第二天就进入对安然的调查。安然的内部交易和财务造假黑幕就此揭开。此前的 3 年中，安然虚增盈利 5 亿多美元，少列债务 6 亿多美元，虚增股东权益则达数十亿美元。一个多月，安然股价从近 40 美元自由落体式地跌到 4 美元。11 月底，安然申请破产保护。而在调查安然的同时，美国监管部门的司法利剑也指向了安达信。安达信自安然公司 1985 年成立伊始就为它做审计，安然一半的董事与安达信有着直接或间接的联系，甚至首席会计师和财务总监都来自安达信。从安然案爆发的半个月时间，安达信竟销毁了数千页安然公司的文件，直到 11 月 8 日收到美国遮天证券交易委员会的传票后才停止销毁文件。2002 年 3 月，美国司法部以妨碍司法公正对安达信提起刑事诉讼，理由是该公司在安然丑闻事发后毁掉了相关文件和电脑记录，从而开创了美国历史上第一起大型会计公司受到刑事调查的案例。同年 6 月，安达信被美国法院认定犯有阻碍政府调查安然破产案的罪行。安达信就此宣告倒闭，正式遁迹于其从事了近 90 年的会计审计业。

资料来源：经济资料译丛，2005(2)

点评：

一个人或者一个企业有了信用，等于拥有了一笔财富，就有可能赚到更多的钱，信用就是金钱。

7.1 针对财务报表层次重大错报风险的总体应对措施

7.1.1 财务报表层次重大错报风险与总体应对措施

在财务报表重大错报风险的评估过程中，注册会计师应当确定，识别的重大错报风险是与特定的某类交易、账户余额、列报的认定相关，还是与财务报表整体广泛相关，进而影响多项认定。如果是后者，则属于财务报表层次的重大错报风险。

注册会计师应当针对评估的财务报表层次重大错报风险确定下列总体应对措施。

(1) 向项目组强调在收集和评价审计证据过程中保持职业怀疑态度的必要性。

(2) 分派更有经验或具有特殊技能的审计人员，或利用专家的工作。

(3) 提供更多的督导。对于财务报表层次重大错报风险较高的审计项目，项目组的高级别成员，如项目负责人、项目经理等经验较丰富的人员，要为其他成员提供更详细、更经常、更及时的指导和监督并加强项目质量复核。

(4) 在选择进一步审计程序时，应当注意使某些程序不被管理层预见或事先了解。注册会计师可以通过以下方式提高审计程序的不可预见性：①对某些未测试过的低于设定的重要性水平或风险较小的账户余额和认定实施实质性程序；②调整实施审计程序的时间，使被审计单位不可预期；③采取不同的审计抽样方法，使当期抽取的测试样本与以前有所不同；④选取不同的地点实施审计程序，或预先不告知被审计单位所选定的测试地点。

(5) 对拟实施审计程序的性质、时间和范围做出总体修改。财务报表层次的重大错报风险很可能源于薄弱的控制环境。薄弱的控制环境带来的风险可能对财务报表产生广泛的影响，难以限于某类交易、账户余额、列报，注册会计师应当采取总体应对措施。相应地，注册会计师对控制环境的了解也影响其对财务报表层次的重大错报风险的评估。有效的控制环境可以使注册会计师增强对内部控制和被审计单位内部产生的证据的信赖程度。如果控制环境存在缺陷，注册会计师在对拟实施审计程序的性质、时间和范围做出总体修改时应当考虑以下几方面：①在期末而非期中实施更多的审计程序。控制环境的缺陷通常会削弱期中获得的审计证据的可信赖程度。②主要依赖实质性程序获取审计证据。良好的控制环境是其他控制要素发挥作用的基础。控制环境存在缺陷通常会削弱其他控制要素的作用，导致注册会计师可能无法信赖内部控制，而主要依赖实施实质性程序获取审计证据。③修改审计程序的性质，获取更具说服力的审计证据。修改审计程序的性质主要是指调整拟实施审计程序的类别及组合，如原先可能主要限于检查某项资产的账面记录或相关文件，而调整审计程序的性质后可能意味着更加重视实地检查该项资产。④扩大审计程序的范围。例如，扩大样本规模，或采用更详细的数据实施分析程序。

7.1.2 增加审计程序不可预见性的方法

注册会计师可以通过增加审计程序提高审计程序的不可预见性，具体内容如下。

(1) 对某些以前未测试的低于设定的重要性水平或风险较小的账户余额和认定实施实质性程序。注册会计师可以关注以前未曾关注过的审计领域，尽管这些领域可能重要程度比较低。如果这些领域有可能被用于掩盖舞弊行为，注册会计师就要针对这些领域实施一些具有不可预见性的测试。

(2) 调整实施审计程序的时间，使其超出被审计单位的预期。例如，如果注册会计师在以前年度的大多数审计工作都围绕着 12 月或在年底前后进行，那么被审计单位就会了解注册会计师的这一审计习惯，由此可能会把一些不适当的会计调整放在年度的 9 月、10 月或 11 月等，以避免引起注册会计师的注意。因此，注册会计师可以考虑调整实施审计程序时测试项目的时间，从测试 12 月的项目调整到测试 9 月、10 月或 11 月的项目。

(3) 采取不同的审计抽样方法，使当年抽取的测试样本与以前有所不同。

(4) 选取不同的地点实施审计程序，或预先不告知被审计单位所选定的测试地点。

增加审计不可预见性的示例见表 7-1。

表 7-1　审计程序的不可预见性

审计领域	一些可能适用的具有不可预见性的审计程序
存货	向以前审计过程中接触不多的被审计单位员工询问，如采购、销售、生产人员等
	在不事先通知被审计单位的情况下，选择一些以前未曾到过的盘点地点进行存货监盘
收入舞弊	向以前审计过程中接触不多或未曾接触过的被审计单位员工询问，如负责处理大客户账户的销售部人员
	改变实施实质性分析程序的对象，例如对收入按细类进行分析
	针对销售和销售退回延长截止测试期间
	实施以前未曾考虑过的审计程序：①函证确认销售条款或者选定销售额较不重要、以前未曾关注的销售交易，如对出口销售实施实质性程序；②实施更细致的分析程序，如使用计算机辅助审计技术审阅销售及客户账户；③测试以前未曾函证过的账户余额，如金额为负或零的账户，或者余额低于以前设定的重要性水平的账户；④改变函证日期，即把所函证账户的截止日期提前或者推迟；⑤对关联公司销售和相关账户余额，除了进行详细函证外，再实施其他审计程序进行验证
采购和应付账款	如果以前未曾对应付账款余额普遍进行函证，可考虑直接向供应商函证确认余额。如果经常采用函证方式，可考虑改变函证的范围或者时间
	对以前由于低于设定的重要性水平而未曾测试过的采购项目，进行细节测试
	使用计算机辅助审计技术审阅采购和付款账户，以发现一些特殊项目，如是否有不同的供应商使用相同的银行账户
现金和银行存款	多选几个月的银行存款余额调节表进行测试
	对有大量银行账户的，考虑改变抽样方法
固定资产	对以前由于低于设定的重要性水平而未曾测试过的固定资产进行测试，如考虑实地盘查一些价值较低的固定资产，如汽车和其他设备等
跨区域审计项目	修改分支机构审计工作的范围或者区域(如增加某些较次要分支机构的审计工作量，或实地去分支机构开展审计工作)

7.1.3 总体应对措施对拟实施进一步审计程序的总体方案的影响

财务报表层次重大错报风险难以限于某类交易、账户余额、列报的特点，意味着此类风险可能对财务报表的多项认定产生广泛影响，并相应增加注册会计师对认定层次重大错报风险的评估难度。因此，注册会计师评估的财务报表层次重大错报风险以及采取的总体应对措施，对拟实施进一步审计程序的总体方案具有重大影响。

拟实施进一步审计程序的总体方案包括实质性方案和综合性方案。其中，实质性方案是指注册会计师实施的进一步审计程序以实质性程序为主；综合性方案是指注册会计师在实施进一步审计程序时，将控制测试与实质性程序结合使用。当评估的财务报表层次重大错报风险属于高风险水平(并相应采取更强调审计程序不可预见性、重视调整审计程序的性质、时间和范围等总体应对措施)时，拟实施进一步审计程序的总体方案往往更倾向于实质性方案。

阅读资料 7-1

2001 年，科龙电器发生巨额亏损。由于已是两年连续亏损，科龙电器处于退市边缘，属于高风险上市公司，成为交易所和证监会的重点监管对象。随后的 2002 年，公司主营业务收入和毛利率变化不大，却实现了较大盈利，引起了市场的关注。对此，深圳证券交易所进行了专题研究，认为公司存在一定风险，提请证监会进行核查。2004 年 9 月，根据证监会的统一部署，广东、湖北、江苏、安徽证监局分别对科龙电器及其关联公司进行核查，发现公司的经营和管理存在很多不规范做法。2005 年 1 月，国家审计署将科龙电器涉嫌虚增 2003 年巨额利润的情况转证监会处理。2005 年 2 月，上市公司监管部门提出立案建议，按规定程序进行立案，转稽查部门调查。德勤为科龙审计了 2002—2004 年年报，其中 2002 和 2004 年度年报出具了保留意见，2003 年度会计报表出具了无保留意见审计报告，这意味着德勤认为科龙 2003 年年报符合国家颁布的企业会计准则和相关会计制度的规定，在所有重大方面公允反映了科龙的财务状况、经营成果和现金流量。虽然德勤为科龙两次披露的 2002 年年报都出具了保留意见，但意见与中国证监会调查发现的虚增收入、少计费用等并不明确相关。

要求：通过这一案例，作为会计师事务所应如何做好财务报表层次重大错报风险的总体应对措施？

7.2 认定层次重大错报风险的应对措施

7.2.1 进一步审计程序的含义和要求

1. 进一步审计程序的含义

进一步审计程序相对于风险评估程序而言，是指注册会计师针对评估的各类交易、账户余额、列报认定层次重大错报风险实施的审计程序，包括控制测试和实质性程序。

注册会计师应当针对评估的认定层次重大错报风险设计和实施的进一步审计程序，包括进一步审计程序的性质、时间和范围，注册会计师设计和实施的进一步审计程序应当与评估的认定层次重大错报风险具备明确的对应关系。注册会计师实施的审计程序应具有目的性和针对性。

需要说明的是，尽管在应对评估的认定层次重大错报风险时，拟实施的进一步审计程序的性质、时间和范围都应当确保其具有针对性，但其中进一步审计程序的性质是最重要的。

2. 设计进一步审计程序时考虑的因素

在设计进一步审计程序时，注册会计师应当考虑下列因素。

(1) 风险的重要性。风险的重要性是指风险造成的后果的严重程度。风险的后果越严重，就越需要注册会计师的关注和重视，越需要精心设计有针对性的进一步审计程序。

(2) 重大错报发生的可能性。

(3) 涉及的各类交易、账户余额和列报的特征。不同的交易、账户余额和列报，产生的认定层次重大错报风险也会存在差异，适用的审计程序也有差别，需要注册会计师区别对待，并设计有针对性的进一步审计程序予以应对。

(4) 被审计单位采用的特定控制的性质。

(5) 注册会计师是否拟获取审计证据，以确定内部控制在防止或发现并纠正重大错报风险方面的有效性。如果注册会计师在风险评估时预期内部控制运行有效，随后拟实施的进一步审计程序就必须包括控制测试，且实质性程序自然会受到之前控制测试结果的影响。

综合上述几方面因素，注册会计师对认定层次重大错报风险的评估为确定进一步审计程序的总体方案奠定了基础。因此，注册会计师应当根据对认定层次重大错报风险的评估结果，恰当选用实质性方案或综合性方案。通常情况下，注册会计师出于成本效益的考虑可以采用综合性方案设计进一步审计程序，即将测试控制运行的有效性与实质性程序结合使用。但在某些情况下(如仅通过实质性程序无法应对重大错报风险时)，注册会计师必须通过实施控制测试，才可能有效应对评估出的某一认定的重大错报风险；而在另一些情况下(如注册会计师的风险评估程序未能识别出与认定相关的任何控制，或注册会计师认为控制测试很可能不符合成本效益原则时)，注册会计师可能认为仅实施实质性程序就是适当的。

小型被审计单位可能不存在能够被注册会计师识别的控制活动，注册会计师实施的进一步审计程序可能主要是实质性程序。但是，注册会计师始终应当意识到在缺乏控制的情况下，仅通过实施实质性程序是否能够获取充分、适当的审计证据。

需要特别说明的是，注册会计师对重大错报风险的评估是主观判断，可能无法充分识别所有的重大错报风险，同时内部控制存在固有局限性(特别是存在管理层凌驾于内部控制之上的可能性)，因此，无论选择何种方案，注册会计师都应当对所有重大的各类交易、账户余额、列报设计实施实质性程序。

7.2.2 进一步审计程序的性质

1. 进一步审计程序的性质的含义

进一步审计程序的性质是指进一步审计程序的目的和类型。其中，进一步审计程序的目的包括通过实施控制测试以确定内部控制运行的有效性，通过实施实质性程序以发现认定层次的重大错报；进一步审计程序的类型包括检查、观察、询问、函证、重新计算、重新执行和分析程序。

在应对评估的风险时，合理确定审计程序的性质是最重要的。这是因为不同的审计程序应对特定认定错报风险的效力不同。例如，对于与收入完整性认定相关的重大错报风险，控制测试通常更能有效应对；对于与收入发生认定相关的重大错报风险，实质性程序通常更能有效应对。再如，实施应收账款的函证程序可以为应收账款在某一时点存在的认定提供审计证据，但通常不能为应收账款的计价认定提供审计证据。对应收账款的计价认定，注册会计师通常需要实施其他更为有效的审计程序，如审查应收账款账龄和期后收款情况，了解欠款客户的信用情况等。

2. 进一步审计程序的性质的选择

在确定进一步审计程序的性质时，注册会计师首先需要考虑的是认定层次重大错报风险的评估结果。因此，本准则第十四条规定，注册会计师应当根据认定层次重大错报风险的评估结果选择审计程序。评估的认定层次重大错报风险越高，对通过实质性程序获取的审计证据的相关性和可靠性的要求越高，从而可能影响进一步审计程序的类型及其综合运用。例如，当注册会计师判断某类交易协议的完整性存在更高的重大错报风险时，除了检查文件以外，注册会计师还可能决定向第三方询问或函证协议条款的完整性。

除了从总体上把握认定层次重大错报风险的评估结果对选择进一步审计程序的影响外，在确定拟实施的审计程序时，注册会计师接下来应当考虑评估的认定层次重大错报风险产生的原因，包括考虑各类交易、账户余额、列报的具体特征以及内部控制。例如，注册会计师可能判断某特定类别的交易即使在不存在相关控制的情况下发生重大错报的风险仍较低，此时注册会计师可能认为仅实施实质性程序就可以获取充分、适当的审计证据。再如，对于经由被审计单位信息系统日常处理和控制的某类交易，如果注册会计师预期此类交易在内部控制运行有效的情况下发生重大错报的风险较低，且拟在控制运行有效的基础上设计实质性程序，注册会计师就会决定先实施控制测试。

需要说明的是，如果在实施进一步审计程序时拟利用被审计单位信息系统生成的信息，注册会计师应当就信息的准确性和完整性获取审计证据。例如，注册会计师在实施实质性分析程序时，使用了被审计单位生成的非财务信息或预算数据。再如，注册会计师在对被审计单位的存货期末余额实施实质性程序时，拟利用被审计单位的信息系统生成的各个存货存放地点及其余额清单。注册会计师应当获取关于这些信息的准确性和完整性的审计证据。

7.2.3 进一步审计程序的时间

进一步审计程序的时间是指注册会计师何时实施进一步审计程序，或审计证据适用的期间或时点。

有关进一步审计程序的时间的选择问题，第一个层面是注册会计师选择在何时实施进一步审计程序的问题；第二个层面是选择获取什么期间或时点的审计证据的问题。第一个层面的选择问题主要集中在如何权衡期中与期末实施审计程序的关系；第二个层面的选择问题分别集中在如何权衡期中审计证据与期末审计证据的关系、如何权衡以前审计获取的审计证据和本期审计获取的审计证据的关系。这两个层面的最终落脚点都是如何确保获取审计证据的效率和效果。

注册会计师可以在期中或期末实施控制测试或实质性程序。这就引出了注册会计师应当如何选择实施审计程序的时间的问题。一项基本的考虑因素应当是注册会计师评估的重大错报风险，当重大错报风险较高时，注册会计师应当考虑在期末或接近期末实施实质性程序，或采用不通知的方式，或在管理层不能预见的时间实施审计程序。

虽然在期末实施审计程序在很多情况下非常必要，但仍然不排除注册会计师在期中实施审计程序可能发挥的积极作用。在期中实施进一步审计程序，可能有助于注册会计师在审计工作初期识别重大事项，并在管理层的协助下及时解决这些事项；或针对这些事项制定有效的实质性方案或综合性方案。当然，在期中实施进一步审计程序也存在很大的局限。首先，注册会计师往往难以仅凭在期中实施的进一步审计程序获取有关期中以前的充分、适当的审计证据(如某些期中以前发生的交易或事项在期中审计结束时尚未完结)；其次，即使注册会计师在期中实施的进一步审计程序能够获取有关期中以前的充分、适当的审计证据，但从期中到期末这段剩余期间还往往会发生重大的交易或事项(包括期中以前发生的交易、事项的延续，以及期中以后发生的新的交易、事项)，从而对所审计期间的财务报表认定产生重大影响；再次，被审计单位管理层也完全有可能在注册会计师于期中实施了进一步审计程序之后对期中以前的相关会计记录作出调整甚至篡改，注册会计师在期中实施的进一步审计程序所获取的审计证据已经发生了变化。为此，如果在期中实施了进一步审计程序，注册会计师还应当针对剩余期间获取审计证据。

注册会计师在确定何时实施审计程序时应当考虑的几项重要因素。

(1) 控制环境。良好的控制环境可以抵消在期中实施进一步审计程序的局限性，使注册会计师在确定实施进一步审计程序的时间时有更大的灵活度。

(2) 何时能得到相关信息。例如，某些控制活动可能仅在期中(或期中以前)发生，而之后可能难以再被观察到。再如，某些电子化的交易和账户文档如未能及时取得，可能被覆盖。在这些情况下，注册会计师如果希望获取相关信息，则需要考虑能够获取相关信息的时间。

(3) 错报风险的性质。例如，被审计单位可能为了保证盈利目标的实现，而在会计期末以后伪造销售合同以虚增收入，此时注册会计师需要考虑在期末(即资产负债表日)这个特定时点获取被审计单位截至期末所能提供的所有销售合同及相关资料，以防范被审计单位在资产负债表日后伪造销售合同虚增收入的做法。

(4) 审计证据适用的期间或时点。

(5) 注册会计师应当根据需要获取的特定审计证据确定何时实施进一步审计程序。例如，为了获取资产负债表日的存货余额证据，显然不宜在与资产负债表日间隔过长的期中时点或期末以后时点实施存货监盘等相关审计程序。

需要说明的是，虽然注册会计师在很多情况下可以根据具体情况选择实施进一步审计程序的时间，但也存在着一些限制选择的情况。某些审计程序只能在期末或期末以后实施，包括将财务报表与会计记录相核对，检查财务报表编制过程中所作的会计调整等。如果被审计单位在期末或接近期末发生了重大交易，或重大交易在期末尚未完成，注册会计师应当考虑交易的发生或截止等认定可能存在的重大错报风险，并在期末或期末以后检查此类交易。

7.2.4 进一步审计程序的范围

进一步审计程序的范围是指实施进一步审计程序的数量，包括抽取的样本量，对某项控制活动的观察次数等。在确定审计程序的范围时，注册会计师应当考虑下列因素。

(1) 重要性水平。确定的重要性水平越低，注册会计师实施进一步审计程序的范围越广。

(2) 重大错报风险。评估的重大错报风险越高，对拟获取审计证据的相关性、可靠性的要求越高，因此注册会计师实施的进一步审计程序的范围也越广。

(3) 计划获取的保证程度。计划获取的保证程度，是指注册会计师计划通过所实施的审计程序对测试结果可靠性所获取的信心。计划获取的保证程度越高，对测试结果的可靠性要求越高，注册会计师实施的进一步审计程序的范围越广。例如，注册会计师对财务报表是否不存在重大错报的信心可能来自控制测试和实质性程序。如果注册会计师计划从控制测试中获取更高的保证程度，则控制测试的范围就更广。

重要性水平(可容忍错报)、评估的重大错报风险及计划获取的保证程度与样本规模的关系。详见“第 8 章审计抽样”。

需要说明的是，随着重大错报风险的增加，注册会计师应当考虑扩大审计程序的范围。但是，只有当审计程序本身与特定风险相关时，扩大审计程序的范围才是有效的。

在考虑确定进一步审计程序的范围时，使用计算机辅助审计技术具有积极的作用。注册会计师可以使用计算机辅助审计技术对电子化的交易和账户文档进行更广泛的测试，包括从主要电子文档中选取交易样本，或按照某一特征对交易进行分类，或对总体而非样本进行测试。

鉴于进一步审计程序的范围往往是通过一定的抽样方法加以确定的，因此，注册会计师需要慎重考虑抽样过程对审计程序范围的影响是否能够有效实现审计目的。注册会计师使用恰当的抽样方法通常可以得出有效结论。但如果存在下列情形，注册会计师依据样本得出的结论可能与对总体实施同样的审计程序得出的结论不同，出现不可接受的风险：①从总体中选择的样本量过小；②选择的抽样方法对实现特定目标不适当；③未对发现的例外事项进行恰当的追查。

此外，注册会计师在综合运用不同的审计程序时，除了面临各类审计程序的性质选择问题外，还面临如何权衡各类程序的范围问题。因此，注册会计师在综合运用不同审计程序时不仅应考虑各类审计程序的性质，还应当考虑测试的范围是否适当。

阅读资料 7-2

ABC 会计师事务所正在对甲公司 2007 年年度财务报表进行审计，在确定控制测试性质、时间和范围时，根据下列问题，请指出哪些是高舞弊风险因素？哪些是低舞弊风险因素？如何应对？

(1) 公司的客户(医院)正处于经济困难时期。

(2) 公司有将近 15%的产品是销售给时其关联方。

(3) 公司 CEO 有很高的威望，能对公司经营的各个方面施加压力和产生影响。

(4) 公司财务总监的领导风格怪异，作出的决定经常前后不一致，还有点不可预测。另外，公司与前任会计师事务所存在一些审计问题争议，不过最后以双方都满意的方式解决。

(5) 根据每一年审计后的净利润的一定百分比对主要管理人员发放奖金。

(6) 公司 CEO 拥有 27%的股份使他成为第一大股东，其他职员持股单个不超过 3%。

(7) 公司的内部控制存在缺陷，主要是资产的完整性以及公司部分职位是由不合格的人员担任。

(8) 公司 CEO 任期 9 年，在公司享有很高声誉，能很好地管理整个团队。

(9) 公司的股票由众多的外部投资者持有。

(10) 公司对前任会计师事务所的审计非常支持和合作，没有出现大的审计问题争议。

(11) 公司的内部控制是适当的。

(12) 盈利能力指标，如销售利润率、资产收益率、权益净利率在过去 3 年呈下降趋势。

(13) 主要管理人员的奖金是根据董事会的判断以及结合他们的年薪水平发放的。

7.3 控制测试

控制测试是为了获取关于控制防止或发现并纠正认定层次重大错报风险的有效性而实施的测试。注册会计师应当选择为相关认定提供证据的控制进行测试。

7.3.1 控制测试的含义和要求

1. 控制测试的含义

控制测试指的是测试控制运行的有效性，这一概念需要与“了解内部控制”进行区分。“了解内部控制”包含两层含义：一是评价控制的设计；二是确定控制是否得到执行。测试控制运行的有效性与确定控制是否得到执行所需获取的审计证据是不同的。

在实施风险评估程序以获取控制是否得到执行的审计证据时，注册会计师应当确定某项控制是否存在，被审计单位是否正在使用。

在测试控制运行的有效性时，注册会计师应当从下列方面获取关于控制是否有效运行的审计证据：①控制在所审计期间的不同时点是如何运行的；②控制是否得到一贯执行；③控制由谁执行；④控制以何种方式运行(如人工控制或自动化控制)。从这 4 个方面看，控制运行有效性强调的是控制能够在各个不同时点按照既定设计得以一贯执行。因此，在了解控制是否得到执行时，注册会计师只需抽取少量的交易进行检查或观察某几个时点。但在测试控制运行的有效性时，注册会计师需要抽取足够数量的交易进行检查或对多个不同时点进行观察。

测试控制运行的有效性与确定控制是否得到执行所需获取的审计证据虽然存在差异，但两者也有联系。为评价控制设计和确定控制是否得到执行而实施的某些风险评估程序并非专为控制测试而设计，但可能提供有关控制运行有效性的审计证据，注册会计师可以考虑在评价控制设计和获取其得到执行的审计证据的同时测试控制运行的有效性，以提高审计效率；同时，注册会计师应当考虑这些审计证据是否足以实现控制测试的目的。

2. 控制测试的要求

作为进一步审计程序的类型之一，控制测试并非在任何情况下都需要实施。当存在下列情形之一时，注册会计师应当实施控制测试：①在评估认定层次重大错报风险时，预期控制的运行是有效的；②仅实施实质性程序不足以提供认定层次充分、适当的审计证据。

如果在评估认定层次重大错报风险时预期控制的运行是有效的，注册会计师应当实施控制测试，就控制在相关期间或时点的运行有效性获取充分、适当的审计证据。

注册会计师通过实施风险评估程序，可能发现某项控制的设计是存在的，也是合理的，同时得到了执行。在这种情况下，出于成本效益的考虑，注册会计师可能预期，如果相关控制在不同时点都得到了一贯执行，与该项控制有关的财务报表认定发生重大错报的可能性就不会很大，也就不需要实施很多的实质性程序。为此，注册会计师可能会认为值得对相关控制在不同时点是否得到了一贯执行进行测试，即实施控制测试。这种测试主要是出于成本效益的考虑，其前提是注册会计师通过了解内部控制以后认为某项控制存在被信赖和利用的可能。因此，只有认为控制设计合理、能够防止或发现并纠正认定层次的重大错报，注册会计师才有必要对控制运行的有效性实施测试。

如果认为仅实施实质性程序获取的审计证据无法将认定层次重大错报风险降至可接受的低水平，注册会计师应当实施相关的控制测试，以获取控制运行有效性的审计证据。

有时，对有些重大错报风险，注册会计师仅通过实质性程序无法予以应对。例如，在被审计单位对日常交易或与财务报表相关的其他数据(包括信息的生成、记录、处理、报告)采用高度自动化处理的情况下，审计证据可能仅以电子形式存在，此时审计证据是否充分和适当通常取决于自动化信息系统相关控制的有效性。如果信息的生成、记录、处理和报告均通过电子格式进行而没有适当有效的控制，则生成不正确信息或信息被不恰当修改的可能性就会大大增加。在认为仅通过实施实质性程序不能获取充分、适当的审计证据的情况下，注册会计师必须实施控制测试，且这种测试已经不再是单纯出于成本效益的考虑，而是必须获取的一类审计证据。

此外，需要说明的是，被审计单位在所审计期间内可能由于技术更新或组织管理变更而更换了信息系统，从而导致在不同时期使用了不同的控制。如果被审计单位在所审计期间内的不同时期使用了不同的控制，注册会计师应当考虑不同时期控制运行的有效性。

7.3.2 控制测试的性质

1. 控制测试性质的含义

控制测试性质是指控制测试所使用的审计程序的类型及其组合。

计划从控制测试中获取的保证水平是决定控制测试性质的主要因素之一。注册会计师应当选择适当类型的审计程序以获取有关控制运行有效性的保证。计划的保证水平越高，对有关控制运行有效性的审计证据的可靠性要求越高。当拟实施的进一步审计程序主要以控制测试为主，尤其是仅实施实质性程序获取的审计证据无法将认定层次重大错报风险降至可接受的低水平时，注册会计师应当获取有关控制运行有效性的更高的保证水平。

虽然控制测试与了解内部控制的目的不同，但两者采用审计程序的类型通常相同，包括询问、观察、检查和穿行测试。此外，控制测试的程序还包括重新执行。

(1) 注册会计师可以向被审计单位相关员工询问，获取与内部控制运行情况相关的信息。例如，询问信息系统管理人员有无未经授权接触计算机硬件和软件，向负责复核银行存款余额调节表的人员询问如何进行复核，包括复核的要点是什么、发现不符事项如何处理等。然而，仅仅通过询问不能为控制运行的有效性提供充分的证据，注册会计师通常需要印证被询问者的答复，如向其他人员询问和检查执行控制时所使用的报告、手册或其他文件等。因此，虽然询问是一种有用的手段，但它必须和其他测试手段结合使用才能发挥作用。在询问过程中，注册会计师应当保持职业怀疑态度。

(2) 观察是测试不留下书面记录的控制(如职责分离)的运行情况的有效方法。例如，观察存货盘点控制的执行情况。观察也可运用于实物控制，如查看仓库门是否锁好或空白支票是否妥善保管。通常情况下，注册会计师通过观察直接获取的证据比间接获取的证据更可靠。但是，注册会计师还要考虑其所观察到的控制在注册会计师不在场时可能未被执行的情况。

(3) 对运行情况留有书面证据的控制，非常适用于检查。书面说明、复核时留下的记号或其他记录在偏差报告中的标志都可以被当做控制运行情况的证据。例如，检查销售发票是否有复核人员签字，检查销售发票是否附有客户订购单和出库单等。

(4) 重新执行。通常只有当询问、观察和检查程序结合在一起仍无法获得充分的证据时，注册会计师才考虑通过重新执行来证实控制是否有效运行。例如，为了合理保证计价认定的准确性，被审计单位的一项控制是由复核人员核对销售发票上的价格与统一价格单上的价格是否一致。但是，要检查复核人员有没有认真执行核对，仅仅检查复核人员是否在相关文件上签字是不够的，注册会计师还需要自己选取一部分销售发票进行核对，这就是重新执行程序。但是，如果需要进行大量的重新执行，注册会计师就要考虑通过实施控制测试以缩小实质性程序的范围是否有效率。

(5) 穿行测试。除了上述 4 类控制测试常用的审计程序以外，实施穿行测试也是一种重要的审计程序。值得注意的是，穿行测试不是单独的一种程序，而是将多种程序按特定审计需要进行结合运用的方法。穿行测试是通过追踪交易在财务报告信息系统中的处理过程，来证实注册会计师对控制的了解、评价控制设计的有效性以及确定控制是否得到执行。可见，穿行测试在了解内部控制时运用更多。但在执行穿行测试时，注册会计师可能获取部分控制运行有效性的审计证据。

询问本身并不足以测试控制运行的有效性，注册会计师应将询问与其他审计程序结合使用，以获取有关控制运行有效性的审计证据。观察提供的证据仅限于观察发生的时点，本身也不足以测试控制运行的有效性；将询问与检查或重新执行结合使用，通常能够比仅实施询问和观察获取更高的保证。例如，被审计单位针对处理收到的邮政汇款单设计和执行了相关的内部控制，注册会计师通过询问和观察程序往往不足以测试此类控制的运行有效性，还需要检查能够证明此类控制在所审计期间的其他时段有效运行的文件和凭证，以获取充分、适当的审计证据。

2. *确定控制测试的性质时的要求*

(1) 特定控制的性质。注册会计师应当根据特定控制的性质选择所需要实施审计程序的类型。例如，某些控制可能存在反映控制运行有效性的文件记录，在这种情况下，注册会计师可以检查这些文件记录以获取控制运行有效的审计证据；某些控制可能不存在文件记录(如一项自动化的控制活动)，或文件记录与能否证实控制运行有效性不相关，注册会计师应当考虑实施检查以外的其他审计程序(如询问和观察)或借助计算机辅助审计技术，以获取相关控制运行有效性的审计证据。

(2) 考虑测试与认定直接相关和间接相关的控制。在设计控制测试时，注册会计师不仅应当考虑与认定直接相关的控制，还应当考虑这些控制所依赖的与认定间接相关的控制，以获取支持控制运行有效性的审计证据。例如，被审计单位可能针对超出信用额度的例外赊销交易设置报告和审核制度(与认定直接相关的控制)；在测试该项制度的运行有效性时，注册会计师不仅应当考虑审核的有效性，还应当考虑与例外赊销报告中信息准确性有关的控制(与认定间接相关的控制)是否有效运行。

(3) 如何对一项自动化的应用控制实施控制测试。对于一项自动化的应用控制，由于信息技术处理过程的内在一贯性，注册会计师可以利用该项控制得以执行的审计证据和信息技术一般控制(特别是对系统变动的控制)运行有效性的审计证据，作为支持该项控制在相关期间运行有效性的重要审计证据。

3. 实施控制测试时对双重目的的实现

控制测试的目的是评价控制是否有效运行，细节测试的目的是发现认定层次的重大错报。尽管两者目的不同，但注册会计师可以考虑针对同一交易同时实施控制测试和细节测试，以实现双重目的。例如，注册会计师通过检查某笔交易的发票可以确定其是否经过适当的授权，也可以获取关于该交易的金额、发生时间等细节证据。当然，如果拟实施双重目的的测试，注册会计师应当仔细设计和评价测试程序。

4. 实质性程序的结果对控制测试结果的影响

如果通过实施实质性程序未发现某项认定存在错报，这本身并不能说明与该认定有关的控制是有效运行的；但如果通过实施实质性程序发现某项认定存在错报，注册会计师应当在评价相关控制的运行有效性时予以考虑。因此，注册会计师应当考虑实施实质性程序发现的错报对评价相关控制运行有效性的影响(如降低对相关控制的信赖程度、调整实质性程序的性质、扩大实质性程序的范围等)。如果实施实质性程序发现被审计单位没有识别出的重大错报，通常表明内部控制存在重大缺陷，注册会计师应当就这些缺陷与管理层和治理层进行沟通。

7.3.3 控制测试的时间

1. 控制测试的时间的含义

如前所述，控制测试的时间包含两层含义：一是何时实施控制测试；二是测试所针对的控制适用的时点或期间。一个基本的原理是，如果测试特定时点的控制，注册会计师仅得到该时点控制运行有效性的审计证据；如果测试某一期间的控制，注册会计师可获取控制在该期间有效运行的审计证据。因此，注册会计师应当根据控制测试的目的确定控制测试的时间，并确定拟信赖的相关控制的时点或期间。

如果需要获取控制在某一期间有效运行的审计证据，仅获取与时点相关的审计证据是不充分的，注册会计师应当辅以其他控制测试，包括测试被审计单位对控制的监督。

2. 期中审计证据

注册会计师可能在期中实施进一步审计程序。对于控制测试，注册会计师在期中实施此类程序具有更积极的作用。但需要说明的是，即使注册会计师已获取有关控制在期中运行有效性的审计证据，仍然需要考虑如何能够将控制在期中运行有效性的审计证据合理延伸至期末，一个基本的考虑是针对期中至期末这段剩余期间获取充分、适当的审计证据。因此，如果已获取有关控制在期中运行有效性的审计证据，并拟利用该证据，注册会计师应当实施下列审计程序：①获取这些控制在剩余期间变化情况的审计证据；②确定针对剩余期间还需获取的补充审计证据。

上述两项审计程序中，第一项是针对期中已获取审计证据的控制，考察这些控制在剩余期间的变化情况(包括是否发生了变化以及如何变化)；如果这些控制在剩余期间没有发生变化，注册会计师可能决定信赖期中获取的审计证据；如果这些控制在剩余期间发生了变化(如信息系统、业务流程或人事管理等方面发生变动)，注册会计师需要了解并测试控制的变化对期中审计证据的影响。第二项是针对期中证据以外的、剩余期间的补充证据。在执行该项规定时，注册会计师应当考虑下列因素。

(1) 评估的认定层次重大错报风险的重大程度。评估的重大错报风险对财务报表的影响越大，注册会计师需要获取的剩余期间的补充证据越多。

(2) 在期中测试的特定控制。例如，对自动化运行的控制，注册会计师更可能测试信息系统一般控制的运行有效性，以获取控制在剩余期间运行有效性的审计证据。

(3) 在期中对有关控制运行有效性获取的审计证据的程度。如果注册会计师在期中对有关控制运行有效性获取的审计证据比较充分，可以考虑适当减少需要获取的剩余期间的补充证据。

(4) 剩余期间的长度。剩余期间越长，注册会计师需要获取的剩余期间的补充证据越多。

(5) 在信赖控制的基础上拟减少进一步实质性程序的范围。注册会计师对相关控制的信赖程度越高，通常在信赖控制的基础上拟减少进一步实质性程序的范围就越大。在这种情况下，注册会计师需要获取的剩余期间的补充证据越多。

(6) 控制环境。在注册会计师总体上拟信赖控制的前提下，控制环境越薄弱(或把握程度越低)，注册会计师需要获取的剩余期间的补充证据越多。

除了上述的测试剩余期间控制的运行有效性外，测试被审计单位对控制的监督也能够作为一项有益的补充证据，以便更有把握地将控制在期中运行有效性的审计证据延伸至期末。如前所述，被审计单位对控制的监督起到的是一种检验相关控制在所有相关时点是否都有效运行的作用，因此，通过测试剩余期间控制的运行有效性或测试被审计单位对控制的监督，注册会计师可以获取补充的审计证据。

3. 以前审计获取的审计证据

注册会计师考虑以前审计获取的有关控制运行有效性的审计证据，其意义有两个方面：一方面，内部控制中的诸多要素对于被审计单位往往是相对稳定的(相对于具体的交易、账户余额和列报)，因此注册会计师在本期审计时还可以适当考虑利用以前审计获取的有关控制运行有效性的审计证据；另一方面，内部控制在不同期间可能发生重大变化，注册会计师在利用以前审计获取的有关控制运行有效性的审计证据时需要格外慎重，充分考虑各种因素，本准则也规定了很多限制条件。

(1) 基本思路：考虑拟信赖的以前审计中测试过控制在本期是否发生变化。如果拟信赖以前审计获取的有关控制运行有效性的审计证据，注册会计师应当通过实施询问并结合观察或检查程序，获取这些控制是否已经发生变化的审计证据。例如，在以前审计中，注册会计师可能确定被审计单位某项自动控制能够发挥预期作用。那么在本期审计中，注册会计师需要获取审计证据以确定是否发生了影响该自动控制持续有效发挥作用的变化。再如，注册会计师可以通过询问管理层或检查日志，确定哪些控制已经发生变化。

注册会计师可能面临两种结果：控制在本期发生变化；控制在本期没有发生变化。

(2) 当控制在本期发生变化时注册会计师的做法：如果控制在本期发生变化，注册会计师应当考虑以前审计获取的有关控制运行有效性的审计证据是否与本期审计相关。例如，如果系统的变化仅仅使被审计单位从中获取新的报告，这种变化通常不影响以前审计所获取证据的相关性；如果系统的变化引起数据累积或计算发生改变，这种变化可能影响以前审计所获取证据的相关性；如果拟信赖的控制自上次测试后已发生变化，注册会计师应当在本期审计中测试这些控制的运行有效性。

(3) 当控制在本期未发生变化时注册会计师的做法：如果拟信赖的控制自上次测试后未发生变化，且不属于旨在减轻特别风险的控制，注册会计师应当运用职业判断确定是否在本期审计中测试其运行有效性，以及本次测试与上次测试的时间间隔，但两次测试的时间间隔不得超过两年。

在确定利用以前审计获取的有关控制运行有效性的审计证据是否适当以及再次测试控制的时间间隔时，注册会计师应当考虑的因素或情况如下：①内部控制其他要素的有效性，包括控制环境、对控制的监督以及被审计单位的风险评估过程。例如，当被审计单位控制环境薄弱或对控制的监督薄弱时，注册会计师应当缩短再次测试控制的时间间隔或完全不信赖以前审计获取的审计证据。②控制特征(人工控制还是自动化控制)产生的风险。当相关控制中人工控制的成分较大时，考虑到人工控制一般稳定性较差，注册会计师可能决定在本期审计中继续测试该控制的运行有效性。③信息技术一般控制的有效性。当信息技术一般控制薄弱时，注册会计师可能更少地依赖以前审计获取的审计证据。④控制设计及其运行的有效性，包括在以前审计中测试控制运行有效性时发现的控制运行偏差的性质和程度。例如，当审计期间发生了对控制运行产生重大影响的人事变动时，注册会计师可能决定在本期审计中不依赖以前审计获取的审计证据。⑤由于环境发生变化而特定控制缺乏相应变化导致的风险。当环境的变化表明需要对控制作出相应的变动，但控制却没有发现相应变动时，注册会计师应当充分意识到控制不再有效从而导致本期财务报表发生重大错报的可能性，此时不应再依赖以前审计获取的有关控制运行有效性的审计证据。⑥重大错报的风险和对控制的拟信赖程度。如果重大错报风险较大或对控制的拟信赖程度较高，注册会计师应当缩短再次测试控制的时间间隔或完全不信赖以前审计获取的审计证据。

如果拟信赖以前审计获取的某些控制运行有效性的审计证据，注册会计师应当在每次审计时从中选取足够数量的控制，测试其运行有效性；不应将所有拟信赖控制的测试集中于某一次审计，而在之后的两次审计中不进行任何测试。这一规定的考虑主要是为了尽量降低审计风险，毕竟注册会计师可能难以充分识别以前审计中测试过控制在本期是否发生变化。此外，在每一次审计中选取足够数量的部分控制进行测试，除了能够提供这些以前审计中测试过控制在当期运行有效性的审计证据外，还可提供控制环境持续有效性的旁证，从而有助于注册会计师判断其信赖以前审计获取的审计证据是否恰当。

(4) 不得依赖以前审计所获取证据的情形：鉴于特别风险的特殊性，对于旨在减轻特别风险的控制，不论该控制在本期是否发生变化，注册会计师都不应依赖以前审计获取的证据。因此，如果确定评估的认定层次重大错报风险是特别风险，并拟信赖旨在减轻特别风险的控制，注册会计师不应依赖以前审计获取的审计证据，而应在本期审计中测试这些控制的运行有效性。也就是说，如果注册会计师拟信赖针对特别风险的控制，那么所有关于该控制运行有效性的审计证据必须来自当年的控制测试。相应地，注册会计师应当在每次审计中都测试这类控制。

图 7.1 概括了注册会计师是否需要在本期测试某项控制的决策过程。

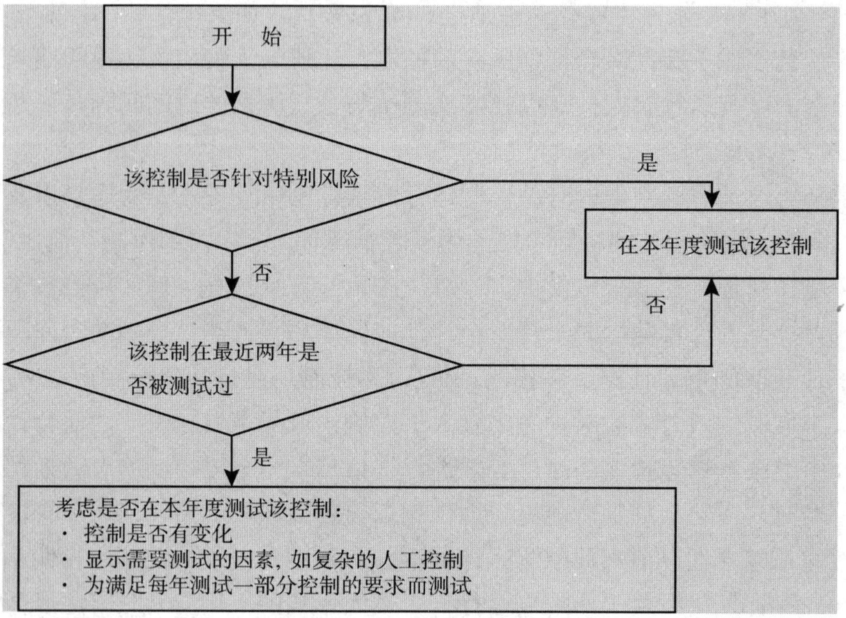

图 7.1　本审计期间测试某项控制的决策图

7.3.4　控制测试的范围

对于控制测试的范围，其含义主要是指某项控制活动的测试次数。注册会计师应当设计控制测试，以获取控制在整个拟信赖的期间有效运行的充分、适当的审计证据。

1. 确定控制测试范围的一般考虑因素

注册会计师在确定某项控制的测试范围时通常考虑如下因素。

(1) 在整个拟信赖的期间，被审计单位执行控制的频率。控制执行的频率越高、控制测试的范围越大。

(2) 在所审计期间，注册会计师拟信赖控制运行有效性的时间长度。拟信赖控制运行有效性的时间长度不同，在该时间长度内发生的控制活动次数也不同。注册会计师需要根据拟信赖控制的时间长度确定控制测试的范围。拟信赖期间越长，控制测试的范围越大。

(3) 为证实控制能够防止或发现并纠正认定层次重大错报，所需获取审计证据的相关性和可靠性。对审计证据的相关性和可靠性要求越高，控制测试的范围越大。

(4) 通过测试与认定相关的其他控制获取的审计证据的范围。针对同一认定，可能存在不同的控制。当针对其他控制获取审计证据的充分性和适当性较高时，测试该控制的范围可适当缩小。

(5) 在风险评估时拟信赖控制运行有效性的程度。注册会计师在风险评估时对控制运行有效性的拟信赖程度越高，需要实施控制测试的范围越大。

(6) 控制的预期偏差。预期偏差可以用控制未得到执行的预期次数占控制应当得到的执行次数的比率加以衡量(也可称做预期偏差率)。考虑该因素，是因为在考虑测试结果是否可以得出控制运行有效性的结论时，不可能只要出现任何控制执行偏差就认定控制运行无效，所以需要确定一个合理水平的预期偏差率。控制的预期偏差率越高，需要实施控制测试的范围越大。如果控制的预期偏差率过高，注册会计师应当考虑控制可能不足以将认定层次的重大错报风险降至可接受的低水平，从而针对某一认定实施的控制测试可能是无效的。

2. 对自动化控制的测试范围的特别考虑

除非系统(包括系统使用的表格、文档或其他永久性数据)发生变动，注册会计师通常不需要增加自动化控制的测试范围。

信息技术处理具有内在一贯性，除非系统发生变动，一项自动化应用控制应当一贯运行。对于一项自动化应用控制，一旦确定被审计单位正在执行该控制，注册会计师通常无须扩大控制测试的范围，但需要考虑执行下列测试以确定该控制持续有效运行：①测试与该应用控制有关的一般控制的运行有效性；②确定系统是否发生变动，如果发生变动，是否存在适当的系统变动控制；③确定对交易的处理是否使用授权批准的软件版本。例如，注册会计师可以检查信息系统安全控制记录，以确定是否存在未经授权的接触系统硬件和软件，以及系统是否发生变动。

7.4 实质性程序

7.4.1 实质性程序的含义和要求范围

1. 实质性程序的含义

实质性程序是指注册会计师针对评估的重大错报风险实施的直接用以发现认定层次重大错报的审计程序。因此，注册会计师应当针对评估的重大错报风险设计和实施实质性程序，以发现认定层次的重大错报。实质性程序包括对各类交易、账户余额、列报的细节测试以及实质性分析程序。

注册会计师实施的实质性程序应当包括下列与财务报表编制完成阶段相关的审计程序：①将财务报表与其所依据的会计记录相核对；②检查财务报表编制过程中作出的重大会计分录和其他会计调整。注册会计师对会计分录和其他会计调整检查的性质和范围，取决于被审计单位财务报告过程的性质和复杂程度以及由此产生的重大错报风险。

由于注册会计师对重大错报风险的评估是一种判断，可能无法充分识别所有的重大错报风险，并且由于内部控制存在固有局限性，无论评估的重大错报风险结果如何，注册会计师都应当针对所有重大的各类交易、账户余额、列报实施实质性程序。

2. 针对特别风险实施的实质性程序

如果认为评估的认定层次重大错报风险是特别风险，注册会计师应当专门针对该风险实施实质性程序。例如，如果认为管理层面临实现盈利指标的压力而可能提前确认收入，注册会计师在设计询证函时不仅应当考虑函证应收账款的账户余额，还应当考虑询证销售协议的细节条款(如交货、结算及退货条款)；注册会计师还可考虑在实施函证的基础上针对销售协议及其变动情况询问被审计单位的非财务人员。

特别风险应对措施及结果汇总见表 7-2。

表 7-2　特别风险应对措施及结果汇总

项目	填写说明		
经营目标 (了解)	记录对当期审计有影响的经营目标 被审计单位通过发展中小城市的新客户和放宽授信额度争取销售收入比上一年度增长 25%		……
经营风险 (评估)	只记录那些对当期审计有影响的经营风险，或注册会计师认为对未来审计产生影响并有必要向被审计单位报告的经营风险 不严格执行对新客户的信用记录调查和筛选、放宽授信额度都会增加坏账风险		……
特别风险 (评估)	记录源自经营风险的特别风险，或在审计过程中发现的并非由经营目标和经营风险导致的特别风险 应收账款坏账准备的计提可能不足		……
管理层应对或控制措施(了解)	记录管理层认为有助于降低特别风险的控制及其评价。如果评价结果显示注册会计师不能依赖这些内部控制，应相应调整审计方案，并考虑把这个问题报告给被审计单位 财务部每月编制账龄分析报告 对超过一年未收回的账款由销售人员与客户签订还款协议，其条款须经区域销售经理和销售总监批准 销售部每月编制逾期应收账款还款协议签订及执行情况报告，经销售总监审阅并决定是否降低授信额度或暂停供货 财务经理根据该报告并结合账龄分析报告，对有可能难以收回的应收账款计提坏账准备		……
财务报表项目及认定(评估)	记录受特别风险影响的财务报表项目和认定	应收账款 (相关认定：计价)	……
审计措施 (设计)	记录应对特别风险的审计措施，即综合性方案或实质性方案。根据控制测试和实质性程序的结果对本栏内容予以更新	与销售总监讨论所执行的坏账风险评估程序 与财务经理讨论坏账准备的计提 审阅账龄分析报告和还款协议签订及执行报告 抽查还款协议和货款回收情况	……
向被审计单位报告的事项(报告)	总记录向被审计单位报告的事项，并注明与相关工作底稿的钩稽关系	无或详见管理建议书	……

如果针对特别风险仅实施实质性程序，注册会计师应当使用细节测试，或将细节测试和实质性分析程序结合使用，以获取充分、适当的审计证据。作此规定的考虑是，为应对特别风险需要获取具有高度相关性和可靠性的审计证据，仅实施实质性分析程序不足以获取有关特别风险的充分、适当的审计证据。

以下是关于该表格各列内容的详细说明。

(1) 经营目标。被审计单位的经营目标可以是高层次的战略目标，如被审计单位的宗旨；也可以是低层次的目标，如为了实现高层次目标而制定的经营方面、财务方面或遵守法规方面的具体目标。为了从被审计单位高层次的经营目标中识别出经营风险和审计风险，审计项目组通常需要了解被审计单位的经营目标。例如，被审计单位制定了一个通过增加毛利来改善盈利状况的总目标。注册会计师可以了解与提高售价和降低成本相关的具体目标和行动措施，如通过从国外新供应商处购货的方式降低原材料成本。只有那些对审计有影响的经营目标，包括注册会计师发现应报告给被审计单位的事项，才需要记录在该表格中。在实务中，当注册会计师初次识别被审计单位的经营目标时，可能难以确定其潜在的审计影响，因此，注册会计师可以先记录这些经营目标。当注册会计师确认该目标对审计没有直接影响、也没有必要向被审计单位报告时，可以将它们从该表格内删去。

(2) 经营风险。经营风险是指任何可能导致被审计单位不能实现经营目标的风险。并非所有的经管风险都与审计相关，而与审计相关的经营风险中并不都是特别风险。该表格应记录那些对审计有重大影响的经营风险，可以是当期经营风险或可能需要报告给被审计单位的潜在经营风险。因此，该表格不应记录与审计没有关系的经营风险。例如，被审计单位从国外新供应商处购货发生潜在的经营风险，如产品质量和产品供货问题，或外汇兑换风险。这些经营风险会导致重大错报风险，应当在该表格中予以记录。

(3) 特别风险。该列用来记录需要特别考虑的重大错报风险。记录的特别风险应当明确具体，并与所影响的财务报表项目和具体认定相联系。例如，被审计单位的产能严重过剩并连续数年亏损，管理层按照固定资产的未来现金流量现值计提了固定资产减值准备。由于涉及较多的假设和人为判断因素，注册会计师认为这是一个影响固定资产计价认定的特别风险。在对被审计单位的经营目标和经营风险进行初步评估之后，如果在审计过程中又发现了新的特别风险，注册会计师还需要考虑与之相对应的经营风险及其对经营目标的影响，以决定是否需要报告给被审计单位。

(4) 管理层应对或控制措施。采用适当的方法来应对经营风险是管理层的责任。不论是否信赖管理层应对特别风险的控制，注册会计师都需要了解和评价这些应对措施。因此，管理层应对特别风险所采取的控制措施都需要在该表格内予以记录。注册会计师还应注明是否已经测试或准备测试那些控制。如果测试结果证明这些控制不可信赖，那么注册会计师就需要修正进一步审计程序，如测试替代性的控制或实施实质性程序。

在考虑管理层针对特别风险采取的应对措施时，注册会计师需要评价被审计单位的目标、风险和控制是否匹配，即管理层是否在被审计单位的各个层次配置合适的人员，设计并实施风险管理程序和内部控制，以降低妨碍被审计单位实现目标的风险。

在控制测试中，注册会计师可能会发现应当报告给被审计单位的事项。因此，注册会计师应根据需要更新最后一栏的内容，即“向被审计单位报告的事项”。

(5) 财务报表项目及认定。财务报表审计的目标是对财务报表发表审计意见，因此，注册会计师需要将特别风险与财务报表项目及认定相联系。表格的这一栏应填写财务报表项目或其他可能受特别风险影响的财务信息。审计准则要求注册会计师评估财务报表认定层次的风险，并获取充分、适当的审计证据以应对这些风险。因此，这一栏也应记录受影响的财务报表具体认定。

(6) 审计措施。这一栏至少要列出应对特别风险的进一步审计程序的方案，即综合性方案或实质性方案。表格内列举的审计措施还需细化成审计工作底稿中具体的审计程序。注册会计师要根据被审计单位具体的特别风险和应对措施设计有针对性的审计程序。根据了解、评估和测试内部控制的结果，注册会计师可能会随时调整审计措施。

除特别风险外的其他重大错报风险无须记录在该表格中，这样能保证注册会计师集中关注特别风险。对特别风险之外的其他财务报表认定错报风险的审计应对措施可以反映在具体审计计划中。

即使项目组根据已实施的工作，确认某项原本认定的特别风险不会导致重大错报，对该特别风险和相应审计应对措施的工作记录也应保留在该表格中。但是，如果项目组根据后来的信息，认为在业务承接与续约阶段中识别的特别风险不是特别风险，则这个风险可以从该表格中删除，并在工作底稿中注明该风险不再被认为是特别风险的原因(如由于受影响的账户不重要)。

(7) 向被审计单位报告事项。该列记录向被审计单位报告的事项。例如，注册会计师发现被审计单位未能恰当应对重大经营风险，内部控制存在重大缺陷，或者被审计单位的目标、风险和控制存在不匹配的情况。如果管理层没有通过实施控制来正确应对特别风险，由此注册会计师判断被审计单位的控制存在重大缺陷，注册会计师应与管理层和治理层沟通。同时，注册会计师还要考虑这些控制存在的重大缺陷对审计方案造成的影响。

7.4.2 实质性程序的性质

1. 实质性程序的性质的含义

实质性程序的性质，是指实质性程序的类型及其组合。前已述及，实质性程序的两种基本类型包括细节测试和实质性分析程序。

细节测试是对各类交易、账户余额、列报的具体细节进行测试，目的在于直接识别财务报表认定是否存在错报。

实质性分析程序从技术特征上仍然是分析程序，主要是通过研究数据间关系来评价信息，只是将该技术方法用做实质性程序，即用以识别各类交易、账户余额、列报及相关认定是否存在错报。

2. 细节测试和实质性分析程序的适用性

由于细节测试和实质性分析程序的目的、技术手段存在一定差异，因此各自有不同的适用领域。注册会计师应当根据各类交易、账户余额、列报的性质选择实质性程序的类型。细节测试适用于对各类交易、账户余额、列报认定的测试，尤其是对存在或发生、计价认定的测试；对在一段时期内存在可预期关系的大量交易，注册会计师可以考虑实施实质性分析程序。

3. 细节测试的方向

对于细节测试，本准则第六十条第一款规定，注册会计师应当针对评估的风险设计细节测试，获取充分、适当的审计证据，以达到认定层次所计划的保证水平。该规定的含义是，注册会计师需要根据不同的认定层次重大错报风险设计有针对性的细节测试。例如，在针对存在或发生认定设计细节测试时，注册会计师应当选择包含在财务报表金额中的项目，并获取相关审计证据；又如，在针对完整性认定设计细节测试时，注册会计师应当选择有证据表明应包含在财务报表金额中的项目，并调查这些项目是否确实包括在内。如为应对被审计单位漏记本期应付账款的风险，注册会计师可以检查期后付款记录。

4. 设计实质性分析程序时考虑的因素

注册会计师在设计实质性分析程序时应当考虑的因素如下：①对特定认定使用实质性分析程序的适当性；②对已记录的金额或比率作出预期时，所依据的内部或外部数据的可靠性；③作出预期的准确程度是否足以在计划的保证水平上识别重大错报；④已记录金额与预期值之间可接受的差异额。考虑到数据及分析的可靠性，当实施实质性分析程序时，如果使用被审计单位编制的信息，注册会计师应当考虑测试与信息编制相关的控制，以及这些信息是否在本期或前期经过审计。

7.4.3 实质性程序的时间

实质性程序的时间选择与控制测试的时间选择具有共同点，也存在很大差异。共同点在于，两类程序都面临着对期中审计证据和对以前审计获取的审计证据的考虑。两者的差异在于：①在控制测试中，期中实施控制测试并获取期中关于控制运行有效性审计证据的做法更具有一种“常态”，而由于实质性程序的目的在于更直接地发现重大错报，在期中实施实质性程序时更需要考虑其成本效益的权衡；②在本期控制测试中拟信赖以前审计获取的有关控制运行有效性的审计证据，已经受到了很大的限制，而对于以前审计中通过实质性程序获取的审计证据，本准则采取了更加慎重的态度和更严格的限制。

1. 如何考虑是否在期中实施实质性程序

在期中实施实质性程序，一方面消耗了审计资源；另一方面在期中实施实质性程序获取的审计证据又不能直接作为期末财务报表认定的审计证据，注册会计师仍然需要消耗进一步的审计资源使期中审计证据能够合理延伸至期末。于是这两部分审计资源的总和是否能够显著小于完全在期末实施实质性程序所需消耗的审计资源，是注册会计师需要权衡的。注册会计师在考虑是否在期中实施实质性程序时应当考虑的一系列因素：

(1) 控制环境和其他相关的控制。控制环境和其他相关的控制越薄弱，注册会计师越不宜在期中实施实质性程序。

(2) 实施审计程序所需信息在期中之后的可获得性。如果实施实质性程序所需信息在期中之后可能难以获取(如系统变动导致某类交易记录难以获取)，注册会计师应考虑在期中实施实质性程序；但如果实施实质性程序所需信息在期中之后的可获得性并不存在明显困难，该因素不应成为注册会计师在期中实施实质性程序的重要影响因素。

(3) 实质性程序的目标。如果针对某项认定实施实质性程序的目标包括获取该认定的期中审计证据(从而与期末比较)，注册会计师应在期中实施实质性程序。

(4) 评估的重大错报风险。注册会计师评估的某项认定的重大错报风险越高，针对该认定所需获取的审计证据的相关性和可靠性要求也就越高，注册会计师越应当考虑将实质性程序集中于期末(或接近期末)实施。

(5) 各类交易或账户余额以及相关认定的性质。例如，某些交易或账户余额以及相关认定的特殊性质(如收入截止认定、未决诉讼)决定了注册会计师必须在期末(或接近期末)实施实质性程序。

(6) 针对剩余期间，能否通过实施实质性程序或将实质性程序与控制测试相结合，降低期末存在错报而未被发现的风险。如果针对剩余期间注册会计师可以通过实施实质性程序或将实质性程序与控制测试相结合，较有把握地降低期末存在错报而未被发现的风险(如注册会计师在10月份实施预审时考虑是否使用一定的审计资源实施实质性程序，从而形成的剩余期间不是很长)，注册会计师可以考虑在期中实施实质性程序；但如果针对剩余期间注册会计师认为还需要消耗大量审计资源才有可能降低期末存在错报而未被发现的风险，甚至没有把握通过适当的进一步审计程序降低期末存在错报而未被发现的风险(如被审计单位于8月份发生管理层变更，注册会计师接受后任管理层邀请实施预审时，考虑是否使用一定的审计资源实施实质性程序)，注册会计师就不宜在期中实施实质性程序。

2. *如何考虑期中审计证据*

如果在期中实施了实质性程序，注册会计师应当针对剩余期间实施进一步的实质性程序，或将实质性程序和控制测试结合使用，以将期中测试得出的结论合理延伸至期末。该规定指出了在如何将期中实施的实质性程序得出的结论合理延伸至期末时，注册会计师有两种选择：①针对剩余期间实施进一步的实质性程序；②将实质性程序和控制测试结合使用。

如果拟将期中测试得出的结论延伸至期末，注册会计师应当考虑针对剩余期间仅实施实质性程序是否足够。如果认为实施实质性程序本身不充分，注册会计师还应测试剩余期间相关控制运行的有效性或针对期末实施实质性程序。

对于舞弊导致的重大错报风险(作为一类重要的特别风险)，被审计单位存在故意错报或操纵的可能性，那么注册会计师更应慎重考虑能否将期中测试得出的结论延伸至期末。因此，如果已识别出由于舞弊导致的重大错报风险，为将期中得出的结论延伸至期末而实施的审计程序通常是无效的，注册会计师应当考虑在期末或者接近期末实施实质性程序。

3. *如何考虑以前审计获取的审计证据*

在以前审计中实施实质性程序获取的审计证据，通常对本期只有较弱的证据效力或没有证据效力，不足以应对本期的重大错报风险。只有当以前获取的审计证据及其相关事项未发生重大变动时(如以前审计通过实质性程序测试过的某项诉讼在本期没有任何实质性进展)，以前获取的审计证据才可能用做本期的有效审计证据。但即便如此，如果拟利用以前审计中实施实质性程序获取的审计证据，注册会计师应当在本期实施审计程序，以确定这些审计证据是否具有持续相关性。

7.4.4 实质性程序的范围

评估的认定层次重大错报风险和实施控制测试的结果是注册会计师在确定实质性程序的范围时着重考虑的因素。因此，在确定实质性程序的范围时，注册会计师应当考虑评估的认定层次重大错报风险和实施控制测试的结果。注册会计师评估的认定层次的重大错报风险越高，需要实施实质性程序的范围越广。如果对控制测试结果不满意，注册会计师应当考虑扩大实质性程序的范围。

在设计细节测试时，注册会计师除了从样本量的角度考虑测试范围外，还要考虑选样方法的有效性等因素。例如，从总体中选取大额或异常项目，而不是进行代表性抽样或分层抽样。

本章小结

本章通过对风险评估的论述，介绍了风险评估程序，通过了解被审计单位及其环境、被审计单位的内部控制，评估并识别重大错报风险。具体如下：①实施审计程序，更广、更深地了解被审计单位及其环境的各个方面，包括了解内部控制，为识别财务报表层次、认定层次重大错报风险提供更好的基础。②实施更为严格的风险评估程序将识别的风险与认定层次可能发生错报的领域相联系。③在设计和实施进一步审计程序(控制测试和实质性程序)时，应将审计程序的性质、时间和范围与识别、评估的风险相联系。④将识别、评估和应对风险的关键程序形成审计工作记录。

习　题

一、单项选择题

1．注册会计师可能在期中实施控制测试，同时还应获取期中至期末这段剩余期间的审计证据。注册会计师的以下考虑不恰当的是(　　)。

A．评估的重大错报风险对财务报表的影响越大，注册会计师需要获取越多的剩余期间的补充证据

B．期中对有关控制运行有效性获取的审计证据比较充分，可以考虑适当减少需要获取的剩余期间的补充证据

C．注册会计师对相关控制的信赖程度越高，注册会计师需要获取的剩余期间的补充证据越多

D．控制环境越薄弱，注册会计师需要获取的剩余期间的补充证据越少

2．提高审计程序的不可预见性是注册会计师应对财务报表层次重大错报风险的重要措施。但在实务中，注册会计师不可以通过(　　)方式提高审计程序的不可预见性。

A．对某些未测试过的低于重要性水平或风险较小的账户余额实施实质性程序

B．调整实施审计程序的人员，由助理人员担任关键项目的审计工作

C．采取不同的审计抽样方法，使当期抽取的测试样本与以前有所不同

D．选取不同的地点实施审计程序，或预先不告知被审计单位所选定的测试地点

3．进一步审计程序是指注册会计师针对评估的各类交易、账户余额、列报认定层次重大错报风险实施的审计程序。以下关于进一步审计程序的说法中，不正确的是(　　)。

A．风险的后果越严重，就越需要注册会计师关注和重视，越需要精心设计有针对性的进一步审计程序

B．重大错报发生的可能性越大，同样越需要注册会计师精心设计进一步审计程序

C．不同性质的控制(无论是人工控制还是自动化控制)对注册会计师设计进一步的审计程序具有重要影响

D．不同的交易、账户余额和列报产生的认定层次的重大错报风险的差异越大，适用的审计程序的性质的差别越大

4．被审计单位可能为了保证盈利目标的实现，而在会计期末以后伪造销售合同以虚增收入，此时注册会计师需要考虑在(　　)这个特定时点获取被审计单位截至期末所能提供的所有销售合同及相关资料，以防范被审计单位在资产负债表日后伪造销售合同虚增收入的做法。

A．期中　　　B．期中以前　　　C．资产负债表日　　　D．资产负债表日之后

5．注册会计师A是XYZ公司2007年度财务报表审计的外勤审计负责人，在审计过程中，负责对销售与收款循环进行审计，下列(　　)审计程序属于不可预见性方法。

A. 对重要的应收账款进行函证

B. 销售期末截止进行测试

C. 对营业收入采用分析程序

D. 改变函证日期，即把所函证账户的截止日期提前或者推迟

二、多项选择题

1．注册会计师在考虑是否在期中实施实质性程序时应当考虑(　　)。

A. 控制环境和其他相关的控制越薄弱，注册会计师越不宜在期中实施实质性程序

B. 如果实施实质性程序所需信息在期中之后可能难以获取，注册会计师应考虑在期中实施实质性程序

C. 注册会计师评估的某项认定的重大错报风险越高，注册会计师越应当考虑将实质性程序集中于期末(或接近期末)实施

D. 对收入截止认定或有负债等的审查必须在期末(或接近期)实施实质性程序

2．下列有关实质性程序的表述正确的有(　　)。

A. 当使用分析程序比细节测试能更有效地将认定层次的检查风险降低至可接受的水平时，分析程序可以用做实质性程序

B. 仅实施实质性程序不足以提供认定层次充分、适当的审计证据时，注册会计师应当实施控制测试，以获取内部控制运行有效性的审计证据

C. 如果风险评估程序未能识别出与认定相关的任何控制，注册会计师可能认为实施实质性程序就是适当的

D. 注册会计师认为控制测试很可能不符合成本效益原则，注册会计师可能认为仅实施实质性程序就是适当的

3．下列关于3种审计程序的说法中正确的是(　　)。

A. 在评估认定层次重大错报风险时，预期控制的运行是有效的，注册会计师应当实施控制测试以支持评估结果

B. 在某些情况下，仅通过控制测试就可提供认定层次充分、适当的审计证据

C. 注册会计师可以通过实施风险评估程序获取充分、适当的审计证据，作为发表审计意见的基础

D. 无论评估的重大错报风险结果如何，注册会计师均应当针对所有重大的各类交易、账户余额、列报实施实质性程序，以获取充分、适当的审计证据

4．注册会计师关心进一步审计程序的时间选择问题，具体包括(　　)。

A. 下期审计可以利用本期收集的哪些证据

B. 期末审计是否可以利用期中审计收集的证据

C. 本期审计能否利用上期审计收集的证据

D. 选择获取什么期间或时点的审计证据

5. 如果被审计单位的某项不属于旨在减轻特别风险的控制在上次审计时被认为设计合理\执行有效，注册会计师在本期审计中可以根据职业判断决定减少或不对该项内部控制进行测试而加以直接利用。但当出现(　　)情况时，注册会计师应当缩短再次测试控制的时间间隔或完全不信赖以前审计获取的审计证据。

A. 执行控制程序的人员发生变动

B. 所控制的业务性质发生了变化

C. 重大错报风险较前期有所降低

D. 对控制的拟信赖程度有所降低

三、简析题

1. 注册会计师陈华是海通公司 2007 年度财务报表审计的外勤审计负责人，助理审计人员李某对认定层次重大错报风险的评估有下列疑问，请代陈华回答助理人员的问题：(1)应当根据什么评价对认定层次重大错报风险的评估是否适当？

(2) 在风险评估时，存在有重大差异，注册会计师如何应对？

(3) 在实施控制测试时，存在有重大偏差，注册会计师如何应对？

(4) 在完成审计工作前，如何考虑重大错报风险？

(5) 在形成审计意见时，如何考虑重大错报风险？

2. 注册会计师周琳是东海科技公司 2007 年度财务报表审计的负责人，周琳在对该公司销售与收款循环内部控制了解和测试中进行了下列工作：了解到东海科技公司针对销售收入和销售费用的业绩评价控制包括财务经理每月审核实际销售收入(按产品细分)和销售费用(按费用项目细分)，并与预算数和上年同期数比较，对于差异金额超过 6%的项目进行分析并编制分析报告，销售经理审阅该报告并采取适当跟进措施。注册会计师周琳抽查了最近 3 个月的分析报告，并看到上述管理人员在报告上签字确认，证明该控制已经得到执行。然而，周琳在与销售经理孙某的讨论中，发现他对分析报告中明显异常的数据并不了解其原因，也无法作出合理解释，从而显示该控制并未得到有效的运行。请回答下列问题：

(1) 为什么会出现内部控制存在且被执行，注册会计师却认为东海科技公司控制可能运行无效？为什么？

(2) 简述测试控制运行的有效性与确定控制是否得到执行的联系和区别。

(3) 在测试控制运行的有效性的，注册会计师周琳还应当从哪些方面获取关于控制是否有效运行的审计证据？

第 8 章　审计抽样

教学目标

通过本章的学习，明确审计抽样的基本原理，掌握在控制测试中抽样技术的运用及在实质性细节测试中抽样技术的运用。

教学要求

审计抽样的基本原理、审计抽样在控制测试中的应用、审计抽样在细节测试中的应用。

基本概念

审计抽样　抽样风险　误受风险　误拒风险　信赖不足风险　信赖过度风险　非抽样风险　属性抽样　PPS 抽样

导入案例

正确运用审计抽样

注册会计师从 40 户华兴公司期末应收账款客户中，抽取出 18 户样本，占抽出样本总户数的 45%，抽取样本的总金额为 11 402 667.48 元，占期末应收账款余额 76％。收到回函的样本金额为 9 692 267.36 元，占总样本的 85％。注册会计师对收回样本回函进行分析，发现 4 361 520.31 元应收账款产生差异，经追查，由于华兴公司业务往来的内部控制及其应收账款的管理混乱，华兴公司记错账的达 3 647 890 元。

据此，注册会计师推断总体误差超过可容忍误差，应当扩大函证的范围或执行替代审计程序，以获取充分、适当的审计证据。

资料来源：郭艳萍．审计学原理与案例．北京：机械工业出版社，2009 年.

点评：对于现代大中型企业来说，会计资料极多，如果没有目的的详查，很难完成审计目标。

8.1　审计抽样的基本概念

审计抽样是注册会计师选取测试项目的方法之一。选取测试项目旨在帮助注册会计师确定实施审计程序的范围。在设计审计程序时，注册会计师应当采取适当的方法选取测试项目，注册会计师可以使用的方法，包括选取全部项目、选取特定项目和审计抽样。注册会计师可以根据与所测试认定有关的重大错报风险和对审计效率的要求，单独或综合使用这些方法，以获取充分、适当的审计证据，实现审计程序的目标。

8.1.1 选取全部项目测试

选取全部项目测试是指对总体中的全部项目进行检查。总体是指注册会计师从中选取样本并希望对其得出结论的整套数据。某类交易中的所有项目(如全年薪酬)、某个(或某组)账户余额(如期末应收账款账户余额)均可构成一个总体。总体可分为多个层或子总体，每一层或子总体可分别予以检查。“总体”包含了“层”的概念。对全部项目进行检查，通常更适用于细节测试，而不适合控制测试。

当存在下列情形之一时，注册会计师应当考虑选取全部项目进行测试。

(1) 总体由少量的大额项目构成。某类交易或账户余额中每个项目的金额都较大时，注册会计师可能需要测试所有项目。

(2) 存在特别风险且其他方法未提供充分、适当的审计证据。如某类交易或账户余额中每个项目虽然金额不大但存在特别风险时，注册会计师也可能需要测试所有项目。

(3) 由于信息系统自动执行的计算或其他程序具有重复性，对全部项目进行检查符合成本效益原则。注册会计师通常使用计算机辅助审计技术选取全部项目进行测试。

8.1.2 选取特定项目测试

选取特定项目测试是指对总体中的特定项目进行针对性测试。根据对被审计单位的了解、重大错报风险评估结果以及所测试总体的特征等，注册会计师可以从总体中选取特定项目进行测试。选取的特定项目通常包括大额或关键项目、超过某一金额的全部项目、被用于获取某些信息的项目、被用于测试控制活动的项目。

有时，注册会计师可能选择部分项目进行检查，以获取与被审计单位的性质、交易的性质以及内部控制等事项有关的信息，或确定某一控制活动是否得到执行。对这些项目进行测试实际上风险评估程序，主要目的是获取与被审计单位及其环境有关的信息。

选取特定项目实施测试通常是获取审计证据的有效手段，但并不构成审计抽样。这种方法下对选取项目实施审计程序的结果不能推断至整个总体。其原因在于，虽然选取特定项目测试只对某类交易或账户余额中的部分项目实施审计程序，但它与审计抽样的不同之处在于，并非所有抽样单元(抽样单元是指构成总体的个体项目)都有被选取的机会，不符合注册会计师选择标准的项目将没有机会被选取。因为选取的特定项目不能代表审计对象总体(或某一子总体)中全部项目的特征，所以，与审计抽样不同，选取特定项目测试不能根据所测试项目中发现的误差推断审计对象总体的误差。

8.1.3 审计抽样概述

审计抽样是指注册会计师对某类交易或账户余额中低于百分之百的项目实施审计程序，且所有项目都有机会被选取。审计抽样使注册会计师通过获取与被选取项目某一特征有关的审计证据，以形成或帮助形成对总体的结论。

审计抽样应当具备 3 个基本特征：①对某类交易或账户余额中低于百分之百的项目实施审计程序；②所有抽样单元都有被选取的机会；③审计测试的目的是为了评价该账户余额或交易类型的某一特征。

审计抽样并非在所有审计程序中都可使用。注册会计师拟实施的审计程序将对运用审计抽样产生重要影响。在风险评估程序、控制测试和实质性程序中，有些审计程序可以使用审计抽样，有些审计程序则不宜使用审计抽样。

风险评估程序通常不涉及审计抽样。如果注册会计师在了解控制的设计和确定控制是否得到执行的同时计划和实施控制测试，则可能涉及审计抽样，但此时审计抽样仅适用于控制测试。

当控制的运行留下轨迹时，注册会计师可以考虑使用审计抽样实施控制测试。对于未留下运行轨迹的控制，注册会计师通常实施询问、观察等审计程序，以获取有关控制运行有效性的审计证据，此时不宜使用审计抽样。

实质性程序包括对各类交易、账户余额、列报的细节测试，以及实质性分析程序。在实施细节测试时，注册会计师可以使用审计抽样获取审计证据，以验证有关财务报表金额的一项或多项认定(如应收账款的存在性)，或对某些金额作出独立估计(如陈旧存货的价值)。在实施实质性分析程序时，注册会计师不宜使用审计抽样。

8.1.4 抽样风险和非抽样风险

在获取审计证据时，注册会计师应当运用职业判断，评估重大错报风险，并设计进一步审计程序，以确保将审计风险降至可接受的低水平。在使用审计抽样时，审计风险既可能受到抽样风险的影响，又可能受到非抽样风险的影响。抽样风险和非抽样风险通过影响重大错报风险的评估和检查风险的确定而影响审计风险。

1. 抽样风险

抽样风险是指注册会计师根据样本得出的结论，和对总体全部项目实施与样本同样的审计程序得出的结论存在差异的可能性，即抽出的样本不能代表总体的风险。

控制测试中的抽样风险包括信赖过度风险和信赖不足风险。信赖过度风险是指推断的控制有效性高于其实际有效性的风险，即尽管样本结果支持注册会计师计划信赖内部控制的程度，但实际偏差率不支持该信赖程度的风险。信赖过度风险与审计的效果有关。如果注册会计师评估的控制有效性高于其实际有效性，从而导致评估的重大错报风险水平偏低，注册会计师可能不适当地减少从实质性程序中获取的证据，因此审计的有效性下降。对于注册会计师而言，信赖过度风险更容易导致注册会计师发表不恰当的审计意见，因而更应予以关注。相反，信赖不足风险是指推断的控制有效性低于其实际有效性的风险，即尽管样本结果不支持注册会计师计划信赖内部控制的程度，但实际偏差率支持该信赖程度的风险。信赖不足风险与审计的效率有关。当注册会计师评估的控制有效性低于其实际有效性时，评估的重大错报风险水平高于实际水平，注册会计师可能会增加不必要的实质性程序。在这种情况下，审计效率可能降低。控制测试中的抽样风险类型见表 8-1。

表 8-1 控制测试中的抽样风险类型

		被审计单位控制活动、政策或程序的实际运行有效性	
		控制风险初步评估结果适当	控制风险初步评估结果不适当
注册会计师根据样本结果得出的结论	支持初步评估的控制风险水平	正确结论	信赖过度风险：评估的控制风险太低(审计无效)
	不支持初步评估的控制风险水平	信赖不足风险：评估的控制风险太高(审计效率低)	正确结论

在实施细节测试时，注册会计师也要关注两类抽样风险：误受风险和误拒风险。误受风险是指注册会计师推断某一重大错报不存在而实际上存在的风险。如果账面金额实际上存在重大错报而注册会计师认为其不存在重大错报，注册会计师通常会停止对该账面金额继续进行测试，并根据样本结果得出账面金额无重大错报的结论。与信赖过度风险类似，误受风险影响审计效果，容易导致注册会计师发表不恰当的审计意见，因此注册会计师更应予以关注。误拒风险是指注册会计师推断某一重大错报存在而实际上不存在的风险。与信赖不足风险类似，误拒风险影响审计效率。如果账面金额不存在重大错报而注册会计师认为其存在重大错报，注册会计师会扩大细节测试的范围并考虑获取其他审计证据，最终注册会计师会得出恰当的结论。在这种情况下，审计效率可能降低。细节测试中的抽样风险类型见表 8-2。

表 8-2　细节测试中的抽样风险类型

		被审计单位交易或账户余额记录的实际情况	
		不存在重大错报	存在重大错报
注册会计师根据样本结果得出的结论	交易或账户余额记录不存在重大错报	正确结论	误受风险(审计无效)
	交易或账户余额记录存在重大错报	误拒风险(审计效率低)	正确结论

无论在控制测试还是在细节测试中，抽样风险都可以分为两种类型：一类是影响审计效果的抽样风险，包括控制测试中的信赖过度风险和细节测试中的误受风险；另一类是影响审计效率的抽样风险，包括控制测试中的信赖不足风险和细节测试中的误拒风险。

只要使用了审计抽样，抽样风险总会存在。在使用统计抽样时，注册会计师可以准确地计量和控制抽样风险。在使用非统计抽样时，注册会计师无法量化抽样风险，只能根据职业判断对其进行定性评价和控制。抽样风险与样本规模反方向变动：样本规模越小，抽样风险越大；样本规模越大，抽样风险越小。无论是控制测试还是细节测试，注册会计师都可以通过扩大样本规模降低抽样风险。如果对总体中的所有项目都实施检查，就不存在抽样风险，此时审计风险完全由非抽样风险产生。

2. 非抽样风险

非抽样风险是指由于某些与样本规模无关的因素而导致注册会计师得出错误结论的可能性。注册会计师即使对某类交易或账户余额的所有项目实施审计程序，也可能仍未能发现重大错报或控制失效。

在审计过程中，可能导致非抽样风险的原因包括下列情况。

(1) 注册会计师选择的总体不适合于测试目标。例如，注册会计师在测试应收账款销售的完整性认定时选择主营业务收入日记账作为总体。

(2) 注册会计师未能适当地定义误差(包括控制偏差或错报)，导致注册会计师未能发现样本中存在的偏差或错报。例如，注册会计师在测试现金支付授权控制的有效性时，未将签字人未得到适当授权的情况界定为控制偏差。

(3) 注册会计师选择了不适于实现特定目标的审计程序。例如，注册会计师依赖应收账款函证来揭露未入账的应收账款。

(4) 注册会计师未能适当地评价审计发现的情况。例如，注册会计师错误解读审计证据可能导致没有发现误差。注册会计师对所发现误差的重要性的判断有误，从而忽略了性质十分重要的误差，也可能导致得出不恰当的结论。

(5) 其他原因。非抽样风险是由人为错误造成的，因而可以降低、消除或防范。虽然在任何一种抽样方法中注册会计师都不能量化非抽样风险，但通过采取适当的质量控制政策和程序，对审计工作进行适当的指导、监督和复核，以及对注册会计师实务的适当改进，可以将非抽样风险降至可以接受的水平。注册会计师也可以通过仔细设计其审计程序尽量降低非抽样风险。

8.1.5 统计抽样和非统计抽样

在对某类交易或账户余额使用审计抽样时，注册会计师可以使用统计抽样方法，也可以使用非统计抽样方法。统计抽样是指同时具备下列特征的抽样方法：①随机选取样本；②运用概率论评价样本结果，包括计量抽样风险。统计抽样的样本必须同时具备上述两个特征，不同时具备上述两个特征的抽样方法为非统计抽样。一方面，即使注册会计师严格按照随机原则选取样本，如果没有对样本结果进行统计评估，就不能认为使用了统计抽样。另一方面，基于非随机选样的统计评估也是无效的。

注册会计师应当根据具体情况并运用职业判断，确定使用统计抽样或非统计抽样方法，以最有效率地获取审计证据。例如，在控制测试中，与仅仅对偏差的发生进行定量分析相比，对偏差的性质和原因进行定性分析通常更为重要。在这种情况下，使用非统计抽样可能更为适当。

注册会计师在统计抽样与非统计抽样方法之间进行选择时主要考虑成本效益。统计抽样的优点在于能够客观地计量抽样风险，并通过调整样本规模精确地控制风险，这是与非统计抽样最重要的区别。另外，统计抽样还有助于注册会计师高效地设计样本，计量所获取证据的充分性，以及定量评价样本结果。但统计抽样还可能发生额外的成本。首先，统计抽样需要特殊的专业技能，因此使用统计抽样需要增加额外的支出对注册会计师进行培训。其次，统计抽样要求单个样本项目符合统计要求，这也可能需要支出额外的费用。非统计抽样如果设计适当，也能提供与设计适当的统计抽样方法同样有效的结果。注册会计师使用非统计抽样时，也必须考虑抽样风险并将其降至可接受水平，但不能精确地测定出抽样风险。

不管统计抽样还是非统计抽样，两种方法都要求注册会计师在设计、实施和评价样本时运用职业判断。另外，对选取的样本项目实施的审计程序通常也与使用的抽样方法无关。

8.1.6 统计抽样的方法

1. 属性抽样

属性抽样是一种用来对总体中某一事件发生率得出结论的统计抽样方法。属性抽样在审计中最常见的用途是测试某一控制的偏差率，以支持注册会计师评估的控制有效性。在属性抽样中，设定控制的每一次发生或偏离都被赋予同样的权重，而不管交易金额的大小。

2. 变量抽样

变量抽样是一种用来对总体金额得出结论的统计抽样方法。变量抽样通常回答下列问题：金额是多少？账户是否存在错报？变量抽样在审计中的主要用途是进行细节测试，以确定记录金额是否合理。

一般而言，属性抽样得出的结论与总体发生率有关，而变量抽样得出的结论与总体的金额有关。但有一个例外，即统计抽样中的概率比例规模抽样(Probability Proportional to Size Sampling，PPS 抽样)却运用属性抽样的原理得出以金额表示的结论。

8.2 审计抽样的步骤

注册会计师在控制测试和细节测试中使用审计抽样方法，主要分为 3 个阶段进行：第一阶段是样本设计阶段，旨在根据测试的目标和抽样总体，制订选取样本的计划。第二阶段是选取样本阶段，旨在按照适当的方法从相应的抽样总体中选取所需的样本，并对其实施检查，以确定是否存在误差。第三阶段是评价样本结果阶段，旨在根据对误差的性质和原因的分析，将样本结果推断至总体，形成对总体的结论。

8.2.1 设计样本阶段

在设计审计样本时，注册会计师应当考虑审计程序的目标和抽样总体的属性。也就是说，注册会计师首先应考虑拟实现的具体目标，并根据目标和总体的特点确定能够更好地实现该目标的审计程序组合，以及如何在实施审计程序时运用审计抽样。审计抽样中样本设计阶段的工作主要包括以下几个步骤。

1. 确定测试目标

审计抽样必须紧紧围绕审计测试的目标展开，因此确定测试目标是样本设计阶段的第一项工作。一般而言，控制测试是为了获取关于某项控制的设计或运行是否有效的证据，而细节测试的目的是确定某类交易或账户余额的金额是否正确，获取与存在的错报有关的证据。

2. 定义总体与抽样单元

1) 总体

在实施抽样之前，注册会计师必须仔细定义总体，确定抽样总体的范围。总体可以包括构成某类交易或账户余额的所有项目，也可以只包括某类交易或账户余额中的部分项目。例如，如果应收账款中没有单个重大项目，注册会计师直接对应收账款账面余额进行抽样，则总体包括构成应收账款期末余额的所有项目。如果注册会计师已使用选取特定项目的方法将应收账款中的单个重大项目挑选出来单独测试，只对剩余的应收账款余额进行抽样，则总体只包括构成应收账款期末余额的部分项目。

2) 定义抽样单元

在定义抽样单元时，注册会计师应使其与审计测试目标保持一致。注册会计师在定义总体时通常都指明了适当的抽样单元。在控制测试中，抽样单元通常是能够提供控制运行证据的文件资料，而在细节测试中，抽样单元可能是一个账户余额、一笔交易或交易中的一项记录，甚至是一个货币单元。

3) 分层

如果总体项目存在重大的变异性，注册会计师应当考虑分层。分层是指将一个总体划分为多个子总体的过程，每个子总体由一组具有相同特征(通常指金额)的抽样单元组成。分层可以降低每一层中项目的变异性，从而在抽样风险没有成比例增加的前提下减小样本规模。注册会计师可以考虑将总体分为若干个离散的具有识别特征的子总体(层)，以提高审计效率。注册会计师应当仔细界定子总体，以使每一抽样单元只能属于一个层。

3. 定义误差构成条件

注册会计师必须事先准确定义构成误差的条件，否则执行审计程序时就没有识别误差的标准。在控制测试中，误差是指控制偏差，注册会计师要仔细定义所要测试的控制及可能出现偏差的情况；在细节测试中，误差是指错报，注册会计师要确定构成错报的各种情况。

注册会计师定义误差构成条件时要考虑审计程序的目标。清楚地了解误差构成条件，对于确保在推断误差时将且仅将所有与审计目标相关的条件包括在内至关重要。例如，在对应收账款存在性的细节测试中(如函证)，客户在函证日之前支付、被审计单位在函证日之后不久收到的款项(即未达账项)不构成误差。而且，被审计单位在不同客户之间误登明细账也不构成误差，因其并不影响应收账款账户的总额。即使这种情况可能对审计的其他方面(如对舞弊的可能性或坏账准备的适当性的评估)产生重要影响，在评价该审计程序的样本结果时将其判定为误差也是不适当的。

4. 确定审计程序

注册会计师必须确定能够更好地实现测试目标的审计程序组合。例如，如果注册会计师的审计目标是通过测试某一阶段的适当授权证实交易的有效性，审计程序就是检查特定人员已在某文件上签字以示授权的书面证据。注册会计师预计样本中每一张该文件上都有适当的签名。

注册会计师应当将交易类型、账户余额，以及列报和披露的认定与重大错报风险的评估和进一步审计程序的设计及实施相联系。通常注册会计师在获取关于财务报表中列报和披露的审计证据时不采用抽样方法，因而审计测试目标通常与获取关于某类交易或账户余额的财务报表认定的审计证据有关(见表 8-3)。

表 8-3 注册会计师获取审计证据时使用的认定

关于被审计期间交易和事项类型的认定	关于期末账户余额的认定
发生	存在
完整	权利与义务
准确	完整
截止	计价与分摊

8.2.2 选取样本阶段

1. 确定样本规模

样本规模是指从总体中选取样本项目的数量。在审计抽样中，如果样本规模过小，就不能反映出审计对象总体的特征，注册会计师就无法获取充分的审计证据，其审计结论的可靠性就会大打折扣，甚至可能得出错误的审计结论；相反，如果样本规模过大，则会增加审计的工作量，造成不必要的时间和人力的浪费，加大审计成本，降低审计效率，就会失去审计抽样的意义。

影响样本规模的因素主要包括以下几个方面。

(1) 可接受的抽样风险。在确定样本规模时，注册会计师应当考虑能否将抽样风险降至可接受的低水平。可接受的抽样风险与样本规模成反比。注册会计师愿意接受的抽样风险越低，样本规模通常越大。注册会计师愿意接受的抽样风险越高，样本规模越小。

(2) 可容忍误差。可容忍误差是指注册会计师在认为测试目标已实现的情况下准备接受的总体最大误差。在控制测试中，它指注册会计师能够接受的最大偏差数量；如果偏差超过这一数量则减少或取消对控制程序的信赖。在细节测试中，它与在审计计划阶段设定的重要性金额有关。保证程度一定时，注册会计师运用职业判断确定该因素。可容忍误差越小，为实现同样的保证程度所需的样本规模越大。

(3) 预计总体误差。预计总体误差是指注册会计师根据以前对被审计单位的经验或实施风险评估程序的结果而估计总体中可能存在的误差。预计总体误差越大，可容忍误差也应当越大；但预计总体误差不应超过可容忍误差。在既定的可容忍误差下，当预计总体误差增加时，所需的样本规模更大。

(4) 总体变异性。总体变异性是指总体的某一特征(如金额)在各项目之间的差异程度。在控制测试中，注册会计师在确定样本规模时一般不考虑总体变异性。在细节测试中，注册会计师确定适当的样本规模时要考虑特征的变异性。总体项目的变异性越低，通常样本规模越小。注册会计师可以通过分层，将总体分为相对同质的组，以尽可能降低每一组中变异性的影响，从而减小样本规模。

(5) 总体规模。除非总体非常小，一般而言，总体规模对样本规模的影响几乎为零。注册会计师通常将抽样单元超过 5 000 个的总体视为大规模总体。对大规模总体而言，总体的实际容量对样本规模几乎没有影响。对小规模总体而言，审计抽样比其他选择测试项目的方法的效率低。

表 8-4 列示了审计抽样中影响样本规模的因素，并分别说明了这些影响因素在控制测试和细节测试中的表现形式。

表 8-4 影响样本规模的因素

影响因素	控制测试	细节测试	与样本规模的关系
可接受的抽样风险	可接受的信赖过度风险	可接受的误受风险	反向变动
可容忍误差	可容忍偏差率	可容忍错报	反向变动
预计总体误差	预计总体偏差率	预计总体错报	同向变动
总体变异性		总体变异性	同向变动
总体规模	总体规模	总体规模	影响很小

使用统计抽样方法时，注册会计师必须对影响样本规模的因素进行量化，并利用根据统计公式开发的专门的计算机程序或专门的样本量表来确定样本规模。在非统计抽样中，注册会计师可以只对影响样本规模的因素进行定性的估计，并运用职业判断确定样本规模。

2. 选取样本

无论是使用统计抽样还是非统计抽样，在选取样本项目时，注册会计师都应当使总体中的所有抽样单元均有被选取的机会。使所有抽样单元都有被选取的机会是审计抽样的基本特征之一，否则，就无法根据样本结果推断总体。

选取样本的基本方法，包括使用随机数表或计算机辅助审计技术选样、系统选样和随意选样。

1) 使用随机数表或计算机辅助审计技术选样

使用随机数表或计算机辅助审计技术选样又称随机数选样。使用随机数选样需以总体中的每一项目都有不同的编号为前提。注册会计师可以使用计算机生成的随机数，如电子表格程序、随机数码生成程序、通用审计软件程序等计算机程序产生的随机数，也可以使用随机数表获得所需的随机数。

随机数是一组从长期来看出现概率相同的数码，且不会产生可识别的模式。随机数表也称乱数表，它是由随机生成的从 0～9 共 10 个数字所组成的数表，每个数字在表中出现的次数是大致相同的，它们出现在表上的顺序是随机的。表 8-5 就是 5 位随机数表的一部分。

表 8-5 随机数表

列行	1	2	3	4	5	6	7	8	9	10
1	32 044	69 037	29 655	92 114	81 034	40 582	1 584	77 184	85 762	46 505
2	23 821	96 070	82 592	81 642	8 971	7 411	9 037	81 530	56 195	98 425
3	82 383	94 987	66 441	28 677	95 961	78 346	37 916	9 416	42 438	48 432
4	68 310	21 792	71 635	86 089	38 157	95 620	96 718	79 554	50 209	17 705
5	94 856	76 940	22 165	1 414	1 413	37 231	5 509	37 489	56 459	52 983
6	95 000	61 958	83 430	98 250	70 030	5 436	74 814	45 978	9 277	13 827
7	20 764	64 638	11 359	32 556	89 822	2 713	81 293	52 970	25 080	33 555
8	71 401	17 964	50 940	95 753	34 905	93 566	36 318	79 530	51 105	26 952
9	38 464	75 707	16 750	61 371	1 523	69 205	32 122	3 436	14 489	2 086
10	59 442	59 247	74 955	82 835	98 378	83 513	47 870	20 795	1 352	89 906

应用随机数表选样的步骤如下。

(1) 对总体项目进行编号，建立总体中的项目与表中数字的一一对应关系。一般情况下，编号可利用总体项目中原有的某些编号，如凭证号、支票号、发票号等。在没有事先编号的情况下，注册会计师需按一定的方法进行编号。

加由 40 页、每页 50 行组成的应收账款明细表，可采用 4 位数字编号，前两位由 01～40 的整数组成，表示该记录在明细表中的页数，后两位数字由 01～50 的整数组成，表示该记录的行次。这样，编号 0534 表示第 5 页第 34 行的记录。所需使用的随机数的位数一般由总体项目数或编号位数决定。例如，前例中可采用 4 位随机数表，也可以使用 5 位随机数表的前 4 位数字或后 4 位数字。

(2) 确定连续选取随机数的方法。从随机数表中选择一个随机起点和一个选号路线，随机起点和选号路线可以任意选择，但一经选定就不得改变。从随机数表中任选一行或任何一栏开始，按照一定的方向(上下左右均可)依次查找，符合总体项目编号要求的数字，即为选中的号码，与此号码相对应的总体项目即为选取的样本项目，一直到选足所需的样本量为止。例如，从前述应收账款明细表的 2 000 个记录中选择 10 个样本，总体编号规则如前所述，即前两位数字不能超过 40，后两位数字不能超过 50。例如，从表 8-5 第一行第一列开始，使用前 4 位随机数，逐行向右查找，则选中的样本为编号 3204、0741、0903、0941、3815、2216、0141、3723、0550、3748 的 10 个记录。

随机数选样不仅使总体中每个抽样单元被选取的概率相等，而且使相同数量的抽样单元组成的每种组合被选取的概率相等。这种方法在统计抽样和非统计抽样中均适用。由于统计抽样要求注册会计师能够计量实际样本被选取的概率，这种方法尤其适合于统计抽样。

2) 系统选样

系统选样也称等距选样，是指按照相同的间隔从审计对象总体中等距离地选取样本的一种选样方法。采用系统选样法，首先要计算选样间距，确定选样起点，然后再根据间距顺序选取样本。选样间距的计算公式如下：

选样间距=总体规模÷样本规模

例如，如果销售发票的总体范围是 652～3151，设定的样本量是 125，那么选样间距为 20[(3152−652)÷125]。注册会计师必须从 0～19 中选取一个随机数作为抽样起点。如果随机选择的数码是 9，那么第一个样本项目是发票号码为 661(652+9)的那一张，其余的 124 个项目是 681(661+20)，701(681 +20)，……依此类推，直至第 3141 号。

系统选样方法的主要优点是使用方便，比其他选样方法节省时间，并可用于无限总体。此外，使用这种方法时，对总体中的项目不需要编号，注册会计师只要简单数出每一个间距即可。但是，使用系统选样方法要求总体必须是随机排列的，否则容易发生较大的偏差，造成非随机的、不具代表性的样本。如果测试项目的特征在总体内的分布具有某种规律性，则选择样本的代表性就可能较差。例如，应收账款明细表每页的记录均以账龄的长短按先后次序排列，则选中的 200 个样本可能多数是账龄相同的记录。

为克服系统选样法的这一缺点，可采用两种办法：一是增加随机起点的个数；二是在确定选样方法之前对总体特征的分布进行观察。如发现总体特征呈随机分布，则采用系统选样法；否则，可考虑使用其他选样方法。

系统选样可以在非统计抽样中使用，在总体随机分布时也可适用于统计抽样。

3) 随意选样

随意选样也叫任意选样，是指注册会计师不带任何偏见地选取样本，即注册会计师不考虑样本项目的性质、大小、外观、位置或其他特征而选取总体项目。随意选样的主要缺点在于很难完全无偏见地选取样本项目，即这种方法难以彻底排除注册会计师的个人偏好对选取样本的影响，因而很可能使样本失去代表性。由于文化背景和所受训练等的不同，每个注册会计师都可能无意识地带有某种偏好。例如，从发票柜中取发票时，某些注册会计师可能倾向于抽取柜子中间位置的发票，这样就会使柜子上面部分和下面部分的发票缺乏相等的选取机会。因此，在运用随意选样方法时，注册会计师要避免由于项目性质、大小、外观和位置等的不同引起的偏见，尽量使所选取的样本具有代表性。

以上 3 种基本方法均可选出代表性样本。但随机数选样和系统选样属于随机基础选样方法，即对总体的所有项目按随机规则选取样本，因而可以在统计抽样中使用，当然也可以在非统计抽样中使用。而随意选样虽然也可以选出代表性样本，但它属于非随机基础选样方法，因而不能在统计抽样中使用，只能在非统计抽样中使用。

3. 对样本实施审计程序

注册会计师应当针对选取的每个项目，实施适合具体审计目标的审计程序。对选取的样本项目实施审计程序旨在发现并记录样本中存在的误差。

如果选取的项目不适合实施审计程序，注册会计师通常使用替代项目。例如，注册会计师在测试付款是否得到授权时选取的付款单据中可能包括一个空白的付款单。如果注册会计师确信该空白付款单是合理的且不构成误差，可以适当选择一个替代项目进行检查。

注册会计师通常对每一样本项目实施适合于特定审计目标的审计程序。有时，注册会计师可能无法对选取的抽样单元实施计划的审计程序(如由于原始单据丢失等原因)。注册会计师对未检查项目的处理取决于未检查项目对评价样本结果的影响。如果注册会计师对样本结果的评价不会因为未检查项目可能存在错报而改变，就不需对这些项目进行检查。如果未检查项目可能存在的错报会导致该类交易或账户余额存在重大错报，注册会计师就要考虑实施替代程序，为形成结论提供充分的证据。例如，对应收账款的积极式函证没有收到回函时，注册会计师必须审查期后收款的情况，以证实应收账款的余额。注册会计师也要考虑无法对这些项目实施检查的原因是否会影响计划的重大错报风险评估水平或对舞弊风险的评估。如果注册会计师无法或者没有执行替代审计程序，则应将该项目视为一项误差。

8.2.3 评价样本结果

1. 分析样本误差

注册会计师应当考虑样本的结果、已识别的所有误差的性质和原因，及其对具体审计目标和审计的其他方面可能产生的影响。

无论是统计抽样还是非统计抽样，对样本结果的定性评估和定量评估一样重要。即使样本的统计评价结果在可以接受的范围内，注册会计师也应对样本中的所有误差(包括控制测试中的控制偏差和细节测试中的金额错报)进行定性分析。

2. 推断总体误差

在实施控制测试时，注册会计师将样本中发现的偏差数量除以样本规模，就计算出样本偏差率。由于样本的误差率就是整个总体的推断误差率，注册会计师无须推断总体误差率。

在控制测试中，无论使用统计抽样或非统计抽样方法，样本偏差率都是注册会计师对总体偏差率的最佳估计，但注册会计师必须考虑抽样风险。

当实施细节测试时，注册会计师应当根据样本中发现的误差金额推断总体误差金额，并考虑推断误差对特定审计目标及审计的其他方面的影响。

3. 形成审计结论

注册会计师应当评价样本结果，以确定对总体相关特征的评估是否得到证实或需要修正。

(1) 控制测试中的样本结果评价。在控制测试中，注册会计师应当将总体偏差率与可容忍偏差率比较，但必须考虑抽样风险。

(2) 细节测试中样本结果评价。在细节测试中，注册会计师首先必须根据样本中发现的实际错报要求被审计单位调整账面记录金额。将被审计单位已更正的错报从推断的总体错报金额中减掉后，注册会计师应当将调整后的推断总体错报与该类交易或账户余额的可容忍错报相比较，但必须考虑抽样风险。

8.3 审计抽样的运用

8.3.1 审计抽样在控制测试中的应用

在控制测试中使用审计抽样可以分为样本设计、选取样本和评价样本结果 3 个阶段。

1. 样本设计阶段

1) 确定测试目标

注册会计师实施控制测试的目标是提供关于控制运行有效性的审计证据，以支持计划的重大错报风险评估水平。只有认为控制设计合理、能够防止或发现并纠正认定层次的重大错报时，注册会计师才有必要对控制运行的有效性实施测试。例如，注册会计师实施控制测试的目标是确认现金支付授权控制的运行有效性，以支持对现金账户确定的重大错报风险评估水平。

2) 定义总体和抽样单元

(1) 定义总体。在控制测试中，注册会计师必须考虑总体的同质性。同质性是指总体中的所有项目应该具有同样的特征。例如，如果被审计单位的出口和内销业务的处理方式不同，注册会计师应分别评价两种不同的控制情况，因而出现两个独立的总体。又如，虽然被审计单位的所有分支机构的经营可能都相同，但每个分支机构是由不同的人运行的。如果注册会计师对每个分支机构的内部控制和员工感兴趣，可以将每个分支机构作为一个独立的总体对待。另外，如果注册会计师关心的不是单个分支机构而是被审计单位整体的经营，且各分支机构的控制具有足够的相同之处，就可以将被审计单位视为一个单独的总体。

(2) 定义抽样单元。注册会计师定义的抽样单元应与审计测试目标相适应。在控制测试中，注册会计师应根据被测试的控制定义抽样单元。抽样单元通常是能够提供控制运行证据的一份文件资料、一个记录或其中一行。例如，如果测试目标是确定付款是否得到授权，且设定的控制要求付款之前授权人在付款单据上签字，抽样单元可能被定义为每一张付款单据。如果一张付款单据包含了对几张发票的付款，且设定的控制要求每张发票分别得到授权，那么付款单据上与发票对应的一行就可能被定义为抽样单元。本例中，注册会计师定义的抽样单元为现金支付单据上的每一行。

3) 定义偏差

注册会计师必须事先准确定义构成误差的条件，否则执行审计程序时就没有识别误差的标准。在定义误差构成条件时，注册会计师应考虑审计程序的目标。

在控制测试中，误差是指控制偏差。注册会计师应仔细定义所要测试的控制及可能出现偏差的情况。注册会计师应根据对内部控制的理解，确定哪些特征能够显示被测试控制的运行情况，然后据此定义误差构成条件。在评估控制运行的有效性时，注册会计师应当考虑其认为必要的所有环节。例如，设定的控制要求每笔支付都应附有发票、收据、验收报告和订购单等证明文件，且均盖上“已付”戳记。注册会计师认为盖上“已付”戳记的发票和验收报告足以显示控制的适当运行。在这种情况下，误差可能被定义为缺乏盖有“已付”戳记的发票和验收报告等证明文件的款项支付。在本例中，误差被定义为没有授权人签字的发票和验收报告等证明文件的现金支付。

4) 定义测试期间

注册会计师通常在期中实施控制测试。由于期中测试获取的证据只与控制在期中的运行有关，注册会计师需要确定如何获取关于剩余期间的证据。

将总体定义为整个被审计期间的交易。在设计控制测试的审计样本时，注册会计师通常将测试扩展至在剩余期间发生的交易，以获取额外的证据。在这些情况下，总体由整个被审计期间的交易组成。

2. 选取样本阶段

1) 确定样本规模

在控制测试中，影响样本规模的因素如下。

(1) 可接受的信赖过度风险。在实施控制测试时，注册会计师主要关注抽样风险中的信赖过度风险。可接受的信赖过度风险与样本规模反向变动。在实务中，注册会计师通常对所有控制测试确定一个统一的可接受信赖过度风险水平，然后对每一测试根据计划的重大错报风险评估水平和控制有效性分别确定其可容忍偏差率。本例中，注册会计师确定的可接受信赖过度风险为10%。

(2) 可容忍偏差率。可容忍偏差率是指注册会计师在不改变其计划评估的控制有效性，从而不改变其计划评估的重大错报风险水平的前提下，愿意接受的对于设定控制的最大偏差率。可容忍偏差率与样本规模反向变动。在确定可容忍偏差率时，注册会计师应考虑计划评估的控制有效性。在实务中，注册会计师通常认为，当偏差率为 3%～7%时，控制有效性的估计水平较高；可容忍偏差率最高为 20%，偏差率超过 20%时，由于估计控制运行无效，注册会计师不需进行控制测试。

(3) 预计总体偏差率。注册会计师可以根据上年测试结果和控制环境等因素对预计总体偏差率进行估计。考虑上年测试结果时，应考虑被审计单位内部控制和人员的变化。在实务中，如果以前年度的审计结果无法取得或认为不可靠，注册会计师可以在抽样总体中选取一个较小的初始样本，以初始样本的偏差率作为预计总体偏差率的估计值。如果预计总体偏差率很高，意味着控制有效性很低，这时注册会计师应考虑不进行控制测试，而实施更多的实质性程序。本例中，注册会计师根据上年测试结果和对控制的初步了解，预计总体的偏差率为 1.75%。

(4) 总体规模。在本例中，现金支付业务数量很大，因而注册会计师认为总体规模对样本规模的影响可以忽略。在使用统计抽样时，注册会计师应当对影响样本规模的因素进行量化。实施控制测试时，注册会计师可能使用统计抽样，也可能使用非统计抽样。在统计抽样中，注册会计师可以使用样本量表确定样本规模。表 8-6 和表 8-7 分别提供了在控制测试中确定的可接受信赖过度风险为 5%和 10%时所使用的样本量表。

注册会计师根据可接受的信赖过度风险选择相应的抽样规模表，然后读取预计总体偏差率栏找到适当的比率。接下来注册会计师确定与可容忍偏差率对应的列。可容忍偏差率所在列与预计总体偏差率所在行的交点就是所需的样本规模。本例中，注册会计师确定的可接受信赖过度风险为 10%，可容忍偏差率为 7%，预计总体偏差率为 1.75%。在信赖过度风险为 10%时所使用的表 8-8 中，7%可容忍偏差率与 1.75%预计总体偏差率的交叉处为 55，即所需的样本规模为 55。

表 8-6　控制测试统计抽样样本规模——信赖过度风险 5%

预计总体偏差率/%	可容忍偏差率										
	2%	3%	4%	5%	6%	7%	8%	9%	10%	15%	20%
0.00	149(0)	99(0)	74(0)	59(0)	49(0)	42(0)	36(0)	32(0)	29(0)	19(0)	14(0)
0.25	236(1)	157(1)	117(1)	93(1)	78(1)	66(1)	58(1)	51(1)	46(1)	30(1)	22(1)
0.50	*	157(1)	117(1)	93(1)	78(1)	66(1)	58(1)	51(1)	46(1)	30(1)	22(1)
0.75	*	208(2)	117(1)	93(1)	78(1)	66(1)	58(1)	51(1)	46(1)	30(1)	22(1)
1.00	*	*	156(2)	93(1)	78(1)	66(1)	58(1)	51(1)	46(1)	30(1)	22(1)
1.25	*	*	156(2)	124(2)	78(1)	66(1)	58(1)	51(1)	46(1)	30(1)	22(1)
1.50	*	*	192(3)	124(2)	103(2)	66(1)	58(1)	51(1)	46(1)	30(1)	22(1)
1.75	*	*	227(4)	153(3)	103(2)	88(2)	77(2)	51(1)	46(1)	30(1)	22(1)
2.00	*	*	*	181(4)	127(3)	88(2)	77(2)	68(2)	46(1)	30(1)	22(1)
2.25	*	*	*	208(5)	127(3)	88(2)	77(2)	68(2)	61(2)	30(1)	22(1)
2.50	*	*	*	*	150(4)	109(3)	77(2)	68(2)	61(2)	30(1)	22(1)
2.75	*	*	*	*	173(5)	109(3)	95(3)	68(2)	61(2)	30(1)	22(1)
3.00	*	*	*	*	195(6)	129(4)	95(3)	84(3)	61(2)	30(1)	22(1)
3.25	*	*	*	*	*	148(5)	112(4)	61(2)	30(1)	22(1)	22(1)
3.50	*	*	*	*	*	167(6)	112(4)	76(3)	40(2)	22(1)	22(1)
3.75	*	*	*	*	*	185(7)	129(5)	100(4)	76(3)	40(2)	22(1)
4.00	*	*	*	*	*	*	146(6)	100(4)	89(4)	40(2)	22(1)
5.00	*	*	*	*	*	*	*	158(8)	116(6)	40(2)	30(2)
6.00	*	*	*	*	*	*	*	*	179(11)	50(3)	30(2)
7.00	*	*	*	*	*	*	*	*	*	68(3)	37(3)

注：*表示样本规模太大，因而在多数情况下不符合成本效益原则。

本表假设总体为大总体。(括号内是可接受的偏差数)

资料来源：AICPA Audit and Accounting Cuide: Audit Sampling (2005)。

表 8-7　控制测试统计抽样样本规模——信赖过度风险为 10%

预计总体偏差率%	可容忍偏差率										
	2%	3%	4%	5%	6%	7%	8%	9%	10%	15%	20%
0.00	114(0)	76(0)	57(0)	45(0)	38(0)	32(0)	28(0)	25(0)	22(0)	15(0)	11(0)
0.25	194(1)	129(1)	96(1)	77(1)	64(1)	55(1)	48(1)	42(1)	38(1)	25(1)	18(1)
0.50	194(1)	129(1)	96(1)	77(1)	64(1)	55(1)	48(1)	42(1)	38(1)	25(1)	18(1)
0.75	265(2)	129(1)	96(1)	77(1)	64(1)	55(1)	48(1)	42(1)	38(1)	25(1)	18(1)
1.00	*	176(2)	96(1)	77(1)	64(1)	55(1)	48(1)	42(1)	38(1)	25(1)	18(1)
1.25	*	221(3)	132(2)	77(1)	64(1)	55(1)	48(1)	42(1)	38(1)	25(1)	18(1)
1.50	*	*	132(2)	105(2)	64(1)	55(1)	48(1)	42(1)	38(1)	25(1)	18(1)
1.75	*	*	166(3)	105(2)	88(2)	55(1)	48(1)	42(1)	38(1)	25(1)	18(1)
2.00	*	*	198(4)	132(3)	88(2)	75(2)	48(1)	42(1)	38(1)	25(1)	18(1)
2.25	*	*	*	132(3)	88(2)	75(2)	65(2)	42(2)	38(2)	25(1)	18(1)
2.50	*	*	*	158(4)	110(3)	75(2)	65(2)	58(2)	38(2)	25(1)	18(1)
2.75	*	*	*	209(6)	132(4)	94(3)	65(2)	58(2)	52(2)	25(1)	18(1)
3.00	*	*	*	*	132(4)	94(3)	65(2)	58(2)	52(2)	25(1)	18(1)
3.25	*	*	*	*	153(5)	113(4)	82(3)	58(2)	52(2)	25(1)	18(1)
3.50	*	*	*	*	194(7)	113(4)	82(3)	73(3)	52(2)	25(1)	18(1)
3.75	*	*	*	*	*	131(5)	98(4)	73(3)	52(2)	25(1)	18(1)
4.00	*	*	*	*	*	149(6)	98(4)	73(3)	65(3)	25(1)	18(1)
5.00	*	*	*	*	*	*	160(8)	115(6)	78(4)	34(2)	18(1)
6.00	*	*	*	*	*	*	*	182(11)	116(7)	43(3)	25(2)
7.00	*	*	*	*	*	*	*	*	199(14)	52(4)	25(2)

注：1. *表示样本规模太大，因而在大多数情况下不符合成本效益原则。

2. 本表假设总体为大总体。

资料来源：AICPA Audit and Accounting Guide: Audit Sampling (2005)。

2) 选取样本

在控制测试中使用统计抽样方法时，注册会计师必须在上节所述的使用随机数表或计算机辅助审计技术选样和系统选样中选择一种方法。原因在于，这两种方法能够产生随机样本，而其他选样方法虽然也可能提供代表性的样本，但却不是随机基础的。

3) 实施审计程序

在对选取的样本项目实施审计程序时可能出现以下几种情况。

(1) 无效单据。注册会计师选取的样本中可能包含无效的项目。例如，在测试与被审计单位的收据(发票)有关的控制时，注册会计师可能将随机数与总体中收据的编号对应。但是，某一随机数对应的收据可能是无效的(如空白收据)。如果注册会计师能够合理确信该收据的无效是正常的且不构成对设定控制的偏差，就要用另外的收据替代。而且，如果使用了随机选样，注册会计师要用一个替代的随机数与新的收据样本对应。

(2) 未使用或不适用的单据。注册会计师对未使用或不适用单据的考虑与无效单据类似。例如，一组可能使用的收据号码中可能包含未使用的号码或有意遗漏的号码。如果注册会计师选择了一个未使用号码，就应合理确信该收据号码实际上代表一张未使用收据且不构成控制偏差。然后注册会计师用一个额外的收据号码替换该未使用的收据号码。有时选取的项目不适用于事先定义的偏差。例如，如果偏差被定义为没有验收报告支持的交易，选取的样本中包含的电话费可能没有相应的验收报告。如果合理确信该交易不适用且不构成控制偏差，注册会计师要用另一笔交易替代该项目，以测试相关的控制。

(3) 对总体的估计出现错误。如果注册会计师使用随机数选样方法选取样本项目，在控制运行之前可能需要估计总体规模和编号范围。当注册会计师将总体定义为整个被审计期间的交易但计划在期中实施部分抽样程序时，这种情况最常发生。如果注册会计师高估了总体规模和编号范围，选取的样本中超出实际编号的所有数字都被视为未使用单据。在这种情况下，注册会计师要用额外的随机数代替这些数字，以确定对应的适当单据。

(4) 在结束之前停止测试。有时注册会计师可能在对样本的第一部分进行测试时发现大量偏差。注册会计师可能认为，即使在剩余样本中没有发现更多的偏差，样本的结果也不支持计划的重大错报风险评估水平。在这种情况下，注册会计师要重估重大错报风险并考虑是否有必要继续进行测试。

(5) 无法对选取的项目实施检查。注册会计师应当针对选取的每个项目，实施适合于具体审计目标的审计程序。有时，被测试的控制只在部分样本单据上留下了运行证据。如果找不到该单据，或由于其他原因注册会计师无法对选取的项目实施检查，注册会计师可能无法使用替代程序测试控制是否适当运行。如果注册会计师无法对选取的项目实施计划的审计程序或适当的替代程序，就要考虑在评价样本时将该样本项目视为控制偏差。

3. 评价样本结果阶段

1) 计算总体偏差率

将样本中发现的偏差数量除以样本规模，就可以计算出样本偏差率。样本偏差率就是注册会计师对总体偏差率的最佳估计，因而在控制测试中无须另外推断总体偏差率。但注册会计师必须考虑抽样风险。

2) 分析偏差的性质和原因

除了评价偏差发生的频率之外，注册会计师还要对偏差进行定性分析，即分析偏差的性质和原因。

注册会计师对偏差的性质和原因的分析包括以下几方面：是有意的还是无意的？是误解了规定还是粗心大意？是经常发生还是偶然发生？是系统的还是随机的？如果对偏差的分析表明是故意违背了既定的内部控制政策或程序，注册会计师应考虑存在重大舞弊的可能性。与错误相比，舞弊通常要求对其可能产生的影响进行更为广泛的考虑。在这种情况下，注册会计师应当确定实施的控制测试能否提供适当的审计证据，是否需要增加控制测试，或是否需要使用实质性程序应对潜在的错报风险。

3) 得出总体结论

在实务中，注册会计师使用统计抽样方法时通常使用公式、表格或计算机程序直接计算在确定的信赖过度风险水平下可能发生的偏差率上限，即估计的总体偏差率与抽样风险允许限度之和。

(1) 使用统计公式评价样本结果。假定本例中，注册会计师对 56 个项目实施了既定的审计程序，且未发现偏差，则在既定的可接受信赖过度风险下，根据样本结果计算总体最大偏差率如下：

$$总体偏差率上限(MDR)=\frac{R}{n}=\frac{风险系数}{样本量}=\frac{2.3}{56}=4.1\%$$

其中，风险系数根据可接受的信赖过度风险为 10%，且偏差数量为 0，在表 8-8 中查得为 2.3。表 8-8 列示了在控制测试中常用的风险系数。

表 8-8 控制测试中常用的风险系数表

样本中发现偏差的数量	信赖过度风险	
	5%	10%
0	3.0	2.3
1	4.8	3.9
2	6.3	5.3
3	7.8	6.7
4	9.2	8.0
5	10.5	9.3
6	11.9	10.6
7	13.2	11.8
8	14.5	13.0
9	15.7	14.2
10	17.0	15.4

这意味着，如果样本量为 56 且无一例偏差，总体实际偏差率超过 4.1%的风险为 10%，即有 90%的把握保证总体实际偏差率不超过 4.1%。由于注册会计师确定的可容忍偏差率为 7%，因此可以得出结论，总体的实际偏差率超过可容忍偏差率的风险很小，总体可以接受。也就是说，样本结果证实注册会计师对控制运行有效性的估计和评估的重大错报风险水平是适当的。

如果在 56 个样本中有两个偏差，则在既定的可接受信赖过度风险下，按照公式计算的总体偏差率上限如下：

$$总体偏差率上限(MDR)=\frac{R}{n}=\frac{风险系数}{样本量}=\frac{5.3}{56}=9.5\%$$

这意味着，如果样本量为 56 且有两个偏差，总体实际偏差率超过 9.5%的风险为 10%。在可容忍偏差率为 7%的情况下，注册会计师可以作出结论，总体的实际偏差率超过可容忍偏差率的风险很大，因而不能接受总体。也就是说，样本结果不支持注册会计师对控制运行有效性的估计和评估的重大错报风险水平。注册会计师应当扩大控制测试范围，以证实初步评估结果，或提高重大错报风险评估水平，并增加实质性程序的数量，或者对影响重大错报风险评估水平的其他控制进行测试，以支持计划的重大错报风险评估水平。

(2) 使用样本结果评价表。注册会计师也可以使用样本结果评价表评价统计抽样的结果。表 8-9 和表 8-10 分别列示了可接受的信赖过度风险为 5%和 10%时的总体偏差率上限。

本例中，注册会计师应当选择可接受的信赖过度风险为 10%的表(即表 8-9)评价样本结果。样本规模为 56，注册会计师可以选择样本规模为 55 的那一行。当样本中未发现偏差时，应选择偏差数为零的那一列，两者交叉处的 4.1%即为总体的偏差率上限，与利用公式计算的结果 4.1%相等。此时，由于总体偏差率上限小于本例中的可容忍偏差率 7%，总体可以接受。也就是说，样本结果证实注册会计师对控制运行有效性的估计和评估的重大错报风险水平是适当的。

表 8-9 控制测试中统计抽样结果评价——信赖过度风险为 5%时的偏差率上限

样本规模	实际发现的偏差数										
	0	1	2	3	4	5	6	7	8	9	10
25	11.3	17.6	*	*	*	*	*	*	*	*	*
30	9.5	14.9	19.6	*	*	*	*	*	*	*	*
35	8.3	12.9	17.0	*	*	*	*	*	*	*	*
40	7.3	11.4	15.0	18.3	*	*	*	*	*	*	*
45	6.5	10.2	13.4	16.4	19.2	*	*	*	*	*	*
50	5.9	9.2	12.1	14.8	17.4	19.9	*	*	*	*	*
55	5.4	8.4	11.1	13.5	15.9	18.2	*	*	*	*	*
60	4.9	7.7	10.2	12.5	14.7	16.8	18.8	*	*	*	*
65	4.6	7.1	9.4	11.5	13.6	15.5	17.4	19.3	*	*	*
70	4.2	6.6	8.8	10.8	12.6	14.5	16.3	18.0	19.7	*	*
75	4.0	6.2	8.2	10.1	11.8	13.6	15.2	16.9	18.5	20.0	*
80	3.7	5.8	7.7	9.5	11.1	12.7	14.3	15.9	17.4	18.9	*
90	3.3	5.2	6.9	8.4	9.9	11.4	12.8	14.2	15.5	16.8	18.2
100	3.0	4.7	6.2	7.6	9.0	10.3	11.5	12.8	14.0	15.2	16.4
125	2.4	3.8	5.0	6.1	7.2	8.3	9.3	10.3	11.3	12.3	13.2
150	2.0	3.2	4.2	5.1	6.0	6.9	7.8	8.6	9.5	10.3	11.1
200	1.5	2.4	3.2	3.9	4.6	5.2	5.9	6.5	7.2	7.8	8.4

注：1. *表示超过 20%。

2. 本表以百分比表示偏差率上限；本表假设总体足够大。

表 8-10 控制测试中统计抽样结果评价——信赖过度风险为 10%时的偏差率上限

样本规模	实际发现的偏差数										
	0	1	2	3	4	5	6	7	8	9	10
20	10.9	18.1	*	*	*	*	*	*	*	*	*
25	8.8	14.7	19.9	*	*	*	*	*	*	*	*
30	7.4	12.4	16.8	*	*	*	*	*	*	*	*
35	6.4	10.7	14.5	18.1	*	*	*	*	*	*	*
40	5.6	9.4	12.8	16.0	19.0	*	*	*	*	*	*
45	5.0	8.4	11.4	14.3	17.0	19.7	*	*	*	*	*
50	4.6	7.6	10.3	12.9	15.4	17.8	*	*	*	*	*

续表

样本规模	实际发现的偏差数										
	0	1	2	3	4	5	6	7	8	9	10
55	4.1	6.9	9.4	11.8	14.1	16.3	18.4	*	*	*	*
60	3.8	6.4	8.7	10.8	12.9	15.0	16.9	18.9	*	*	*
70	3.3	5.5	7.5	9.3	11.1	12.9	14.6	16.3	17.9	19.6	*
80	2.9	4.8	6.6	8.2	9.8	11.3	12.8	14.3	15.8	17.2	18.6
90	2.6	4.3	5.9	7.3	8.7	10.1	11.5	12.8	14.1	15.4	16.6
100	2.3	3.9	5.3	6.6	7.9	9.1	10.3	11.5	12.7	13.9	15.0
120	2.0	3.3	4.4	5.5	6.6	7.6	8.7	9.7	10.7	11.6	12.6
160	1.5	2.5	3.3	4.2	5.0	5.8	6.5	7.3	8.0	8.8	9.5
200	1.2	2.0	2.7	3.4	4.0	4.6	5.3	5.9	6.5	7.1	7.6

注：1. *表示超过 20%。

2. 本表以百分比表示偏差率上限；本表假设总体足够大。

当样本中发现两个偏差时，应选择偏差数为 2 的那一列，两者交叉处的 9.4%即为总体的偏差率上限，与利用公式计算的结果 9.5%相近。此时，总体偏差率上限大于可容忍偏差率，因此不能接受总体。也就是说，样本结果不支持注册会计师对控制运行有效性的估计和评估的重大错报风险水平。注册会计师应当扩大控制测试范围，以证实初步评估结果，或提高重大错报风险评估水平，并增加实质性程序的数量，或者对影响重大错报风险评估水平的其他控制进行测试，以支持计划的重大错报风险评估水平。

4. 记录抽样程序

注册会计师应当记录所实施的审计程序，以形成审计工作底稿。

8.3.2 审计抽样在实质性细节测试中的运用

在细节测试中进行审计抽样，可能使用统计抽样，也可能使用非统计抽样。两种抽样方法的基本流程和主要步骤相同，但在部分环节所用的具体方法有所差别。以下为非统计抽样示例。

假设××会计师事务所的注册会计师拟通过函证测试 ABC 公司 2008 年 12 月 31 日应收账款余额的存在认定。ABC 公司当年 12 月 31 日应收账款账户剔除贷方余额账户和零余额账户后的借方余额共计 2 410 000 元，由 1 651 个借方账户组成。

注册会计师初步确定的被审计单位财务报表层次重要性水平为 280 000 元。注册会计师以此为基础，根据被审计单位特点、风险评估结果和内部控制运行有效性等因素，确定可容忍错报水平为 140 000 元。

注册会计师将总体定义为 2008 年 12 月 31 日剔除贷方余额账户和零余额账户以及剔除单个重大项目和极不重要项目之后的应收账款余额，代表总体的实物是 2008 年 12 月 31 日剔除单个重大项目和极不重要项目之后的应收账款借方余额明细账账户。注册会计师定义的抽样单元是每个应收账款明细账账户。

注册会计师将重大项目定义为账面金额在 140 000 元以上的所有应收账款明细账账户，并决定对其进行单独测试；将极不重要项目定义为账面金额在 1 000 元以下的所有应收账款明细账账户，并决定对其不实施审计程序。剔除重大项目和极不重要项目后抽样总体变成 2 200 000 元，包括 1 500 个账户，见表 8-11。

表 8-11　抽样总体

项目分类	项目数量	金额/元
重大项目	1	200 000
极不重要项目	150	10 000
抽样总体	1 500	2 200 000
合计	1 651	2 410 000

注册会计师将错报界定为被审计单位不能合理解释并提供相应依据的、应收账款账面金额与注册会计师实施抽样所获得的审计证据所支持的金额之间的差异(高估)。错报不包括明细账户之间的误记、在途款项，以及被审计单位已经修改的差异。

注册会计师将应收账款存在认定的重大错报风险水平评估为“中”，且由于没有对应收账款的存在认定实施与函证目标相同的其他实质性程序而将“其他实质性程序的检查风险”评估为“最高”。根据表 8-8 得到的保证系数为 2.3。

注册会计师根据下列公式估计样本规模：

$$2\,400\,000 \div 140\,000 \times 2.3 = 36$$

注册会计师将抽样总体分成金额大致相等的两层，发现两层分别包含的项目数量相差很大，因此决定分层。注册会计师将 36 个样本平均分配到这两个账面金额大致相等的层，每层 18 个样本。因此，注册会计师从第一层 300 个账户中选取 18 个，从第二层 1 200 个账户中也选取 18 个。样本分层情况见表 8-12。

表 8-12　样本分层表

层	层账面金额/元	层账面数量/个	层样本规模/个
第 1 层	1 120 000	300	18
第 2 层	1 080 000	1 200	18
合计	2 200 000	1 500	36

注册会计师向 37 个客户寄发了询证函，包括 1 个重大项目和 36 个选出的样本。重大项目中存在的错报为 1 034 元。36 个样本中发现的错报见表 8-13。

表 8-13　样本错报汇总表

层	层样本账面总额/元	层样本错报额/元	层样本错报数量/元	层错报额/元
第 1 层	124 900	2 4100	2	21 521
第 2 层	30 500	550	1	19 475
合计	155 400	2 950	3	40 996

注：层错报额=层样本错报额÷层样本账面总额×层账面总额。

注册会计师利用比率法推断的总体错报额为 40 996 元，加上重大项目中发现的错报 1 034 元，计算出错报总额为 42 030 元。注册会计师将推断的错报总额 42 030 元与可容忍错报 140 000 元比较，认为应收账款借方账面余额发生的错报超过可容忍错报的风险很小，因此总体可以接受。也就是说，即使在其推断的错报上加上合理的抽样风险允许限度，也不会出现一个超过可容忍错报的总额。注册会计师调查了错报的性质和原因，确定它们是由笔误所导致的，因此不代表额外的审计风险。

注册会计师得出结论，样本结果支持应收账款账面余额。但是，注册会计师还应将根据样本结果推断的错报与其他已知和可能的错报汇总，以评价财务报表整体是否可能存在重大错报。

8.3.3 在细节测试中使用统计抽样

统计抽样和非统计抽样的流程和步骤完全一样，只是在确定样本规模、选取样本和推断总体的具体方法上有所差别。注册会计师在细节测试中使用的统计抽样方法主要包括传统变量抽样和概率比例规模抽样法(以下简称 PPS 抽样)。两种统计抽样方法的区别主要体现在确定样本规模和推断总体两个方面。

1. 传统变量抽样

传统变量抽样在确定样本规模时需要量化可接受的抽样风险、可容忍错报、预计总体错报等影响因素，并代入专门的统计公式中计算所需的样本数量。根据推断总体的方法不同，传统变量抽样又可以分为 3 种具体的方法：均值估计抽样、差额估计抽样和比率估计抽样。

1) 均值估计抽样

均值估计抽样是指通过抽样审查确定样本的平均值，再根据样本平均值推断总体的平均值和总值的一种变量抽样方法。使用这种方法时，注册会计师先计算样本中所有项目审定金额的平均值，然后用这个样本平均值乘以总体规模，得出总体金额的估计值。总体估计金额和总体账面金额之间的差额就是推断的总体错报。例如，注册会计师从总体规模为 1 000 元、账面金额为 1 000 000 元的存货项目中选择了 200 个项目作为样本。在确定了正确的采购价格并重新计算了价格与数量的乘积之后，注册会计师将 200 个样本项目的审定金额加总后除以 200，确定样本项目的平均审定金额为 980 元。然后计算估计的存货余额为 980 000 元(980×1 000)，推断的总体错报就是 20 000 元(1 000 000−980 000)。

2) 差额估计抽样

差额估计抽样是以样本实际金额与账面金额的平均差额来估计总体实际金额与账面金额的平均差额，然后再以这个平均差额乘以总体规模，从而求出总体的实际金额与账面金额的差额(即总体错报)的一种方法。差额估计抽样的计算公式如下：

$$平均错报=\frac{样本实际金额与账面金额的差额}{样本金额}$$

$$推断的总体错报=平均错报\times 总体规模$$

使用这种方法时，注册会计师先计算样本项目的平均错报，然后根据这个样本平均错报推断总体。例如，注册会计师从总体规模为 1 000 的存货项目中选取了 200 个项目进行检查。总体的账面金额总额为 1 040 000 元。注册会计师逐一比较 200 个样本项目的审定金额和账面金额并将账面金额(208 000 元)和审定金额(196 000 元)之间的差异加总，本例中为 12 000 元。12 000 元的差额除以样本项目个数 200，得到样本平均错报 60 元。然后注册会计师用这个平均错报乘以总体规模，计算出总体错报为 60 000 元(60 元×1 000)。

3) 比率估计抽样

比率估计抽样是指以样本的实际金额与账面金额之间的比率关系来估计总体实际金额与账面金额之间的比率关系，然后再以这个比率去乘总体的账面金额，从而求出估计的总体实际金额的一种抽样方法。比率估计抽样法的计算公式如下：

$$比率=\frac{样本审定金额}{样本账面金额}$$

$$估计的总体实际金额=总体账面金额\times 比率$$

$$推断的总体错报=估计的总体实际金额-总体账面金额$$

如果上例中注册会计师使用比率估计抽样，样本审定金额合计与样本账面金额的比例则为 0.94(196 000÷208 000)。注册会计师用总体的账面金额乘以该比例 0.94，得到估计的存货余额 977 600 元(1 040 000×0.94)。推断的总体错报则为 62 400 元(1 040 000−977 600)。

如果未对总体进行分层，注册会计师通常不使用均值估计抽样，因为此时所需的样本规模可能太大，以至于对一般的审计而言不符合成本效益原则。比率估计抽样和差额估计抽样都要求样本项目存在错报。如果样本项目的审定金额和账面金额之间没有差异，这两种方法使用的公式所隐含的机理就会导致错误的结论。如果注册会计师决定使用统计抽样，且预计只发现少量差异，就不应使用比率估计抽样和差额估计抽样，而应考虑使用其他的替代方法，如均值估计抽样或 PPS 抽样。

2. 概率比例规模抽样

细节测试中运用的两种统计抽样方法，即传统变量抽样和 PPS 抽样，都能为注册会计师实现审计目标提供充分的证据。但在有些情况下，PPS 抽样比传统变量抽样更实用。

1) PPS 抽样的概念

PPS 抽样是一种运用属性抽样原理对货币金额而不是对发生率得出结论的统计抽样方法。PPS 抽样以货币单元作为抽样单元，有时也称为金额加权抽样、货币单元抽样、累计货币金额抽样以及综合属性变量抽样等。在该方法下，总体中的每个货币单元被选中的机会相同，所以总体中某一项目被选中的概率等于该项目的金额与总体金额的比率。项目金额越大，被选中的概率就越大。但实际上注册会计师并不是对总体中的货币单元实施检查，而是对包含被选取货币单元的余额或交易实施检查。注册会计师检查的余额或交易被称为逻辑单元或实物单元。PPS 抽样有助于注册会计师将审计重点放在较大的余额或交易。此抽样方法之所以得名，是因为总体中每一余额或交易被选取的概率与其账面金额(规模)成比例。

注册会计师进行 PPS 抽样必须满足两个条件：①总体的错报率很低(低于 10%)，且总体规模在 2 000 以上。这是 PPS 抽样使用的泊松分布的要求。②总体中任一项目的错报不能超过该项目的账面金额。这就是说，如果某账户的账面金额是 100 元，其错报金额不能超过 100 元。

2) PPS 抽样的优缺点

除了具备统计抽样的一般优点之外，PPS 抽样还具有一些特殊之处。了解 PPS 抽样的优点和不足有助于注册会计师确定在测试中是否使用 PPS 抽样。

(1) PPS 抽样的优点包括下列方面：

① PPS 抽样一般比传统变量抽样更易于使用。由于 PPS 抽样以属性抽样原理为基础，注册会计师可以很方便地计算样本规模，手工或使用量表评价样本结果。样本的选取可以在计算机程序或计算器的协助下进行。

② PPS 抽样可以如同大海捞针一样发现极少量的大额错报，原因在于它通过将少量的大额实物单元拆成数量众多、金额很小的货币单元，从而赋予大额项目更多的机会被选入样本。

③ PPS 抽样的样本规模无须考虑被审计金额的预计变异性。传统变量抽样的样本规模是在总体项目共有特征的变异性或标准差的基础上计算的。PPS 抽样在确定所需的样本规模时不需要直接考虑货币金额的标准差。

④ PPS 抽样中项目被选取的概率与其货币金额大小成比例，因而生成的样本自动分层。如果使用传统变量抽样，注册会计师通常需要对总体进行分层，以减小样本规模。在 PPS 抽样中，如果项目金额超过选样间距，PPS 系统选样将自动识别所有单个重大项目。

⑤ 如果注册会计师预计错报不存在或很小，PPS 抽样的样本规模通常比传统变量抽样方法更小。

⑥ PPS 抽样的样本更容易设计，且可在能够获得完整的总体之前开始选取样本。

(2) PPS 抽样的缺点包括下列方面：

① PPS 抽样要求总体每一实物单元的错报金额不能超出其账面金额。

② 在 PPS 抽样中，被低估的实物单元被选取的概率更低。PPS 抽样不适用于测试低估。如果注册会计师在 PPS 抽样的样本中发现低估，在评价样本时需要特别考虑。

③ 对零余额或负余额的选取需要在设计时特别考虑。例如，如果准备对应收账款进行抽样，注册会计师可能需要将贷方余额分离出去，作为一个单独的总体。如果检查零余额的项目对审计目标非常重要，注册会计师需要单独对其进行测试，因为零余额在 PPS 抽样中不会被选取。

④ 当总体中错报数量增加时，PPS 抽样所需的样本规模也会增加。在这些情况下，PPS 抽样的样本规模可能大于传统变量抽样所需的规模。

⑤ 当发现错报时，如果风险水平一定，PPS 抽样在评价样本时可能高估抽样风险的影响，从而导致注册会计师更可能拒绝一个可接受的总体账面金额。

⑥ 在 PPS 抽样中注册会计师通常需要逐个累计总体金额。但如果相关的会计数据以电子形式储存，就不会额外增加大量的审计成本。

3) 确定样本规模

(1) 公式法。在 PPS 抽样中，注册会计师根据下列公式计算样本规模：

$$\text{样本规模}(n)=\frac{\text{总体账面价值}\times\text{风险系数}}{\text{可容忍错报}-(\text{预计总体错报}\times\text{扩张系数})}$$

因此，注册会计师确定样本规模时必须事先确定下列因素：总体账面价值、误受风险的风险系数、可容忍错报、预计总体错报，以及扩张系数。

其中，风险系数代表注册会计师愿意接受的误受风险。PPS 抽样中的抽样风险就是指误受风险，注册会计师通过确定抽样计划中使用的抽样风险水平来控制误受风险。在确定可接受的误受风险时，注册会计师需要使用审计风险模型，即误受风险=审计风险÷(控制风险×分析程序风险)。不同水平的误受风险对应的风险系数可从表 8-14 中查找。根据表 8-14 中“高估错报数量”为 0 的那一行，即可确定误受风险的风险系数。例如，如果所需的误受风险为 10%，注册会计师从表 8-14 中查得的风险系数为 2.31。

表 8-14　PPS 抽样风险系数表(适用于高估)

高估错报数量	1%	5%	10%	15%	20%	25%	30%	37%	50%
0	4.61	3	2.31	1.9	1.61	1.39	1.21	1	0.7
1	6.64	4.75	3.89	3.38	3	2.7	2.44	2.14	1.68
2	8.41	6.3	5.33	4.72	4.28	3.93	3.62	3.25	2.68
3	10.05	7.76	6.69	6.02	5.52	5.11	4.77	4.34	3.68
4	11.61	9.16	8，00	7.27	6.73	6.28	5.9	5.43	4.68
5	13.11	10.52	9.28	8.5	7.91	7.43	7.01	6.49	5.68
6	14.57	11.85	10.54	9.71	9.08	8.56	8.12	7.56	6.67
7	16	13.15	11.78	10.9	10.24	9.69	9.21	8.63	7.67
8	17.41	14.44	13	12.08	11.38	10.81	10.31	9.68	8.67
9	18.79	15.71	14.21	13.25	12.52	11.92	11.39	10.74	9.67
10	20.15	16.97	15.41	14.42	13.66	13.02	12.47	11.79	10.67
11	21.49	18.21	16.6	15.57	14.78	14.13	13.55	12.84	11.67
12	22.83	19.45	17.79	16.72	15.9	15.22	14.63	13.89	12.67
13	24.14	20.67	18.96	17.86	17.02	16.32	15.7	14.93	13.67
14	25.45	21.89	20.13	19	18.13	17.4	16.77	15.97	14.67
15	26.75	23.1	21.3	20.13	19.24	18.49	17.84	17.02	15.67
16	28.03	24.31	22.46	21.26	20.34	19.58	18.9	18.06	16.67
17	29.31	25.5	23.61	22.39	21.44	20.66	19.97	19.1	17.67
18	30.59	26.7	24.76	23.51	22.54	21.74	21.03	20.14	18.67
19	31.85	27.88	25.91	24.63	23.64	22.81	22.09	21.18	19.67
20	33.11	29.07	27.05	25.74	24.73	23.89	23.15	22.22	20.67

此外，注册会计师通过估计预计总体错报而间接地控制误拒风险。如果注册会计师低估了预计总体错报，样本规模就会太小，从而需要进行额外测试。在 PPS 抽样中，注册会计师不需要特别控制误拒风险。

如果注册会计师预计总体中存在错报，在使用公式法计算样本规模时必须对可容忍错报进行调整，即从可容忍错报中减去预计错报的影响。预计错报的影响等于预计错报与适当的扩张系数的乘积。表 8-15 提供了一些常用的误受风险所对应的扩张系数。例如，如果误受风险为 20%，扩张系数就是 1.3。

表 8-15　预计总体错报的扩张系数表

	1%	5%	10%	15%	20%	25%	30%	37%	50%
扩张系数	1.9	1.6	1.5	1.4	1.3	1.25	1.2	1.15	1

例如，总体账面价值是 500 000 元，误受风险是 5 010，可容忍错报是 25 000 元，预计总体错报是 6 250 元，样本规模为

$$N=\frac{500\ 000\times 3.00}{25\ 000-(6\ 250\times 1.6)}=100$$

其中，风险系数根据表 8-14 中“高估错报数量为 0”确定为 3.00。

(2) 查表法。由于 PPS 抽样以属性抽样原理为基础，注册会计师也可以直接使用控制测试的统计抽样样本量表。这比使用扩张系数近似值所计算的样本规模更加准确。注册会计师将可容忍错报和预计总体错报额从绝对数形式转化为相对数形式，即转化为占总体账面金额的百分比，并使用表中相应比例所对应的样本规模。例如，注册会计师为一个账面金额为 500 000 元的总体设计 PPS 抽样，且确定的可容忍错报为 15 000 元，预计总体错报为 2 500 元。注册会计师计算出可容忍错报占账面金额的比例为 3%(15 000÷500 000)，预计错报占账面金额的比例为 0. 5%(2 500÷500 000)。当可容忍误差率为 3%，预计误差率为 0.5%时，5%的信赖过度风险对应的样本规模为 157 个。然后，注册会计师确定选样间距为 3 185 元(500 000÷157)。如果注册会计师计算的预计错报比例和可容忍错报比例在表中没有出现，通常用插入法推算所需的样本规模。然后，注册会计师用账面金额除以样本规模计算选样间距。

4) 选取样本

PPS 抽样是属性抽样的变种，它可以得出关于总体中错报总额的结论。与一般的属性抽样关注实物单元(如发票或收据)不同，PPS 抽样关注总体的货币单元。假设注册会计师对一个 100 000 元的应收账款总体进行抽样，该总体包含 5 000 个明细账账户。注册会计师将 100 000 个货币单元视为总体并从中抽取样本，而不是将 5 000 个不同的实物单元作为总体。另外，PPS 抽样以货币单元作为抽样单元，但注册会计师却不是对具体货币单元进行审计，而必须针对实物单元(或称逻辑单元)实施审计测试。货币单元只是起一个类似钩子的作用，从而带出与之相关联的一个实物单元。要找到与被选中的特定货币单元相联系的实物单元，注册会计师必须逐项累计总体中的项目。

例如，在表 8-16 中，注册会计师要在 1～7 376(具体金额)的总体项目中随机选取样本。但是，为了执行审计程序，注册会计师必须找出 1～12(逻辑单元)的总体项目。如果注册会计师选取的随机数是 3 014，则与该数相联系的逻辑单元就是项目 6，因为 3 014 位于 2 963～3 105 之间。

这种选样方法导致项目被选取的概率与其规模成正比例。也就是说，金额为 100 元的项目被选中的机会是金额为 10 元的项目的 10 倍，因其包含的可抽取的货币单元是后者的 10 倍。总体而言，样本中的大额项目比小额项目多。从这点上看，PPS 抽样与分层类似，都是更侧重于记录金额更大的项目。

PPS 样本可以通过运用计算机软件、随机数表等随机数法或系统选样法来获取。

(1) 随机数法。表 8-16 列示了一个应收账款总体，其中包括累计合计数，现以该表来说明如何使用计算机软件产生的随机数选取样本。

表 8-16　应收账款总体

总体项目(实物单元)	账 面 金 额	累计合计数	相关的货币单元
1	357	357	1～357
2	1 281	1 638	358～1 638
3	60	1 698	1 639～1 698
4	573	2 271	1 699～2 271
5	691	2 962	2 272～2 962
6	143	3 105	2 963～3 105
7	1 425	4 530	3 106～4 530
8	278	4 808	4 531～4 808
9	942	5 750	4 809～5 750
10	826	6 576	5 751～6 576
11	404	6 980	6 577～6 980
12	396	7 376	6 981～7 376

假设注册会计师想要从表 8-16 的总体中，选取一个含有 4 个账户的 PPS 样本。由于规定以单位金额为抽样单位，则总体容量就是 7 376，因此需要计算机程序随机生成 4 个数字。假定计算机程序随机生成的 4 个数字是 6 586、1 756、850、6 499，则包含这些随机金额的总体实物单元项目需由累计合计数栏来确定。它们分别是项目 11(6 577～6 980)、项目 4(1 699～2 271)、项目 2(358～1 638)和项目 10(5 751～6 576)。注册会计师将对这些实物单元项目进行审计，并将各实物单元项目的审计结果，应用到它们各自包含的随机货币金额上。

PPS 抽样允许某一实物单元在样本中出现多次。也就是说，在前例中，如果随机数是 6 586、1 756、856 和 6 599，则样本项目就是 11、4、2 和 11。项目 11 尽管只审计一次，但在统计上仍视为两个样本项目，样本中的项目总数也仍然是 4 个，因为样本涉及 4 个货币单元。

(2) 系统选样法。系统选样首先要将总体分为若干个由同样的货币单元构成的组，并从每一组中选择一个逻辑单元(即实物单元)。每组的货币单元数量就是选样间距。

在使用系统选样方法时，注册会计师在 1 和选样间距(包含该选样间距)之间选择一个随机数，这个数字就是随机起点。然后注册会计师计算总体中逻辑单元的累计账面金额。选取的第一个逻辑单元就是包含与随机起点相对应的货币单元的那个项目。注册会计师每隔 n(n 代表选样间距)个货币单元依次选取所需的抽样单元(即货币单元)，并选择包含这些抽样单元的所有逻辑单元(即实物单元)。例如，如果注册会计师使用的选样间距为 5 000 元，他在 1 元和 5 000 元之间(含 5 000 元)选择一个随机数作为随机起点，假设是第 2 000 个货币单元。然后依次是第 7 000(2 000＋5 000)个货币单元，第 12 000(7 000＋5 000)个货币单元，以及其后整个抽样总体中每间隔 n 个(本例中为 5 000 个)的货币单元被选取。然后注册会计师对包含第 2 000 个、第 7 000 个、第 12 000 个……货币单元的逻辑单元实施检查。

由于每个货币单元被选取的机会相等，逻辑单元所含的货币单元越多(即账面金额越大)，被选中的机会越大。相反，较小的逻辑单元被选中的机会也较小。在 PPS 系统选样法下，金额等于或高于选样间距的所有逻辑单元肯定会被选中。而规模只有选样间距的一半的逻辑单元被选中的概率为 50%。

如果某逻辑单元的账面金额超过选样间距，它可能不止一次地被选中。如果出现这种情况，注册会计师忽略重复的选择，而且在评价样本结果时只考虑一次该逻辑单元。由于账面金额超过选样间距的逻辑单元可能被选中不止一次，实际检查的逻辑单元数量可能小于计算的样本规模。评价样本结果时对此要加以考虑，即将这些逻辑单元作为单个重大项目，其中发现的错报不须推断。

5) 推断总体

使用 PPS 抽样时，注册会计师应根据样本结果推断总体错报，并计算抽样风险允许限度。如果样本中没有发现错报，推断的总体错报就是零，抽样风险允许限度小于或等于设计样本时使用的可容忍错报。在这种情况下，注册会计师通常不需进行额外的计算就可得出结论，在既定的误受风险下，总体账面金额高估不超过可容忍错报。如果样本中发现了错报，注册会计师需要计算推断的错报和抽样风险允许限度。

(1) 错报比例。如果在实物单元中发现了错报，注册会计师要计算该实物单元的错报比例(用 t 表示)，即用该实物单元中的错报金额除以该实物单元的账面金额。

$$t=\frac{\text{错报金额}}{\text{项目账面金额}}$$

t 代表该实物单元包含的每一个货币单元中存在的错报金额，它也为注册会计师提供了与所抽取的货币单元中存在的错报有关的信息。例如，如果某客户账户余额的账面金额是 100 元，其中有 50 元是高估(即审定金额为 50 元)，那么该账户余额的错报比例为

$$t=\frac{50}{100}=0.50$$

注册会计师可以说该账户余额中的每一货币单元都存在 0. 50 元的错报。在 PPS 抽样中，注册会计师在推断总体错报时需要使用样本中存在错报的货币单元的错报比例(t)这一数据。注册会计师首先将错报分为高估错报和低估错报两组，然后两组分别按降序排列错报比例。例如，如果两个高估错报的错报比例分别为 0. 37 和 0.42，不管错报的金额如何，将 0.42 作为 t^1，将 0.37 作为 t^2。

(2) 推断总体。完成排序后，注册会计师使用泊松分布评价特定抽样风险水平下货币单元的抽样结果。注册会计师应当计算在一定的保证水平下总体的错报上限，并判断总体是否存在重大错报。在会计总体中，错报就是泊松分布中的事件，而内部控制系统就是泊松分布中的过程。泊松分布可以计算出，对于特定的风险水平，在组成样本的 n 个抽样单元中有 x 个发生了某事件时，总体中任一规模为 n 的样本发生该事件的最大频率(用 MFx 表示)，即任意 n 个项目最多发生 MF_0 次该事件。因此，泊松分布可以告诉注册会计师，在一定的风险水平下，如果样本中发现了 x 个错报，任一规模为 n 的样本中可能存在的最大错报(MF_0)是多少，或者说任意 n 个样本项目最多发生 MF_0 个错报。本节表 8-14 中的风险系数就是规模为 n 的样本在特定误受风险水平下的最大错报数量(MF_0)，注册会计师用 MFx 除以样本规模 n，得到的就是每个项目的错报最大发生率，并用其推断总体。

表 8-17 从表 8-14 中选取了几个数字，以举例说明当样本规模为 50 时，在不同的抽样风险水平下一定的错报数量所对应的错报最大发生率。表 8-16 表示，如果在 50 个样本中没有发现错报，当误受风险为 5%时，任意 50 个样本项目中存在的错报不超过 3.00 个(从表 8-14 中查得)，每个项目发生错报的比率不超过 6.0%(即 3.00÷50)；当误受风险为 10%

时，任意 50 个样本项目中存在的错报不超过 2. 31 个(从表 8-14 中查得)，每个项目发生错报的比率不超过 4. 62%(即 2.31÷50)。如果在 50 个样本中发现了 1 个错报，那么当误受风险为 5%时，任意 50 个样本项目中存在的错报不超过 4.75 个(从表 8-14 中查得)，每个项目发生错报的比率不超过 9.5%(即 4.75÷50)；当误受风险为 10%时，任意 50 个样本项目中存在的错报不超过 3.89 个(从表 8-14 中查得)，每个项目发生错报的比率不超过 7.78%(即 3.89÷50)。

表 8-17　错报最大发生率表

发生错报的数量	风险水平(误受风险)	错报最大发生率(MF/50)
0	5%	6.0%(3.00÷50)
0	10%	4.62%(2.31÷50)
1	5%	9.5% (4.75÷50)
1	10%	7.78% (3.89÷50)

错报最大发生率并不能直接提供总体中可能存在的错报金额的信息，注册会计师还需要将错报发生率转换为金额。假设某总体包含Ⅳ个抽样单元，如果在样本的 n 个货币单元中发现了 x 个错报，那么计算的既定风险水平下每个抽样单元存在错报的最大比率就是 MF./n。

注册会计师可以推断，总体中存在高估错报的抽样单元的数量不超过总体高估错报的最大数量(MNM)。

$$\text{总体高估错报的最大数量(MNM)} = N \times \frac{MF_x}{n}$$

如果这些抽样单元中的错报金额最大是 X，那么估计总体高估错报最大金额为

$$\text{总体高估错报的最大金额(MDM)} = N \times \frac{MN_x}{n} \times X$$

对 PPS 样本而言，账面金额(BV)就是总体中包含的项目(货币单元)数量，每一货币单元可能发生的最大高估错报是 1 元(即 PPS 抽样要求任一项目错报金额不能超过账面金额)。既然 N=BV、X=l，则估计的总体高估错报上限为

$$\text{总体高估错报上限(UML)=Max MDM} = BV \times \frac{MF_x}{n} \times 1$$

但是，这样计算出来的总体高估错报上限假设总体中每一错报的错报比例均为 100%(即实际金额为 0)，而在许多抽样中，并非所有错报的错报比例都是 100%。为了提高预计总体错报上限的准确度，注册会计师可以利用从样本中发现的其他信息和泊松分布中 MF_0，累积增加的特点，对上述总体高估错报上限的点估计值进行修正。

首先，如果样本中没有发现错报，注册会计师估计的总体错报上限(当没有错报时称为“基本界限”)为

$$\text{基本界限} = BV \times \frac{MF_0}{n} \times 1$$

“基本界限”表示，不管样本结果如何，注册会计师在给定的风险水平下估计的总体错报上限总是不会低于这个“基本界限”。在预计总体错报为 0 时，“基本界限”实际上等于可容忍错报。如果在样本中发现了 1 个错报，估计的总体错报上限就会大于这个“基本界限”。实际上，由于发现了 1 个错报而增加的总体错报上限点估计值为

发现 1 个错报所增加的错报上限 $=\mathrm{BV}\times\dfrac{\mathrm{MF}_1-\mathrm{MF}_0}{n}\times 1$

此时，总体错报上限的点估计值等于基本界限与样本中发现 1 个错报所增加的错报上限之和，即

总体错报上限 $=\mathrm{BV}\times\dfrac{\mathrm{MF}_0}{n}\times 1=\mathrm{BV}\times\left(\mathrm{BV}\times\dfrac{\mathrm{MF}_0}{n}\times 1\right)+\left(\mathrm{BV}\times\dfrac{MF_1-MF_0}{n}\times 1\right)$

如果在样本中发现了两个错报，总体错报上限的点估计值就等于基本界限加上发现第 1 个错报的额外影响再加上发现第 2 个错报的额外影响，即

$$
\begin{aligned}
\text{总体错报上限} &= \mathrm{BV}\times\frac{\mathrm{MF}_2}{n}\times 1\\
&=\left(\mathrm{BV}\times\frac{\mathrm{MF}_0}{n}\times 1\right)+\left(\mathrm{BV}\times\frac{\mathrm{MF}_1-\mathrm{MF}_0}{n}\times 1\right)+\left(\mathrm{BV}\times\frac{\mathrm{MF}_2-\mathrm{MF}_1}{n}\times 1\right)
\end{aligned}
$$

当假设每个货币单元的高估错报金额是 1 元时，泊松分布 MF 值的累积性质对在基本界限上增加的部分并不重要。但是，如果 PPS 样本中的额外信息(如错报比例 t)也加以使用的话，这种累积性质就非常重要。注册会计师可以利用按相对大小排序的高估错报比例(t)来估计总体高估错报上限。由于高估错报不超过 1 元，基本界限仍然同上。但是，如果发现 1 个错报的错报比例是 t，发现这个错报的额外影响就是

发现 1 个错报所增加的错报上限 $=\mathrm{BV}\times\dfrac{\mathrm{MF}_1-\mathrm{MF}_0}{n}\times t$

如果发现了两个错报，它们的排序会影响其对总体错报上限点估计值的额外影响。若 t_1 表示排在第一(从高到低)的错报比例，t_2 表示排在第二的错报比例，那么

第 1 个错报的影响 $=\mathrm{BV}\times\dfrac{\mathrm{MF}_1-\mathrm{MF}_0}{n}\times t_1$

第 2 个错报的影响 $=\mathrm{BV}\times\dfrac{\mathrm{MF}_2-\mathrm{MF}_1}{n}\times t_2$

使用错报比例 t 计算的总体错报上限点估计值将是特定风险水平下最保守的估计值。

为了举例说明这种评价方法，假设应收账款账面金额为 100 000 元。如果规模为 100 的样本中包含两个高估错报，且 f=0.8，t=0.5，误受风险为 5%时的总体错报上限点估计值为

$$
\begin{aligned}
\text{总体错报上限} &= \left(100\,000\times\frac{3.00}{100}\times 1\right)+\left(100\,000\times\frac{4.75-3.00}{100}\times 0.8\right)\\
&\quad+\left(100\,000\times\frac{6.30-4.75}{100}\times 0.5\right)=5\,175(\text{元})
\end{aligned}
$$

用 t_1 计算的第 1 个错报的影响是 1 400 元(100 000×1.75/100×0.8)；用 t_2 计算的第 2 个错报的影响是 775 元(100 000×1.55/100×0.5)。

推断总体错报计算见表 8-18。

表 8-18　推断错报计算

错 报 序 号	错报比例(t)	抽样间隔/元	推断错报/元
1	0.8	1 000	800
2	0.5	1 000	500
推断错报合计			1 300

总体错报上限点估计值中包含了这部分推断错报。

如果在样本中既发现了高估错报又发现了低估错报，注册会计师可以根据发现的低估错报调整总体错报上限点估计值。

调整的总体错报上限=总体错报上限-低估错报最佳估计值

$$总体错报上限=\frac{低估错报的比例合计}{样本规模}\times 总体账面金额$$

但是，如果在测试高估错报时在样本中发现了大量低估错报，注册会计师应当注意，考虑是否使用其他抽样方法单独进行低估测试。

8.3.4 PPS 抽样示例

本部分举例说明在测试高估错报时使用 PPS 抽样的主要步骤和方法。

假定注册会计师在审计 ABC 公司时，使用 PPS 抽样方法测试 ABC 公司 2009 年 12 月 31 日的存货余额。2009 年 12 月 31 日 ABC 公司的存货账户余额为 3 000 000 元。用 BV 表示总体账面金额，则有 BV =3 000 000 元。注册会计师确定的可接受误受风险(SR)为 5%，可容忍错报(TM)为 60 000 元，预计总体错报(E^*)为 0。拟测试的存货账面金额由 50 000 个明细账组成，即总体中实物单元的数量Ⅳ= 50 000。

我们使用样本规模公式来确定所需的样本规模，即

$$样本规模(n)=\frac{总体账面价值\times 风险系数}{可容忍错报-(预计总体错报\times 扩张系数)}$$

在上述公式中，总体账面价值(即账面金额 BV)、可容忍错报(TM)和预计总体错报(E^*)已经确定。我们用 R 表示误受风险的风险系数(由表 8-19 查取)，用 r 表示预计总体错报的扩张系数，则样本规模为

$$N=\frac{\mathrm{R}\times \mathrm{BV}}{\mathrm{TM}-(E^*\times r)}=\frac{3.00\times 3\ 000\ 000}{60\ 000-0\times 1.60}=150$$

在本例中，假设所有的存货明细账余额都小于 20 000 元，即没有超过抽样间隔的实物单元。如果有实物单元超出抽样间隔，应当对这些实物单元进行 100%的检查。

注册会计师运用系统选样法选出所需的 150 个样本并对与其相关的实物单元进行测试后，在样本中发现了两个错报。第 1 个错报是账面金额为 1 000 元的项目有 500 元的高估错报，错报比例为 0.8；第 2 个错报是账面金额为 2 000 元的项目有 1 600 元的高估错报，错报比例为 0.5。注册会计师将错报比例从大到小排序，则有

$$t_1=1\ 600/2\ 000=0.8$$

$$t_2=500/1\ 000=0.5$$

注册会计师利用样本错报的相关信息计算总体错报上限的估计值，其步骤如下：

基本界限 $=\mathrm{BV}\times\frac{\mathrm{MF}_0}{n}\times 1=3\ 000\ 000\times 3.00/150\times 1=60\ 000$(元)

第 1 个错报所增加的错报上限 $=\mathrm{BV}\times\frac{\mathrm{MF}_1-\mathrm{MF}_0}{n}\times t_1=3\ 000\ 000\times(4.75-3.00)/150\times 0.8=28\ 000$(元)

第 2 个错报所增加的错报上限 $=\mathrm{BV}\times\frac{\mathrm{MF}_2-\mathrm{MF}_1}{n}\times t_2=3\ 000\ 000\times(6.30-4.75)/150\times 0.5=15\ 500$(元)

总体错报上限=基本界限+第 1 个错报所增加的错报上限+第 2 个错报所增加的错报上限=60 000 +28 000 +15 500 =103 500(元)

由于计算的总体错报上限 103 500 元超过了可容忍错报(60 000 元)，注册会计师决定不接受账面金额，并扩大样本规模进行进一步检查。

表 8-19　PPS 抽样的应用

步　骤	举　例
1．确定测试目标和相关参数(BV、TM、SR、N、E^*)。其中： BV——总体账面金额； TM——可容忍错报； SR——可接受的误受风险； N——总体中实物单元的数量； E^*——预计总体错报；	注册会计师拟测试被审计单位的存货余额 3 000 000 元在价格和数量方面是否存在重大错报。 相关参数： BV=3 000 000 元； TM= 60 000 元； SR =5%； N= 50 000 个存货明细账； E^*=0；
2．选择样本。如果总体随机分布则可使用 PPS 系统选样。 样本规模 $n=\dfrac{R\times BV}{TM-(E^*\times r)}$ 其中：R——风险系数； r——扩张系数； 抽样间隔 I=BV/n, 随机起点 RS 在 0 和 I 之间随机选取； 选取的货币单元为 RS，RS +I，RS+ 2I，RS+ 3I，…，RS+(n−1)I	样本规模 $n=\dfrac{3.00\times 3\,000\,000}{60\,000}=150$ 抽样间隔 I=3 000 000÷150=20 000； 随机起点 RS =1 795(从随机数表抽取)； 选取的货币单元：1 795；211 795；41 795… 假设本例中所有的存货明细账余额都在区间(0，20 000)内
3．测试与选取的货币单元相关联的实物单元。	(略)
4．评价样本，确定每一存在错报的实物单元的错报比例，令 t_1——最高的错报比例； t_2——第一高的错报比例，以此类推	在样本中发现了两个错报。第 1 个错报是账面金额为 1 000 元的项目有 500 元的高估错报，第 2 个错报是账面金额为 2 000 元的项目有 1 600 元的高估错报(注意：t_1 是最高的错报比例，而不是最大的错报金额)。 t_1=1 600/2 000 =0.8 t_2= 500/1 000=0.5
5．计算基本界限和错报对总体错报界限的影响	总体错报上限 UML= (3 000 000×3.00/150×1)+(3 000 000×1.75/150×0.8)+(3 000 000×1.55/150×0.5)=60 000+28 000+15 500= 103 500(元) 其中，包含的推断错报为 26 000 元(0.8×20 000+0.5×20 000)
6．将计算的总体错报上限点估计值与可容忍错报比较，决定是否接受账面金额	注册会计师以 95%的把握认为存货账户中的错报不超过 103 500 元。由于 103 500 元超过了可容忍错报(60 000 元)，注册会计师应当决定不接受账面金额

本章小结

随着企业规模不断扩大，其经济业务不断增多，且日趋复杂，审计抽样技术得以产生和发展。本章介绍了审计抽样在控制测试和实质性分析程序中的运用方法，通过对局部的样本进行审查推断总体特征，恰当地运用审计抽样技术可以提高审计效率，收集充分、恰当的审计证据，以形成和支持审计结论。

习　题

一、单项选择题

1. 下列属于误拒风险的是(　　)。

A. 根据抽样结果对实际存在重大错误的账户余额得出不存在重大错误的结论

B. 根据抽样结果对实际不存在重大错误的账户余额得出存在重大错误的结论

C. 根据抽样结果对内控制度的信赖程度低于其实际应信赖的程度

D. 根据抽样结果对内控制度的信赖程度高于其实际应信赖的程度

2. 下列各项风险中，对审计工作的效率和效果都产生影响的是(　　)。

A. 误拒风险　　B. 信赖不足风险

C. 非抽样风险　　D. 误受风险

3. 下列抽样风险中，属于注册会计师在细节测试时，最容易导致其发表不恰当审计意见的是(　　)。

A. 信赖过度风险　　B. 误拒风险

C. 信赖不足风险　　D. 误受风险

4. 存货总金额为 500 万元，重要性水平为 10 万元，根据抽样结果推断的差错额为 6.5 万元，而账户的实际差错额为 12 万元，这时，注册会计师承受了(　　)。

A. 误拒风险　　B. 信赖不足风险　　C. 误受风险　　D. 信赖过度风险

5. 信赖过度风险和误受风险影响的是(　　)。

A. 审计的效率　　B.审计的效果

C. 初步判断的重要性水平　　D. 可接受的审计风险水平

二、多项选择题

1. PPS 抽样的优点体现在(　　)。

A. PPS 抽样可以发现极少量的大额错报

B. 在 PPS 抽样中注册会计师通常需要逐个累计总体金额

C. PPS 抽样的样本更容易设计，且可在能够获得完整的总体之前开始选取样本

D. 对零余额或负余额的选取需要在设计时特别考虑

2. 下列有关 PPS 抽样的说法中，不恰当的有(　　)。

A. 运用 PPS 抽样时，在未获得完整的总体之前，不能开始选取样本

B. 运用 PPS 抽样时，在未获得完整的总体之前，可以开始选取样本

C. 在 PPS 抽样下，总体中的每个项目被选中的概率是均等的

D. 在 PPS 抽样下，注册会计师无须对总体进行分层

3. 在实质性程序中，注册会计师在确定可接受的误受风险水平时应考虑的因素包括(　　)。

A. 注册会计师愿意接受的审计风险水平

B. 评估的重大错报风险水平

C. 针对同一审计目标(财务报表认定)的分析程序的检查风险

D. 可接受的误拒风险水平

4. 如果注册会计师决定在对应收账款实施实质性程序时使用统计抽样方法，而且预计将会发现少量的差异，则会考虑使用的统计抽样方法有(　　)。

A. 比率估计抽样　　B. 均值估计抽样

C. 差额估计抽样　　D. 概率比例规模抽样法

5. 在对控制测试抽样结果评价时，如果总体偏差率上限大于可容忍偏差率，注册会计师则(　　)。

A. 不能接受总体

B. 应当扩大控制测试范围

C. 提高重大错报风险评估水平，并增加实质性程序的数量

D. 对影响重大错报风险评估水平的其他控制进行测试，以支持计划的重大错报风险评估水平

三、简析题

ABC 会计师事务所的甲和乙注册会计师接受委派，对 A 公司 2009 年度财务报表进行审计。确定财务报表可容忍错报为 10 000 元。在实质性程序中，甲和乙注册会计师运用统计抽样，发现一些样本存在误差，在分析样本误差时，履行了以下程序：

(1) 对某项目无法或没有执行替代审计程序，视该项目为一项误差。

(2) 某些样本误差项目具有共同的特征，作为一个整体，实施相应的审计程序，并根据审计结果，进行单独的评价。

(3) 在分析抽样中所发现的误差时，还应考虑误差的质的方面，包括误差的性质、原因及其对其他相关审计工作的影响。

要求：

1. 根据样本误差推断总体错报上限如果小于、大于或等于可容忍错报，甲和乙注册会计师应如何处理？

2. 甲和乙注册会计师在分析样本误差时，履行的程序是否合适？

3. 甲和乙注册会计师负责对 A 公司 2009 年度财务报表进行审计，在审计 A 公司 2009 年度营业收入时，为了确定 A 公司销售业务是否真实、完整，会计处理是否正确，甲和乙注册会计师拟从 A 公司 2009 年开具的销售发票的存根中选取若干张，核对销售合同和发运单，并检查会计处理是否符合规定。A 公司 2009 年共开具连续编号的销售发票 4 000 张，销售发票号码为第 2001 号至第 6000 号，甲和乙注册会计师计划从中选取 10 张销售发票样本(见表 8-20)。

表 8-20　随机数表(部分)

	(1)	(2)	(3)	(4)	(5)
(1)	10 480	15 011	01 536	02 011	81 647
(2)	22 368	46 573	25 595	85 313	30 995
(3)	24 130	48 360	22 527	97 265	76 393
(4)	42 167	93 093	06 243	61 680	07 856
(5)	37 570	39 975	81 837	16 656	06 121
(6)	77 921	06 907	11 008	42 751	27 756
(7)	99 562	72 905	56 420	69 994	98 872
(8)	96 301	91 977	05 463	07 972	18 876
(9)	89 759	14 342	63 661	10 281	17 453
(10)	85 475	36 857	53 342	53 988	53 060

要求：

1. 针对资料 2，假定甲和乙注册会计师以随机数表所列数字的后 4 位数与销售发票号码一一对应，确定第 2 列第 4 行为起点，选号路线为自上而下、自左而右。请代甲和乙注册会计师确定选取的 10 张销售发票样本的发票号码分别为多少?

2. 如果上述 10 笔销售业务的账面价值为 1 000 000 元，审计后认定的价值为 1 002 700 元，假定 A 公司 2009 年度营业收入账面价值为 150 000 000 元，并假定误差与账面价值不成比例关系，请运用差额估计抽样法推断 A 公司 2009 年度营业收入的总体实际价值(要求列示计算过程)。

第 9 章　销售与收款循环审计

教学目标

通过本章的学习，了解销售与收款循环业务活动和所涉及的主要凭证和会计记录，了解销售与收款循环的重大错报风险征兆；通过进一步审计程序，了解销售与收款循环的内部控制要点及控制测试，并掌握该循环的实质性程序。

教学要求

销售与收款循环的重大错报风险，销售与收款循环的控制测试、实质性分析程序、收入截至测试和应收账款的函证。

基本概念

销售与收款循环　应收账款函证

导入案例

新光股份事件

正大会计师事务所于2005年3月对新光实业股份有限公司2004年的财务报表审计后，发表了无保留意见的审计报告。不久，媒体披露新光实业股份有限公司在2004年度虚构主营业务收入5 000万元之多。经有关部门审查，新光实业股份有限公司采用编制假合同、假发票及假发运文件等手段，将收购的主营业务收入全部计入应收账款，而注册会计师在执行审计时未实施函证，也未说明理由，只抽取了少部分应收账款，审查了合同、发票及发运文件等凭证，确认了应收账款。

资料来源：马春静. 新编审计原理与实务. 大连：大连理工大学出版社，2007年.

点评：

审计准则要求注册会计师应对应收账款进行函证，除非有充分证据表明应收账款对财务报表不重要，或函证很可能是无效的。如果不对应收账款进行函证，注册会计师应当在工作底稿中说明理由。如果认为函证很可能是无效的注册会计师应当实施替代审计程序，获取充分、适当的审计证据。但是，正大会计师事务所未能按审计准则的要求对应收账款进行函证，也未能证明函证是无效的。虽然采取了替代审计程序，但选取的样本量很少，并未查出虚构的应收账款。可见，函证在应收账款审计中是非常重要的审计程序。

9.1 销售与收款循环概述

销售与收款循环是指企业向顾客销售商品或提供劳务，并收回款项的过程。根据财务报表项目与业务循环的相关程度，销售与收款循环涉及的资产负债表项目主要包括应收票据、应收账款、长期应收款、预收账款、应交税费；所涉及的利润表项目主要包括营业收入、营业税金及附加、销售费用等。

9.1.1 销售与收款循环涉及的主要业务活动

了解企业在销售与收款循环中的主要业务活动，对该业务循环的审计非常必要。

(1) 接受顾客订单。顾客提出订货要求是整个销售与收款循环的起点。顾客的订单只有在符合企业管理层的授权标准时，才能被接受。企业在批准了顾客订单之后，下一步就应编制一式多联的销售单。销售单是证明管理层有关销售交易的“发生”认定的凭据之一，也是此笔销售的交易轨迹的起点。

(2) 批准赊销信用。设计信用批准控制的目的是为了降低坏账风险。赊销批准是由信用管理部门根据管理层的赊销政策在每个顾客的已授权的信用额度进行的。信用管理部门的职员在收到销售单管理部门的销售单后，应将销售单与该顾客已被授权的赊销信用额度以及至今尚欠的账款余额加以比较。

企业应对每个新顾客进行信用调查，包括获取信用评审机构对顾客信用等级的评定报告。无论批准赊销与否，都要求被授权的信用管理部门人员在销售单上签署意见，然后再将已签署意见的销售单送回销售单管理部门。

(3) 按销售单供货。企业管理层通常要求商品仓库只有在收到经过批准的销售单时才能供货。设立这项控制程序的目的是为了防止仓库在未经授权的情况下擅自发货。因此，已批准销售单的一联通常应送达仓库，作为仓库按销售单供货和发货给装运部门的授权依据。

(4) 按销售单装运货物。装运凭证是指一式多联的、连续编号的提货单，可由电脑或人工编制。按序归档的装运凭证通常由装运部门保管，装运凭证提供了商品确实已装运的证据。定期检查以确定在编制的每张装运凭证后均已附有相应的销售发票，则有助于保证销售交易“完整性”认定的正确性。

将按经批准的销售单供货与按销售单装运货物职责相分离，有助于避免负责装运货物的职员在未经授权的情况下装运产品。此外，装运部门职员在装运之前，还必须进行独立验证，以确定从仓库提取的商品都附有经批准的销售单，并且所提取商品的内容与销售单一致。

(5) 向顾客开具账单。开具账单包括编制和向顾客寄送事先连续编号的销售发票。这项功能所针对的主要问题：①是否对所有装运的货物都开具了账单即“完整性”认定问题；②是否只对实际装运的货物才开具账单，有无重复开具账单或虚构交易即“发生”认定问题；③是否按已授权批准的商品价目表所列价格计价开具账单即“准确性”认定问题。

(6) 记录销售。在手工会计系统中，记录销售的过程包括区分赊销、现销。按销售发票编制转账记账凭证或现金、银行存款收款凭证，再据以登记销售明细账和应收账款明细账或库存现金、银行存款日记账。记录销售的控制程序包括的内容：①只依据附有有效装运凭证和销售单的销售发票记录销售，这些装运凭证和销售单应能证明销售交易的发生及其发生的日期；②控制所有事先连续编号的销售发票；③独立检查已处理销售发票上的销售金额同会计记录金额的一致性；④记录销售的职责应与处理销售交易的其他功能相分离；⑤对记录过程中所涉及的有关记录的接触予以限制，以减少未经授权批准的记录发生；⑥定期独立检查应收账款的明细账与总账的一致性；⑦定期向顾客寄送对账单，并要求顾客将任何例外情况直接向指定的未执行或记录销售交易的会计主管报告。

(7) 办理和记录现金、银行存款收入。这项业务活动包括现销交易中收到的现金和赊销交易中应收账款的收回，以及企业如数及时地将现金存入银行。这项功能涉及的是有关货款收回，现金、银行存款增加以及应收账款减少的活动。在办理和记录现金、银行存款收入时，最应关心的是货币资金失窃的可能性。处理货币资金收入时最重要的是要保证全部货币资金都必须如数、及时地记入库存现金、银行存款日记账或应收账款明细账，并如数、及时地将现金存入银行。在这方面，汇款通知单起着很重要的作用。

(8) 办理和记录销售退回、销售折扣与折让。顾客如果对商品不满意，销售企业一般都会同意接受退货，或给予一定的销售折让；顾客如果提前支付货款，销售企业则可能会给予一定的销售折扣。发生此类事项时，必须经授权批准并应确保办理此事有关的部门和职员各司其职，分别控制实物流和会计处理。

(9) 注销坏账。不管赊销部门的工作如何主动，顾客因宣告破产、死亡等原因而不支付货款的事仍时有发生。销售企业若认为某项货款再也无法收回，就必须注销这笔货款。对这些坏账，正确的处理方法应该是获取货款无法收回的确凿证据，经适当审批后及时作会计调整。

(10) 提取坏账准备。坏账准备提取的数额必须能够抵补企业以后无法收回的销货款。

9.1.2 销售与收款循环涉及的主要凭证和会计记录

在内部控制比较健全的企业，处理销售与收款业务通常需要使用很多凭证和会计记录。典型的销售与收款循环所涉及的主要凭证和会计记录有以下几种。

(1) 顾客订货单。顾客订货单即顾客提出的书面购货要求。企业可以通过销售人员或其他途径，如采用电信函和向现有的及潜在的顾客发送订货单等方式接受订货，取得顾客订货单。

(2) 销售单。销售单是列示顾客所订商品的名称、规格、数量以及其他与顾客订货单有关信息的凭证，作为销售方内部处理顾客订货单的依据。

(3) 发运凭证。发运凭证即在发运货物时编制的，用以反映发出商品的规格、数量和其他有关内容的凭据。发运凭证的一联寄送给顾客，其余联(一联或数联)由企业保留。这种凭证可用做向顾客开具账单的依据。

(4) 销售发票。销售发票是一种用来表明已销售商品的规格、数量、价格、销售金额、运费和保险费、开票日期、付款条件等内容的凭证。销售发票的一联寄送给顾客，其余联由企业保留。销售发票也是在会计账簿中登记销售交易的基本凭证。

(5) 商品价目表。商品价目表是列示已经授权批准的、可供销售的各种商品的价格清单。

(6) 贷项通知单。贷项通知单是一种用来表示由于销售退回或经批准的折让而引起的应收销货款减少的凭证。这种凭证的格式通常与销售发票的格式相同，只不过它不是用来证明应收账款的增加，而是用来证明应收账款的减少。

(7) 应收账款明细账与总账。应收账款明细账是用来记录每个顾客各项赊销、还款、销售退回及折让的明细账。各应收账款明细账的余额合计数应与应收账款总账的余额相等。

(8) 主营业务收入明细账及总账。主营业务收入明细账是一种用来记录销售交易的明细账。它通常记载和反映不同类别产品或劳务的销售总额。各主营业务收入明细账的余额合计数应与主营业务收入总账的余额相等。

(9) 折扣与折让明细账。折扣与折让明细账是一种用来核算企业销售商品时，按销售合同规定为了及早收回货款而给予顾客的销售折扣和因商品品种、质量等原因而给予顾客的销售折让情况的明细账。当然，企业也可以不设置折扣与折让明细账，而将该类业务记录于主营业务收入明细账。

(10) 汇款通知书。汇款通知书是一种与销售发票一起寄给顾客，由顾客在付款时再寄回销售单位的凭证。这种凭证注明顾客的姓名、销售发票号码、销售单位开户银行账号以及金额等内容。如果顾客没有将汇款通知书随同货款一并寄回，一般应由收受邮件的人员在开拆邮件时再代编一份汇款通知书。采用汇款通知书能使现金立即存入银行，可以改善资产保管的控制。

(11) 库存现金日记账和银行存款日记账。库存现金日记账和银行存款日记账是用来记录应收账款的收回或现销收入以及其他各种现金、银行存款收入和支出的日记账。

(12) 坏账审批表。坏账审批表是一种用来批准将某些应收款项注销为坏账的，仅在企业内部使用的凭证。

(13) 顾客月末对账单。顾客月末对账单是一种按月定期寄送给顾客的用于购销双方定期核对账目的凭证。顾客月末对账单上应注明应收账款的月初余额、本月各项销售交易的金额、本月已收到的货款、各贷项通知单的数额以及月末余额等内容。

(14) 转账凭证。转账凭证是指记录转账业务的记账凭证，它是根据有关转账业务(即不涉及现金、银行存款收付的各项业务)的原始凭证编制的。

(15) 收款凭证。收款凭证是指用来记录现金和银行存款收入业务的记账凭证。

9.1.3 销售与收款循环的重大错报风险征兆

销售与收款业务是企业日常发生的重要经济业务，注册会计师应特别重视这一业务活动中的重大错报风险。主要包括以下几种。

(1) 销售发票开票过程中的非法行为，如虚开发票，代替其他单位或个人开具发票、开具上下联次内容不相符合的发票等。

(2) 人为改变销售的入账时间，如在销售未最终实现的情况下确认销售收入、将本期销售延迟到下期入账或者长期不入账、将下期收入提前到本期入账等。

(3) 有意或无意漏记销售收入，如只记合格产品的销售，不记残次品的销售；只记主要产品的销售收入，不计算副产品、自制半成品、边角余料的销售；不记特殊销售，如将自制产品用于本企业基本建设、福利设施等。

(4) 入账金额不正确。

(5) 混淆各种主营业务收入的分类，包括主营业务收入本身类别及主营业务收入与其他业务收入、营业外收入的区别。

(6) 虚列应收账款，并由此虚列销售收入。

(7) 应收账款长期挂账。

(8) 通过调节坏账准备而达到调节利润的目的，如随意调整坏账计提比例，调整计提金额，由此达到调节当期利润的目的。

(9) 人为改变应收账款账龄，如将具有较高账龄的应收账款金额跳入较低账龄应收账款的金额中；以每一户头最后一笔往来款发生的时间作为确定该户头账龄的时间等。

9.2 销售与收款循环的控制测试

财政部发布的《内部会计控制规范——销售与收款(试行)》中，明确规定了销售与收款内部控制监督检查的主要内容，销售与收款的内部控制从职责分离、授权审批、信息处理、寄出对账单、实物控制和内部核查程序等几个方面进行设计。

9.2.1 销售与收款的内部控制

1. 适当的职责分离

适当的职责分离有助于防止各种有意或无意的错误。例如，主营业务收入账如果是由记录应收账款账之外的职员独立登记，并由另一位不负责账簿记录的职员定期调节总账和明细账，就构成了一项自动交互牵制；规定负责主营业务收入和应收账款记账的职员不得经手货币资金，也是防止舞弊的一项重要控制。适当的职责分离控制要求如下。

(1) 批准赊销信用与赊销相分离。

(2) 批准赊销信用与发货发票相互分离。

(3) 发送货物与开票相互分离。

(4) 发送货物与记账相互分离。

(5) 收取货款与销售收入、应收账款记录相互分离。

(6) 批准销售退回与折让业务和记账相互分离。

(7) 批准坏账与收款业务、记账相互分离。

(8) 编制和寄送客户对账单与收款、记账相互分离。

2. 正确的授权审批

对于授权审批问题，注册会计师应当从以下几个方面加强控制。

(1) 向客户提供信用前要进行调查并经授权批准。

(2) 发送货物只有在授权批准后才能进行。

(3) 销售价格、销售条件、运费、折扣等必须经过审批。

(4) 审批人应当根据销售与收款授权批准制度的规定，在授权范围内进行审批，不得超越审批权限。

(5) 坏账发生须经有关人员确认，坏账准备计提须经审批。

前两项控制的目的在于防止企业因向虚构的或者无力支付货款的顾客发货而蒙受损失；价格审批控制的目的在于保证销售交易按照企业定价政策规定的价格开票收款；对授权审批范围设定权限的目的则在于防止因审批人决策失误而造成严重损失。

3. 凭证和记录的信息处理

每个企业交易的产生、处理和记录只有具备充分的记录手续，才有可能实现其他各项控制目标。例如，有的企业在收到顾客订货单后，就立即编制一份预先编号的一式多联的销售单，分别用于批准赊销、审批发货、记录发货数量以及向顾客开具账单等。在这种制度下，只要定期清点销售发票，漏开账单的情形几乎就不太会发生。信息处理的控制应作好以下几方面。

(1) 关键性的销售单、销售发票、装运单等都应事前按顺序编号使用。

(2) 定期编制并向客户寄送对账。

(3) 对每个客户建立应收账款明细账，以应收票据结算时，需设置登记簿详细记录票据种类、编号、出票人、票面金额、利率、到期日等。

4. 定期寄出对账单

该项控制可按以下要求执行。

(1) 由出纳、销售及应收账款记录以外的人员按月向顾客寄发对账单，如有不符可以及时反馈有关信息。

(2) 将账户余额中出现的所有核对不符的账项，由一位不负责货币资金、业务收入和应收账款账目的主管人员处理。

5. 实物控制

实物控制包括两个方面，一方面，限制非授权人员接近存货，货物的发出必须有经批准的销售单。对于退货也要加强实物控制，由收货部门进行验收并填写验收报告和入库单；另一方面，限制非授权人员接近各种记录和文件，防止伪造和篡改记录。

在赊销方式下，企业与客户之间的货款结算还包括应收票据。对于应收票据要加强实物控制，保管票据及经管现金与一般会计记录职责要分离。

6. 内部核查程序

该项控制要求做到以下几方面。

(1) 独立检查销售单、销售发票、提货单的一致性和正确性。

(2) 独立核对汇款通知单、进账单等，看每笔收到的货款是否都进行了登记。

(3) 独立检查已批准的销售交易是否编制了销售单。

(4) 定期独立检查销售日记账和总账、应收账款明细账和总账、库存现金及银行存款日记账和总账的一致性。

由内部审计人员或其他独立人员核查销售交易的处理和记录，是实现内部控制目标所不可缺少的一项控制措施。表 9-1 所列程序是针对相应控制目标的典型的内部核查程序。

表 9-1　内部核查程序

内部控制目标	内部核查程序举例
登记入账的销售交易是真实的	检查销售发票的连续性并检查所附的佐证凭证
销售交易均经适当审批	了解顾客的信用情况确定是否符合企业的赊销政策
所有销售交易均已登记入账	检查发运凭证的连续性并将其与主营业务收入明细账核对
登记入账的销售交易均经正确估价	将销售发票上的数量与发运凭证上的记录进行比较核对
登记入账的销售交易分类恰当	将登记入账的销售交易的原始凭证与会计科目表比较核对
销售交易的记录及时	检查开票员所保管的未开票发运凭证，确定是否包括所有应开票的发运凭证
销售交易已经正确地记入明细账并经正确汇总	从发运凭证追查至主营业务收入明细账和总账

9.2.2　销售与收款循环控制测试程序

当存在下列情形之一时，注册会计师应当实施控制测试：在评估认定层次存在重大错报风险时，预期控制的运行是有效的；仅实施实质性程序不足以提供认定层次充分、适当的审计证据。

1. 抽取并检查销售发票

抽取一定数量的销售发票，做如下检查。

(1) 检查发票是否连续编号，作废发票是否正确处理。

(2) 核对销售发票与销售单、提货单，看有无虚开发票；同时核对它们所载明的品名、规格、数量、价格是否一致。

(3) 检查销售单上是否有负责信用核准人员的签字。

(4) 复核销售发票中所列的数量、单价和金额是否正确。主要包括销售发票中所列商品的单价与商品价目表的价格进行核对，并验算发票金额的正确性。

(5) 从销售发票追查至有关的记账凭证、应收账款明细账及主营业务收入明细账，确定企业是否正确、及时地登记有关的凭证、账簿。

2. 抽取并检查发货单或提货单

抽取一定数量的发货单或提货单，检查发货单或提货单是否连续编号，并与相关的销售核对，检查已发出的商品是否均已向客户开出发票。

3. 抽取并检查主营业务收入明细账

从主营业务收入明细账中抽取一定数量的会计记录，并与有关的记账凭证、销售发票进行核对，确定是否存在收入高估或低估的情况。

4. 抽取并检查销售调整业务

抽取一定数量销售调整业务的会计凭证，检查销售退回、折让、折扣的核准与会计核算是否一致。

5. 抽取并检查记账凭证和应收账款明细账

抽取一定数量的记账凭证、应收账款明细账，做如下检查。

(1) 从应收账款明细账中抽取一定的记录并与相应的记账凭证核对，比较二者登记的时间、金额是否一致。

(2) 从应收账款明细账中抽查一定数量的坏账注销的业务，并与相应的记账凭证、原始凭证进行核对，确定坏账的注销是否合乎有关法规的规定，是否经过批准等。

(3) 确定企业是否定期与客户对账。在可能的情况下，将企业一定期间的对账单与相应的应收账款明细账的余额进行核对，如有差异，则应进行追查。

6. 询问相关人员、观察职员的操作流程

询问各部门相关人员，观察职员获得或接触资产、凭证和记录(包括存货、销售单、装运单、销售发票、凭证与账簿、现金及支票等)的途径，并观察职员在执行授权、发货、开票等职责时的表现，确定职责分离等内部控制是否有效执行。

9.3 销售与收款循环的实质性程序

9.3.1 销售循环的实质性程序

下列销售交易的实质性程序中有两点需要说明：一是这些实质性程序并未包含销售交易全部的实质性程序；二是其中有些实质性程序可以实现多项控制目标，而非仅能实现一项控制目标。

(1) 登记入账的销售交易是真实的——发生测试。对这一目标，注册会计师一般关心 3 类错误的可能性：①未曾发货却已将销售交易登记入账；②销售交易重复入账；③向虚构的顾客发货，并作为销售交易登记入账。前两类错误可能是有意的，也可能是无意的，而第三类错误肯定是有意的。将不真实的销售登记入账其后果很严重，因为这会导致高估资产和收入。对于无意的高估，注册会计师可以通过函证轻易发觉；对于有意的高估，注册会计师较难发现。在这种情况下，注册会计师就有必要制定并实施适当的实质性程序以发现这种有意的高估。

测试发生目标时，起点是明细账，即从主营业务收入明细账中抽取一个发票号码样本，追查至销售发票存根、发运凭证以及顾客订货单。

(2) 已发生的销售交易均已登记入账——完整性测试。销售交易的审计一般偏重于检查高估资产与收入的问题。因此，通常无须对完整性目标实施交易实质性程序。但是，如果内部控制不健全，比如被审计单位没有由发运凭证追查至主营业务收入明细账这一独立内部核查程序，就有必要实施交易实质性程序。

由原始凭证追查至明细账与从明细账追查至原始凭证是有区别的：前者用来测试遗漏的交易(“完整性”目标)，后者用来测试不真实的交易(“发生”目标)。所以，测试完整性目标时，起点应是发货凭证，即从发运凭证中选取样本，追查至销售发票存根和主营业务收入明细账，以测试是否存在遗漏事项。

(3) 登记入账的销售交易均经正确计价——计价测试。销售交易计价的准确性包括：按订货数量发货，按发货数量准确地开具账单以及将账单上的数额准确地记入会计账簿。对这 3 个方面，每次审计中一般都要实施实质性程序，以确保其准确无误。实质性程序包括复算会计记录中的数据。

(4) 登记入账的销售交易分类恰当——分类测试。如果销售分为现销和赊销两种，应注意不要在现销时借记应收账款，也不要在收回应收账款时贷记主营业务收入，同样不要将营业资产的销售(例如固定资产销售)混作正常销售。对那些采用不止一种销售分类的企业，例如需要编制分部报表的企业来说，正确的分类极其重要。

(5) 销售交易的记录及时——期间测试。发货后应尽快开具账单并登记入账，以防止无意漏记销货业务，确保它们记入正确的会计期间。在执行计价准确性实质性分析程序的同时，一般要将所选取的提货单或其他发运凭证的日期与相应的销售发票存根、主营业务收入明细账和应收账款明细账上的日期作比较。如有重大差异，就可能存在销售截止期限上的错误。

(6) 销售交易已经正确地记入明细账并经正确汇总——记账测试。应收账款明细账影响到被审计单位收回应收账款的能力，因此，将全部赊销业务正确地记入应收账款明细账极为重要。同理，为保证财务报表准确，主营业务收入明细账必须正确地加总并记入总账。在多数审计中，通常都要加总主营业务收入明细账数，并将加总数和一些具体内容分别追查至主营业务收入总账和应收账款明细账或现金、银行存款日记账等测试方法，以检查在销货过程中是否存在有意或无意的错报问题。

从主营业务收入明细账追查至应收账款明细账，一般与为实现其他审计目标所作的测试一并进行；而将主营业务收入明细账加总，并追查、核对加总数至其总账，则应作为单独的一项测试程序来执行。

9.3.2 收款交易的实质性程序

销售与收款循环包括销售与收款两个方面，收款交易中控制测试的性质取决于内部控制的性质，而收款交易的实质性程序的范围，在一定程度上要取决于关键控制是否存在以及控制测试的结果。由于销售与收款交易同属一个循环，在经济活动中密切相连，因此，收款交易的一部分测试可与销售交易的测试一并执行，但收款交易的特殊性又决定了其另一部分测试仍需单独实施。

财政部发布的《内部会计控制规范——销售与收款(试行)》中规定：单位应当按照《现金管理暂行条例》、《支付结算办法》和《内部会计控制规范——货币资金(试行)》等规定，及时办理销售收款业务。

单位应将销售收入及时入账，不得账外设账，不得擅自坐支现金。销售人员应当避免接触销售现款。

单位应当建立应收账款账龄分析制度和逾期应收账款催收制度。销售部门应当负责应收账款的催收，财会部门应当督促销售部门加紧催收。对催收无效的逾期应收账款可通过法律程序予以解决。

单位应当按客户设置应收账款台账，及时登记每一客户应收账款余额增减变动情况和信用额度使用情况。对长期往来客户应当建立起完善的客户资料，并对客户资料实行动态管理，及时更新。

单位对于可能成为坏账的应收账款应当报告有关决策机构，由其进行审查，确定是否确认为坏账。单位发生的各项坏账，应查明原因，明确责任，并在履行规定的审批程序后作出会计处理。

单位注销的坏账应当进行备查登记，做到账销案存。已注销的坏账又收回时应当及时入账，防止形成账外款，

单位应收票据的取得和贴现必须经由保管票据以外的主管人员的书面批准。应有专人保管应收票据，对于即将到期的应收票据，应及时向付款人提示付款；已贴现票据应在备查簿中登记，以便日后追踪管理；并应制定逾期票据的冲销管理程序和逾期票据追踪监控制度。

单位应当定期与往来客户通过函证等方式核对应收账款、应收票据、预收款项等往来款项。如有不符，应查明原因，及时处理。

9.3.3 销售与收款循环的实质性程序

1. 营业收入审计

营业收入项目核算企业在销售商品、提供劳务等主营业务活动中所产生的收入，以及企业确认的除主营业务活动以外的其他经营活动实现的收入。主营业务收入的实质性程序一般包括以下内容。

(1) 取得或编制主营业务收入明细表，复核加计正确，并与总账数和明细账合计数核对相符；同时，结合其他业务收入科目数额，与报表数核对相符。审查主营业务收入确认的合规性。

(2) 查明主营业务收入的确认原则、方法，注意是否符合企业会计准则和会计制度规定的收入实现条件，前后期是否一致。特别关注周期性、偶然性的收入是否符合既定的收入确认原则和方法。

对主营业务收入的实质性程序，具体说来，有如下几点。

① 采用交款提货销售方式，应于货款已收到或取得收取货款的权利，同时已将发票账单和提货单交给购货单位时确认收入的实现。对此，注册会计师应重点检查被审计单位是否收到货款，或取得收取货款的权利，发票账单和提货单是否交给购货单位。应注意有无扣压结算凭证，将当期收入转入下期入账，或者虚记收入、开假发票、虚列购货单位，将当期未实现的收入虚转为收入记账，在下期予以冲销的现象。

② 采用预收账款销售方式，应于商品已经发出时，确认收入的实现。对此，注册会计师应重点检查被审计单位是否收到了货款，商品是否已经发出。应注意是否存在对已收货款并已将商品发出的交易不入账、转为下期收入，或开具虚假出库凭证、虚增收入等现象。

③ 采用托收承付结算方式。应于商品已经发出，劳务已经提供，并已将发票账单提交银行、办妥收款手续时确认收入的实现。对此，注册会计师应重点检查被审计单位是否发货，托收手续是否办妥，货物发运凭证是否真实，托收承付结算回单是否正确。

④ 委托其他单位代销商品。如果代销单位采用视同买断方式，应于代销商品已经销售并收到代销单位代销清单时，按企业与代销单位确定的协议价确认收入的实现。对此，应注意查明有无商品未销售、编制虚假代销清单、虚增本期收入的现象；如果代销单位采用收取手续费方式，应在代销单位将商品销售、企业已收到代销单位代销清单时确认收入的实现。

⑤ 销售合同或协议明确销售价款实质上具有融资性质的，应当按照应收的合同或协议价款的公允价值确定销售商品收入金额。应收的合同或协议价款与其公允价值之间的差额，应当在合同或协议期间内采用实际利率法进行摊销，计入当期损益。

⑥ 长期工程合同收入，如果合同的结果能够可靠估计，应当根据完工百分比法确认合同收入。注册会计师应重点检查收入的计算、确认方法是否合乎规定，并核对应计收入与实际收入是否一致，注意查明有无随意确认收入、虚增或虚减本期收入的情况。

⑦ 委托外贸企业代理出口、实行代理制方式的，应在收到外贸企业代办的发运凭证和银行交款凭证时确认收入。对此，注册会计师应重点检查代办发运凭证和银行交款单是否真实，注意有无内外勾结，出具虚假发运凭证或虚假银行交款凭证的情况。

⑧ 对外转让土地使用权和销售商品房的，通常应在土地使用权和商品房已经移交并将发票结算账单提交对方时确认收入。对此，注册会计师应重点检查已办理的移交手续是否符合规定要求，发票账单是否已交对方。注意查明被审计单位有无编造虚假移交手续，采用“分层套写”、开具虚假发票的行为，防止其高价出售、低价入账，从中贪污货款。如果企业事先与买方签订了不可撤销合同，按合同要求开发房地产，则应按建造合同的处理原则处理。

(3) 执行实质性程序：①将本期与上期的主营业务收入进行比较，分析产品销售的结构和价格的变动是否正常，并分析异常变动的原因。②比较本期各月各种主营业务收入的波动情况，分析其变动趋势是否正常，是否符合被审计单位季节性、周期性的经营规律，并查明异常现象和重大波动的原因。③计算本期重要产品的毛利率，分析比较本期与上期同类产品毛利率变化情况，注意收入与成本是否配比，并查清重大波动和异常情况的原因。④计算对重要客户的销售额及产品毛利率，分析比较本期与上期有无异常变化。⑤将上述分析结果与同行业企业本期相关资料进行对比分析，检查是否存在异常。

(4) 审查主营业务收入确认的正确性。根据增值税发票申报表或普通发票，估算全年收入，与实际入账收入金额核对，并检查是否存在虚开发票或已销售但未开发票的情况；抽取本期一定数量的销售发票，检查开票、记账、发货日期是否相符，品名、数量、单价、金额等是否与发运凭证、销售合同或协议、记账凭证等一致。

(5) 审查主营业务收入计价的正确性。获取产品价格目录，抽查售价是否符合定价政策，并注意销售给关联方或关系密切的重要客户的产品价格是否合理，有无低价或高价结算以转移收入和利润的现象。

(6) 审查主营业务收入的会计处理。对主营业务收入会计处理的审查，重点是审查企业实现的销售收入是否及时足额地入账，有无少计收入、偷漏税金等问题。其主要审计程序为抽查部分销售业务，进行原始凭证到记账凭证、主营业务收入明细账的全过程审查，检查入账日期、品名、数量、单价、金额等是否与销售发票、发运凭证、销售合同或协议等一致，核对其记录、过账、加总是否正确。

(7) 实施销售的截止测试。对主营业务收入实施截止测试。其目的主要在于确定被审计单位主营业务收入的会计记录归属期是否正确，应记入本期或下期的主营业务收入有否被推延至下期或提前至本期。

我国《企业会计准则——基本准则》规定，“企业对于已经发生的交易或者事项，应当及时进行会计确认、计量和报告，不得提前或者延后”，并规定“收入只有在经济利益很可能流入从而导致企业资产增加或者负债减少，且经济利益的流入能够可靠计量时才能予以确认”。据此，注册会计师在审计中应该注意把握3个与主营业务收入确认有着密切关系的日期：①发票开具日期或者收款日期；②记账日期；③发货日期(服务业则是提供劳务的日期)。检查三者是否归属于同一适当会计期间是主营业务收入截止测试的关键所在。

围绕上述3个重要日期，在审计实务中，注册会计师可以考虑选择3条审计路线实施主营业务收入的截止测试。

① 以账簿记录为起点。从资产负债表日前后若干天的账簿记录查至记账凭证，检查发票存根与发运凭证，目的是证实已入账收入是否在同一期间已开具发票并发货，有无多记收入。这种方法的优点是比较直观，容易追查至相关凭证记录，以确定其是否应在本期确认收入。缺点是缺乏全面性和连贯性，只能查多记，无法查漏记，尤其是当本期漏记收入延至下期，而审计时被审计单位尚未及时登账时，不易发现应记入而未记入报告期收入的情况。因此，使用这种方法主要是为了防止多计收入。

② 以销售发票为起点。从资产负债表日前后若干天的发票存根查至发运凭证与账簿记录，确定已开具发票的货物是否已发货并于同一会计期间确认收入。具体做法是抽取若干张在资产负债表日前后开具的销售发票的存根，追查至发运凭证和账簿记录，查明有无漏记收入现象。这种方法优点是较全面、连贯，容易发现漏记的收入；缺点是较费时费力，有时难以查找相应的发货及账簿记录，而且不易发现多记的收入。

使用该方法时应注意两点：相应的发运凭证是否齐全，特别应注意有无报告期内已作收入而下期初用红字冲回，并且无发货、收货记录，以此来调节前后期利润的情况；被审计单位的发票存根是否已全部提供，有无隐瞒。为此，应查看被审计单位的发票领购簿，尤其应关注普通发票的领购和使用情况。因此，使用这种方法主要是为了防止少计收入。

③ 以发运凭证为起点。从资产负债表日前后若干天的发运凭证查至发票开具情况与账簿记录，确定主营业务收入是否已记入恰当的会计期间。该方法的优缺点与方法二类似，具体操作中还应考虑被审计单位的会计政策才能作出恰如其分的处理。因此，使用这种方法主要也是为了防止少计收入。

上述3条审计路线在实务中均被广泛采用，它们并不是孤立的，注册会计师可以考虑在同一被审计单位财务报表审计中并用这3条路线，甚至可以在同一主营业务收入科目审计中并用。实际上，由于被审计单位的具体情况各异，管理层意图各不相同，有的为了想办法完成利润目标、承包指标，更多地享受税收等优惠政策，便于筹资等目的，可能会多计收入；有的则为了以丰补歉、留有余地、推迟缴税时间等目的而少计收入。因此，为提高审计效率，注册会计师应当凭借专业经验和所掌握的信息、资料作出正确判断，选择其中的一条或两条审计路线实施更有效的收入截止测试。

(8) 审查销售退回、销售折让与折扣在销售过程中由于各种各样的原因，会发生销售退回、销售折让与折扣，尽管引起销售折扣、退回与折让的原因不尽相同，其表现形式也不尽一致。但都是对收入的抵减，直接影响收入的确认和计量。折扣与折让的实质性程序主要包括以下几个方面。

① 获取或编制折扣与折让明细表，复核加计正确，并与明细账合计数核对相符。

② 取得被审计单位有关折扣与折让的具体规定和其他文件资料，并抽查较大的折扣与折让发生额的授权批准情况，与实际执行情况进行核对，检查其是否经授权批准，是否合法、真实。

③ 检查销售退回的产品是否已验收入库并登记入账，有无形成账外物资情况；销售折让与折扣是否及时足额提交对方，有无虚设中介、转移收入、私设账外“小金库”等情况。

④ 检查折扣与折让的会计处理是否正确。

(9) 检查有无未经顾客认可的巨额的销售。

(10) 检查外币收入折算汇率及折算是否正确。

(11) 检查有无特殊的销售行为。如附有销售退回条件的商品销售、委托代销、售后回购、以旧换新、商品需要安装和检验的销售、分期收款销售、出口销售、售后租回等，确定恰当的审计程序进行审核。

(12) 调查集团内部销售的情况。记录其交易价格、数量和金额，并追查在编制合并财务报表时是否已予以抵消。

(13) 调查向关联方销售的情况。记录其交易品种、数量、价格、金额以及占主营业务收入总额的比例。

(14) 确定主营业务收入的列报是否恰当。检查是否在财务报表附注中披露收入确认政策，以及关联方交易等信息。

阅读资料 9-1

注册会计师李文对×公司 2000 年度的销售收入进行分析性复核时，发现本年度的销售收入比上年明显减少，对照在前期调查了解到该公司本年度生产销售情况是历史上最好的实际情况。因此，李文置疑销售收入的真实性。于是，李文抽查了 9 月份、12 月份相关的会计凭证，发现其原始凭证中有销货发票的记账联，而记账凭证中反映的是“应付账款”，共计 120 万元。李文针对这种情况，询问了有关的当事人，并向应付账款的对方企业函证，结果发现 A 公司是将企业正常的销售收入反映在“应付账款”中，作为其他企业的暂存款处理。

要求：请代李文作审计分析。

2. 应收账款审计

1) 取得或编制应收账款明细表

注册会计师首先应取得或编制应收账款明细账，复核加计正确，并与总账数和明细账合计数核对相符；结合坏账准备科目与报表数核对相符；分析有贷方余额的项目，查明原因，必要时建议作重分类调整。

2) 检查应收账款账龄分析是否正确

应收账款的账龄，是指资产负债表中的应收账款从销售实现、产生应收账款之日起，至资产负债表日止所经历的时间。注册会计师可以通过编制或索取应收账款账龄分析表来分析应收账款的账龄，以便了解应收账款的可收回性和坏账准备计提的充分性。

3) 对应收账款实施实质性分析程序

(1) 复核应收账款借方累计发生额与主营业务收入是否配比，并结合当前经济环境判断其合理性。

(2) 比较当年度与以前年度应收账款的余额、账龄和回收期，并结合当前经济环境进行分析，查明异常情况的原因。

(3) 比较当年度与以前年度坏账准备与应收账款和主营业务收入的比率，并查明异常原因。

(4) 在明细表上标注重要客户，并编制、分析对重要客户的应收账款增减变动表，必要时，收集客户资料分析其变动合理性。

4) 向债务人函证应收账款

函证是指注册会计师为了获取影响财务报表或相关披露认定的项目的信息，通过直接来自第三方对有关信息和现存状况的声明获取和评价审计证据的过程。函证是应收账款审计中最重要的一项审计程序。

函证应收账款的目的在于证实应收账款账户余额的真实性、正确性，防止或发现被审计单位及其有关人员在销售交易中发生的错误或舞弊行为。通过函证，可以有效地证明被债务人的存在和被审计单位记录的可靠性。

(1) 函证的范围和对象。注册会计师应当对应收账款进行函证，除非有充分证据表明应收账款对被审计单位财务报表而言是不重要的，或者函证很可能是无效的。例如，注册会计师可能基于以前年度的审计经验，认为被询证者很可能不回函，或者就是回函也不可信，那就可以不函证。如果是这样，注册会计师应当在工作底稿中说明理由并且要实施替代审计程序，获取充分、适当的审计证据。

函证量的多少是由诸多因素决定的，主要如下：应收账款在全部资产中的重要性。若应收账款在全部资产中所占的比重较大，则函证的范围应相应大一些。被审计单位内部控制的强弱。若内部控制制度较健全，则可以相应减少函证量；反之，则应相应扩大函证范围。以前期间的函证结果。若以前期间函证中发现过重大差异，或欠款纠纷较多，则函证范围应相应扩大一些，反之，则小一些。函证方式的选择。若采用积极的函证方式，则可以相应减少函证量；若采用消极的函证方式，则要相应增加函证量。

一般情况下，注册会计师选择以下项目作为函证对象：大额或账龄较长的项目；与债务人发生纠纷的项目；关联方项目；主要客户(包括关系密切的客户)项目；交易频繁但期末余额较小甚至余额为零的项目；可能产生重大错报或舞弊的非正常的项目。

(2) 函证的方式。函证的方式有两种，分为积极式函证和消极式函证。

① 积极的函证方式。采用积极的函证方式，注册会计师要求被询证者在所有情况下必须回函，确认询证函所列示信息是否正确，或填列询证函要求的信息。

积极的函证方式又分为两种：一种是在询证函中列明拟函证的账户余额或其他信息，要求被询证者确认所函证的款项是否正确。通常认为，对这种询证函的回复能够提供可靠的审计证据。但是，其缺点是被询证者可能对所列示信息根本不加以验证就予以回函确认。为了避免这种风险，注册会计师可以采用另外一种询证函，即在询证函中不列明账户余额或其他信息。而要求被询证者填写有关信息或提供进一步信息。由于这种询证函要求被询证者做出更多的努力，可能会导致回函率降低，进而导致注册会计师执行更多的替代程序。

在采用积极的函证方式时，只有注册会计师收到回函，才能为财务报表认定提供审计证据。注册会计师没有收到回函，可能是由于被询证者根本不存在，或是由于被询证者没有收到询证函，也可能是由于询证者没有理会询证函。因此，无法证明所函证信息是否正确。

阅读资料 9-2

积极式询证函(格式一)

企业询证函

编号:

× ×(公司):

本公司聘请的× ×会计师事务所正在对本公司× ×年度财务报表进行审计,按照中国注册会计师审计准则的要求,应当询证本公司与贵公司的往来账项等事项。下列数据出自本公司账簿记录,如与贵公司记录相符,请在本函下端"信息证明无误"处签章证明;如有不符,请在"信息不符"处列明不符金额。回函请直接寄至× ×会计师事务所。

回函地址:

邮编:　　电话:　　传真:　　联系人:

1. 本公司与贵公司的往来账项列示如下:　　单位:元

截止日期	贵公司欠	欠贵公司	备　注

2. 其他事项:

本函仅为复核账目之用,并非催款结算。若款项在上述日期之后已经付清,仍请及时函复为盼。

(公司盖章)

年　月　日

结论:1. 信息证明无误。

(公司盖章)

年　月　日

经办人:

信息不符,请列明不符的详细情况:

(公司盖章)

年　月　日

经办人:

积极式询证函(格式二)

企业询证函

编号:

× ×(公司):

本公司聘请的× ×会计师事务所正在对本公司× ×年度财务报表进行审计,按照中国注册会计师审计准则的要求,应当询证本公司与贵公司的往来账项等事项。请列示截止× ×年×月×日贵公司与本公司往来款项余额。回函请直接寄至× ×会计师事务所。

回函地址:

邮编:　　电话:　　传真:　　联系人:

本函仅为复核账目之用,并非催款结算。若款项在上述日期之后已经付清,仍请及时函复为盼。

(公司盖章)

年　月　日

1. 贵公司与本公司的往来账项列示如下:　　单位:元

截止日期	贵公司欠	欠贵公司	备　注

2. 其他事项:

(公司盖章)

年　月　日

经办人:

② 消极的函证方式。如果采用消极的函证方式，注册会计师只要求被询证者仅在不同意询证函列示信息的情况下才予以回函。

在采用消极的函证方式时，如果收到回函，能够为财务报表认定提供说服力强的审计证据。未收到回函可能是因为被询证者已收到询证函且核对无误，也可能是因为被询证者根本就没有收到询证函。因此，积极的函证方式通常比消极的函证方式提供的审计证据可靠。因而在采用消极的方式函证时，注册会计师通常还需辅之以其他审计程序。

当同时存在下列情况时，注册会计师可考虑采用消极的函证方式：重大错报风险评估为低水平；涉及大量余额较小的账户；预期不存在大量的错误；没有理由相信被询证者不认真对待函证。

阅读资料 9-3

消极式询证函

企业询证函

编号:

××（公司）:

本公司聘请的××会计师事务所正在对本公司××年度财务报表进行审计，按照中国注册会计师审计准则的要求，应当询证本公司与贵公司的往来账项等事项。下列数据出自本公司账簿记录，如与贵公司记录相符，则无需回复；如有不符，请直接通知会计师事务所，并请在空白处列明贵公司认为是正确的信息。回函请直接寄至××会计师事务所。

回函地址:

邮编:　　　　电话:　　　　传真:　　　　联系人:

1. 本公司与贵公司的往来账项列示如下:

单位：元

截止日期	贵公司欠	欠贵公司	备　注

2. 其他事项:

本函仅为复核账目之用，并非催款结算。若款项在上述日期之后已经付清，仍请及时核对为盼。

(公司盖章)

年　　月　　日

××会计师事务所:

上面的信息不正确，差异如下:

(公司盖章)

年　　月　　日

经办人:

在审计实务中，注册会计师可以使用某一种方式进行函证，也可将这两种方式结合使用。例如，当应收账款的余额是由少量的大额应收账款和大量的小额应收账款构成时，注册会计师可以对所有的或抽取的大额应收账款样本采用积极的函证方式，而对抽取的小额应收账款样本采用消极的函证方式。

积极的函证方式提供的审计证据通常比消极的函证方式提供的审计证据更可靠。

(3) 函证时间的选择。注册会计师通常以资产负债表日为截止日，在资产负债表日后适当时间内实施函证。如果重大错报风险评估为低水平，注册会计师可选择资产负债表日前适当日期为截止日实施函证，并对所函证项目自该截止日起至资产负债表日止发生的变动实施实质性程序。

(4) 函证的实施与控制。注册会计师通常利用被审计单位提供的应收账款明细账户名称及客户地址等资料据以编制询证函，但注册会计师应当对选择被询证者、设计询证函以及发出和收回询证函保持控制。出于掩盖舞弊的目的，被审计单位可能想方设法拦截或更改询证函及回函的内容。如果注册会计师对函证程序控制不严密，就可能给被审计单位造成可乘之机，导致函证结果发生偏差和函证程序失效。

函证实施过程的控制。注册会计师应当采取下列措施对函证实施过程进行控制：将被询证者的名称、地址与被审计单位有关记录进行核对；将询证函中列示的账户余额或其他信息与被审计单位有关资料进行核对；在询证函中指明直接向接受审计业务委托的会计师事务所回函；询证函经被审计单位盖章后，由注册会计师直接发出；将发出询证函的情况形成审计工作记录；将收到的回函形成审计工作记录，并汇总统计函证结果。

以传真、电子邮件等方式回函时的处理。这些方式能使注册会计师及时得到回函信息，但由于这些方式易被截留、篡改或难以确定回函者的真实身份，因此，注册会计师应当直接接收，并要求被询证者及时寄回询证函原件。

积极式函证而未能收到回函时的处理。注册会计师应当考虑与被询证者联系，要求对方作出回应或再次寄发询证函。如果未能得到被询证者的回应，注册会计师应当实施替代审计程序。所实施的替代程序因所涉及的账户和认定而异，但替代审计程序应当能够提供实施函证所能够提供的同样效果的审计证据。如检查与销售有关的文件，包括销售合同或协议、销售订单、销售发票副本及发运凭证等，以验证这些应收账款的真实性。

除非同时满足以下两个条件，否则，注册会计师应当实施替代程序：①注册会计师没有发现不回函存在异常原因或具有规律性。②如果测试高估错报，在推断总体结果时，将所有没有收到回函的金额视为百分之百错误，由此得出的总体错报金额与其他领域的未调整错报相加，并不影响注册会计师对财务报表是否存在重大错报得出的结论。

阅读资料 9-4

资料：某审计人员于2002年2月对华光公司2001年度会计报表进行审计时，审查发现华光公司2001年5月销售给B企业一批产品，价款为58 000元(含应向购货方收取的增值税额)，B企业于6月收到所购物资并验收入库。按合同规定B企业应于收到所购物资后一个月内付款。华光公司于12月31日编制2001年度会计报表时，已为该项应收账款提取坏账准备2 900元(假定坏账准备提取比例为5%)，12月31日资产负债表上“应收账款”项目的余额是80 000元，“坏账准备”项目的余额是4 000千元，该项应收账款已按58 000元列入资产负债表“应收账款”项目内。华光公司于2002年2月1日收到B企业通知，B企业已进行破产清算，无力偿还所欠部分货款，预计华光公司可收回应收账款的40%。该事项属于资产负债表日后事项中的调整事项，但华光公司未予调整。

要求：指出该审计人员对此事项的处理意见。

(5) 对不符事项的处理。收回的询证函若有差异，即函证出现了不符事项。如果发现了不符事项，注册会计师应当提请被审计单位查明原因，并作进一步分析和核实。

(6) 对函证结果的总结和评价。注册会计师应将函证的过程和情况记录在工作底稿中，并据以评价函证的可靠性。在评价函证的可靠性时，注册会计师应当考虑：对询证函的设计、发出及收回的控制情况；被询证者的胜任能力、独立性、授权回函情况、对函证项目的了解及其客观性； 被审计单位施加的限制或回函中的限制。注册会计师应重新考虑：对内部控制的原有评价是否适当；控制测试的结果是否适当；分析程序的结果是否适当；相关的风险评价是否适当等。

注册会计师对函证结果可进行如下评价：①如果函证结果表明没有审计差异，则注册会计师可以合理地推论，全部应收账款总体是正确的；②如果函证结果表明存在审计差异，注册会计师则应当估算应收账款总额中可能出现的累计差错是多少；估算未被选中进行函证的应收账款的累计差错是多少，为取得更加准确的估计也可以进一步扩大函证范围。

对于未函证的应收账款，注册会计师应抽查与销售有关的文件，如销售合同、顾客订单、销售发票副本及装运单等，以验证这些应收账款的真实性。

5) 检查坏账的确认和处理

对于发生的坏账损失，注册会计师首先应检查有无债务人破产或者死亡的，以及破产或以遗产清偿后仍无法收回的，或者债务人长期未履行清偿义务的应收账款；其次应检查被审计单位坏账的处理是否经授权批准，有关会计处理是否正确。

6) 抽查结算业务的债权和长期挂账的应收账款

不属于结算业务的债权，不应在应收账款中进行核算。因此，注册会计师应抽查应收账款明细账，并追查有关原始凭证，查证被审计单位有无不属于结算业务的债权。如有，应做记录或建议被审计单位作适当调整。检查有无长期挂账的应收账款，并分析其形成的原因，根据不同情况，建议被审计单位作出适当的处理或必要的调整。

7) 检查应收账款的贴现、质押或出售

按规定企业以其按照销售商品、提供劳务的销售合同所产生的应收债权向银行等金融机构贴现，在进行会计核算时，应按照“实质重于形式”的原则，充分考虑交易的经济实质。对于有明确的证据表明有关交易事项满足销售确认条件，如与应收债权有关的风险和报酬实质上已经发生转移等，应按照出售应收债权处理，并确认相关损益。否则，应作为以应收债权为质押取得的借款进行会计处理。

8) 检查外币应收账款的折算

对于用外币结算的应收账款，注册会计师应从以下几方面进行审核：①检查被审计单位外币应收账款的增减变动是否采用交易发生日的即期汇率或者与交易发生日即期汇率近似的汇率将外币金额折算为记账本位币金额，选择采用汇率的方法前后各期是否一致；②期末外币应收账款余额是否采用期末即期汇率折合为记账本位币金额；③折算差额的会计处理是否正确。

9) 分析应收账款明细账余额

应收账款明细账的余额一般在借方。在分析应收账款明细账余额时，注册会计师如果发现应收账款出现贷方明细余额的情形，应查明原因，必要时建议作重分类调整。

10) 确定应收账款的列报

注册会计师检查资产负债表上的“应收账款”项目，看是否根据应收账款明细账和预收账款明细账的借方余额合计数扣除应收账款计提的坏账准备余额来填列。

例如：ABC 公司 2007 年度的资产负债表“应收账款”数额为 1 652 000 元，与应收账款总账余额相符。经审计发现应收账款 D 公司明细账有贷方余额 250 000 元，经查系 D 公司的预付货款，尚未履行供货合同。根据规定应予重分类调整，该公司按应收账款余额的千分之五计提坏账准备。调整分录如下：

借：应收账款——D 公司 250 000

　贷：预收货款——D 公司 250 000

借：资产减值损失 1 250

　贷：坏账准备 1 250

如果被审计单位为上市公司，则其财务报表附注通常应披露应收账款期初、期末余额的账龄分析、期末欠款金额较大的单位账款，以及持有 5%以上(含 5%)股份的股东单位账款等情况。

3. 坏账准备审计

企业会计准则规定，企业应当在期末对应收账款、应收票据、预付账款、其他应收款和长期应收款等应收款项进行检查，并预计可能产生的坏账损失。下面以应收账款计提坏账准备为例，阐述其实质性程序。

(1) 取得或编制坏账准备明细表。注册会计师首先应取得或编制坏账准备明细表，复核加计正确，与坏账准备总账数、明细账合计数核对相符。

(2) 核对应收账款坏账准备的本期计提数。注册会计师应将应收账款坏账准备本期计提数与资产减值损失相应明细项目的发生额核对相符。

(3) 检查应收账款坏账准备计提和核销是否符合规定。企业通常应采用备抵法核算坏账损失，计提坏账损失的具体方法由企业自行确定。企业应当列出目录，具体注明计提坏账准备的范围、提取方法、账龄的划分和提取比例，按照管理权限，经股东大会或董事会，或经理(厂长)会议或类似机构批准，且报有关各方备案，同时，备置于公司所在地，以供投资者查阅。坏账准备提取方法一经确定，不得随意变更。如需变更，仍然应按上述程序经批准后报有关各方备案，并在财务报表附注中说明变更的内容和理由、变更的影响数等。

例如：D 公司采用应收账款余额百分比发计提坏账准备，自行确定的比例为 2%。年末应收账款借方余额为 700 万元，预收账款借方余额 300 万元，坏账准备期初余额为 20 万元，本期发生坏账损失 30 万元，本期收回前期已核销的坏账 15 万元。期末应收账款中应收 E 公司货款 60 万元，有确凿证据表明只能收回 50%。D 公司年末计提了 10 万元的坏账准备，计提后坏账准备的期末余额为 15 万元。

分析：对于上述事项 D 公司计提的坏账准备不恰当。按规定，企业应按照应收账款和预收账款科目的借方金额合计计提坏账准备。应收 E 公司货款 60 万元，有确凿证据表明只能收回 50%，应同时采用个别认定法计提坏账准备。应建议 D 公司进行调整，补提坏账准备 33.8 万元[(700＋300-60)×2%＋60×50%-15]。调整分录为：

借：资产减值准备 338 000

　贷：坏账准备 338 000

(4) 检查坏账损失的发生和转销是否符合有关规定，会计处理是否正确。对于被审计单位在被审期间内发生的坏账损失，注册会计师应检查其原因是否清楚，是否符合有关规定，有无授权批准，有无已做坏账处理后又重新收回的应收账款，相应的会计处理是否正确。对有确凿证据表明确实无法收回的应收账款，如债务单位已撤销、破产、资不抵债、现金流量严重不足等，企业应根据管理权限，经股东(大)会或董事会，或经理(厂长)办公会或类似机构批准作为坏账损失，冲销提取的坏账准备。

(5) 检查长期挂账的应收账款。注册会计师应检查应收账款明细账及相关原始凭证，查找有无资产负债表日后仍未收回的长期挂账应收账款，如有，应提请被审计单位作适当处理。

(6) 检查函证结果。对债务人回函中反映的例外事项及存在争议的余额，注册会计师应查明原因并做记录。必要时，应建议被审计单位作相应的调整。

(7) 实施分析程序。通过计算坏账准备余额占应收账款余额的比例并和以前期间的相关比例比较，评价应收账款坏账准备计提的合理性。

(8) 确定应收账款坏账准备的列报与披露是否恰当。企业应当在财务报表附注中清晰地说明坏账的确认标准、坏账准备的计提方法和计提比例。并且，上市公司还应在财务报表附注中分项披露如下事项：①本期全额计提坏账准备，或计提坏账准备的比例较大的(计提比例一般超过40%及以上的)应说明计提的比例以及理由；②以前期间已全额计提坏账准备，或计提坏账准备的比例较大但在本期又全额或部分收回的，或通过重组等其他方式收回的，应说明其原因、原估计计提比例的理由以及原估计计提比例的合理性；③对某些金额较大的应收账款不计提坏账准备或计提坏账准备比例较低(一般为5%或低于5%)的理由；④本期实际冲销的应收账款及其理由，其中，实际冲销的关联交易产生的应收账款应单独披露。

4. 预收款项审计

预收款项是在企业销售交易成立以前，预先收取的部分货款。由于预收款项是随着企业销售交易的发生而发生的，注册会计师应结合企业销售交易对预收款项进行审计。

(1) 获取或编制预收款项明细表。复核加计正确，并与报表数、总账数和明细账合计数核对相符；以外币结算的预收款项，检查其采用的折算汇率及折算是否正确；检查是否存在借方余额，必要时进行重分类调整；检查是否存在应收、预收两方挂账的项目，必要时作出调整。

(2) 审核已转销的预收账款。在预收款项明细表上标出截至审计日已转销的预收款项，对已转销金额较大的预收款项进行检查，核对记账凭证、仓库发货单、货运单据、销售发票等，并注意这些凭证日期的合理性；抽查预收款项有关的销售合同或协议、仓库发货记录、货运单据和收款凭证。检查已实现销售的商品是否及时转销预收款项，确定预收款项期末余额的正确性和合理性。

(3) 选取函证测试样本并进行函证。函证测试样本通常应考虑选择大额或账龄较长的项目、关联方项目以及主要客户项目，根据回函情况编制函证结果汇总表。对于回函金额不符的，应查明原因并作出记录或建议作适当调整；对于未回函的，应再次函证或通过检查资产负债表日后已转销的预收款项是否与仓库发运凭证、销售发票相一致等替代程序，确定其是否真实、正确。

(4) 检查长期挂账的预收账款。

(5) 检查税费的交纳情况。对预收款项中按税法规定应预缴税费的预收销售款，结合应交税费项目检查是否及时、足额缴纳有关税费。

(6) 确定预收款项的披露是否恰当。如果被审计单位是上市公司，其财务报表附注通常应披露持有其5%以上(含5%)股份的股东单位账款情况，并说明账龄超过1年的预收款项未结转的原因。

5. 应交税费审计

企业在一定时期内取得的营业收入和实现的利润，要按规定向国家缴纳相应的税费。这些应交的税费通常应按权责发生制原则预提计入有关账户，在尚未缴纳前就形成了企业的一项负债“应交税费”。

(1) 取得或编制应交税费明细表。复核其加计数是否正确，并与报表数、总账数和明细账合计数核对相符；核对年初应交税费与税务机关的认定数是否一致，作出记录，如有差额，查明原因，必要时建议作适当调整。

(2) 查阅相关纳税与计征的文件。首次接受委托时，取得被审计单位的纳税鉴定、纳税通知、减免税批准文件等，了解被审计单位适用的税种、附加税费、计税(费)基础、税(费)率，以及征、免、减税(费)的范围与期限。连续接受委托时，关注其变化情况。

(3) 审查各种税费交纳的原始资料。取得税务部门汇算清缴或其他确认文件、有关政府部门的专项检查报告、税务代理机构专业报告、被审计单位纳税申报资料等，分析其有效性，并与上述明细表及账面数据进行核对。必要时，向主管税务部门函证应交税费的本期应交数和期末未交数。

(4) 检查税费减免情况。检查被审计单位获得税费减免或返还时的会计处理是否正确，依据是否充分、合法和有效。

(5) 检查个税的计算、交纳与账务处理。

6. 销售费用审计

(1) 获取或编制销售费用明细表，并与报表、明细账和总账核对相符。

(2) 与被审计单位讨论销售费用各明细项目的性质，并执行分析程序。将本年销售费用明细项目与上一年度的进行比较，分析有无异常变化；利用所取得的销售费用明细表(或周报、月报、季报等)，进行波动分析； 将销售费用与主营业务收入相比较，确定其合理性。

(3) 确定销售费用分类是否正确。确定销售费用的项目设置和开支标准是否合规，是否划清销售费用与其他费用的界限。

(4) 确定销售费用的金额是否正确。估算测试销售费用明细项目并与相关项目相核对；从销售费用账户的借方发生额出发，追查至相应的发票等原始凭证，以确认该笔费用的真实性以及是否经过恰当的审批。

(5) 进行销售费用截止测试。从截止日前后的销售费用账户的借方发生额中选取样本，追查至相应的发票等原始凭证，确认发票等原始凭证日期与会计记录日期是否为同一会计期间，看有无跨期现象。

(6) 检查销售费用的列报与披露是否恰当。

本章小结

销售与收款循环审计的内容包括销售与收款循环的主要业务活动、所涉及的主要凭证和会计记录、重大错报风险征兆、销售与收款循环审计的控制测试和实质性程序。

销售与收款的内部控制从职责分离、授权审批、信息处理、寄出对账单、实物控制和内部核查程序等几个方面进行设计；销售与收款循环控制测试程序包括抽取并检查销售发票；抽取并检查发货单或提货单；抽取并检查主营业务收入明细账；抽取并检查销售调整业务；抽取并检查记账凭证和应收账款明细账；询问相关人员、观察职员的操作流程等。销售与收款循环的实质性程序主要有营业收入、应收账款、坏账准备、预收账款、应交税费、销售费用审计等。

习　题

一、单项选择题

1. 销售与收款循环主要凭证和记录按业务顺序依次为(　　)。
   A. 订货单、贷项通知单、现金日记账
   B. 订货单、销货单、销货合同、发运单、发票
   C. 销货日记账、发票、贷项通知单、收款凭证
   D. 发货单、销货合同、订货单
2. 审查所有销售业务是否均已登记入账，最有效的程序是(　　)。
   A. 从销售单追查至销售收入明细账
   B. 从货运文件追查至销售收入明细账
   C. 从销售单追查至货运文件
   D. 从货运文件追查至销售发票
3. 对于未予函证的应收账款，应当执行的最有效的审计程序是(　　)。
   A. 重新测试相关的内部控制制度
   B. 审查与应收账款有关的销货凭证
   C. 进行分析程序
   D. 审查资产负债表日后的收款情况
4. 审计人员使用函证程序审查应收账款时，最难发现的错误是(　　)。
   A. 应收账款提前入账　　B. 应收账款的金额错误
   C. 漏记应收账款　　D. 虚列应收账款
5. 对被审计单位注销应收某客户 95 万元账款，审计人员应重点审查的内容是(　　)。
   A. 注销坏账的审批文件　　B. 赊销政策
   C. 全年销售计划　　D. 坏账准备的计提政策

二、多项选择题

1. 审计已发生的销货业务是否均已登记入账时，常用的控制测试程序有(　　)。
   A. 检查发运凭证连续编号的完整性
   B. 检查赊销业务是否经适当的授权批准
   C. 检查销售发票连续编号的完整性
   D. 观察已经寄出的对账单的完整性
   E. 观察发运凭证的完整性

2. 函证应收账款时，肯定式函证经二次发函仍不回复，有可能是(　　)。

A. 账款已归还，不愿再回复

B. 根本不存在该客户

C. 客户发生重大财务困难或已经破产

D. 询证函邮寄丢失

E. 数额核对相符

3. 审查营业收入计算的正确性时，如果被审计单位以现金或支票结算方式销售产品，则应与销货发票存根相核对的账户有(　　)。

A. 应收账款明细账　　B. 银行存款日记账　　C. 主营业务收入明细账

D. 应收票据明细账　　E. 现金日记账

4. 审查中发现主营业务收入明细账记有销售退回业务，但未查到退货凭证，可能存在的问题有(　　)。

A. 隐匿营业收入　　B. 虚增营业收入　　C. 偷税漏税

D. 虚减利润　　E. 资产虚减

5. 在运用分析性复核方法检查主营业务收入的完整性时，审计人员可以实施的程序有(　　)。

A. 计算本期主要产品的销售额和毛利率，并与上期比较

B. 比较本期各月主营业务收入的波动情况

C. 比较本期各月主营业务收入的实际数与计划数

D. 计算本期存货周转率，并与上期比较

E. 计算本期流动比率，并与上期比较

三、简析题

ABC会计师事务所接受D公司委托，审计了D公司2009年度财务报表。D公司是上市公司，2007年度、2008年度公司经营均亏损，2009年度扭亏为盈。ABC会计师事务所审计人员对D公司实施了风险评估程序后，初步怀疑D公司有虚增销售收入的可能。审计人员将营业收入虚增列入重大错报风险领域。

要求：

1. 填写下表：根据上述情况，请回答高估销售收入主要的3类情形是什么？并简要设计出相应的应对程序。

高估收入主要的3类情形	相应的程序

2. 注册会计师拟重点实施营业收入截止测试。填写下表，分别回答截止测试3条审计路线中的起点是什么？每条路线的截止测试程序是什么？每条路线主要测试的目的是什么？

截止测试路线	测试起点	实施的截止测试程序	实施的主要目的
1			
2			
3			

3. 请回答注册会计师认为被单位有虚增销售收入的可能时，应重点实施的截止测试路线的起点是什么？

第10章 购货与付款循环审计

教学目标

通过本章的学习，了解购货与付款循环相关的主要凭证和记录，购货与付款循环相关的主要业务活动和关键内部控制，掌握购货与付款循环的控制测试，掌握购货与付款循环的交易类别测试，掌握应付账款和固定资产的实质性程序。

教学要求

购货与付款循环的重大错报风险，采购、付款、固定资产的控制测试，应付账款的余额测试，固定资产和折旧的细节测试。

基本概念

购货与付款循环　应付账款实质性程序　固定资产实质性程序

导入案例

美国“废品管理公司”随意改变折旧方法

注册会计师苏锐对中华公司的购货与付款循环进行控制测试，在调查阶段，通过问卷形式了解中华公司购货与付款美国废品管理公司是世界上最大的垃圾处理公司，1971年在纽约证券交易所上市。20世纪90年代后，废品管理公司的管理当局可谓是四面楚歌——经营环境恶化、全行业业绩下滑；先后进行拓展新业务的投资效果不理想；通过兼并、收购手法创造的利润扩容效应已经被高昂的合并成本吞噬，过去行之有效的方法难以为继等。内外交困的艰难处境直接催生了舞弊行为。1998年2月，废品管理公司公布了审计委员会的清查结果：1992—1997年9月期间，废品管理公司对外披露的财务报告严重失实，虚增了17亿美元的税前利润，少计了约1.9亿美元的所得税费用。

废品管理公司的一个主要舞弊手法是随意改变折旧方法，蓄意少计折旧费用。运送垃圾的车队及集装箱运输船队是废品管理公司的主要固定资产。迫于利润压力，废品管理公司的高管人员通过随意延长垃圾车和船队的预计使用年限，同时毫无根据地提高残值比率，轻而易举地达到减少当前折旧费用，夸大经营利润的目标。以运送垃圾的卡车为例，废品管理北美公司(WMNA)过去一直按照每辆卡车使用年限为8年且不预留残值的假设计提折旧(符合业内的标准)，但废品管理公司在合并WMNA报表时，却进行了所谓的“高层调整”，改按另一套不同的假设(每辆卡车使用年限为12年且残值为3万美元)重新调整WMNA的卡车折旧费。截至1996年，废品管理公司通过随意改变折旧方法，累计少计提的车辆、船队、设备和容器器具折旧费高达5.09亿美元。此外，废品管理公司还故意混淆资本支出与收益支出，将期间费用资本化。1989—1997 年间，废品管理公司通过所谓的“净账面价值法”，将应计入期间费用的已经建成并交付使用的垃圾掩埋场的利息费用继续资本化为在建工程或固定资产。废品管理公司 1998 年 3 月向证券交易委员会提交的 8K 临时报告表明，在 1992—1996 年间，该公司累计将 1.92 亿美元的利息费用资本化，在夸大了利润总额的同时，也高估了在建工程和固定资产的价值。

资料来源：黄世忠. 会计数字游戏. 美国十大财务舞弊案例剖析. 北京：中国财政经济出版社，2003 年.

点评：

注册会计师对购货与付款循环进行控制测试时，应从购货与付款循环的关键控制点设计控制测试。

10.1 购货与付款循环概述

企业的购货与付款循环包括购买商品、劳务和固定资产，以及企业在经营活动中为获取收入而发生的直接或间接的支出。部分支出可能与产品收入直接相关，部分支出可能会形成企业资产，而这些资产又形成了企业经营活动的基础。购货与付款循环审计所涉及的资产和负债，在企业的资产和负债中占有相当的比重，管理上也存在一定的难度。因此，重视和加强购货与付款循环的审计具有重要意义。

10.1.1 购货与付款循环涉及的主要业务活动

购货与付款循环涉及采购、验收、储存、会计等部门，企业应尽可能地将各项职能活动指派给不同的部门或职员来完成，以保证业务处理正确、可靠。典型的购货(以采购货物为例)与付款循环所涉及的主要业务活动应包括 8 个方面的内容。

(1) 请购商品和劳务。

仓库负责对需要购买的已列入存货清单的项目填写请购单，其他部门也可以对所需要购买的未列入存货清单的项目编制请购单。大多数企业对正常经营所需的物资的购买均作一般授权，如仓库在现有库存达到再订购点时就可直接提出采购申请，其他部门也可为正常的维修工作和类似工作直接申请采购有关物品。但对资本支出和租赁合同，企业政策则通常要求作特别授权，只允许指定人员提出请购。请购单可由手工或计算机编制。由于企业内不少部门都可以填列请购单，不便事先编号，为加强控制，每张请购单必须经过对这类支出预算负责的主管人员签字批准。

请购单是证明有关采购交易的“发生”认定的凭据之一，也是采购交易轨迹的起点。

(2) 编制订购单。

采购部门在收到请购单后，只能对经过批准的请购单发出订购单。对每张订购单，采购部门应确定最佳的供应来源。对一些大额、重要的采购项目，应采取竞价方式来确定供应商，以保证供货的质量、及时性和成本的低廉。

订购单应正确填写所需要的商品品名、数量、价格、厂商名称和地址等，预先予以编号并经过被授权的采购人员签名。其正联应送交供应商，副联则送至企业内部的验收部门、应付凭单部门和编制请购单的部门。随后，应独立检查订购单的处理，以确定是否确实收到商品并正确入账。这项检查与采购交易的“完整性”认定有关。

(3) 验收商品。

有效的订购单代表企业已授权验收部门接受供应商发运来的商品。验收部门首先应比较所收商品与订购单上的要求是否相符，如商品的品名、说明、数量、到货时间等，然后再盘点商品并检查商品有无损坏。

验收后，验收部门应对已收货的每张订购单编制一式多联、预先编号的验收单，作为验收和检验商品的依据。验收人员将商品送交仓库或其他请购部门时，应取得经过签字的收据，或要求其在验收单的副联上签收，以确立他们所采购的资产应负的保管责任。验收人员还应将其中的一联验收单送交应付凭单部门。

验收单是支持资产或费用以及与采购有关的负债的“存在或发生”认定的重要凭证。定期独立检查验收单的顺序以确定每笔采购交易都已编制凭单，则与采购交易的完整性认定有关。

(4) 储存已验收的商品存货。

将已验收商品的保管与采购的其他职责相分离，可减少未经授权的采购和盗用商品的风险。存放商品的仓储区应相对独立，限制无关人员接近。这些控制与商品的“存在”认定有关。

(5) 编制付款凭单。

记录采购交易之前，应付凭单部门应编制付款凭单。

(6) 确认与记录负债。

正确确认已验收货物和已接受劳务的债务，要求准确、及时地记录负债。该记录对企业财务报表反映和企业实际现金支出有重大影响。因此，必须特别注意，按正确的数额记载企业确实已发生的购货和接受劳务事项。

(7) 付款。

通常情况下，由应付凭单部门负责确定未付凭单在到期日付款。

(8) 记录现金、银行存款支出。

会计部门应根据已签发的支票编制付款记账凭证，并据以登记银行存款日记账及其他相关账簿。

10.1.2 购货与付款循环涉及的主要凭证和会计记录

购货与付款交易通常要经过请购—订货—验收—付款这样的程序，与销售与收款交易一样，在内部控制比较健全的企业，处理购货与付款业务通常需要使用很多凭证和会计记录。购货与付款循环所涉及的主要凭证和会计记录有以下几种。

(1) 请购单。

请购单是由产品制造、资产使用等部门的有关人员填写，送交购货部门，申请购买商品、劳务或其他资产的书面凭证。

(2) 订购单。

订购单是由采购部门填写，向另一企业购买订购单上所指定商品、劳务或其他资产的书面凭证。

(3) 订货合同。

订货合同是用来明确购置品种、规格、数量、质量、供货日期、付款条件等供需双方责任、权利的书面文件。

(4) 验收单。

验收单是收到商品、资产时所编制的凭证，列示从供应商处收到的商品、资产的种类和数量等内容。

(5) 卖方发票。

卖方发票是供应商开具的，交给买方以载明发运的货物或提供的劳务、应付款金额和付款条件等事项的凭证。

(6) 退货(或折让)通知单。

退货(或折让)通知单是用来反映因退货或折让而减少向供应商付款金额的书面凭证。其格式与卖方发票基本相同，用于证明应付款项减项记录。

(7) 付款凭单。

付款凭单是采购方企业的应付凭单部门编制的，载明已收到商品、资产或接受劳务的厂商、应付款金额和付款日期的凭证。付款凭单是采购方企业内部记录和支付负债的授权证明文件。

(8) 转账凭证。

转账凭证是指记录转账交易的记账凭证，它是根据有关转账业务(即不涉及库存现金、银行存款收付的各项业务)的原始凭证编制的。

(9) 付款凭证。

付款凭证包括现金付款凭证和银行存款付款凭证，是指用来记录库存现金和银行存款支出业务的记账凭证。

(10) 应付账款明细账。

(11) 库存现金日记账和银行存款日记账。

(12) 供应商对账单。

供应商对账单是由供货方按月编制的，标明期初余额、本期购买、本期支付给供应商的款项和期末余额的凭证。供应商对账单是供货方对有关交易的陈述，如果不考虑买卖双方在收发货物上可能存在的时间差等因素，其期末余额通常应与采购方相应的应付账款期末余额一致。

10.1.3 购货与付款循环的重大错报风险征兆

在实施控制测试和实质性程序之前，注册会计师需要了解被审计单位购货与付款交易和相关余额的内部控制的设计、执行情况，评估认定层次和财务报表重大错报风险，并对被审计单位特殊的交易活动和可能影响财务报表真实反映的事项保持职业怀疑态度。这将影响注册会计师审计方法的选择。

影响采购与付款交易和余额的重大错报风险可能包括以下几个方面。

(1) 管理层错报费用支出的偏好和动因。

被审计单位管理层可能为了完成预算，满足业绩考核要求，保证从银行获得额外的资金，吸引潜在投资者，影响股东，影响公司股价，或通过把私人费用计入公司进行个人盈利而错报支出。常见的方法可能有把通常应当及时计入损益的费用资本化，然后通过资产的逐步摊销予以消化。这对增加当年的利润和留存收益都将产生影响；平滑利润。通过多计准备或少计负债和准备，把损益控制在被审计单位管理层希望的程度；利用特别目的实体把负债从资产负债表中剥离，或利用关联方之间的费用定价优势制造虚假的收益增长趋势；通过复杂的税务安排推延或隐瞒所得税和增值税；被审计单位管理层把私人费用计入企业费用，把企业资金当做私人资金运作。

(2) 费用支出的复杂性。

例如，被审计单位开始在国外开展销售交易，管理层对于可能遭遇的问题解决经验有限，甚至不具备进行正确交易的能力。这可能导致费用支出分配的错误、外币换算错误和准备计提的错误。

(3) 管理层凌驾于控制之上和员工舞弊的风险。

例如，通过与第三方串通，把私人费用计入企业费用支出，或有意无意地重复付款。

(4) 采用不正确的费用支出截止期。

将本期采购并收到的商品计入下一会计期间，或者将下一会计期间采购的商品提前计入本期。例如，被审计单位采用离岸价结算方式进口的商品期末尚在途中，由于商品的所有权已经转移，就可能存在低估在途商品的风险。

(5) 低估。

在承受反映较高盈利水平和营运资本的压力下，被审计单位管理层可能试图低估应付账款和准备，包括对存货和应收账款减值以及对已售商品提供的担保应计提的准备。

(6) 不正确地记录外币交易。

当被审计单位进口用于出售的商品时，可能由于采用不恰当的外币汇率而导致该项采购的记录出现差错。在存在诸如远期外汇担保或套期保值交易的情形下，外汇交易记录的复杂性也会导致在记录汇兑损益和套期保值损益时出错，从而使进口存货成本的核算产生错误。此外，还存在未能将运费、保险费和关税等与存货相关的进口费用进行正确分摊的风险。

(7) 舞弊和盗窃的固有风险。

如果被审计单位经营大型零售业务，由于所采购商品和固定资产的数量及支付的款项庞大，交易复杂，容易造成商品发运错误，员工和客户发生舞弊和盗窃的风险较高。如果那些负责付款的会计人员有权接触应付账款主文档，并能够通过在应付账款主文档中擅自添加新的账户来虚构采购交易，风险也会增加。

(8) 延迟向供应商付款。

延迟向供应商付款可能导致不能申请原本可以享受的购货折扣，或者即使提出申请也不被接受，增加了不必要的开支。

(9) 存货的采购成本没有按照适当的计量属性确认。

有货的采购成本没有按照适当的计量属性确认结果可能导致存货成本和销售成本的核算不正确。

(10) 存在未记录的权利和义务。

这可能导致资产负债表分类错误以及财务报表附注不正确或披露不充分。

在计算机环境下，注册会计师既应当考虑常用的控制活动的有效性，也应当考虑特殊的控制活动对于采购与付款交易的适用性。其中最为重要的控制应着眼于计算机程序的更改和供应商主文档中重要数据的变动，因为这会对采购与付款、应付账款带来影响，也会影响对差错和例外事项的处理过程和结果。概言之，针对采购与付款的控制，需要关注如下事项：遗失连续编号的验收单，表明采购交易可能未予入账；出现重复的验收单或发票；供应商发票与订购单或验收单不符。供应商名称及代码与供应商主文档信息中的名称及代码不符；在处理供应商发票时出现计算错误；采购或验收的商品的存货代码无效；处理采购或付款的会计期间出现差错；通过电子货币转账系统把货款转入供应商的银行账户，但该账户并非供应商支付文档指定的银行账户。

总之，购货与付款交易的主要重大错报风险通常是低估费用和应付账款，从而高估利润、粉饰财务状况。该交易循环中的另一项重大错报风险是采购的商品、资产被错误分类，即对本该资本化的予以费用化，或对本应费用化的予以资本化，这都将影响利润和资产或负债。此外，对于付款交易，还应关注被审计单位是否存在未经授权或无效的付款，是否将应计入费用的付款有意无意地冲销不相关的应付账款。

阅读资料 10-1

W 公司主要从事小型电子消费品的生产和销售，产品销售以 W 公司仓库为交货地点。W 公司日常交易采用自动化信息系统(以下简称系统)和手工控制相结合的方式。B 注册会计师负责审计 W 公司 2010 年度财务报表。

资料一：W 公司于 2010 年 7 月完工投入使用的一个仓库被有关部门认定为违章建筑，被要求在 2011 年 6 月底前拆除。2011 年初，W 公司将房屋建筑物折旧年限由 25～35 年变更为 20～35 年，其他设备折旧年限由 8～12 年变更为 8～10 年。残值率仍为 3%。

资料二：B 注册会计师在审计工作底稿中记录了所获取的 W 公司财务数据，部分内容摘录见表 10-1。

表 10-1 W 公司部分财务数据

项 目	2010 年年初数	本年增加	本年减少	2010 年年末数
固定资产原值				
房屋建筑物	4 461	150	0	4 611
机器及其他设备	5 589	230	177	5 642
合计	10 050	380	177	10 253
累计折旧				
房屋建筑物	2 031	140	0	2 171
机器及其他设备	3 007	516	167	3 356
合计	5 038	656	167	5 527
固定资产减值准备	0	0	0	0
固定资产账面价值	5 012	380	666	4 726

要求：针对资料一，结合资料二，假定不考虑其他条件，指出资料一所列事项是否表明存在重大错报风险。如果认为存在，说明该风险属于财务报表层次还是认定层次。属于认定层次的，指出相关事项主要与财务报表项目的哪些认定相关。

10.2 购货与付款循环的控制测试

注册会计师必须了解被审计单位采购交易的内部控制，并确定其存在哪些关键的内部控制及控制目标。注册会计师一旦确认了每一目标的有效控制和薄弱环节，就要对每一目标的控制风险作出初步评估，并制订实施控制测试的计划。

10.2.1 购货与付款循环的内部控制

1. 购货交易的内部控制

1) 适当的职责分离

适当的职责分离有助于防止各种有意或无意的错误。财政部于 2002 年 12 月 23 日发布的《内部会计控制规范——采购与付款(试行)》中规定，单位应当建立采购与付款业务的岗位责任制，明确相关部门和岗位的职责、权限，确保办理采购与付款业务的不相容岗位相互分离、制约和监督。采购与付款业务不相容岗位至少包括请购与审批，询价与确定供应商，采购合同的订立与审批，采购与验收，采购、验收与相关会计记录，付款审批与付款执行。这些都是对单位提出的、有关采购与付款业务相关职责适当分离的基本要求，以确保办理采购与付款业务的不相容岗位相互分离、制约和监督。

2) 内部核查程序

购货与付款内部控制监督检查的主要内容有：①采购与付款业务相关岗位及人员的设置情况。重点检查是否存在采购与付款业务不相容职务混岗的现象。②采购与付款业务授权批准制度的执行情况。重点检查大宗采购与付款业务的授权批准手续是否健全，是否存在越权审批的行为。③应付账款和预付账款的管理。重点审查应付账款和预付账款支付的正确性、时效性和合法性。④有关单据、凭证和文件的使用和保管情况。重点检查凭证的登记、领用、传递、保管、注销手续是否健全，使用和保管制度是否存在漏洞。

3) 正确的授权审批

对于授权审批问题，注册会计师应当关注以下 4 个关键点的审批程序：①在购货发生之前，请购已经正确审批；②非经正当审批，不得购货；③购货价格、购货条件、运费等必须经过审批；④审批人应当根据购货与付款授权批准制度的规定，在授权范围内进行审批，不得超越审批权限。

4) 充分的凭证和记录

每个企业交易的产生、处理和记录等制度都有其特点，因此，也许很难评价其各项控制是否足以发挥最大的作用。然而，只有具备充分的记录手续，才有可能实现其他各项控制目标。

5) 凭证的预先编号

对凭证预先进行编号，旨在防止购货以后忘记向供应商开具账单或登记入账，也可防止重复开具账单或重复记账。当然，如果对凭证的编号不作清点预先编号就会失去其控制意义。

2. 付款交易的内部控制

采购与付款循环包括采购和付款两个方面，两个方面联系紧密，因而付款交易内部控制的原理与购货交易内部控制是相通的。对于每个企业而言，由于性质、所处行业、规模以及内部控制健全程度等不同，而使得其与付款交易相关的内部控制内容可能有所不同，但根据财政部发布的《内部会计控制规范——采购与付款(试行)》中的相关规定，通常，企业在付款交易的内部控制方面，主要应注意以下几点。

(1) 企业应当按照《现金管理暂行条例》、《支付结算办法》和《内部会计控制规范——货币资金(试行)》等的规定办理采购付款业务。

(2) 企业财会部门在办理付款业务时，应当对采购发票、结算凭证、验收证明等相关凭证的真实性、完整性、合法性及合规性进行严格审核。

(3) 企业应当建立预付账款和定金的授权批准制度，加强预付账款和定金的管理。

(4) 企业应当加强应付账款和应付票据的管理，由专人按照约定的付款日期、折扣条件等管理应付款项。已到期的应付款项需经有关授权人员审批后方可办理结算与支付。

(5) 企业应当建立退货管理制度。对退货条件、退货手续、货物出库、退货货款回收等作出明确规定。及时收回退货款。

(6) 企业应当定期与供应商核对应付账款、应付票据、预付款项等往来款项。如有不符，应查明原因，及时处理。

3. 固定资产的内部控制

在企业的业务循环划分中，固定资产业务可以归属于购货与付款循环。在内部控制方面，它与一般商品采购有共性，但又因不经常发生而且往往金额较大而有其特性。以工业企业为例，固定资产在其资产总额中占有很大的比重，固定资产的购建会影响其现金流量，而固定资产的折旧、维修等费用则是影响其损益的重要因素。固定资产管理一旦失控，所造成的损失将远远超过一般的商品存货等流动资产，所以，为了确保固定资产的真实、完整、安全和有效利用，被审计单位应当建立和健全固定资产的内部控制。

通常来说，企业常用的固定资产内部控制主要包括以下几方面。

(1) 固定资产的预算制度。预算制度是固定资产内部控制中最重要的部分。通常，大中型企业应编制旨在预测与控制固定资产增减和合理运用资金的年度预算；小规模企业即使没有正规的预算，对固定资产的购建也要事先加以计划。

(2) 授权批准制度。完善的授权批准制度包括企业的资本性支出预算只有经过董事会等高层管理机构批准方可生效，所有固定资产的取得和处置均需经企业管理当局的书面认可。

(3) 账簿记录制度。除固定资产总账外，被审计单位还需设置固定资产明细分类账和固定资产登记卡，按固定资产类别、使用部门和每项固定资产进行明细分类核算。固定资产增减变化均有原始凭证。

(4) 职责分工制度。对固定资产的取得、记录、保管、使用、维修等，均应明确划分责任。

(5) 资本性支出和收益性支出的区分制度。企业应制定区分资本性支出和收益性支出的书面标准。通常需明确资本性支出的范围和最低金额，凡不属于资本性支出的范围、金额低于下限的任何支出，均应列作费用并抵减当期收益。

(6) 固定资产的处置制度。固定资产的处置包括投资转出、报废、出售等，均要有一定的申请报批程序。

(7) 固定资产的定期盘点制度。对固定资产的定期盘点，是验证账面各项固定资产是否真实存在、了解固定资产放置地点和使用状况以及发现是否存在未入账固定资产的必要手段。

(8) 固定资产的维护保养制度。固定资产应有严密的维护保养制度，以防止其因各种自然和人为因素而遭受损失，并应建立日常维护和定期检修制度，以延长其使用寿命。

10.2.2 购货与付款循环的控制测试内容

1. 购货交易的控制测试

根据购货交易内部控制及其目标，购货交易常用的内部控制测试包括如下内容

(1) 核对请购单与订购单是否一致，查验付款凭单后是否附有单据，检查核准购货标志，检查注销凭证的标志，检查内部核查的标志。此类测试对应的控制目标是所记录的采购都已收到物品或已接受劳务，并符合购货方的最大利益。

(2) 检查订货单连续编号的完整性、验收单连续编号的完整性、卖方发票连续编号的完整性。此类测试对应的控制目标是已发生的采购业务均已记录。

(3) 检查内部检查的标志，审核批准采购价格和折扣的标志。此类测试对应的控制目标是所记录的采购业务估价正确。

(4) 审查工作手册和会计科目表，检查有关凭证上内部核查的标记。此类测试对应的控制目标是采购业务的分类正确。

(5) 检查工作手册并观察有无未记录的卖方发票存在，检查内部核查的标志。此类测试对应的控制目标是采购业务按正确的日期记录。

2. 付款交易的控制测试

注册会计师在了解付款循环的基础上，可以抽查部分付款业务，以测试付款交易的内部控制，检查付款交易控制环节的设置和执行情况。具体来说，付款交易的控制测试主要包括以下几点。

(1) 了解应付款记录、付款业务是否分开，了解有关凭证的传递过程；应付款项总账与明细账是否由不同人员记录；付款款项的记录人员与出纳的职责是否分开。

(2) 抽查应付款项明细账，检查应付款项各明细账向银行存款(或现金)日记账和向总账的过账情况；检查抽取的明细账过账时所附的各种原始凭证的合法性、正确性等。

(3) 审核货款结算手续，检查应付款项明细账上金额与订购单、验收单、卖方发票是否一致。

(4) 抽取部分发票，检查签发的支票是否有被授权人的签字，支票中各个项目是否与卖方发票一致。

(5) 追查材料采购账簿、原材料账簿与银行存款日记账或应付账款的过账是否正确。

(6) 抽取付款凭证，检查其是否经由会计主管复核和审批，并检查款项支付是否得到适当人员的复核和审批。

(7) 抽取应付账款调节表，检查调节项目与有效的支持性文件是否相符，以及是否与应付账款明细账相符。

3. 固定资产的控制测试

注册会计师在对被审计单位的固定资产实施控制测试时应注意以下几点。

(1) 对于固定资产的预算制度，注册会计师应选取固定资产投资预算和投资可行性项目讨论报告，检查是否编制预算并进行论证，以及是否经适当层次审批；对实际支出与预算之间的差异以及未列入预算的特殊事项，应检查其是否履行特别的审批手续。如果固定资产增减均能处于良好的经批准的预算控制之下，注册会计师即可适当减少对固定资产增加、减少实施的实质性程序的样本量。

(2) 对于固定资产的授权批准制度，注册会计师不应检查被审计单位固定资产授权批准制度本身是否完整，还应选取固定资产请购单及相关采购合同，检查是否得到适当审批和签署，关注授权批准制度是否切实得到执行。

(3) 对于固定资产的账簿记录制度，注册会计师应当认识到，一套设置完善的固定资产明细分类账和登记卡，将为分析固定资产的取得和处置、复核折旧费用和修理支出的列支带来帮助。

(4) 对于固定资产的职责分工制度，注册会计师应当认识到，明确的职责分工制度，有利于防止舞弊，降低注册会计师的审计风险。

(5) 对于资本性支出的收益性支出的区分制度，注册会计师应当检查该制度是否遵循企业会计准则的要求，是否适应被审计单位的行业特点和经营规模，并抽查实际发生与固定资产相关的支出时是否按照该制度进行恰当的会计处理。

(6) 对于固定资产的处置制度，注册会计师应当关注被审计单位是否建立了有关固定资产处置的分级申请报批程序；收取固定资产盘点明细表，检查账实之间的差异是否经审批后及时处理；抽取固定资产报废单，检查报废是否经适当批准和处理；抽取固定资产内部调拨单，检查调入、调出是否已进行适当处理；抽取固定资产增减变动情况分析报告，检查是否经复核。

(7) 对于固定资产的定期盘点制度，注册会计师应了解和评价企业固定资产盘点制度，并应注意查询盘盈、盘亏固定资产的处理情况。

(8) 对于固定资产的保险情况，注册会计师应抽取固定资产保险单盘点表，检查是否已办理商业保险。

阅读资料 10-2

天海股份有限公司产品销售以天海公司仓库为交货地点。天海公司目前主要采用手工会计系统。李华和王宁注册会计师负责于 2010 年 10 月 25 日—11 月 10 日对天海公司的内部控制进行了解、测试与评价。

(1) 对需要购买的已经列入存货清单的项目由仓库负责填写请购单，对未列入存货清单的项目由相关需求部门填写请购单。每张请购单须由对该类采购支出负责预算的主管人员签字批准。

(2) 采购部收到经批准的请购单后，由其职员 E 进行询价并确定供应商，再由其职员 F 负责编制和发出预先连续编号的订购单。订购单一式四联，经被授权的采购人员签字后，分别送交供应商、负责验收的部门、提交请购单的部门和负责采购业务结算的应付凭单部门。

(3) 验收部门根据订购单上的要求对所采购的材料进行验收，完成验收后，将原材料交由仓库人员存入库房，并编制预先连续编号的验收单交仓库人员签字确认。验收单一式三联，其中两联分送应付凭单部门和仓库，一联留存验收部门。

(4) 应付凭单部门核对供应商发票、验收单和订购单，并编制预先连续编号的付款凭单。在付款凭单经被授权人员批准后，应付凭单部门将付款凭单连同供应商发票及时送交会计部门，并将未付款凭单副联保存在未付款凭单档案中。会计部门收到附有供应商发票的付款凭单后即应及时编制有关的记账凭证，并登记原材料和应付账款账簿。

要求：根据资料判断天海公司的内部控制程序在设计上是否存在缺陷。如果存在缺陷，请分别予以指出，并简要说明理由，提出改进建议。

10.3 购货与付款循环的实质性程序

10.3.1 购货与付款循环的实质性程序概述

对购货与付款交易实施的实质性程序通常包括以下两个方面。

1. 实质性程序

(1) 根据对被审计单位的经营活动、供应商的发展历程、贸易条件和行业惯例的了解，确定应付账款和费用支出的期望值。

(2) 根据本期应付账款余额组成与以前期间交易水平和预算的比较，定义采购和应付账款可接受的重大差异额。

(3) 识别需要进一步调查的差异并调查异常数据关系，如零余额的主要供应商，与周期趋势不符的费用支出。这类程序通常包括如下几方面：①观察月度(或每周)已记录采购总额趋势，与往年或预算相比较。任何异常波动都必须与管理层讨论，如果有必要还应做进一步的调查。②将实际毛利与以前年度和预算相比较。如果被审计单位以不同的加价销售产品，就需要将相似利润水平的产品分组进行比较。任何重大的差异都需要进行调查。因为毛利可能由于销售额、销售成本的错误被歪曲，而销售成本的错误则又可能是受采购记录的错误所影响。③计算记录在应付账款上的赊购天数，并将其与以前年度相比较。超出预期的变化可能由多种因素造成，包括未记录采购、虚构采购记录或截止问题。④检查常规账户和付款。例如，租金、电话费和电费，这些费用是日常发生的，通常按月支付。通过检查可以确定已记录的所有费用及其月度变动情况。⑤检查异常项目的采购。例如，大额采购、从不经常发生交易的供应商处采购以及未通过采购账户而是通过其他途径记入存货和费用项目的采购。⑥无效付款或金额不正确的付款，可以通过检查付款记录和付款趋势得以发现。例如，注册会计师通过查找金额偏大的异常项目并深入调查，可能发现重复付款或记入不恰当应付账款账户的付款。

(4) 通过询问管理层和员工，调查重大差异额是否表明存在重大错报风险，是否需要设计恰当的细节测试程序以识别和应对重大错报风险。

(5) 形成结论，即实质性分析程序是否能够提供充分、适当的审计证据，或需要对交易和余额实施细节测试以获取进一步的审计证据。

2. 购货与付款交易和相关余额的细节测试

1) 交易的细节测试

(1) 注册会计师应从被审计单位业务流程层面的主要交易流中选取一个样本，检查其支持性证据。例如，从采购和付款记录中选取一个样本：①检查支持性的订购单、商品验收单、发运凭证和发票，追踪至相关费用或资产账户以及应付账款账户。②必要时，检查其他支持性文件，如交易合同条款。③检查已用于付款的支票存根或电子货币转账付款证明以及相关的汇款通知。如果付款与发票对应，则检查相关供应商发票，并追踪付款至相关的应付账款或费用账户。

(2) 对主要交易流实施截止测试。其中，①采购交易的截止测试包括选择已记录采购的样本，检查相关的商品验收单，保证交易已计入正确的会计期间；确定期末最后一份验收单的顺序号码并审查代码报告，以检测记录在本会计期间的验收单是否存在更大的顺序号码，或因采购交易被漏记或错计入下一会计期间而在本期遗漏的顺序号码。②付款交易的截止测试包括确定期末最后签署的支票的号码，确保其后的支票支付未被当做本期的交易予以记录；追踪付款至期后的银行对账单，确定其在期后的合理期间内被支付；询问期末已签署但尚未寄出的支票，考虑该项支付是否应在本期冲回，计入下一会计期间。③寻找未记录的负债的截止测试包括确定被审计单位期末用于识别未记录负债的程序，获取相关交易已记入应付账款的证据；复核供应商付款通知和供应商对账单，获取发票被遗失或未计入正确的会计期间的证据；询问并确定在资产负债表日是否应增加一项应计负债；调查关于订购单、商品验收单和发票不符的例外报告，识别遗漏的交易或计入不恰当会计期间的交易；复核截至审计外勤结束日记录在期后的付款，查找其是否在年底前发生的证据；询问审计外勤结束时仍未支付的应付账款；对于在建工程，检查承建方的证明或质量监督报告，以获取存在未记录负债的证据；复核资本预算和董事会会议纪要，获取是否存在承诺和或有负债的证据。

2) 余额的细节测试

(1) 复核供应商的付款通知，与供应商对账，获取发票遗漏、未计入正确的会计期间的证据。询问并检查对收费存在争议的往来信函，确定在资产负债表日是否应增加一项应计负债。

(2) 在特殊情况下，注册会计师需要决定是否应通过供应商来证实被审计单位期末的应付余额。这种情况通常在被审计单位对采购与付款交易的控制出现严重缺失，记录被毁损时才会发生，或者在怀疑存在舞弊或会计记录在火灾或水灾中遗失时才会发生。

10.3.2 应付账款的实质性程序

1. 应付账款的审计目标

应付账款的审计目标一般包括确定资产负债表中记录的应付账款是否存在；确定所有应当记录的应付账款是否均已记录；确定资产负债表中记录的应付账款是被审计单位应当履行的现实义务；确定应付账款期末余额是否正确，应付账款是否以恰当的金额包括在财务报表中，与之相关的计价调整已恰当记录；确定应付账款已按照企业会计准则的规定在财务报表中作出恰当的列报。

2. 应付账款的实质性程序

(1) 获取或编制应付账款明细表：①复核加计正确，并与报表数、总账数和明细账合计数核对是否相符；②检查非记账本位币应付账款的折算汇率及折算是否正确；③分析出现借方余额的项目，查明原因，必要时作重分类调整；④结合预付账款等往来项目的明细余额，调查有无同挂的项目、异常余额或与购货无关的其他款项(如关联方账户或雇员账户)，如有，应做记录，必要时作调整；

(2) 根据被审计单位的实际情况，选择以下方法对应付账款执行实质性分析程序：①将期末应付账款余额与期初余额进行比较，分析波动原因。②分析长期挂账的应付账款，要求被审计单位作出解释，判断被审计单位是否缺乏偿债能力或利用应付账款隐瞒利润；并注意其是否可能无须支付，对确实无须支付的应付款的会计处理是否正确，依据是否充分；关注账龄超过 3 年的大额应付账款在资产负债表日后是否偿还，检查偿还记录、单据及披露情况。③计算应付账款与存货的比率，应付账款与流动负债的比率，并与以前年度相关比率对比分析，评价应付账款整体的合理性。④分析存货和营业成本等项目的增减变动，判断应付账款增减变动的合理性。

(3) 函证应付账款。一般情况下，并不必须函证应付账款，这是因为函证不能保证查出未记录的应付账款，况且注册会计师能够取得采购发票等外部凭证来证实应付账款的余额。但如果控制风险较高，某应付账款明细账户金额较大或被审计单位处于财务困难阶段，则应进行应付账款的函证。

在进行函证时，注册会计师应选择较大金额的债权人，以及那些在资产负债表日金额不大，甚至为零，但为企业重要供货人的债权人，作为函证对象。函证最好采用积极函证方式，并具体说明应付金额。同应收账款的函证一样，注册会计师必须对函证的过程进行控制，要求债权人直接回函，并根据回函情况编制、分析函证结果汇总表，对未回函的，应考虑是否再次函证。

如果存在未回函的重大项目，注册会计师应采用替代审计程序。比如，可以检查决算日后应付账款明细账及库存现金和银行存款日记账，核实其是否已支付，同时检查该笔债务的相关凭证资料，如合同、发票、验收单，核实应付账款的真实性。

(4) 检查应付账款是否计入正确的会计期间，是否存在未入账的应付账款。①检查债务形成的相关原始凭证，如供应商发票、验收报告或入库单等，查找有无未及时入账的应付账款，确定应付账款期末余额的完整性。②检查资产负债表日后应付账款明细账贷方发生额的相应凭证，关注其购货发票的日期，确认其入账时间是否合理。③获取被审计单位与其供应商之间的对账单(应从非财务部门，如采购部门获取)，并将对账单和被审计单位财务记录之间的差异进行调节(如在途款项、在途货物、付款折扣、未记录的负债等)，查找有无未入账的应付账款，确定应付账款金额的准确性。④针对资产负债表日后付款项目，检查银行对账单及有关付款凭证(如银行划款通知、供应商收据等)，询问被审计单位内部或外部的知情人员，查找有无未及时入账的应付账款。⑤结合存货监盘程序，检查被审计单位在资产负债日前后的存货入库资料(验收报告或入库单)，检查是否有大额料到单未到的情况，确认相关负债是否计入了正确的会计期间；如果注册会计师通过这些程序发现某些未入账的应付账款，应将有关情况详细记入工作底稿，然后根据其重要性确定是否需建议被审计单位进行相应的调整。

(5) 针对已偿付的应付账款，追查至银行对账单、银行付款单据和其他原始凭证，检查其是否在资产负债表日前真实偿付。

(6) 针对异常或大额交易及重大调整事项(如大额的购货折扣或退回、会计处理异常的交易、未经授权的交易或缺乏支持性凭证的交易等)，检查相关原始凭证和会计记录，以分析交易的真实性、合理性。

(7) 检查带有现金折扣的应付账款是否按发票上记载的全部应付金额入账，在实际获得现金折扣时再冲减财务费用。

(8) 被审计单位与债权人进行债务重组的，检查不同债务重组方式下的会计处理是否正确。

(9) 标明应付关联方(包括持 5%及以上表决权股份的股东)的款项，执行关联方及其交易审计程序，并注明合并报表时应予抵消的金额。

(10) 检查应付账款是否已按照企业会计准则的规定在财务报表中作出恰当列报。一般来说，“应付账款”项目应根据“应付账款”和“预付账款”科目所属明细科目的期末贷方余额的合计数填列。

如果被审计单位为上市公司，则通常在其财务报表附注中应说明有无欠持有 5%以上(含 5%)表决权股份的股东单位账款；说明账龄超过 3 年的大额应付账款未偿还的项目，并在期后事项中反映资产负债表日后是否偿还。

阅读资料 10-3

注册会计师甲和乙在审计D公司2010年度财务报表时，注意到与采购与付款循环相关的内部控制存在缺陷。他们认为D公司管理层在资产负债表日故意推迟记录发生的应付账款，于是决定实施审计程序进一步查找未入账的应付账款。请问注册会计师甲和乙应如何查找未入账的应付账款？

10.3.3 固定资产的实质性程序

1. 固定资产的审计目标

固定资产的审计目标一般包括确定资产负债表中记录的固定资产是否存在；确定所有应记录的固定资产是否均已记录；确定记录的固定资产是否由被审计单位所有或控制；确定固定资产的计价方法是否恰当；确定固定资产的折旧政策是否恰当；确定折旧费用的分摊是否合理、一贯；确定固定资产减值准备的计提是否充分、完整，方法是否恰当；确定固定资产、累计折旧和期末余额是否正确；确定固定资产、累计折旧和固定资产减值准备是否已按照企业会计准则的规定在财务报表中作出恰当列报。

2. 固定资产——账面余额的实质性程序

(1) 获取或编制固定资产和累计折旧分类汇总表，检查固定资产的分类是否正确并与总账数和明细账合计数核对是否相符，结合累计折旧、减值准备科目与报表数核对是否相符。

(2) 对固定资产实施实质性分析程序：①基于对被审计单位及其环境的了解，通过进行以下比较，并考虑有关数据间关系的影响，建立有关数据的期望值：分类计算本期计提折旧额与固定资产原值的比率，并与上期比较；计算固定资产修理及维护费用占固定资产原值的比例，并进行本期各月、本期与以前各期的比较。②确定可接受的差异额。③将实际情况与期望值相比较，识别需要进一步调查的差异。④如果其差额超过可接受的差异额，调查并获取充分的解释和恰当的佐证审计证据(如通过检查相关的凭证)。⑤评估分析程序的测试结果。

(3) 实地检查重要固定资产(如为首次接受审计，应适当扩大检查范围)，确定其是否存在，关注是否存在已报废但仍未核销的固定资产。

实施实地检查审计程序时，注册会计师可以以固定资产明细分类账为起点，进行实地追查，以证明会计记录中所列固定资产确实存在，并了解其目前的使用状况；也可以以实地为起点，追查至固定资产明细分类账，以获取实际存在的固定资产均已入账的证据。

当然，注册会计师实地检查的重点是本期新增加的重要固定资产，有时观察范围也会扩展到以前期间增加的重要固定资产。观察范围的确定需要依据被审计单位内部控制的强弱、固定资产的重要性和注册会计师的经验来判断。

(4) 检查固定资产的所有权或控制权。对各类固定资产，注册会计师应获取、收集不同的证据以确定其是否确归被审计单位所有：对外购的机器设备等固定资产，通常经审核采购发票、采购合同等予以确定；对于房地产类固定资产，尚需查阅有关的合同、产权证明、财产税单、抵押借款的还款凭据、保险单等书面文件；对融资租入的固定资产，应验证有关融资租赁合同，证实其并非经营租赁；对汽车等运输设备，应验证有关运营证件等；对受留置权限制的固定资产，通常还应审核被审计单位的有关负债项目等予以证实。

(5) 检查本期固定资产的增加。被审计单位如果不正确核算固定资产的增加，将对资产负债表和利润表产生长期的影响。因此，审计固定资产的增加，是固定资产实质性程序中的一项重要内容。固定资产的增加有多种途径，审计中应注意 3 点：

① 询问管理层当年固定资产的增加情况，并与获取或编制的固定资产明细表进行核对。

② 检查本年度增加固定资产的计价是否正确，手续是否齐备，会计处理是否正确。

对于外购固定资产，通过核对采购合同、发票、保险单、发运凭证等资料，抽查测试其入账价值是否正确，授权批准手续是否齐备，会计处理是否正确；如果购买的是房屋建筑物，还应检查契税的会计处理是否正确；检查分期付款购买固定资产入账价值及会计处理是否正确。

对于在建工程转入的固定资产，应检查固定资产确认时点是否符合会计准则的规定，入账价值与在建工程的相关记录是否核对相符，是否与竣工决算、验收和移交报告等一致；对已经达到预定可使用状态，但尚未办理竣工决算手续的固定资产，检查其是否已按估计价值入账，并按规定计提折旧。

对于投资者投入的固定资产，检查投资者投入的固定资产是否按投资各方确认的价值入账，并检查确认价值是否公允，交接手续是否齐全；涉及国有资产的，是否有评估报告并经国有资产管理部门评审备案或核准确认。

对于更新改造增加的固定资产，检查通过更新改造而增加的固定资产，增加的原值是否符合资本化条件，是否真实，会计处理是否正确；重新确定的剩余折旧年限是否恰当。

对于融资租赁增加的固定资产，获取融资租入固定资产的相关证明文件，检查融资租赁合同的主要内容，并结合长期应付款、未确认融资费用科目检查相关的会计处理是否正确。

对于企业合并、债务重组和非货币性资产交换增加的固定资产，检查产权过户手续是否齐备，检查固定资产入账价值及确认的损益和负债是否符合规定；如果被审计单位为外商投资企业，检查其采购国产设备退还增值税的会计处理是否正确。

对于通过其他途径增加的固定资产，应检查增加固定资产的原始凭证，核对其计价及会计处理是否正确，法律手续是否齐全。

③ 检查固定资产是否存在弃置费用，如果存在弃置费用，检查弃置费用的估计方法和弃置费用现值的计算是否合理，会计处理是否正确。

(6) 检查本期固定资产的减少。固定资产的减少主要包括出售、向其他单位投资转出、向债权人抵债转出、报废、毁损、盘亏等。有的被审计单位在全面清查固定资产时，常常会出现固定资产账存实亡的现象，这可能是由于固定资产管理或使用部门不了解报废固定资产与会计核算两者间的关系，擅自报废固定资产而未及时通知财务部门做相应的会计核算所致，这样势必造成财务报表反映失真。审计固定资产减少的主要目的就在于查明业已减少的固定资产是否已做适当的会计处理。其审计要点如下：

① 结合固定资产清理科目，抽查固定资产账面转销额是否正确。

② 检查出售、盘亏、转让、报废或毁损的固定资产是否经授权批准，会计处理是否正确。

③ 检查因修理、更新改造而停止使用的固定资产的会计处理是否正确。

④ 检查投资转出固定资产的会计处理是否正确。

⑤ 检查债务重组或非货币性资产交换转出固定资产的会计处理是否正确。

⑥ 检查转出的投资性房地产账面价值及会计处理是否正确。

⑦ 检查其他减少固定资产的会计处理是否正确。

(7) 检查固定资产的后续支出，确定固定资产有关的后续支出是否满足资产确认条件；如不满足，该支出是否在该后续支出发生时计入当期损益。

(8) 检查固定资产的租赁。企业在生产经营过程中，有时可能有闲置的固定资产供其他单位租用；有时由于生产经营的需要，又需租用固定资产。租赁一般分为经营租赁和融资租赁两种。

在经营租赁中，租入固定资产的企业按合同规定的时间，交付一定的租金，享有固定资产的使用权，而固定资产的所有权仍属出租单位。因此。租入固定资产的企业的固定资产价值并未因此而增加，企业对以经营性租赁方式租入的固定资产，不在“固定资产”账户内核算，只是另设备查簿进行登记。而租出固定资产的企业，仍继续提取折旧，同时取得租金收入。检查经营性租赁时，应查明以下几项：

① 固定资产的租赁是否签订了合同、租约，手续是否完备，合同内容是否符合国家规定，是否经相关管理部门审批。

② 租入的固定资产是否确属企业必需，或出租的固定资产是否确属企业多余、闲置不用的，双方是否认真履行合同，其中是否存在不正当交易。

③ 租金收取是否签有合同，有无多收、少收现象。

④ 租入的固定资产有无久占不用、浪费损坏的现象；租出的固定资产有无长期不收租金、无人过问，是否有变相馈送、转让等情况。

⑤ 租入固定资产是否已登入备查簿。

⑥ 必要时，向出租人函证租赁合同及执行情况。

⑦ 租入固定资产改良支出的核算是否符合规定。

在融资租赁中，租入单位向租赁公司借款购买固定资产，分期归还本息，付清全部本息后，就取得了固定资产的所有权。因此，融资租赁支付的租金，包括了固定资产的价值和利息，并且这种租赁的结果通常是固定资产所有权最终归属租入单位。故租入企业在租赁期间，对融资租入的固定资产应按企业自有固定资产一样管理，并计提折旧、进行维修。如果被审计单位的固定资产中融资租赁占有相当大的比例，应当复核租赁协议，确定租赁是否符合融资租赁的条件，结合长期应付款、未确认融资费用等科目检查相关的会计处理是否正确(资产的入账价值、折旧、相关负债)。在审计融资租赁固定资产时，除可参照经营租赁固定资产检查要点以外，还应补充实施以下审计程序：复核租赁的折现率是否合理；检查租赁相关税费、保险费、维修费等费用的会计处理是否符合企业会计准则的规定；检查融资租入固定资产的折旧方法是否合理；检查租赁付款情况；检查租入固定资产的成新程度；检查融资租入固定资产发生的固定资产后续支出，其会计处理是否遵循自有固定资产发生的后续支出的处理原则予以处理。

(9) 获取暂时闲置固定资产的相关证明文件，并观察其实际状况，检查是否已按规定计提折旧，相关的会计处理是否正确。

(10) 获取已提足折旧仍继续使用固定资产的相关证明文件，并作相应记录。

(11) 获取持有待售固定资产的相关证明文件，并作相应记录。检查对其预计净残值的调整是否正确、会计处理是否正确。

(12) 检查固定资产保险情况，复核保险范围是否足够。

(13) 检查有无与关联方的固定资产购售活动，是否经适当授权，交易价格是否公允。对于合并范围内的购售活动，记录应予合并抵消的金额。

(14) 对应计入固定资产的借款费用，应根据企业会计准则的规定，结合长短期借款、应付债券或长期应付款的审计，检查借款费用(借款利息、折溢价摊销、汇兑差额、辅助费用)资本化的计算方法和资本化金额，以及会计处理是否正确。

(15) 检查购置固定资产时是否存在与资本性支出有关的财务承诺。

(16) 检查固定资产的抵押、担保情况。结合对银行借款等的检查，了解固定资产是否存在重大的抵押、担保情况。如存在，应取证，并作相应的记录，同时提请被审计单位作恰当披露。

(17) 检查固定资产是否已按照企业会计准则的规定在财务报表中作出恰当列报。

3. 固定资产——累计折旧的实质性程序

累计折旧的实质性程序如下。

(1) 获取或编制累计折旧分类汇总表，复核加计是否正确，并与总账数和明细账合计数核对是否相符。

(2) 检查被审计单位制定的折旧政策和方法是否符合相关会计准则的规定。确定其所采用的折旧方法能否在固定资产预计使用寿命内合理分摊其成本。前后期是否一致，预计使用寿命和预计净残值是否合理。

(3) 复核本期折旧费用的计提和分配：

① 了解被审计单位的折旧政策是否符合规定，计提折旧范围是否正确，确定的使用寿命、预计净残值和折旧方法是否合理；如采用加速折旧法，确定是否取得批准文件。

② 检查被审计单位折旧政策前后期是否一致。

③ 复核本期折旧费用的计提是否正确：

已计提部分减值准备的固定资产，计提的折旧是否正确，按照《企业会计准则第4号——固定资产》的规定，已计提减值准备的固定资产的应计折旧额应当扣除已计提的固定资产减值准备累计金额，按照该固定资产的账面价值以及尚可使用寿命重新计算确定折旧率和折旧额；已全额计提减值准备的固定资产，是否已停止计提折旧；因更新改造而停止使用的固定资产是否已停止计提折旧；因大修理而停止使用的固定资产是否照提折旧；对按规定予以资本化的固定资产装修费用是否在两次装修期间与固定资产尚可使用年限两者中较短的期间内，采用合理的方法单独计提折旧，并在下次装修时将该项固定资产装修余额一次全部计入了当期营业外支出；对融资租入固定资产发生的、按规定可予以资本化的固定资产装修费用，是否在两次装修期间、剩余租赁期与固定资产尚可使用年限三者中较短的期间内，采用合理的方法单独计提折旧；对采用经营租赁方式租入的固定资产发生的改良支出，是否在剩余租赁期与租赁资产尚可使用年限两者中较短的期间内，采用合理的方法单独计提折旧；未使用、不需用和闲置的固定资产是否按规定计提折旧；持有待售的固定资产折旧计提是否符合规定。

④ 检查折旧费用的分配是否合理，是否与上期一致；分配计入各项目的金额占本期全部折旧计提额的比例与上期比较是否有重大差异。

⑤ 注意固定资产增减变动时，有关折旧的会计处理是否符合规定，查明通过更新改造、接受捐赠或融资租入而增加的固定资产折旧费用计算是否正确。

(4) 将“累计折旧”账户贷方的本期计提折旧额与相应的成本费用中的折旧费用明细账户的借方相比较，检查本期所计提折旧金额是否已全部摊入本期产品成本或费用。若存在差异，应追查原因，并考虑是否应建议作适当调整。

(5) 检查累计折旧的减少是否合理、会计处理是否正确。

(6) 检查累计折旧的披露是否恰当。

如果被审计单位是上市公司，通常应在其财务报表附注中按固定资产类别分项列示累计折旧期初余额、本期计提额、本期减少额及期末余额。

4. 固定资产——减值准备的实质性程序

固定资产减值准备的实质性程序如下。

(1) 获取或编制固定资产减值准备明细表，复核加计是否正确，并与总账数和明细账合计数核对是否相符。

(2) 检查被审计单位计提固定资产减值准备的依据是否充分，会计处理是否正确。

(3) 检查资产组的认定是否恰当，计提固定资产减值准备的依据是否充分，会计处理是否正确。

(4) 计算本期末固定资产减值准备占期末固定资产原值的比率，并与期初该比率比较，分析固定资产的质量状况。

(5) 检查被审计单位处置固定资产时原计提的减值准备是否同时结转，会计处理是否正确。

(6) 检查是否存在转回固定资产减值准备的情况，确定减值准备在以后会计期间没有转回。

(7) 检查固定资产减值准备的披露是否恰当。

如果企业计提了固定资产减值准备，根据《企业会计准则第 8 号——资产减值》的规定，企业应当在财务报表附注中披露：当期确认的固定资产减值损失金额；企业提取的固定资产减值准备累计金额。如果发生重大固定资产减值损失的，还应当说明导致重大固定资产减值损失的原因，固定资产可收回金额的确定方法，以及当期确认的重大固定资产减值损失的金额。

如果被审计单位是上市公司，其财务报表附注中通常还应分项列示计提的固定资产减值准备金额、增减变动情况以及计提的原因。

阅读资料 10-4

A 公司是以超市业务为主的股份制公司，该公司 2002 年总资产 133 630 万元，净利润 5 900 万元。审计小组于 2003 年 3 月进入现场对 A 公司 2002 年财务情况进行审计后，未发现任何对其可持续经营造成威胁的迹象。但在对该企业固定资产进行审计时，发现以下问题：

(1) 在审计新增固定资产的过程中，发现有已投入使用但未办理竣工验收手续先行估价的固定资产价值为 1 500 万元，低于原概算价值的 25%。审计人员现场观察和了解施工的结算情况，预计实际支出为 2 150 万元。

(2) 审计人员发现 A 公司 2001 年 10 月购入一台设备，价款为 580 万元，运杂费及设备安装费支出为 72 万元，后者均计入营业费用。该固定资产于当月安装完毕并投入使用(该固定资产的使用期为 5 年，按直线法计提折旧，残值率为 5%)。

(3) 审计人员在按盘点表抽盘的同时，还采用了现场观察“以物查账”的方法，发现 A 公司接受某公司捐赠的客车两辆，未进行账务处理。

(4) 审计人员在对折旧的总体合理性进行分析时发现，办公设备的折旧计提 5～9 月份明显高于其他月份，结果查出公司所有的夏季使用的空调设备，只按实际使用月份(5～9 月)提取。

要求：根据以上提供的情况，分别回答以下问题：

1. 请问企业按 1 500 万元对上述未办理竣工结算手续先行估价入账的固定资产进行估价是否正确？如应调整，应按什么价值入账？

2. A 公司将外购设备运杂费及安装费计入营业费用的会计处理是否合理？如果不合理，应如何进行会计调整？

3. 审计人员对于未入账的捐赠车辆应如何处理？

4. 该公司空调设备只在夏季计提折旧是否正确？

5. 对于上述问题，审计人员分别采取什么方法取得了什么类型的审计证据？

本 章 小 结

企业的购货与付款循环包括购买商品、劳务和固定资产，以及企业在经营活动中为获取收入而发生的直接或间接支出。注册会计师应了解购货与付款业务使用的凭证和会计记录，以及涉及的主要业务活动；识别购货与付款循环的重大错报风险征兆，在了解被审计单位内部控制的基础上实施内部控制测试，并对应付款项和固定资产实施实质性程序。

习 题

一、单项选择题

1．采购和付款交易通常要依次经过(　　)等业务活动。

A. 请购商品和劳务、编制订购单、验收商品、储存已验收商品、编制付款凭单、确认与记录负债、付款、记录现金与银行存款支出

B. 编制订购单、请购商品和劳务、验收商品、储存已验收商品、编制付款凭单、确认与记录负债、付款、记录现金与银行存款支出

C. 编制订购单、请购商品和劳务、编制付款凭单、储存已验收商品、验收商品、确认与记录负债、付款、记录现金与银行存款支出

D. 请购商品和劳务、编制付款凭单、验收商品、储存已验收商品、编制订购单、确认与记录负债、付款、记录现金与银行存款支出

2．验收商品是购货业务中的重要环节，验收单作为这一环节中的关键凭证，备受审计人员的重视。在以下关于验收单的各种说法中，注册会计师不认可的是(　　)。

A. 验收部门应对已收到货物的每张订购单编制一式多联、预先编号的验收单

B. 验收人员在将已验收商品送交仓库或其他请购部门时，可要求接收人在验收单副联上签字，以确定签收部门的保管责任

C. 验收人员应将验收单的副联之一送交应付凭单部门

D. 验收单是支持“发生”的重要凭据，但被审计单位无法通过验收单发现购货交易“完整性”认定的错误

3．应付账款审计工作底稿中显示的以下准备实施的审计程序中，不恰当的是(　　)。

A. 由于函证应付账款不能保证查出未记录的应付账款，因此决定不实施函证程序

B. 由于应付账款控制风险较高，决定仍实施应付账款的函证程序

C. 由于正常情况下应付账款很少被高估，因此应付账款一般不需要函证

D. 由于应付账款容易被漏记，应对其进行函证

4．A 注册会计师在审查 W 公司 2010 年度应付账款项目时，发现 W 公司应付账款明细账中存在确实无法支付的巨额应付账款。对此，A 注册会计师应提请 W 公司管理层作的会计处理是(　　)。

A. 借记“应付账款”，贷记“营业外收入”

B. 借记“坏账准备”，贷记“营业外收入”

C. 借记“应付账款”，贷记“资本公积”

D. 借记“坏账准备”，贷记“资本公积”

5．下列有关固定资产审计程序的表述中，注册会计师认为不恰当的是(　　)。

A. 对已交付使用但尚未办理竣工决算手续的固定资产，注册会计师应检查其是否已暂估入账并计提折旧

B. 实施实地观察审计程序时，注册会计师可以以固定资产明细账为起点进行追查

C. 注册会计师实地观察固定资产的重点应放在当期增加和减少的固定资产

D. 审计固定资产减少的目的在于查明已减少的固定资产是否已作相应的会计处理

二、多项选择题

1．下列各项控制程序中，能够保证已发生的采购业务均已记录的有(　　)。

A. 请购单均经事先编号并已登记入账

B. 订货单均经事先编号并已登记入账

C. 验收单均经事先编号并已登记入账

D. 对购货发票、验收单、订货单和请购单进行内部核查

2．在下列情况中，注册会计师需要决定是否应通过供应商来证实被审计单位期末的应付余额的有(　　)。

A. 被审计单位对采购与付款交易的控制出现严重缺失

B. 被审计单位对采购与付款交易的记录被毁损

C. 注册会计师怀疑存在舞弊情况

D. 被审计单位对采购与付款交易的会计记录在火灾或水灾中遗失

3．注册会计师在对被审计单位的应付账款进行审计时，一般应选择的函证对象有(　　)。

A. 较大金额的债权人

B. 所有的债权人

C. 在资产负债表日金额不大甚至为零的债权人，而且不是企业重要供货人的债权人

D. 在资产负债表日金额不大甚至为零，但为企业重要供货人的债权人

4．下列各项中，注册会计师认为需要对固定资产账面价值进行调整的有(　　)。

A. 对固定资产进行修理发生的费用

B. 对办公楼进行装修符合资本化的部分

C. 对融资租赁租入固定资产进行改良发生的费用

D. 计提固定资产减值准备

5．在对被审计单位计提的固定资产减值准备进行审计时，下列各项中，注册会计师应当确定的审计目标有(　　)。

A. 固定资产减值准备的计提是否充分、完整

B. 固定资产减值准备的计提方法是否恰当

C. 固定资产减值准备是否已按照企业会计准则的规定在财务报表中作出恰当的列报

D. 固定资产减值准备期末余额是否正确

三、简析题

ABC 会计师事务所正在制定业务质量控制制度，经过领导层集体研究，确立了下列大华会计师事务所的注册会计师 A 于 2010 年年底对昌盛公司进行预审，包括对部分业务的内部控制测试和对部分交易、活动进行实质性程序。在预审中，A 发现以下情况，请代为逐一判断被审计单位的相关内部控制是否存在缺陷，相关的经营活动及其会计处理是否符合企业会计准则的规定，并简要说明原因。

1. 为使采购业务的不相容职务彻底分离，规定采购人员不得参与验收。收到供应商发来的货物后，必须由财会部门负责采购业务会计记录的人员进行验收登记，只有当所收货物与订购单一致后，采购部门方能开具付款凭单。

2. 采购部门在办理付款业务时，对请购单、采购发票、结算凭证的签字、盖章、日期、数量、金额等进行严格审核。

3. 按照被审计单位与 W 公司签署的购货合同，自被审计单位收到材料起 10 日内付款者，昌盛公司可获得 10%的现金折扣。昌盛公司在 2010 年 10 月 16 日收到所购材料后，于 18 日按照购货发票所列金额 30 万元的 90%向 W 公司支付了材料款。为保证会计信息的真实性和可靠性，昌盛公司对此笔付款作了借记应付账款 27 万元、贷记银行存款 27 万元的会计处理。

4. 7 月 1 日购入并安装价值 50 万元的生产用电子设备一台，当日投入生产。由于设备的特殊性质，需要 3 个月的试运行。在此期间内，随时可能需要进行调试，根据这一情况，昌盛公司从 2010 年 10 月 1 日起对该设备开始计提折旧。

5. 昌盛公司于 2010 年年初开始建造一个生产车间，10 月份完工后投入使用，但由于种种原因，尚未办理完竣工手续，编制财务报表时，昌盛公司对此车间仍在在建工程中反映。

6. 昌盛公司于 2003 年年起采用融资租赁方式租入乙公司一座 2005 年完工、预计使用年限为 70 年的办公楼，相关合同显示的融资租赁期限为 2005 年 1 月—2013 年 12 月，2010 年 1 月昌盛公司对此办公楼进行了装修，相关的装修费用为 1 200 万元，预计在未来 10 年内无须再进行装修，昌盛公司对此次装修计提折旧时，确定计提折旧的年限为 10 年。

7. 昌盛公司于 2010 年年初以经营租赁方式租入丙公司的尚可使用年限为 20 年的成品仓库一座，租赁期限到 2017 年为止，昌盛公司在租入该仓库后，立即按照 8 年使用年限的标准进行了装修，支付的装修费用为 80 万元，对此项固定资产装修，昌盛公司当年采用直线法计提了 10 万元的折旧。

8. 昌盛公司 2010 年因为一项债务重组事项，导致了 20 万元固定资产清理净收益，计入资本公积科目。

第 11 章　存货与仓储循环审计

教学目标

通过本章的学习，掌握存货与仓储循环审计的基本理念，了解存货与仓储循环审计的两种不同起点的控制测试：以内部控制目标为起点的控制测试和以风险为起点的控制测试，掌握存货与仓储循环审计的实质性程序。

教学要求

存货与仓储循环的重大错报风险，存货监盘、计价审计的要点和存货截止的测试。

基本概念

存货与仓储循环　细节测试　存货监盘　截止测试

导入案例

法尔莫公司资产造假案

在美国著名的法尔莫公司虚假报表案中，该公司首席执行官莫纳斯首先在俄亥俄州阳土敦市开设了一家药店，在随后的 10 年中他又收购了另外 299 家药店，从而组建了全国连锁的法尔莫公司。不幸的是，这一切辉煌都是建立在资产造假的基础上。莫纳斯实施的策略就是他所谓的“强力购买”，即通过提供大比例折扣来销售商品。他把实际上并不盈利且未经审计的药店报表拿来，用自己的笔为其加上并不存在的存货和利润。然后凭着自己空谈的天份及一套夸大了的报表，在一年之内骗得了足够的投资用以收购了 8 家药店，奠定了他的小型药品帝国的基础。这个帝国后来发展到了拥有 300 家连锁店的规模。一时间，莫纳斯成为金融领域的风云人物。

在一次偶然的机会导致这个精心设计的、至少引起 5 亿美元损失的财务舞弊事件浮出水面之时，莫纳斯和他的公司炮制虚假利润已达十年之久。这实在并非一件容易的事。当时法尔莫公司的财务总监认为因公司以低于成本出售商品而招致了严重的损失，但是莫纳斯认为通过“强力购买”，公司完全可以发展得足够大以使得它能顺利地坚持它的销售方式。最终在莫纳斯的强大压力下，这位财务总监卷入了这起舞弊案件。他们先将所有的损失归入一个所谓的“水桶账户”，然后再将该账户的金额通过虚增存货的方式重新分配到公司的数百家成员药店中。他们仿造购货发票、制造增加存货并减少销售成本的虚假记账凭证、确认购货却不同时确认负债、多计或加倍计算存货的数量。财务部门之所以可以隐瞒存货短缺是因为注册会计师只对 300 家药店中的 4 家进行存货监盘，而且他们会提前数月通知法尔莫公司他们将检查哪些药店。管理人员随之将那 4 家药店堆满实物存货，而把那些虚增的部分分配到其余的 296 家药店。如果不考虑其会计造假，法尔莫公司实际已濒临破产。在最近一次审计中，其现金已紧缺到供应商因其未能及时支付购货款而威胁取消对其供货的地步。

注册会计师们一直未能发现这起舞弊，他们为此付出了昂贵的代价。这项审计失败使会计师事务所在民事诉讼中损失了3亿美元。那位财务总监被判33个月的监禁，莫纳斯本人则被判入狱5年。

资料来源：李若山. 注册会计师，经济警察. 北京：中国财政经济出版社，2003年.

点评：存货审计非常重要，审计人员应足够重视，并掌握识别存货舞弊的技术。

11.1 存货与仓储循环概述

存货与仓储循环所涉及的内容主要是存货的管理及成本的计算等。以制造类企业为例，存货与仓储循环是指将原材料转化为产成品的一系列有关活动。

11.1.1 存货与仓储循环涉及的主要业务活动

存货与仓储循环所涉及的主要业务活动包括计划和安排生产、发出原材料、生产产品、核算产品成本、储存产成品、发出产成品等。

1. 计划和安排生产

生产计划部门的职责是根据顾客订单或者对销售预测和存货需求的分析来决定生产授权，签发生产通知单。该部门通常应将发出的所有生产通知单预先编号并加以记录控制。

2. 发出原材料

仓库部门的责任是根据从生产部门收到的领料单发出原材料。领料单上必须列示所需的材料数量和种类，以及领料部门的名称。领料单可以一料一单，也可以一单多料，通常需一式三联。仓库发料后，一联留存作为存货收发的依据，一联连同材料交还领料部门，一联送会计部门进行材料收发核算和成本核算。

3. 生产产品

生产部门在收到生产通知单及领取原材料后，应根据生产任务组织工人进行生产。生产完成的产品，或按照程序交付查点、检验并办理入库手续；或移交下一个部门，以进一步加工。

4. 核算产品成本

正确地核算产品成本，须将生产控制和成本核算有机结合。一方面，生产过程中的各种记录、生产通知单、领料单、计工单、入库单等文件资料都要汇集到会计部门，由会计部门对其进行检查和核对，了解和控制生产过程中存货的实物流转。另一方面，会计部门要设置相应的会计账户，会同有关部门对生产过程中的成本进行核算和控制。完善的成本会计记录应该提供原材料转为在产品、在产品转为产成品以及按成本中心分批生产任务通知单或生产周期所消耗的材料、人工和间接费用的分配与归集的详细资料。

5. 储存产成品

产成品入库，须由仓库部门先行点验和检查，然后签收。签收后，将实际入库数量通知会计部门。据此，仓库部门确立了本身应承担的责任，并对验收部门的工作进行验证。除此之外，仓库部门还应根据产成品的品质特征分类存放，并填制标签。

6. 发出产成品

产成品的发出须由独立的发运部门进行。装运产成品时必须持有经有关部门核准的发运通知单，并据此编制出库单。

11.1.2 存货与仓储循环涉及的主要凭证和会计记录

存货与仓储循环过程是指从计划和安排生产到加工、销售产成品的一系列活动。该过程所涉及的凭证和会计记录如下。

1. 生产指令

生产指令又称“生产任务通知单”，是企业下达制造产品等生产任务的书面文件，用以通知生产车间组织产品制造、供应部门组织材料发放、会计部门组织成本计算。

2. 领发料凭证

领发料凭证是企业为控制材料发出所采用的各种凭证，如材料发出汇总表、领料单、限额领料单、领料登记簿、退料单等。

3. 产量和工时记录

产量和工时记录是登记工人或生产班组在出勤内完成产品数量、质量和生产这些产品所耗费工时数量的原始记录。常见的产量和工时记录主要有工作通知单、工序进程单、工作班产量报告、产量通知单、产量明细表、废品通知单等。

4. 工薪汇总表及人工费用分配表

工薪汇总表是为了反映企业全部工薪的结算情况并据以进行工薪结算总分类核算和汇总整个企业工薪费用而编制的，它是企业进行工薪费用分配的依据。工薪费用分配表反映了各生产车间各产品应负担的生产工人工薪费用。

5. 材料费用分配表

材料费用分配表是用来汇总反映各生产车间各产品所耗费的材料费用的原始记录。

6. 制造费用分配汇总表

制造费用分配汇总表是用来汇总反映各生产车间各产品所应负担的制造费用的原始记录。

7. 成本计算单

成本计算单是用来归集某一成本计算对象所应承担的生产费用，计算该成本计算对象的总成本和单位成本的记录。

8. 存货明细账

存货明细账是用来反映各种存货增减变动情况和期末库存数量及相关成本信息的会计记录。

阅读资料 11-1

华盛公司是一家生产弹簧的企业，其存货与仓储循环中的主要业务活动包括计划和安排生产、发出原材料、生产产品、核算产品成本、储存产成品和发出产成品。在这些业务活动中，涉及的凭证如下：①领发料凭证；②产量和工时记录；③生产指令；④工薪汇总表及人工费用分配表；⑤材料费用分配表；⑥制造费用分配汇总表；⑦成本计算单；⑧存货明细账。

要求：请指出以上8个凭证分别与哪个业务活动相对应。

11.1.3 存货与仓储循环的重大错报风险征兆

以制造类企业为例，生产与存货交易和余额的重大错报风险征兆有如下几种。

(1) 交易的数量和复杂性。制造类企业交易的数量庞大，业务复杂，很容易出现错误和舞弊的现象。

(2) 成本基础的复杂性。制造类企业的成本基础是复杂的。虽然原材料和直接人工等直接费用的分配比较简单，但间接费用的分配就可能较为复杂，并且，同一行业中的不同企业也可能采用不同的认定和计量基础。

(3) 员工的变动或者会计电算化。这可能导致在各个会计期间将费用分配至产品成本的方法出现不一致。

(4) 产品的多元化。这可能要求聘请专家来验证其质量、状况或价值。另外，计算库存存货数量的方法也可能是不同的。例如，计量煤堆、筒仓里的谷物或糖、钻石或者其他贵重的宝石、化工品和药剂产品的存储量的方法都可能不一样。这并不是要求注册会计师每次清点存货都需要专家配合，如果存货容易辨认，存货数量容易清点，就无须专家帮助。

(5) 某些存货项目的可变现净值难以确定。例如，价格受全球经济供求关系影响的存货，由于其可变现净值难以确定，会影响存货采购价格和销售价格的确定，并将影响注册会计师对与存货计价认定有关的风险进行评估。

(6) 销售附有担保条款的商品。企业销售附有担保条款的商品，就会面临换货或者销售退回的风险。出口到其他国家的商品也有图中毁损的风险，这将导致投保人索赔或者由企业来补充毁损的商品。

(7) 将存货存放在很多地点。大型企业可能将存货存放在很多地点，并且可以在不同的地点之间配送存货，这将增加商品途中毁损或遗失的风险，或者导致存货在两个地点被重复列示，也可能产生转移定价的错误或舞弊。

(8) 寄存的存货。有时候存货虽然还存放在企业，但可能已经不归企业所有。反之，企业的存货也可能被寄存在其他企业。

审计人员应当了解被审计单位对生产与存货的管理程序。如果审计人员认为被审计单位的控制可能存在销售成本和存货的重大错报风险，就必须对已选取的控制活动的运行有效性进行测试，以证实计划依赖的认定层次上的控制已经在整个期间内运行了。

11.2 存货与仓储循环的控制测试

审计人员可以以内部控制目标为起点实施控制测试，也可以以识别的重大错报风险为起点实施控制测试。

11.2.1 以内部控制目标为起点的控制测试

存货与仓储循环的内部控制主要包括存货的内部控制和成本会计制度的内部控制两项内容。由于存货与仓储循环同其他业务循环的内在联系，其中的某些审计测试，特别是对存货的审计测试，与其他相关业务循环的审计测试同时进行将更为有效。例如，原材料的取得和记录是作为销售与收款循环审计的一部分进行测试的，而装运产成品和记录营业收入与成本则是作为销售与收款循环审计的一部分进行测试的。这些在前面相应章节中已经结合其他循环做了介绍，不再赘述。另一方面，尽管不同的企业对其存货可能采取不同的内部控制，但从根本上说，均可概括为存货的数量和计价两个关键因素的控制，这将在本章第三节予以阐述。因此，对存货与仓储循环以内部控制目标为起点的控制测试，主要关注成本会计制度，较少涉及存货方面的相关内容。

表 11-1 以内部控制目标和相关认定为起点，列示了成本会计制度的关键内部控制和常用的控制测试程序。成本会计制度的控制测试包括直接材料成本控制测试、直接人工成本控制测试、制造费用控制测试和生产成本在当期完工产品与在产品之间分配的控制测试 4 项内容。

表 11-1　成本会计制度的目标、关键内部控制和测试一览表

内部控制目标	关键内部控制	常用的控制测试	常用的交易实质性程序
生产业务是根据管理层一般或特定的授权进行的(发生)	对以下 3 个关键点，应履行恰当手续，经过特别审批或一般审批：①生产指令的授权批准；②领料单的授权批准；③工薪的授权批准	检查凭证中是否包括这 3 个关键点的恰当审批	检查生产指令、领料单、工薪等是否经过授权
记录的成本为实际发生的而非虚构的(发生)	成本的核算是以经过审核的生产通知单、领发料凭证、产量和工时记录、工薪费用分配表、材料费用分配表、制造费用分配表为依据的	检查有关成本的记账凭证是否附有生产通知单、领发料凭证、产量和工时记录、工薪费用分配表、材料费用分配表、制造费用分配表等，原始凭证的顺序编号是否完整	对成本实施分析程序；将成本明细账与生产通知单、领发料凭证、产量和工时记录、工薪费用分配表、材料费用分配表、制造费用分配表相核对

续表

内部控制目标	关键内部控制	常用的控制测试	常用的交易实质性程序
所有耗费和物化劳动均已反映在成本中(完整性)	生产通知单、领发料凭证、产量和工时记录、工薪费用分配表、材料费用分配表、制造费用分配表均事先编号并已登记入账	检查生产通知单、领发料凭证、产量和工时记录、工薪费用分配表、材料费用分配表、制造费用分配表的顺序编号是否完整	对成本实施分析程序；将生产通知单、领发料凭证、产量和工时记录、工薪费用分配表、材料费用分配表、制造费用分配表与成本明细账相核对
成本以正确的金额，在恰当的会计期间及时记录于适当的账户(发生、完整性、准确性、计价和分摊)	采用适当的成本核算方法，并且前后各期一致；采用适当的费用分配方法，并且前后各期一致；采用适当的成本核算流程和账务处理流程；内部核查	选取样本测试各种费用的归集和分配以及成本的计算；测试是否按照规定的成本核算流程和账务处理流程进行核算和账务处理	对成本实施分析程序；抽查成本计算单、检查各种费用的归集和分配以及成本的计算是否正确；对重大在产品项目进行计价测试
对存货实施保护措施，保管人员与记录、批准人员相独立(完整性)	存货保管人员与记录人员职务相分离	询问和观察存货与记录的接触控制以及相应的批准程序	
账面存货与实际存货定期核对相符(存在、完整性、计价和分摊)	定期进行存货盘点	询问和观察存货盘点程序	对存货实施监盘程序

1. 直接材料成本控制测试

对采用定额单耗的企业，可选择某一成本报告期若干种具有代表性的产品成本计算单，获取样本的生产指令或产量统计记录及其直接材料单位消耗定额，根据材料明细账或采购业务测试工作底稿中各该直接材料的单位实际成本，计算直接材料的总消耗量和总成本，与该样本成本计算单中的直接材料成本核对，并注意下列事项：生产指令是否经过授权批准；单位消耗定额和材料成本计价方法是否恰当，在当年度有无重大变更。

对未采用定额单耗的企业，可获取材料费用分配汇总表、材料发出汇总表(或领料单)、材料明细账(或采购业务测试工作底稿)中各该直接材料的单位成本，作如下检查：成本计算单中直接材料成本与材料费用分配汇总表中该产品负担的直接材料费用是否相符，分配标准是否合理；将抽取的材料发出汇总表或领料单中若干种直接材料的发出总量和各该种材料的实际单位成本之积，与材料费用分配汇总表中各该种材料费用进行比较，并注意领料单的签发是否经过授权批准，材料发出汇总表是否经过适当的人员复核，材料单位成本计价方法是否适当，在当年有无重大变更。

对采用标准成本法的企业，获取样本的生产指令或产量统计记录、直接材料单位标准用量、直接材料标准单价及发出材料汇总表或领料单，检查下列事项：根据生产量、直接材料单位标准用量和标准单价计算的标准成本与成本计算单中的直接材料成本核对是否相符；直接材料成本差异的计算与账务处理是否正确，并注意直接材料的标准成本在当年度内有无重大变更。

2. 直接人工成本控制测试

对采用计时工资制的企业，获取样本的实际工时统计记录、职员分类表和职员工薪手册(工资率)及人工费用分配汇总表，作如下检查：成本计算单中直接人工成本与人工费用分配汇总表中该样本的直接人工费用核对是否相符；样本的实际工时统计记录与人工费用分配汇总表中该样本的实际工时核对是否相符；抽取生产部门若干天的工时台账与实际工时统计记录核对是否相符；当没有实际工时统计记录时，则可根据职员分类表及职员工薪手册中的工资率，计算复核人工费用分配汇总表中该样本的直接人工费用是否合理。

对采用计件工资制的企业，获取样本的产量统计报告、个人(小组)产量记录和经批准的单位工薪标准或计件工资制度，检查下列事项：根据样本的统计产量和单位工薪标准计算的人工费用与成本计算单中直接人工成本核对是否相符；抽取若干个直接人工(小组)的产量记录，检查是否被汇总计入产量统计报告。

对采用标准成本法的企业，获取样本的生产指令或产量统计报告、工时统计报告和经批准的单位标准工时、标准工时工资率、直接人工的工薪汇总表等资料，检查下列事项：根据产量和单位标准工时计算的标准工时总量与标准工时工资率之积同成本计算单中直接人工成本核对是否相符；直接人工成本差异的计算与账务处理是否正确，并注意直接人工的标准成本在当年内有无重大变更。

3. 制造费用控制测试

获取样本的制造费用分配汇总表、按项目分列的制造费用明细账、与制造费用分配标准有关的统计报告及其相关原始记录，作如下检查：制造费用分配汇总表中，样本分担的制造费用与成本计算单中的制造费用核对是否相符；制造费用分配汇总表中的合计数与样本所属成本报告期的制造费用明细账总计数核对是否相符；制造费用分配汇总表选择的分配标准(机器工时数、直接人工工资、直接人工工时数、产量等)与相关的统计报告或原始记录核对是否相符，并对费用分配标准的合理性作出评估；如果企业采用预计费用分配率分配制造费用，则应针对制造费用分配过多或过少的差额，检查其是否作了适当的账务处理；如果企业采用标准成本法，则应检查样本中标准制造费用的确定是否合理，计入成本计算单的数额是否正确，制造费用差异的计算与账务处理是否正确，并注意标准制造费用在当年度内有无重大变更。

4. 生产成本在当期完工产品与在产品之间分配的控制测试

检查成本计算单中在产品数量与生产统计报告或在产品盘存表中的数量是否一致；检查在产品约当产量计算或其他分配标准是否合理；计算复核样本的总成本和单位成本，最终对当年采用的成本会计制度作出评价。

11.2.2 以风险为起点的控制测试

在审计实务中，审计人员还可以以识别的重大错报风险为起点实施控制测试。表 11-2 列示了生产与存货交易相关的风险、旨在降低这些风险的计算机控制和人工控制以及相应的控制测试程序，供参考。

表 11-2　生产与存货交易的风险、控制和控制测试

风险	计算机控制	人工控制	控制测试
计划和开始生产			
生产规模可能不适当：可能因生产过量导致存货滞销，或者因产量不足导致存货脱销	根据销售需求量对存货生产数量实施计算机化监督，以显示具体存货项目的再次订购数量和经济订购数量	计划和生产进度由生产部门监控，并取得生产经理批准	检查授权生产的证据
产品可能没有按照客户要求的规格生产，导致顾客拒收从而滞销		生产开始前，获取客户对于产品设计和规格的认可。计划和生产进度由生产部门监控，并取得生产经理批准	检查客户签署的认可函和生产经理批准的证据
生产流程			
发出原材料			
发出用于生产的原材料可能不正确。 原材料缺货可能导致生产延误。 发出的原材料可能未分配或者未正确分配到生产任务中	将事先编号的原材料通知单录入系统，生成发出原材料给工厂以供生产的原材料发出通知单。 每日打印发出至生产过程的原材料，以及包含在生产任务通知单中的原材料发出通知单代码。 每日打印未完成的原材料通知单和没有分配到特定生产任务的原材料发出通知单	由经授权的生产人员签署所有生产任务或供生产使用的原材料通知单。 由生产经理复核载有每日发出至生产过程中的原材料信息的打印文件，并与由生产人员签署的原材料通知单核对一致。 由生产人员监督没有完成的原材料通知单，并跟进发出原材料的延误。 由生产人员分别就每个生产阶段逐个签署生产任务通知单，以表明为每一项生产任务所记录的原材料是完整和准确的	检查生产经理复核生产任务通知单、跟进未分配的原材料和未完成的原材料通知单的情况。 在期末查询没有分配的原材料发出通知单对于在产品的影响
原材料的发出可能未经授权或者原材料可能被盗		确保原材料仓储的实物安全，仅允许经授权的人员进入原材料仓库。 获得足够的保险。 在生产地点安置监控录像机，控制安全通道。对于生产高价值或者高度危险的产品，如提炼金制品、切割钻石等的地方，设置严密的安保系统	通过询问和观察以获取控制被执行的证据

续表

风险	计算机控制	人工控制	控制测试
在生产阶段中转移商品			
直接人工工时可能未被记录或者未被分配至正确的生产任务。 直接机器工时可能未被记录或者未被分配至正确的任务	每天在各生产任务上花费的人工时间要与按照每个员工的计时工资时间或工时记录比对一致。 对分配到生产任务中的直接人工工时与每天的工时记录的差异要打印在例外报告上。 每天计入生产任务的机器工时要与机器生产能力总数比对一致，未分配的工时要打印在例外报告上。 每日生产报告累计所有生产任务所耗费的工时，并与每日工时总数比对一致	由管理层复核每日生产报告以及对直接人工总工时分配的调节表。 由管理层复核例外报告，并改正分配直接人工工时和机器工时中的错误	检查管理层复核生产报告和工时调节表的证据。 检查管理层复核工时差异例外报告的证据，并检查其纠正例外报告所反映的错误的证据
在产品可能未包括移送下一个生产阶段之前的所有累计成本	记录各个生产阶段中的产品移动，但在产品移动到下一个阶段前需经授权的生产人员的电子签名。 出于这一目的，通过密码和菜单对授权人员的进入实施控制。 下一生产阶段的成本直到前一生产阶段已经完成才能进行记录。 每日生产报告记录生产任务从一个阶段转移到下一阶段的日期和时间，并识别授权转移的员工。 每个连续性生产阶段最后的累计成本也要在每日生产报告中反映	经授权人员的电子签名要显示在生产任务通知单和每日生产报告中，以表明在批准向下一阶段转移生产任务前，该人员已经检查并确认所有的直接材料、人工和机器工时成本是正确和完整的。 生产管理层检查已分配的成本，并询问不一致的情况	对于期末在产品，检查授权将生产任务转移至下一阶段的相关签名。 比较原材料、人工工时和机器工时与完成该阶段生产任务的说明书，并检查生产经理监督和更正差异的证据

续表

风险	计算机控制	人工控制	控制测试
转移产品至产成品仓库			
产成品仓库人员可能未记录接收的已完工产品，或接收了生产的残次品	转移完工产品前需要生产经理的电子签名。 产成品仓库人员通过电子签名显示接收已完工产品，以完成产品从在产品到完工产品的转移。 由计算机将已完工产品转移的数量和成本记录至完工产品存货主文档。 由计算机生成关于所有生产任务已转移至产成品存货的完工生产报告	由质量控制人员检查每一生产阶段完工的存货，以确保其在送达产成品仓库前符合质量标准。 损坏的产品或者不符合质量标准的产品应当立即撤出并处理。 检查人员认为满意后在生产任务通知单上签字。 除了他们的电子签名，产成品仓库人员还应当通过在有关生产任务通知单上的签章证明已经接收了有关的产成品。 生产经理每日检查完工生产报告，询问并调整所有与预期不一致的成本和数量	检查接收完工到产成品仓库的证据。 检查管理层复核完工生产报告和追踪出现的误差的证据。 使用计算机辅助审计方法，将完成的生产任务与转移到产成品仓库的完工产品进行比对，检查转移的数量、成本是否一致
产成品可能被盗	定期打印存货主文档中的产成品记录，反映仓库中的存货项目	对产成品进行实物保护，例如仅有经授权的员工才可以进入仓库。 在产成品仓库有选择地安装监控摄像机。 由管理层持续地对存货进行盘点，并调整存货实物数量和存货主文档中存货余额之间的差异。 对接收的产成品、采购和销售的商品实施截止测试	询问并观察安全措施的充分性。 监盘和观察客户持续或定期的盘点程序，并调整记录在存货主文档中的存货余额。 检查由于存货损耗和对期末完工产品、采购商品、销售商品实施截止测试产生的调整
记录生产的产品			
分配至生产的存货的成本可能存在错误，包括分配至生产的原材料的金额发生错误；直接人工工时和机器工时未正确分配至生产任务或分配的金额不正确	每日生产报告详细记录分配给各项任务的直接材料、人工和机器工时，并将其与发出原材料、计时工资记录和机器工时记录进行比对。 将比对不一致的直接成本生成例外报告	由管理层复核每日生产报告和例外报告，并采取措施纠正在产品在各阶段转移过程中的错误和分配错误	检查每日生产报告和例外报告，获取管理层复核及采取相关措施的证据
分配给在产品和产成品的间接费用成本可能没有正确计算，可能未分配至正确的生产任务，或导致应该被费用化的部分可能被记入存货成本	计算机通常以直接人工、直接机器工时或者其他特定的生产流程为基础来分配间接成本。 每日生产报告应该反映标准成本差异以及间接费用的分配	由管理层定期审批间接费用分配率和分配基础或分配至在产品的标准成本。 由管理层定期复核并调查标准成本差异，并根据市场中的有关销售价格考虑产品的可变现净值	检查管理层对标准成本、间接费用的分配率和分配基础的审批。 询问会计政策的一贯性。 检查管理层复核标准成本差异以及产品可变现净值的证据

续表

风险	计算机控制	人工控制	控制测试
已完工产品的生产成本可能没有转移到产成品中	每日完工产品报告中反映了转移到产成品中的成本，以及经授权的生产人员批准这一转移，和经授权的产成品仓库人员接收完工产品至产成品仓库的签字	由生产管理层复核每日的产成品报告，询问并调整任何与预期不一致的成本或产量	使用计算机辅助审计方法，将完工产品与产成品仓库接收的产品的成本和数量进行核对。 检查每日完工产品报告以及管理层复核的证据
保管存货和维护存货主文档			
记录的存货数量可能与实际存货数量不一致		定期或者持续执行存货盘点，调整存货主文档中的存货余额和总分类账的余额。 对于接收的完工产品、外购和销售的商品实施截止测试	检查存货盘点和记录的存货余额。 检查授权调整已记录存货余额的证据
车货主文档中的总额可能和存货总分类账的金额不一致	由计算机将总分类账和存货主文档中的总额进行持续的比对，并打印比对不一致的交易和余额的例外报告	对接收的产成品、外购和销售的商品实施截止测试。对于存货主文档和存货总分类账中存货的损耗和错误进行调整	检查管理层复核和经授权调整的证据
存货过时或者状况恶化，以至于其账面价值可能超过了可变现净值	打印出各存货项目的销售量，以及与现有销售需求相对应的当前库存情况	经常复核过时和毁损的存货，定期对存货项目计提减值准备做出决定。 期末按照过往经验和一贯的会计政策计算存货跌价准备。 检查存货的销售情况以及各存货项目的最后销售日，以便识别销售缓慢和没有销售出去的存货	检查管理层复核存货过时和存货减值的证据。 询问计算存货减值准备人员的胜任能力。 确认行业标准并考虑被审计单位的假设是否合理。 测试确定存货销售量的程序化的控制

续表

风险	计算机控制	人工控制	控制测试
控制环境和控制活动可能未能使管理层关注存货的变动、计量或者计价，以及与之高度相关的财务报表中可能存在潜在错误、错报和舞弊		高级管理层的监控主要涉及以下方面：生产量和生产成本；原材料和产成品存货水平；根据存货盘点的数量和存货主文档以及存货的损耗和丢失情况进行调整；与销售需求有关的脱销和储存过量情况；标准成本差异和间接费用分配应当与企业的实际情况和行业的一般情况匹配；监控关键业绩指标	检查管理层监控程序和关键业绩指标的有效性，以防止、发现并纠正生产与存货交易和余额相关的错误和舞弊

阅读资料 11-2

注册会计师李强对云梦公司的存货进行审计时，进行了内部控制测试，主要有以下事项。

(1) 以前年度没有对存货实施盘点，但有完整的存货会计记录和仓库记录。

(2) 销售发出的彩电为全部按顺序记录。

(3) 生产彩电所需的零星材料由其他公司代管，故该公司没对这些材料的变动进行会计记录。

(4) 公司每年 12 月 25 日会计结账后发出的存货在仓库明细账上的记录，财务作账务处理。

要求：针对以上几种情况，判断李强的做法是否正确，并简要说明理由。

11.3 存货与仓储循环的实质性程序

11.3.1 生产与存货交易的实质性程序

表 11-1 列示了审计生产与存货交易和余额时常用的交易实质性程序。事实上，生产与存货交易的实质性程序可区分为实质性分析程序、生产与存货交易和相关余额的细节测试两个方面。

1. 实质性分析程序

(1) 根据对被审计单位的经营活动、供应商的发展历程、贸易条件、行业惯例和行业现状的了解，确定营业收入、营业成本、毛利以及存货周转和费用支出项目的期望值。

(2) 根据本期存货余额组成、存货采购、生产水平与以前期间和预算的比较，定义营业收入、营业成本和存货可接受的重大差异额。

(3) 比较存货余额和预期周转率。

(4) 计算实际数和预计数之间的差异，并同管理层使用的关键业绩指标进行比较。

(5) 通过询问管理层和员工，调查实质性分析程序得出的重大差异额是否表明存在重大错报风险，是否需要设计恰当的细节测试程序以识别和应对重大错报风险。

(6) 形成结论，即实质性分析程序是否能够提供充分、适当的审计证据，或需要对交易和余额实施细节测试以获取进一步的审计证据。

2. 生产与存货交易和相关余额的细节测试

1) 交易的细节测试

(1) 注册会计师应从被审计单位存货业务流程层面的主要交易流中选取一个样本，检查其支持性证据。例如，从存货采购、完工产品的转移、销售和销售退回记录中选取一个样本：检查支持性的供应商文件、生产成本分配表、完工产品报告、销售和销售退回文件；从供应商文件、生产成本分配表、完工产品报告、销售和销售退回文件中选取一个样本，追踪至存货总分类账户的相关分录；重新计算样本所涉及的金额，检查交易经授权批准而发生的证据。

(2) 对期末前后发生的如采购、销售退回、销售、产品存货转移等主要交易流，实施截止测试。确认本期末存货收发记录的最后一个顺序号码，并详细检查随后的记录，以检测在本会计期间的存货收发记录中是否存在更大的顺序号码，或因存货收发交易被漏记或错计入下一会计期间而在本期遗漏的顺序号码。

2) 存货余额的细节测试

存货余额的细节测试内容很多，如观察被审计单位存货的实地盘存；通过询问确定现有存货是否存在寄存情形，或者被审计单位存货在盘点日是否被寄存在他处；获取最终的存货盘点表，并对存货的完整性、存在和计量进行测试；检查、计算、询问和函证存货价格；检查存货的抵押合同和寄存合同；检查、计算、询问和函证存货的可变现净值等。

11.3.2 存货的实质性程序

1. 存货审计概述

存货是指企业在日常活动中持有以备出售的产成品或商品、处在生产过程中的在产品、在生产过程或提供劳务过程中耗用的材料和物料等。

在多数企业中，存货通常占用大量资金，很多企业存货占其流动资产的一半以上，而且品种繁多、流动性较强、周转速度较快、变换频繁复杂，对企业经营特点的反应能力强于其他资产。所以，存货的重大错报对于流动资产、营运资产、总资产、销售成本、毛利以及净利润都会产生直接的影响；对于其他某些项目，如利润分配和所得税，也具有间接影响。审计中许多复杂和重大的问题都与存货有关。存货、产品生产和销售成本构成了会计、审计乃至企业管理中最为普遍、重要和复杂的问题。

存货审计，尤其是对年末存货余额的测试，通常是审计中最复杂也最费时的部分。对存货存在性和存货价值的评估常常十分困难。导致存货审计复杂的主要原因包括以下几个方面。

(1) 存货通常是资产负债表中的一个主要项目，而且通常是构成营运资本的最大项目。

(2) 存货存放于不同的地点，这使得对其实物控制和盘点都很困难。企业必须将存货置放于便于产品生产和销售的地方，但是这种分散也带来了审计的困难。

(3) 存货项目的多样性也给审计带来了困难。例如，化学制品、宝石、电子元件以及其他高科技产品。

(4) 存货本身的陈旧以及存货成本的分配也使得存货的估价出现困难。

(5) 允许采用的存货计价方法具有多样性。

正是由于存货对于企业的重要性、存货问题的复杂性以及存货与其他项目密切的关联度，要求审计人员对存货项目的审计应当予以特别的关注。相应地，要求实施存货项目审计的审计人员也应具备较高的专业素质和相关业务知识，分配较多的审计工时，运用多种有针对性的审计程序。

2. 存货监盘

1) 存货监盘概述

存货监盘，是指审计人员现场观察被审计单位存货的盘点，并对已盘点的存货进行适当检查。相应地，存货监盘有两层含义：一是审计人员现场监督被审计单位存货的盘点；二是审计人员根据需要对被审计单位已盘点的存货进行适当检查。

存货监盘是存货审计的一项核心审计程序，主要是对存货的结存数量予以确认。其目标主要是确认资产负债表日被审计单位记录的所有存货是否确实存在，是否为被审计单位所拥有等。

2) 存货监盘计划

(1) 制定存货监盘决策的基本要求。审计人员应当根据被审计单位存货的特点、盘存制度和存货内部控制的有效性等情况，与被审计单位就存货监盘等问题达成一致意见，并据此编制存货监盘计划，对存货监盘作出合理安排。

存货监盘程序主要包括控制测试与实质性程序两种。审计人员需要根据被审计单位存货的特点、盘存制度和存货内部控制的有效性等情况，确定存货监盘程序以控制测试为主还是以实质性程序为主。一般而言，在大多数审计业务中，以控制测试为主适当进行检查的审计方式更加有效。如果只有少数项目构成了存货的主要部分，则以实质性程序为主的审计方式获取与存在认定相关的证据更为有效，且对于单位价值较高的存货项目，应百分之百的实施实质性程序。

(2) 编制存货监盘计划时审计人员应当实施的审计程序。

① 了解存货的内容、性质、各存货项目的重要程度及存放场所。审计人员考虑并评价存货项目的重要程度直接关系到投入的审计资源。因此针对存货项目的重要程度，审计人员需要考虑存货、净利润与其他资产的相对金额与内在联系；各类存货的相对金额；存放于各地点存货的相对金额。审计人员可通过与管理层沟通、查阅文件资料以及发放问卷等方式，了解被审计单位存货的所有存放地点。

② 了解与存货相关的内部控制，包括了解存货的盘存制度、存货会计系统及其他相关的内部控制，并根据内部控制的完善程度确定进一步审计程序的性质、时间和范围。

③ 评估与存货相关的重大错报风险和重要性。了解影响存货错报风险的因素。影响存货错报风险的因素主要包括存货的数量和种类、成本归集的难易程度、运输的便捷程度、废旧过时的速度或易损坏程度、遭受失窃的难易程度等；外部因素也会对重大错报风险产生影响。例如，技术进步可能导致某些产品过时，从而导致存货价值更容易发生高估。

实施风险评估程序。在了解被审计单位及其环境的基础上，识别和评估存货项目认定层次的重大错报风险，并考虑进一步审计程序的性质、时间和范围。制造企业的存货与其他企业(如批发企业)的存货相比往往具有更高的重大错报风险，以下类别的存货就可能增加审计的复杂性与风险：具有漫长制造过程的存货，制造过程漫长的企业(如飞机制造和酒类产品酿造企业)的审计重点包括递延成本、预期发生成本以及未来市场波动可能对当期损益的影响等事项；具有固定价格合约的存货，预期发生成本的不确定性是其重大审计问题；商品存货，计价是一个重要的审计问题，因为商品极易受到市场波动的影响，许多企业都试图针对未来的价格变动进行套头交易，以便降低有关风险；与时装相关的服装行业，由于服装产品的消费者对服装风格或颜色的偏好容易发生变化，因此，存货是否过时是重要的审计事项；鲜活、易腐商品存货，因为物质特性和保质期短暂，此类存货变质的风险很高；具有高科技含量的存货，由于技术进步，此类存货易于过时；单位价值高昂、容易被盗窃的存货，如珠宝存货的错报风险通常高于铁制纽扣之类存货的错报风险。

关注存货项目可能发生的错报。一是检查盘点日错报，主要由盘点过程中发生遗漏、不正确的盘点、不正确的称量或计量标准、换算错误、截止错误、在途存货或分支机构存货的错报、对盘点结果的不正确记录等原因引起。二是间隔期错报，主要是由于盘点日与资产负债表日不同可能导致以下问题发生而造成：在间隔期内发生未记录的存货验收入库、装运出库以及生产业务的截止错误、存货验收入库的截止错误、未记录的浪费与损失、虚假的销售收入和销售成本记录等。

初步确定重要性水平。审计人员应当根据对被审计单位的存货错报风险的评估结果，合理确定存货项目审计的重要性水平。

④ 查阅以前年度的存货监盘工作底稿。审计人员通过查阅以前年度的存货监盘工作底稿，可了解被审计单位的存货情况、存货盘点程序以及其他在以前年度存货审计中遇到的重大问题。同时，审计人员还应当充分关注存货盘点的时间安排、识别周转缓慢的存货、存货的截止确认、盘点小组人员的确定以及存货的多处存放等。

⑤ 考虑实地察看存货的存放场所，特别是金额较大或性质特殊的存货。审计人员可以考虑实地察看被审计单位的存货存放场所，尤其关注金额较大或性质特殊的存货的存放，这有助于审计人员在盘点工作开始之前发现潜在问题。

⑥ 考虑是否需要利用专家的工作或其他审计人员的工作。审计人员在确定资产数量或资产实物状况时、评估在产品完工程度时以及收集特殊类别存货的审计证据时，如果对专业知识有较高要求可考虑利用专家的工作。

⑦ 复核或与管理层讨论其存货盘点计划。在复核或与管理层讨论其存货盘点计划时，审计人员应当考虑以下主要因素，以评价其能否合理地确定存货的数量和状况：存货盘点前的会议及任务布置，盘点的时间安排、范围和场所的确定；盘点人员的分工及胜任能力；存货的整理和排列，对毁损、陈旧、过时、残次及所有权不属于被审计单位的存货的区分；存货的计量工具和计量方法；在产品完工程度的确定方法；存放在外单位的存货的盘点安排；存货收发截止的控制；盘点期间存货移动的控制；盘点表单的设计、使用与控制；盘点结果的汇总及盘盈盘亏的分析、调查与处理。如果认为被审计单位的存货盘点计划存在缺陷，审计人员应当提请被审计单位调整。如果认为被审计单位内部控制设计良好且得到有效实施、存货盘点组织良好，可以相应缩小实施检查程序的范围。

(3) 存货监盘计划的主要内容。存货监盘的目标、范围及时间安排；存货监盘的要点及关注事项；参加存货监盘人员的分工；检查存货的范围。

3) 存货监盘程序

(1) 观察程序。在被审计单位盘点存货前，审计人员应当观察盘点现场，确定应纳入盘点范围的存货是否已经适当整理和排列，并附有盘点标志，防止遗漏或重复盘点。对未纳入盘点范围的存货，审计人员应当查明未纳入的原因；对所有权不属于被审计单位的存货，审计人员应当取得其规格、数量等有关资料，并确定这些存货是否已分别存放、标明，且未被纳入盘点范围；审计人员应当观察被审计单位盘点人员是否遵守盘点计划并准确地记录存货的数量和状况。

(2) 检查程序。审计人员应当对已盘点的存货进行适当检查，将检查结果与被审计单位盘点记录相核对，并形成相应记录；在检查已盘点的存货时，审计人员应当从存货盘点记录中选取项目追查至存货实物，以测试盘点记录的准确性；审计人员还应当从存货实物中选取项目追查至存货盘点记录，以测试存货盘点记录的完整性；如果检查时发现差异，审计人员应当查明原因，及时提请被审计单位更正。如果差异较大，审计人员应当扩大检查范围或提请被审计单位重新盘点。

(3) 实施存货监盘程序应特别关注的问题。审计人员应当特别关注存货的移动情况，防止遗漏或重复盘点；审计人员应当特别关注存货的状况，观察被审计单位是否已经恰当区分所有毁损、陈旧、过时及残次的存货；审计人员应当获取盘点日前后存货收发及移动的凭证，检查库存记录与会计记录期末截止是否正确。

(4) 存货盘点结束前审计人员应当实施的审计程序。再次观察盘点现场，以确定所有应纳入盘点范围的存货是否均已盘点；取得并检查已填用、作废及未使用盘点表单的号码记录，确定其是否连续编号，查明已发放的表单是否均已收回，并与存货盘点的汇总记录进行核对。

(5) 存货监盘后考虑的事项。审计人员应当复核盘点结果汇总记录，评估其是否正确反映了实际盘点结果；如果存货盘点日不是资产负债表日，审计人员应当实施适当的审计程序，确定盘点日与资产负债表日之间存货的变动是否已作出正确的记录；在永续盘存制下，如果永续盘存记录与存货盘点结果之间出现重大差异，审计人员应当实施追加的审计程序，查明原因，并检查永续盘存记录是否已作出适当的调整；如果认为被审计单位的盘点方式及其结果无效，审计人员应当提请被审计单位重新盘点。

4) 存货监盘中的特殊问题

(1) 由于存货的性质和位置而无法实施监盘程序，具体情况包括性质特殊的存货，如存货涉及保密问题或系危害性物质；位置特殊的存货，如在途存货。对此，审计人员应当考虑能否实施替代审计程序，获取有关期末存货数量和状况的充分、适当的审计证据。审计人员实施的替代审计程序主要包括检查进货交易凭证或生产记录以及其他相关资料；检查资产负债表日后发生的购、销货交易凭证；向顾客或供应商函证。

(2) 因不可预见的因素导致无法在预定日期实施存货监盘或接受委托时被审计单位的期末存货盘点已经完成。不可预见的因素，包括审计人员无法亲临现场，即由于无法到达存货储放地点而无法参与被审计单位的存货盘点；气候因素，即由于恶劣的天气而导致审计人员无法参与盘点，或是由于天气而无法观察存货。接受委托时被审计单位的期末存货盘点已经完成。对于这些情况，审计人员应当评估与存货相关的内部控制的有效性，对存货进行适当检查或提请被审计单位另择日期重新盘点；同时测试在该期间发生的存货交易，以获取有关期末存货数量和状况的充分、适当的审计证据。

(3) 委托其他单位保管或已作质押的存货。对被审计单位委托其他单位保管的或已作质押的存货，审计人员应当向保管人或债权人函证。如果此类存货的金额占流动资产或总资产的比例较大，审计人员还应当考虑实施存货监盘或利用其他审计人员的工作。

(4) 首次接受委托的情况。当首次接受委托未能对上期期末存货实施监盘，且该存货对本期财务报表存在重大影响时，如果已获取有关本期期末存货余额的充分、适当的审计证据，审计人员应当实施下列一项或多项审计程序，以获取有关本期期初存货余额的充分、适当的审计证据：查阅前任审计人员工作底稿；复核上期存货盘点记录及文件；检查上期存货交易记录；运用毛利百分比法等进行分析。

阅读资料 11-3

注册会计师李强接受委托，对常年审计客户甲公司 2007 年度财务报表进行审计。甲公司为玻璃制造企业，存货主要有玻璃、煤炭和烧碱，其中少量玻璃存放于外地公用仓库。另有乙公司部分水泥存放于甲公司的仓库。甲公司拟于 2007 年 12 月 29 日—12 月 31 日盘点存货，以下是李强撰写的存货监盘计划的部分内容。

存货监盘计划

1. 存货监盘的目标

检查甲公司 2007 年 12 月 31 日存货数量是否真实完整。

2. 存货监盘范围

2007 年 12 月 31 日库存的所有存货，包括玻璃、煤炭、烧碱和水泥。

3. 监盘时间

存货的观察与检查时间均为 2007 年 12 月 31 日。

4. 存货监盘的主要程序

(1) 与管理层讨论存货监盘计划。

(2) 观察甲公司盘点人员是否按照盘点计划盘点。

(3) 检查相关凭证以证实盘点截止日前所有已确认为销售但尚未装运出库的存货已纳入盘点范围。

(4) 对于存放在外地公用仓库的玻璃，主要实施检查货运文件、出库记录等替代程序。

要求：

1. 请指出存货监盘计划中的目标、范围和时间存在的错误，并简要说明理由。

2. 请判断存货监盘计划中列示的主要程序是否恰当，若不恰当，请予以修改。

3. 存货计价审计和截止测试

为验证财务报表上存货余额是否真实正确，还必须对存货进行计价和截止测试。测试的目标主要是确定存货的计价方法是否恰当；存货跌价准备的计提是否合理；确定存货截止和期末余额是否正确等。

1) 存货计价审计

对存货计价进行审计主要是审查存货计价基础和方法及存货的入账价值。

(1) 存货计价基础测试。企业取得存货应采用成本法作为计价基础，期末存货应按成本与可变现净值孰低法计价，按两者的差额计提存货的跌价准备。

在存货计价审计中，审计人员在审计中应注意检查被审计单位采用的计价基础是否符合有关制度的规定，可变现净值的确定及存货跌价准备的计提是否正确。可变现净值是指企业在日常活动中，存货的估计售价减去至完工时估计将要发生的成本、估计的销售费用以及相关税费后的金额。企业确定存货的可变现净值，应当以取得的确凿证据为基础，并且考虑持有存货的目的、资产负债表日后事项的影响等因素。

(2) 存货计价方法的测试。审计人员应注意被审计单位存货计价方法的选择是否符合企业会计准则的规定；是否和企业实际情况相符合；前后各期是否一致。如不一致，应注意被审计单位是否充分列报了这种变动对当期和以后各期的影响。

(3) 存货入账价值测试。存货成本的构成范围因取得存货的来源不同而有所不同，进行存货入账计价测试时，审计人员首先应对存货价格的组成内容予以审核。然后按照所了解的计价方法对所选择的存货样本进行计价审计，并与企业账面记录对比，如有差异，分析形成差异的原因。如果差异过大，应扩大测试范围，并根据审计结果考虑是否应提出审计调整建议。

2) 存货截止测试

所谓存货截止测试，就是检查截至 12 月 31 日购入并已包括在 12 月 31 日存货盘点范围内的存货。即检查盘点范围的存货及其对应的会计科目是否一并记入当年会计报表内。

存货截止测试的关键在于存货实物纳入盘点范围的时间与存货引起的借贷双方会计科目的入账时间都处于同一会计期间。因此，存货截止测试的主要方法就是抽查存货盘点日期前后的购货发票与验收报告，验证两者是否属于同一会计期间。

存货截止审计的另一种方法是审阅验收部门的业务记录，凡是接近年底(包括次年年初)购入的货物，必须查明其相对应的购货发票是否在同期入账，对于未收到购货发票的入库存货，是否将入库单分开存放并暂估入账。

阅读资料 11-4

2008 年 2 月 15 日华盛会计师事务所审计人员按约对威远公司 2007 年度财务报表进行审计。在审计存货项目时，得知公司已于 2007 年年末自行对存货进行了盘点。为此审计人员索取了一份威远公司 2007 年 12 月 31 日的“存货盘点表”(见表 11-3)。

表 11-3　威远公司存货盘点表(部分)

盘点日期：2007 年 12 月 31 日　　数量单位：件　　金额单位：人民币元

存货名称	账存数量	账面金额	盘点数	盘盈数(+)盘盈亏(−)
A 产品	−10	−800	−10	0
B 产品	10	5 000	0	100
C 产品	0	200	0	0
D 产品	120	6 000	140	+20
合计		14 400	—	

经审计人员进一步了解、检查发现：B 产品出现盘亏，是威远公司在生产成本一定的情况下，多计存货数量所致；C 产品出现没有存货却有账面金额的情况，是威远公司主营业务成本结转错误所致；D 产品出现盘盈，是威远公司有部分销售退回未入账所致。

要求:

1. 请说明企业提供的上述盘点表是否可信？为什么？

2. 请针对审计时被审计单位期末存货已经盘点完成这种情况，指出审计人员如何对存货的真实性进行审计？

3. 请指出导致盘点表中“A 产品”的账存数量和账面金额均为负数的主要原因是什么？

4. 结合 B 产品，举例说明“生产成本一定的情况下，多计存货数量”会对企业的财务报表产生什么样影响？

5. 什么情况下，可能出现盘点表中“C 产品”这一情况？这对企业的利润表会产生什么样的影响？

6. 企业销售退回未入账，会对企业的财务报表产生什么样的影响？

本章小结

存货与仓储循环审计的基础内容包括存货与仓储循环的主要业务活动、所涉及的主要凭证和会计记录、重大错报风险征兆等。存货与仓储循环审计的重要内容是存货与仓储循环的控制测试和实质性程序。

存货与仓储循环的控制测试包括以内部控制目标为起点的控制测试和以风险为起点的控制测试。以内部控制目标为起点的控制测试，重点列示了成本会计制度的控制测试程序。成本会计制度的控制测试包括直接材料成本控制测试、直接人工成本控制测试、制造费用控制测试和生产成本在当期完工产品与在产品之间分配的控制测试 4 项内容。

生产与存货交易的实质性程序分为实质性分析程序、生产与存货交易和相关余额的细节测试两个方面。存货的实质性程序主要包括存货监盘、存货计价和截止测试等方面。存货监盘包括监盘计划、监盘程序和存货监盘中的特殊问题；存货计价审计包括存货计价基础测试、存货计价方法测试和存货入账价值测试；存货截止测试的关键在于存货实物纳入盘点范围的时间与存货引起的借贷双方会计科目的入账时间都处于同一会计期间。

习　题

一、单项选择题

1. 审计人员对被审计单位进行存货监盘可以达到的审计目标是(　　)。

   A. 证实存货计价的合理性

   B. 证实存货的存在性

   C. 证实存货采购成本的正确性

   D. 证实存货账务处理的正确性

2. 审计人员在企业存货的盘点工作中，应当(　　)。

   A. 亲自进行独立的存货盘点

   B. 参与企业盘点，完全不必亲自盘点

   C. 观察企业盘点，完全不必亲自盘点

   D. 制订盘点计划，由企业进行盘点，将盘点结果汇入工作底稿

3. 审计人员在对存货进行计价测试时，一般可以不考虑的是(　　)。

   A. 存货计价基础与方法的合理性

B. 存货计价方法的一致性

C. 存货计价的正确性

D. 是否有抵押、担保的存货

4. 存货与仓储循环有关交易的实质性程序的重点不包括(　　)。

A. 成本会计制度的测试

B. 分析程序的运用

C. 存货的监盘

D. 存货计价的测试

5. 对直接人工成本的控制测试，如果采用计件工资制，应当检查(　　)。

A. 实际工时统计记录

B. 职员分类表

C. 个人产量记录

D. 职员工薪手册

二、多项选择题

1. 成本会计制度的控制测试包括(　　)。

A. 直接材料成本控制测试

B. 直接人工成本控制测试

C. 制造费用控制测试

D. 生产成本在当期完工产品与在产品之间分配的控制测试

2. 下列各项审计程序中，属于存货项目实质性分析程序的有(　　)。

A. 核对各存货项目明细账与总账的余额是否相符

B. 对存货进行监盘

C. 抽查部分存货入库单是否均有仓储部门的签章

D. 审查存货跌价准备

3. 存货监盘计划的主要内容有(　　)。

A. 存货监盘的目标、范围及时间安排

B. 存货监盘的要点及关注事项

C. 参加存货监盘人员的分工

D. 检查存货的范围

4. 生产与存货交易的实质性程序可分为(　　)。

A. 实质性分析程序

B. 生产与存货交易的细节测试

C. 存货余额的细节测试

D. 存货的控制测试

5. 审计人员对被审计单位购货业务进行年底截止测试的方法有(　　)。

A. 实地观察与抽查存货

B. 抽查存货盘点日前后的购货发票与验收报告

C. 查阅验收部门的业务记录

D. 了解购货的保险情况和存货保护措施

三、简析题

1. 云梦公司是一家专营商品零售的股份公司，华盛会计师事务所在接受其审计委托后，委派注册会计师李强担任负责人，并签署审计报告。经过审计预备调查，李强确定存货项目为重点审计领域，同时决定根据财务报表认定确定存货项目的具体审计目标，并选择相应的具体审计程序以保证审计目标的实现。假定下列表格中的具体审计目标已经被李强选定，请帮李强确定与各具体审计目标最相关的财务报表认定和最恰当的审计程序。

财务报表认定	具体审计目标	审计程序
	公司对存货均拥有所有权	
	记录的存货数量包括了公司所有的在库存货	
	已按成本与可变现净值孰低法调整期末存货的价值	
	存货成本计算准确	
	存货的主要类别和计价基础已在财务报表恰当披露	

财务报表认定：①完整性；②存在；③分类和可理解性；④权利和义务；⑤计价和分摊。审计程序：⑥检查现行销售价目表；⑦检查财务报表；⑧在监盘存货时，选择一定样本，确定其是否包括在盘点表内；⑨选择一定样本量的存货会计记录，检查支持记录的购货合同和发票；⑩在监盘存货时，选择盘点表内一定样本量的存货记录，确定存货是否在库；⑪测试直接人工费用的合理性。

2. 2008 年 9 月，华盛会计师事务所首次接受委托审计乙公司 2008 年度财务报表，委派注册会计师李强担任项目负责人。乙公司为果汁生产企业，2008 年期初、期末存货余额占资产总额比重较大。存货主要包括苹果和桶装果汁，其中苹果贮存在各采购地 10 个简易棚内，桶装果汁贮存在甲公司 1 个仓库内。乙公司对存货采用永续盘存制核算。乙公司拟于 2008 年 12 月 31 日起开始盘点存货，盘点工作由熟悉相关业务且具有独立性的人员执行。李强编制的存货监盘计划摘录如下。

(1) 与存货相关的内部控制比较有效，加之存货单位价值不高，将存货认定层次重大错报风险评估为低水平。

(2) 在对桶装果汁实施监盘程序时，采用观察以及检查相关的收、发、存凭证和记录的方法，确定存货的数量。

(3) 乙公司对苹果的盘点计划是 2008 年 12 月 31 日盘点 5 个简易棚内的苹果，2009 年 1 月 5 日盘点其他 5 个简易棚内的苹果。根据乙公司的盘点计划，要求项目组成员在上述时间对苹果实施监盘程序。

要求：

1. 根据审计准则的要求，指出李强针对存货期初余额应当实施哪些审计程序。

2. 针对上述存货监盘计划，逐项判断存货监盘计划是否存在缺陷，如果存在缺陷，简要提出改进建议。

第12章 筹资与投资循环审计

教学目标

通过本章的学习，掌握筹资与投资循环审计的基本理念，了解筹资活动与投资活动的内部控制和控制测试，掌握筹资交易和投资交易的实质性程序。

教学要求

筹资与投资循环的重大错报风险；筹资与投资活动的控制测试、借款的实质性程序；长期股权投资和投资收益的实质性程序。

基本概念

筹资与投资循环　筹资活动　投资活动　细节测试　长期股权投资核算的成本法和权益法

导入案例

琼民源公司以投资虚构收入

1998年6月10日下午，在北京第一中级人民法院开庭审理了琼民源公司财务报表舞弊案。琼民源公司1996年利润总额和净利润分别较1995年增长848倍和1 290倍，资本公积也疯狂增长，这是琼民源公司虚构利润5.7亿元、虚构资本公积6.57亿元所致。琼民源公司的合作方香港冠联置业公司原本应投入1.95亿元人民币股本或合作建房资金，但琼民源公司大笔一挥，开出一张发票，就成为分期付款的购房款，作为琼民源公司的当年收入。其次，琼民源公司转让部分开发权及商场经营权给北京开源机械设备公司取得总计3.2亿元资金。实际上，这是琼民源公司利用几家关联企业在同一银行中各自的账户，在1996年12月3日一天之内，将民源海南公司汇入开源公司的5 000万元，以及民源大厦总经理柯少云通过私人关系借款4 000万元，通过3次循环转账手法，开具发票，虚构了琼民源公司收到2.7亿元的收入。同样，琼民源还将深圳有色金属财务有限公司汇来的合作建房投资款5 000万元，经2次转账，在开具了发票之后，也作为当年的收入。由于合同的标的物——北京民源大厦是真实存在的，并且每一次的入账都是在收到现金并具有发票、合同及相关凭证的基础上记入账内。因此，对此审计的海南中华会计师事务所在确认这些发票与合同的所有要素之后，只能对其出具了无保留意见的审计报告。

资料来源：李若山. 注册会计师，经济警察. 北京：中国财政经济出版社，2003年.

点评：审计过程中应对变化较大的项目或异常变动情况予以重点关注。

12.1 筹资与投资循环概述

12.1.1 筹资与投资循环涉及的主要业务活动

企业筹资与投资循环所涉及的业务活动数量一般较少，单笔交易金额较大。漏记或不恰当地对一笔业务进行会计处理，将会导致重大错误，从而对企业会计报表的公允反映产生较大的影响。筹资与投资循环交易必须严格遵守国家法律、法规和相关契约的规定。

1. *筹资所涉及的主要业务活动*

(1) 审批授权。企业通过借款筹集资金需经管理当局的审批，其中债券的发行每次均要由董事会授权；企业发行股票必须依据国家有关法规或企业章程的规定，报经企业最高权力机构(如董事会)及国家有关管理部门批准。

(2) 签订合同或协议。借款须同银行或其他金融机构签订借款合同，发行债券须签订债券契约和债券承销或包销合同。

(3) 取得资金。企业实际取得银行或金融机构划入的款项或债券、股票的融入资金。

(4) 计算利息或股利。企业应按有关合同或协议的规定，及时计算利息或股利。

(5) 偿还本息或发放股利。向银行借款或发行债券应按有关合同或协议的规定偿还本息，融入的股本根据股东大会的决定发放股利。

2. *投资所涉及的主要业务活动*

针对权益性投资的购买和出售的业务活动应当包括以下几种。

1) 投资交易的发生

由管理层对所有投资交易进行授权。交易的数量越多，授权程序必须越正式。销售业务由下列文件支持：经纪人的销售公告、合同，董事会批准非上市性投资业务销售的会议纪要，高级员工核对收据和银行存款的详细信息。这一职能应当与投资销售业务的批准和记录分开，必须确保处置投资业务中实现的损益计算正确。

对上市性投资的购买应当由经纪人的买入公告支持，对非上市性投资的购买应当由相关合同支持。两者都应当由董事会纪要(或其他授权文件)批准权益性投资的购买。高级员工应当在结算买价之前核对这些文件。本项职能应当同投资购买业务的批准和记录职能分离。

2) 有价证券的收取和保存

企业所收到的凭证和有价证券应当保存在其经纪人处或由企业的开户银行保存在一个上锁的安全箱里。

对以凭证方式保存的有价证券设置物理性职能分离。注册会计师应当对该凭证不真实或由管理层使用电脑和文字处理方法伪造的风险保持警惕。如果注册会计师怀疑上述情况出现，则应当从被投资企业获取询证函以确定投资企业是否真正持有股份。

3) 投资收益的取得

企业收到股利和利息支票时应当予以记录并追查至银行存款单。如果企业发生了大量的投资活动，企业应当设立单独的银行账户，所有的投资收益都应当存入该账户。如果企业的经纪人安全保管着其上市股票凭证，应当由经纪人直接收取股利并存入企业的银行账户。企业应当针对相关银行账户定期编制调节表。

股利收据应当在投资账户中记录，包括股利的金额和日期：宣告日期、最后行权日和支付日期。这应由高级员工定期复核，以确保所收取和记录的股利收入的完整性。

利息收入一般应当与债务性投资合同和支付安排一致。高级员工应当类似地确保所收到的利息计算正确且已存入。应当考虑确保利息在财务期间内截止和分摊的正确性。

4) 监控程序

管理层的定期复核应当包括如下内容。

(1) 定期计算持有股票凭证或有价证券的月度报表，并与投资账户余额(提供有价证券存在性的证据)相比较。

(2) 检查所有的购买和销售交易，如果交易的数量有限则寻求授权的证据；如果企业作为经纪人拥有大量的交易，则在测试的基础上寻求有价证券完整性和发生的证据。

(3) 检查经纪人的买入和卖出公告，如果交易的数量有限则可作为所有买入和卖出交易的支持性信息，如果企业作为经纪人拥有大量的交易，则在测试的基础上将投资清单的详细信息同总分类账相核对，以获取有价证券完整性、发生和估价的审计证据。

(4) 将所收到的现金或所付出的支票与相关买入、卖出交易和收益的收据的授权信息相核对。

(5) 针对实际业绩定期制定关键业绩指标并监控，以发现不佳的业绩或回报。进行此项复核的证据应当是高级管理层在相关记录或管理层会议纪要中的签字。

12.1.2 筹资与投资循环涉及的主要凭证与会计记录

1. 筹资活动的凭证和会计记录

(1) 公司债券。公司依据法定程序发行、约定在一定期限内还本付息的有价证券。

(2) 股本凭证。公司签发的证明股东所持股份的凭证。

(3) 债券契约。载明债券持有人与发行企业双方所拥有的权利与义务的法律性文件，内容包括债券发行的标准；债券的明确表述；利息或利息率；受托管理人证书；登记和背书；如系抵押债券，其所担保的财产；债券发生拖欠情况的处理，以及对偿债基金、利息支付、本金返还等的处理。

(4) 股东名册。发行记名股票的公司记载股东的凭证，内容包括股东的姓名或者名称及住所；股东所持股份数；股东所持股票的编号；股东取得其股份的日期。发行无记名股票的，公司应当记载其股票数量、编号及发行日期。

(5) 公司债券存根簿。发行记名公司债券时记载债券持有人的凭证，内容包括债券持有人的名称及住所；债券持有人取得债券的日期及债券的编号；债券总额、债券的票面金额、债券的利率、债券还本付息的期限和方式；债券的发行日期。发行无记名债券的应当在公司的债券存根簿上记载债券总额、利率、偿还期限和方式、发行日期和债券编号。

(6) 承销或包销协议。公司向社会公开发行股票或债券时，应当由依法设立的证券经营机构承销或包销，公司应与其签订承销或包销协议。

(7) 借款合同或协议。公司向银行或其他金融机构借入款项时与其签订的合同或协议。

2. 投资活动的凭证和会计记录

(1) 债券投资凭证。载明债券持有人与发行企业双方所拥有的权利与义务的法律性文件，其内容一般包括债券发行的标准、债券的明确表述、利息或利息率、受托管理人证书、登记和背书。

(2) 股票投资凭证。买入凭证记载股票投资购买业务，包括购买股票数量、被投资公司、股票买价、交易成本、购买日期、结算日期、结算日应付金额合计。卖出凭证记载股票投资卖出业务，包括卖出股票数量、被投资公司、股票卖价、交易成本、卖出日期、结算日期、结算日金额合计。

(3) 股票证书。载明股东所有权的证据，记录所有者持有被投资公司所有的股票数量。如果被投资公司发行了多种类型的股票，也反映股票的类型，如普通股、优先股。

(4) 股利收取凭证。向所有股东分发股利的文件，标明股东、股利数额、每股股利、被审计单位在交易最终日期持有的总股利金额。

(5) 长期股权投资协议。证明企业进行长期股权投资的书面文件，主要内容包括投资方与被投资方、投资额与投资方式、利润分享和亏损分担、事务执行方式、投资的转让等。

(6) 投资总分类账。对被投资单位所持有的投资，记录所有的详细信息，包括所获得或收取的投资收益。总分类账中的投资账户记录初始购买成本和之后的账面价值。

(7) 投资明细分类账。由投资单位保存，以用来记录所有的非现金性投资交易，如期末的市场对市场调整、公允价值的反映，以及记录与处置投资相关的损益。

12.1.3 筹资与投资循环的重大错报风险征兆

1. 筹资活动的重大错报风险

注册会计师应当在了解被审计单位的基础上考虑影响筹资交易的重大错报风险，并对被审计单位业务中可能出现的特别风险保持警惕。考虑到严格的监管环境和董事会针对筹资活动设计的严格控制，除非注册会计师对管理层的诚信产生疑虑，否则重大错报风险一般应当评估为低水平。

然而，有一点可能引起注册会计师的疑问，这就是企业会计准则以及监管法规对借款和权益的披露要求，可能引起完整性、计价和分摊、列报认定的潜在重大错报风险。尽管账户余额发生错报的可能性不大，但仍然可能存在权利和义务被忽略或发生错报的可能，如某个集团公司用资产为另一个集团公司做抵押或担保的情况。

如果被审计单位是国际资本市场上的大型公众公司，其股票在国内和国外同时上市，其他国家的法律法规的复杂性可能影响到注册会计师对重大错报风险的评估。在这种情况下，企业可能从国外获得借款，从而应当在利润表中确认汇兑损益。这种情况下的筹资交易和余额重大错报风险可能评估为中到高水平，存在完整性和计价认定风险以及未记录负债和或有负债的风险。

在实施实质性程序之前，注册会计师应当评估权益、借款、利息、股利交易和余额在报表层次和认定层次上的重大错报风险。注册会计师应当通过询问、检查文件记录、观察控制程序等方法获得确切的信息以支持对重大错报风险的评估，识别特定账户余额的影响，并设计适当的审计程序以发现和纠正剩余重大错报风险。

2. 投资活动的重大错报风险

注册会计师应当考虑重大错报风险对投资活动的影响，并对被审计单位可能发生的特定风险保持警惕。与投资交易和余额相关的特定固有风险包括以下几个方面。

(1) 管理层错误表述投资业务或衍生金融工具业务的偏见和动机，包括为了满足预算、提高绩效奖金、提高财务报表中的报告收益、确保从银行获得额外资金、吸引潜在投资购买者或影响股价以误导投资者。

(2) 所取得资产的性质和复杂程度可能导致确认和计量的错误，如不正确的会计分配。尽管多数被审计单位可能只拥有少量的投资，并且买入和卖出的业务不频繁，交易的非经常性可能导致作出会计处理时出现错误。如果会计人员没有意识到不同类型投资计量或计价的复杂性，管理层通常不能轻易发现这些错误。

(3) 所持有投资的公允价值可能难以计量。

(4) 确定持有待售资产或持有至到期投资公允价值的困难性可能最终影响资产负债表中投资和衍生金融工具的账面价值。

(5) 管理层凌驾于控制之上，可能导致投资交易未经授权。

(6) 如果对有价证券的控制不充分，权益性有价证券的舞弊和盗窃风险可能很高，从而影响投资的存在性。

(7) 关于资产的所有权以及相关权利与义务的审计证据可能难以获得。获取的权益可能很复杂，如在企业集团中包含有跨国公司的情形以及公司处理大量衍生金融工具交易的情形。

(8) 如果每年发生的交易数量有限，并且会计人员不能确定在相关的购置或处置业务以及损益的调整中的分配时，固定资产交易的记录可能会发生错误。

(9) 如果负责记录投资处置业务的人员没有意识到某项投资已经卖出，则对投资的处置业务可能未记录。这种处置业务只能通过在期末进行实物检查发现。

审计人员应当通过实施询问、检查文件记录或观察控制程序的执行情况等程序获取确证的信息以支持对重大错报风险的评估。在识别对财务报表特定账户余额的影响的基础上，审计人员应当设计适当的审计程序以发现并纠正任何剩余重大错报风险。

审计人员不应低估衍生金融工具交易的复杂性，以及潜在的重大错报风险。在常见的衍生金融工具之外，审计人员可能遇到嵌入式衍生金融工具，非常难以识别，此外还可能遇到信贷衍生金融工具以进行信贷套期，以及通货膨胀相关债券以进行通货膨胀套期。与此类衍生金融工具相关的公允价值计算及会计处理更加复杂，并且如果衍生金融工具交易包含重要种类的交易，审计人员可能需要利用专家的工作。

阅读资料 12-1

盛昌公司在筹资和投资活动中的交易流程见表 12-1。

表 12-1　盛昌公司在筹资和投资活动中的交易流程

筹资活动的交易流程	投资活动可能的错报
筹资计划	
收取款项	
计算利息、股息	
归还借款	
投资活动的交易流程	筹资活动可能的错报
投资计划	
支付款项	
计算投资收益	
投资资产保管	

筹资活动可能的错报：①利息、股息空间处理不正确；②借款或发行股票没有经过授权审批；③所筹款项没有按照规定用途使用；④提前冲减银行借款，少计负债。

投资活动可能的错报：①投资证券丢失；②投资活动没有经过授权批准；③款项支付没有执行投资计划；④虚计或少计投资收益。

要求：请替盛昌公司将与交易流程相对应的可能发生的错报填写完整。

12.2　筹资与投资循环的控制测试

12.2.1　筹资活动的控制测试

1. 筹资活动的内部控制

企业各项筹资交易的内部控制基本类似，这里以应付债券为例来说明筹资循环的内部控制与控制测试。

(1) 职务分离控制制度。筹资计划的编制人应与审批人适当分离；办理债券发行的职员、保管未发行债券的职员、负责支付利息的职员应分别同相应的会计记录职责分离；并由独立的机构来代理发行债券、支付利息。

(2) 授权审批制度。企业筹资计划要经董事会专门授权审批，并在进行计划时应详细地说明筹资的理由、筹资的数量、筹资前后企业财务实力的变化、筹资对企业未来收益的影响、各种筹资方式利弊的比较以及对某种筹资方式的建议等。筹资计划、筹资的具体细节必须提呈董事会审核。

(3) 债券的签发制度。董事会核准发行债券的决议是执行筹资业务必需的证明文件。已经董事会审核批准发行的债券在正式发行前，必须经董事会指定有关人员共同签发，每一位被授权签发债券的人员，应仔细检查将发行的债券是否同董事会所核准的相一致；各种应办理的手续和文件以及到签发日为止的证券市场行情分析报告等资料是否齐全。

(4) 债券的发行制度。债券筹资的金额往往非常大，所以每种债券发行必须签订债券契约，并须委托有相应实力和地位的银行、投资信托公司或证券交易商来代理发行。债券代理发行机构在发行债券时，并不经管发行公司的资产和账册。发行公司有关债券的账户记录，可以通过这些机构的业务记录得到客观而公正的证实，从而也加强了债券发行公司的内部控制，使得用伪造的会计记录来掩盖不正当行为的事件发生的可能性减少。

(5) 债券的保管制度。对于核准后但尚未发行的公司债券，应当委托独立的机构代为保管，这是限制性接触控制最为有效的方法，也使得债券的保存更为安全。如果自行保管未发行的公司债券，应指定专人负责，并详细记录债券簿。保管人不能同时负责债券的发行、现金的收入和账簿记录工作，对该部分债券未交独立发行机构发行之前，被授权人员不得签字。对到期收回的债券，必须于归还本金的同时，戳盖作废记录和注销的记号。在该类债券全部收回后，应妥善进行销毁处理，防止债券被不合法地再次使用。

(6) 利息支付的控制制度。企业应指定专人对不同债券支付利息的日期分别在利息支付备忘录上予以记载，防止可能发生的违约事件。企业可将到期应付的利息总额，开出支票委托独立的机构代为发放。企业应明确代理机构的控制责任，并获取其定期的报告。债券发行公司可以将代理机构交来的利息支付清单作为公司已支付利息的原始凭证，并将该单上记载的持票人姓名和利息支付总额及开出支票金额相核对，在法定利息支付期满后，代理机构应将差额退回发行公司，发行公司应监督该差额的退回。

(7) 筹资会计记录控制制度。公司债券会计记录控制的重点在于债券发行时，债券交易价值的摊销。公司应付债券的明细账应详细记录债券发行日、到期日、面值、票面利率等资料。明细账应与总账定期核对。公司债券折溢价摊销方法一经选定，不得随意变动。

2. 筹资活动的控制测试

(1) 了解筹资循环的内部控制，获取相关的内部控制资料或文件，并对内部控制设计和控制是否得到执行进行评价。审计人员为此应取得与筹资业务有关的如下资料：筹资活动的前期审批程序；各种筹资性负债的内容；发行在外的股票有哪些类别，特别是优先股有多少种等；债券签发制度；长期性筹资时所承诺的各种义务；未发行债券及股票的保管方式；公司债券折价或溢价的摊销方式；近几年股利发放情况。

(2) 对筹资循环内部控制进行有效性测试。主要内容如下：①授权审核控制测试。选择某项筹资业务，检查其有无董事会核准的决议；对决议内容应仔细阅读。审计人员应追查引用的条文和意见原文，并根据政府有关法令，来判断筹资业务是否合法、董事会决议是否恰当；应检查经董事会核准的债券在正式发行前是否有指定有关人员的签字。如果采用的是会签制度，须检查是否得到所有应该签字人员的签字。②债券发行控制测试。审计人员可选择某种债券的账户记录，检查其发行在外的债券同董事会核准的发行数是否一致；通过有关债券现金收入记录，检查发行时的交易价格同债券面值之间的差额是否在债券折价或溢价账上恰当地反映；检查折价或溢价摊销方法是否同公司会计政策的规定相一致；当期折价或溢价的摊销方法是否同先期的摊销方法相一致；各期摊销折价或溢价的计算是否正确。这些核查应追查至发行契约及有关原始凭证。③债券保管控制的测试。通过现场观察的办法，检查未发行的债券是否由指定的人员来进行保管；非保管人员是否只有在得到恰当的授权时才能接触债券。收回债券的处理是否妥善。④利息控制测试。审计人员可选择若干月份的利息计算表，根据债券记载的面值和利率及期限，独立地计算各期应计利息，验证利息计算表的正确性，并追查应记负债账的记录，确定是否有少记负债的情况。根据利息计算表上各期的应付利息，检查支付利息支票存根，证实它们是否相一致。

(3) 评价筹资循环的内部控制。审计人员对筹资循环内部控制进行测试后，应根据收集的证据结合专业分析和职业判断，对筹资循环的内部控制及其执行情况、内部控制的有效性加以判断，推断有无导致会计报表相关项目的重大错报风险发生，并据以设计和实施进一步审计程序的性质、时间和范围。

12.2.2 投资活动的控制测试

1. 投资活动的内部控制

(1) 职务分离控制制度。投资计划的编制人同掌握该计划的审批权的人相分离；负责证券购入与出售业务的职员同担任会计记录工作的职员适当分离；证券的保管人必须同负责投资交易账务处理的人员在职责上分离；参与投资交易活动的人员同负责有价证券的盘点工作人员相分离等。

(2) 授权审批控制制度。企业的投资计划应当经董事会专门授权审批，制订投资计划时应以财务分析的结果为依据，详细说明准备投资的对象及其投资理由、投资的性质和目的、影响投资收益的潜在因素等；投资计划在正式执行前有严格的复核制度；投资计划的最后批准必须经董事会表决通过。

(3) 投资资产取得的控制制度。投资计划的正式实施，必须以经过董事会或其指定的专人审批的文件作为执行命令。首先应选择从事证券交易的证券经纪人或交易商，应对证券经纪人或交易商进行适当的审查，由董事会或指定专人批准最后选定。经纪人或交易商对委托人承担的义务应用合同或其他契约文件加以确定。经纪人或交易商为委托人购置证券，必须取得经投资企业有关管理人员签署的投资指令。该指令通常应规定购置证券的最高价格和最低投资报酬率及指令的有效期限。任何超出投资指令允许范围的证券购置，经纪人必须事先向投资人提交建议书或采取其他征求意见方式，在得到投资人同意后才能进行。投资交易的结果应建立专门的记录、审核制度，以证实购入证券的数量和价格及投资报酬率是否符合投资指令等。

(4) 投资资产保管与处理制度。企业对投资资产一般有两种保管方式：一种方式是由独立的专门机构保管，如企业在拥有数额较大的投资资产的情况下，委托银行、证券公司、信托投资公司等进行保管。银行等机构只允许公司专门指定的人员持有相应的批准文件，才能接触证券。并且必须规定去银行或其他机构存取证券时，应由两个以上的职员同行，被授权人应当定期检查银行等机构送来的证券存放情况记录，并将这些记录同专门人员签署的证明文件存根和公司有关证券账户的余额相核对。另一种方式是由企业自行保管。企业自行保管的，首先，应规定必须存放在向银行租用的保险箱或专门的保管库内。其次，应建立严格的相互牵制制度，负责保管有关证券的职员应与投资业务审批人、投资实物记录人、现金业务处理人、投资总分类账记账人在职责上相互独立。最后，进入保管库中或开取保险箱时，应有两位负责保管业务的职员同时在场。

无论有价证券由外部机构代为保管还是由企业自行保管，证券保管人都必须设置证券登记簿，根据经复核和批准的原始凭单，详细登记存取证券的名称、号码、数量、面值、存放和取出日期及经手人等内容。该登记簿应同会计部门的投资明细账定期由专人指定人员进行核对。企业自行保管的有价证券由与投资业务无关的独立职员定期进行盘点，检查其实存情况。

盘点工作必须由两个以上职员共同进行。所有投资的证券盘点内容和结果应详细记录在盘点清单上，并将盘点清单记录逐一同证券登记簿和投资明细账进行核对。在盘点或检查过程中，发现的实存数量同账面记录数之间的差异，在没有得到董事会或由董事会指定的人批准前，不得进行账面调整。

投资资产处置的控制程序基本上与取得的控制程序相同，即任何有价证券的出售必须经董事会或专门人员批准；代公司进行证券出售活动的经纪人应受到严格的审定；经纪人同投资者之间的各种通讯文件应予记录保存；反映经纪人处置证券结果的清单应根据处理指令受到检查。

(5) 严格的记名登记制度。除无记名证券外，企业购入的所有证券都必须以企业的名义进行登记或记载，不能以企业任何个人名义来署名和登记。由于证券具有流动性，交易变化频繁，企业拥有的各种证券必须在购入之日立即以企业名义登记，防止冒领转移或私自获取投资收益的舞弊行为。

负责投资账务记录的职员必须独立于投资交易业务和证券保管业务，以防止用篡改账面记录的方法来掩饰各种舞弊行为。

(6) 会计记录控制制度。必须对每一种证券开设投资明细分类账。在分类账中，记账员应根据经审核签字过的投资购置清单、经纪人出具的成交通知书以及证券保管人的证券收付清单来登记能完整说明投资资产的内容。投资明细账应定期与总分类统驭账户相核对，核对中发现的差异，应进行调查。

2. 投资活动的控制测试

(1) 了解投资循环的内部控制，获取相关的内部控制资料或文件，并对内部控制设计和控制是否得到执行进行评价。审计人员为此应取得与投资业务有关的如下资料：投资计划的编制和审批程序；选择投资中介机构或中介人的处理程序；投资证券购置和处置的处理程序；投资证券自行保管和委托其他独立机构保管的程序和方法；投资证券实物盘点的方法；投资资产期末计价选用的方法及投资收益或损失确定时间和方法等。

(2) 投资循环内部控制的有效性测试。主要内容如下：①检查控制执行留下的轨迹，确定各项控制的运行情况。②审阅内部盘点报告，察看其盘点方法、盘点结果与会计记录核对情况以及出现差异的处理是否合规。如果各期盘核报告的结果未发现账实之间存在差异或差异不大，说明投资资产的内部控制得到了有效执行。③分析企业投资业务管理报告。企业在作出长期投资决策之前，最高管理层如董事会需要对投资进行可行性研究和论证，并形成一定的会议纪要。并且投资业务一经执行又会形成一系列的投资交易凭据或文件，如投资协议、章程等。负责投资业务的企业有关人员须定期向企业最高管理层报告投资业务的开展情况(包括投资业务内容、投资收益实现情况及未来发展预测)，提交投资业务管理报告书，供最高管理层投资决策和控制，审计人员应认真分析投资业务管理报告书的内容，对照有关文件和凭据资料，从而判断企业投资业务的管理情况。

(3) 评价投资循环的内部控制。审计人员对投资循环内部控制进行测试后，应根据收集的证据结合专业分析和职业判断，对投资循环的内部控制及其执行情况、内部控制的有效性加以判断，推断有无导致会计报表相关项目的重大错报风险发生，并据以设计和实施进一步审计程序的性质、时间和范围。

阅读资料 12-2

注册会计师李强在对昌盛公司的筹资与投资循环进行审计时，需要“了解内部控制、测试内部控制、评价重大错报风险、从而实施实质性程序”。根据这一审计思想，李强列出下表。

序号	内部控制目标	内部控制	实质性程序
1	长期借款账面余额的真实准确	(1) (2)	(10) (11) (12)
2	已登记入账的长期借款及利息费用的完整性	(3) (4)	(13) (14) (15)
3	长期借款所有权		(16)
4	长期股权投资账面余额的真实性	(5) (6)	(17) (18)
5	长期股权投资计价方法的正确性，期末余额的真实性	(7) (8) (9)	(19) (20)

A. 长期借款经过授权审批;
B. 签订长期借款合同或协议等相关法律性文件;
C. 长期借款的会计记录与授权和执行等方面明确职责分工;
D. 长期借款合同或协议由专人保管;
E. 检查年度内长期借款增减变动的原始凭证，核实变动的真实性、合规性;
F. 检查长期借款授权批准手续是否完备;
G. 检查长期借款入账是否及时;
H. 获取或编制长期借款明细表，复核加计正确，并与报表数、总账数和明细账合计数核对相符;
I. 检查与长期借款有关的原始凭证，确认其真实性，并与会计记录核对;
J. 检查长期借款利息计算的依据，复核应计利息的正确性，并确认全部利息计入相关账户;
K. 向银行或其他金融机构函证长期借款，并与账面余额核对;
L. 长期股权投资业务经过授权审批;
M. 与被投资单位签订合同、协议，并获取被投资单位出具的投资证明;
N. 建立详尽的会计核算制度，按每一种证券分别设立明细账，详细记录相关资料;
O. 长期股权投资的核算方法符合会计准则和会计制度的规定;
P. 期末进行成本与市价孰低比较，并正确记录长期股权投资跌价准备;
Q. 获取或编制长期股权投资明细表，复核加计正确，并与报表数、总账数和明细账合计数核对相符;
R. 向被投资单位函证长期股权投资金额、持股比例及发放股利情况;
S. 检查投资的入账价值是否符合投资合同、协议的规定，会计处理是否正确，重大投资项目应查阅董事会有关决议，并取证;
T. 检查长期股权投资的核算是否按规定采用权益法或成本法，是否计提减值准备。

要求：请结合筹资与投资循环审计的内容，帮李强填写上表。

12.3 筹资与投资循环的实质性程序

12.3.1 筹资交易的实质性程序

筹资交易的实质性程序包括实质性分析程序和细节测试两个方面。

1. 实质性分析程序

实质性分析程序包括与上年度或预算的比较、比率分析、财务与非财务信息的比较等，是在审计人员对企业业务进行了解的基础上实施的。对权益和借款交易与余额执行实质性分析程序的步骤如下。

1) 建立预测或预期

预测或预期主要采用资本绩效和财务管理有关的比率。资本绩效和财务管理比率可能在行业基础上并不具有可比性，但对企业不同时间内经营业绩的比较可能是更好的办法。

2) 计算真实数据与预期之间的差异

计算差异包括各种比率的计算，包括管理层用来监控企业的关键业绩指标。将计算结果与上期结果、预算数以及与客户或注册会计师的历史记录相比较。对管理层所使用关键业绩指标的计算，以及对发现问题时相关纠正措施的询问程序，可以提供管理层监控程序运行是否有效的证据。管理层使用的关键业绩指标可能包括两种：①资本绩效，如股东权益回报率、每股收益、市盈率、资本税前收益、税后收益留存率等。②财务管理，如平均利率(包括税前和税后)、总资本利息率和股利率、财务杠杆等。

3) 调查重大差异并运用判断

审计人员应当根据前述预期值来进行比率分析。任何未预期的波动都应当与管理层进行讨论，并在必要时进一步调查。

4) 确定重大差异或临界值

审计人员应当通过询问程序确定管理层用来作为关键业绩指标的比率或基准数据是否表明存在重大错报风险，并考虑影响盈利能力、现金流量、业务持续性和管理层监控程序的趋势。

5) 记录得出结论的基础

审计人员应当就所收集到的审计证据能否支持所选择的认定或审计目标得出结论。

2. 交易的细节测试

注册会计师对筹资交易实施的细节测试，主要包括就权益和长期借款的发生、完整性、准确性、截止和分类认定获取审计证据。在期末，注册会计师应当主要就账户余额的存在性、权利和义务、完整性、计价和分摊认定，以及权益和长期借款以账面价值列报与披露的情况获取审计证据。

借款是企业承担的一项经济义务，是企业的负债项目，包括短期借款、长期借款和应付债券。在一般情况下，被审计单位不会高估负债，因为这样于自身不利，且难以与债权人的会计记录相互印证。为了正确反映企业的财务状况和经营成果，必须将企业的负债完整地列示在资产负债表中，并正确地予以计价。审计人员对于负债项目的审计，主要是防止企业低估债务。低估债务经常伴随着低估成本费用从而高估利润的目的。因此，低估债务不仅影响财务状况的反映，而且还会极大地影响企业财务成果的反映。所以，审计人员在执行借款业务审计时，应将被审计单位是否低估借款作为一个关注的要点。

所有者权益，是企业投资者对企业净资产的所有权，包括投资者对企业的投入资本以及企业存续过程中形成的资本公积、盈余公积和未分配利润。根据资产负债表的平衡原理，所有者权益在数量上等于企业的全部资产减去全部负债后的余额，即企业净资产数额。如果审计人员能够对企业的资产和负债进行充分的审计，证明两者的期初余额、期末余额和本期变动都是正确的，这便从侧面为所有者权益的期末余额和本期变动的正确性提供了有力的证据。同时，由于所有者权益增减变动的业务较少、金额较大的特点，审计人员在审计了企业的资产和负债之后，往往只花费相对较少的时间对所有者权益进行审计。尽管如此，在审计过程中，对所有者权益进行单独审计仍是十分必要的。

下面简要说明对借款项目和所有者权益项目的审计。

3. 短期借款的审计

1) 短期借款的审计目标

短期借款的审计目标一般包括确定资产负债表中列示的短期借款是否存在；确定所有应当列示的短期借款是否均已列示；确定列示的短期借款是否为被审计单位应当履行的现时义务；确定短期借款是否以恰当的金额列示在财务报表中，与之相关的计价调整是否已恰当记录；确定短期借款是否已按照企业会计准则的规定在财务报表中作出恰当列报。

2) 短期借款的实质性程序

(1) 获取或编制短期借款明细表。审计人员应首先获取或编制短期借款明细表，复核其加计数是否正确，并与明细账和总账核对相符。

(2) 函证短期借款的实有数。审计人员应在期末短期借款余额较大或认为必要时向银行或其他债权人函证短期借款。

(3) 检查短期借款的增加。对年度内增加的短期借款，审计人员应检查借款合同和授权批准，了解借款数额、借款条件、借款日期、还款期限、借款利率，并与相关会计记录相核对。

(4) 检查短期借款的减少。对年度内减少的短期借款，审计人员应检查相关记录和原始凭证，核实还款数额。

(5) 检查有无到期未偿还的短期借款。审计人员应检查相关记录和原始凭证，检查被审计单位有无到期未偿还的短期借款，如有，则应查明是否已向银行提出申请并经同意后办理延期手续。

(6) 复核短期借款利息。审计人员应根据短期借款的利率和期限，复核被审计单位短期借款的利息计算是否正确，有无多算或少算利息的情况，如有未计利息和多计利息，应作出记录，必要时进行调整。

(7) 检查外币借款的折算。如果被审计单位有外币短期借款，审计人员应检查外币短期借款的增减变动是否按业务发生时的市场汇率或期初市场汇率折合为记账本位币金额；期末是否按市场汇率将外币短期借款余额折合为记账本位币金额；折算差额是否按规定进行会计处理；折算方法是否前后期一致。

(8) 检查短期借款在资产负债表中的列报是否恰当。企业的短期借款在资产负债表中通常设短期借款项目单独列示，对于因抵押而取得的短期借款，应在资产负债表附注中揭示，审计人员应注意被审计单位对短期借款项目的披露是否充分。

4. 长期借款的审计

1) 长期借款的审计目标

长期借款的审计目标一般包括确定资产负债表中列示的长期借款是否存在；确定所有应当列示的长期借款是否均已列示；确定列示的长期借款是否为被审计单位应当履行的现时义务；确定长期借款是否以恰当的金额列示在财务报表中，与之相关的计价调整是否已恰当记录；确定长期借款是否已按照企业会计准则的规定在财务报表中作出恰当列报。

2) 长期借款的实质性程序

长期借款同短期借款一样，都是企业向银行或其他金融机构借入的款项，因此，长期借款的实质性程序同短期借款的实质性程序较为相似。长期借款的实质性程序通常包括以下几方面内容。

(1) 获取或编制长期借款明细表，复核其加计数是否正确，并与明细账和总账核对相符。

(2) 了解金融机构对被审计单位的授信情况以及被审计单位的信用等级评估情况，了解被审计单位获得短期借款和长期借款的抵押和担保情况，评估被审计单位的信誉和融资能力。

(3) 对年度内增加的长期借款，应检查借款合同和授权批准，了解借款数额、借款条件、借款日期、还款期限、借款利率，并与相关会计记录相核对。

(4) 检查长期借款的使用是否符合借款合同的规定，重点检查长期借款使用的合理性。

(5) 向银行或其他债权人函证重大的长期借款。

(6) 对年度内减少的长期借款，审计人员应检查相关记录和原始凭证，核实还款数额。

(7) 检查年末有无到期未偿还的借款，逾期借款是否办理了延期手续，分析计算逾期借款的金额、比率和期限，判断被审计单位的资信程度和偿债能力。

(8) 计算短期借款、长期借款在各个月份的平均余额，选取适用的利率匡算利息支出总额，并与财务费用的相关记录核对，判断被审计单位是否高估或低估利息支出，必要时进行适当调整。

(9) 检查非记账本位币折合记账本位币时采用的折算汇率，折算差额是否按规定进行会计处理。

(10) 检查借款费用的会计处理是否正确。借款费用是指企业因借款发生的利息及其他相关成本，包括折价或溢价的摊销、辅助费用以及因外币借款而发生的汇兑差额。按照《企业会计准则第17号——借款费用》的规定，企业发生的借款费用，可直接归属于符合资本化条件的资产的购建或生产的，应当予以资本化，计入相关资产成本；其他借款费用，应当在发生时根据其发生额确认费用，计入当期损益。

(11) 检查企业抵押长期借款的抵押资产的所有权是否属于企业，其价值和实际状况是否与抵押契约中的规定相一致。

(12) 检查企业重大的资产租赁合同，判断被审计单位是否存在资产负债表外融资的现象。

(13) 检查长期借款是否已在资产负债表中充分披露。

长期借款在资产负债表中列示于长期负债类下，该项目应根据“长期借款”科目的期末余额扣减将于一年内到期的长期借款后的数额填列，该项扣除数应当填列在流动负债类下的“一年内到期的长期负债”项目单独反映。审计人员应根据审计结果，确定被审计单位长期借款在资产负债表中的列示是否恰当，并注意长期借款的抵押和担保是否已在财务报表附注中作了充分的说明。

阅读资料 12-3

注册会计师李强审计威远股份有限公司“长期借款”项目。当审查该公司向某工商银行举借长期借款130万元的合同时，发现合同规定长期借款以公司的商品为担保；该公司债务与所有者权益之比应经常保持低于5∶3；分发股利须经银行同意；自2001年10月15日起分期归还借款。

要求：指出审计中李强应实施哪些审计程序？

12.3.2 投资交易的实质性程序

投资交易的实质性程序包括实质性分析程序和细节测试两个方面。

1. 实质性程序

实质性分析程序的有效性取决于企业的权益性投资和债权性投资交易及其余额的重要性。如果会计期间内投资交易的买入和卖出业务较少，审计人员可以通过细节测试有效地获取充分适当的审计证据。然而，如果投资交易业务频繁和重要，实质性分析程序可能通过将本期投资和投资收益同前期数和预算数进行比较来实施。

如果被审计单位持有不同类型的投资业务，如各种类型的上市性投资、债券和贷款，企业应当对持有的投资组合制定政策，管理层可能使用关键业绩指标来进行管理。审计人员应当重新计算相关比率以测试管理层所使用的关键业绩指标的有效性。如果该指标不能符合预期，审计人员应当询问管理层所采取的行动。任何偏差或未预期的趋势都应当同管理层讨论，因为他们可能表明存在潜在的错误或舞弊。

衍生金融工具和处理的复杂性与多样性通常使得实质性分析程序很少有效。审计人员通常使用细节测试程序来证实期末衍生金融工具的完整性和估价认定。

2. 交易的细节测试

1) 投资购入

在制造业企业或零售行业中，投资交易较少发生，审计方法通常是细节测试。然而，如果投资交易业务量非常大，审计人员应当评估对内部控制的依赖程度，复核管理层证实该复核程序是否频繁执行。审计人员应当检查购买业务的授权情况。如果投资是通过证券交易买入的，则买入的证据是经纪人的交易清单。经纪人费用、印花税通常作为投资成本的一部分处理。审计人员应当确信如果买入了多项投资，对经纪人费用、印花税的处理方法遵循了一贯性原则。

2) 投资卖出

审计人员应当检查出售的授权情况。前面所述对股票交易中获得投资及获得费用在资本和收入间分配的问题同样适用于投资的卖出业务。

3) 投资收益

持有公司股票所获得的收益来源于该公司所宣告的股利。如果审计人员已就上年度期末持有股票的存在性和所有权进行了审计，也就本年度股票的买入和卖出情况获取了审计证据，则审计人员可以确保该公司宣告的股利已经收到并记录。

如果投资数量很多，注册会计师应当从被审计单位获得清单并与总分类账和其他证据相核对。针对所有投资的已记录收益都应当在该清单中做出陈述使之有助于投资收益审计工作的开展。审计人员对应收股利的确认工作可以从以下渠道获得：①从股票发行公司的已公布财务报表获得。②从股利报表或股利公告获得。③从报纸关于公司宣告股利的消息、证券交易官方报告或其他知名金融杂志获得。④通过直接询问股票发行公司来获得。

通常与投资相关的重要项目包括长期股权投资、投资收益审计等。

3. 长期股权投资审计

长期股权投资科目核算企业持有的采用权益法或成本法核算的长期股权投资，具体包括以下内容：①企业持有的能够对被投资单位实施控制的权益性投资，即对子公司的投资。②企业持有的能够与其他合营方一同对被投资单位实施共同控制的权益性投资，即对合营企业的投资。③企业持有的能够对被投资单位施加重大影响的权益性投资，即对联营企业的投资。④企业对被投资单位不具有控制、共同控制或重大影响，且在活跃市场中没有报价、公允价值不能可靠计量的权益性投资。

1) 长期股权投资的审计目标

长期股权投资的审计目标一般包括确定资产负债表中列示的长期股权投资是否存在；确定所有应当列示的长期股权投资是否均已列示；确定列示的长期股权投资是否由被审计单位拥有或控制；确定长期股权投资是否以恰当的金额包括在财务报表中，与之相关的计价调整是否已恰当记录；确定长期股权投资是否已按照企业会计准则的规定在财务报表中作出恰当列报。

2) 长期股权投资的实质性程序

(1) 获取或编制长期股权投资明细表，复核加计正确，并与总账和明细账合计数核对相符；结合长期股权投资减值准备科目与报表数核对相符。

(2) 根据有关合同和文件，确认股权投资的股权比例和持有时间，检查股权投资核算方法是否正确。

(3) 对于重大的投资，向被投资单位函证被审计单位的投资额、持股比例及被投资单位发放股利等情况。

(4) 对于应采用权益法核算的长期股权投资，获取被投资单位已经审计人员审计的年度财务报表，如果未经审计人员审计，则应考虑对被投资单位的财务报表实施适当的审计或审阅程序。

① 复核投资收益时，应以取得投资时被投资单位各项可辨认资产等的公允价值为基础，对被投资单位的净利润进行调整后加以确认；被投资单位采用的会计政策及会计期间与被审计单位不一致的，应当按照被审计单位的会计政策及会计期间对被投资单位的财务报表进行调整，据以确认投资损益。

② 将重新计算的投资收益与被审计单位所计算的投资收益相核对，如有重大差异，则查明原因，并提出适当的审计调整建议。

③ 检查被审计单位按权益法核算长期股权投资，在确认应分担被投资单位发生的净亏损时，应首先冲减长期股权投资的账面价值，其冲减其他实质上构成对被投资单位净投资的长期权益账面价值(如长期应收款等)；如果按照投资合同和协议约定被审计单位仍需承担额外损失义务的，应按预计承担的义务确认预计负债，并与预计负债中的相应数字核对无误；被投资单位以后期间实现盈利的，被审计单位在其收益分享额弥补未确认的亏损分担额后，恢复确认收益分享额。审计时，应检查被审计单位会计处理是否正确。

④ 检查除净损益以外被投资单位所有者权益的其他变动，是否调整计入所有者权益。

(5) 对于采用成本法核算的长期股权投资，检查股利分配的原始凭证及分配决议等资料，确定会计处是否正确；对被审计单位实施控制而采用成本法核算的长期股权投资，比照权益法编制变动明细表，以备合并报表使用。

(6) 对于成本法和权益法相互转换的，检查其投资成本的确定是否正确。

(7) 确定长期股权投资的增减变动的记录是否完整。

检查本期增加的长期股权投资，追查至原始凭证及相关的文件或决议及被投资单位验资报告或财务资料等，确认长期股权投资是否符合投资合同、协议的规定，并已确实投资，会计处理是否正确。

检查本期减少的长期股权投资，追查至原始凭证，确认长期股权投资的收回有合理的理由及授权批准手续，并已确实收回投资，会计处理是否正确。

(8) 期末对长期股权投资进行逐项检查，以确定长期股权投资是否已经发生减值。

(9) 结合银行借款等的检查，了解长期股权投资是否存在质押、担保情况。如有，则应详细记录，并提请被审计单位进行充分披露。

(10) 确定长期股权投资在资产负债表中已恰当列报。与被审计单位人员讨论确定是否存在被投资单位由于所在国家和地区及其他方面的影响，其向被审计单位转移资金的能力受到限制的情况。如存在，应详细记录受限情况，并提请被审计单位充分披露。

4. 投资收益审计

1) 投资收益的审计目标

投资收益的审计目标一般包括确定利润表中列示的投资收益是否已真实赚取，且与被审计单位有关；确定所有应当列示的投资收益是否均已列示；确定与投资收益有关的金额及其他数据是否已恰当记录；确定投资收益是否已反映于正确的会计期间；确定投资收益是否已记录于恰当的账户；确定投资收益是否已按照企业会计准则的规定在财务报表中做出恰当的列报。

2) 投资收益的实质性程序

(1) 获取或编制投资收益分类明细表，复核加计正确，并与总账数和明细账合计数核对相符，与报表数核对相符。

(2) 与以前年度投资收益比较，结合投资本期的变动情况，分析本期投资收益是否存在异常现象。如有，应查明原因，并作出适当的调整。

(3) 与长期股权投资、交易性金融资产、交易性金融负债、可供出售金融资产、持有至到期投资等相关项目的审计结合，验证确定投资收益的记录是否正确，确定投资收益被计入正确的会计期间。

(4) 确定投资收益已恰当列报。检查投资协议等文件，确定国外的投资收益汇回是否存在重大限制，若存在重大限制，应说明原因，并作出恰当披露。

本章小结

筹资与投资循环审计的基础内容包括筹资与投资循环的主要业务活动、所涉及的主要凭证和会计记录、重大错报风险征兆等。筹资与投资循环审计的重要内容是筹资与投资循环的控制测试和实质性程序。

筹资与投资循环的控制测试包括筹资活动的控制测试和投资活动的控制测试，主要包括3个步骤：了解筹资和投资循环的内部控制；对筹资和投资循环内部控制进行有效性测试；评价筹资和投资循环的内部控制。

筹资与投资循环的实质性程序包括实质性分析程序和细节测试两个方面。筹资循环的实质性程序重点介绍了短期借款和长期借款审计的实质性程序；投资循环的实质性程序主要介绍了长期股权投资和投资收益审计的实质性程序。

习　题

一、单项选择题

1. 审计人员对应付债券进行审计，如果被审计单位应付债券业务不多，则应(　　)。

A. 直接进行实质性程序　　B. 直接进行符合性测试

C. 直接了解内部控制制度　　D. 直接描述内部控制制度

2. 如果被审计单位的长期投资证券委托托管机构保管，审计人员为确定这些证券的真实性，应实施的审计程序是(　　)。

A. 对托管机构进行审计　　B. 审查托管机构的合法性

C. 向托管机构进行函证　　D. 到托管机构进行实地盘点

3. 投资的内部控制制度一般不包括(　　)。

A. 内部核查程序　　B. 投资资产保管与处理制度

C. 职务分离控制制度　　D. 严格的记名登记制度

4. 当发现记录的债券利息费用大大超过相应的应付债券账户余额与票面利率乘积时，审计人员应当怀疑(　　)。

A. 应付债券的折价被低估　　B. 应付债券被高估

C. 应付债券的溢价被高估　　D. 应付债券被低估

5. 筹资活动的凭证和会计记录不包括(　　)。

A. 股本凭证　　B.经纪人通知书　　C. 债券契约　　D.债券

二、多项选择题

1. 审计人员对长期借款进行实质性程序时，一般应获取的审计证据包括(　　)。
   A. 长期借款明细表
   B. 长期借款的合同和授权批准文件
   C. 相关抵押资产的所有权证明文件
   D. 重大长期借款的函证回函和逾期长期借款的展期协议
2. 下列各项中属于长期投资审计目标的有(　　)。
   A. 确定长期投资是否存在
   B. 确定长期投资是否归被审计单位所有
   C. 确定长期投资的计价方法是否正确
   D. 确定长期投资的增减变动及其收益或损失的记录是否完整
3. 投资循环内部控制测试一般包括(　　)。
   A. 检查控制执行留下的轨迹
   B. 审阅内部盘点报告
   C. 分析企业投资业务管理报告
   D. 获取或编制有关明细表
4. 审计人员对应收股利的确认工作可以从(　　)渠道获得。
   A. 从股票发行公司的已公布财务报表获得
   B. 从股利报表或股利公告获得
   C. 从报纸关于公司宣告股利的消息、证券交易官方报告或其他知名金融杂志获得
   D. 通过直接询问股票发行公司来获得
5. 确定长期股权投资的增减变动的记录是否完整，应实施的审计程序有(　　)。
   A. 检查本期增加的长期股权投资
   B. 检查本期减少的长期股权投资
   C. 了解长期股权投资是否存在质押、担保情况
   D. 确认本期增加与本期减少的长期股权投资的会计处理是否正确

三、简析题

注册会计师李强接受委托审计昌盛公司 2008 年度的会计报表。在 2008 年 11 月 4 日，该公司向银行贷款 500 000 元，计划扩建厂房。双方签订的长期借款协议规定，昌盛公司分 5 年还本付息，并以现有的厂房作为贷款抵押。由于购买建筑用地出现了意外的困难，因此，预计到 12 月 31 日还不能开始扩建。为了充分利用这笔借入资金，昌盛公司管理当局决定投资股票和债券，在 12 月 20 日用这 500 000 元购买了证券。

要求：

1. 指出审查长期借款的审计目标是什么？
2. 说明审查长期借款的实质性分析程序。
3. 指出注册会计师在审计投资时，应如何确定证券购买的授权情况？
4. 指出注册会计师在审计投资时，应如何验证已记录的股利或利息收入，以及如何验证市价？

第13章 货币资金审计

教学目标

通过本章的学习，掌握货币资金审计的基本理念，了解货币资金的内部控制，掌握货币资金内部控制的测试，以及货币资金的实质性程序。

教学要求

货币资金内部控制、货币资金内部控制测试和货币资金的实质性程序。

基本概念

库存现金盘点表　银行存款余额调节表　银行对账单　坐支现金　未达账项

导入案例

会计、出纳一人当，“副处”挪走5 000万

新疆有史以来最大的一起挪用公款案今日宣判。曾经潜逃国外的新疆交通厅财务处原副处长兼会计、出纳颜旭东，因伙同他人挪用5 180万元公路基本建设专项资金，被乌鲁木齐市中级人民法院以挪用公款罪和受贿罪判处无期徒刑。

与颜旭东同时被判处的还有中国建设银行新疆分行营业部原筹资科科长普拉提·艾山、新疆交通厅财务处原处长董国柱及原北京市21路公交车售票员关炼。其中，普拉提·艾山因犯挪用公款罪、受贿罪被判处无期徒刑；关炼因挪用公款罪和行贿罪被判处无期徒刑；董国柱以玩忽职守罪被判处有期徒刑3年。

据报道，颜旭东在1995年3月至1998年3月间，先后8次挪用公路基本建设专项资金5 180万元，供关炼投资和个人使用。此期间，普拉提·艾山多次填制假银行进账单，让颜旭东把单位财务账上出现的“窟窿”补平。案发后，检察机关全力追缴流失公款，目前尚有3 787万元无法追回。

资料来源：楚天都市报，2002.8.31

点评：会计、出纳一人当，内部控制有漏洞。

13.1 货币资金审计概述

货币资金是企业资产的重要组成部分，任何企业进行生产经营活动都必须持有一定数额的货币资金，这也是企业生产经营活动的基本条件。

13.1.1 货币资金与交易循环

货币资金是企业进行经营活动必不可少的资产，与企业经济活动的各业务循环均有密切关系，在企业的生产经营活动和业务循环中处于中心枢纽地位。可以说企业的全部经营活动都可看做是将各种资源转换成货币资金，并以货币资金支付各种费用和债务的过程。货币资金同销售与收款循环、购货与付款循环、存货与仓储循环、筹资与投资循环等都有着密切的业务对应关系(见图 13.1)。

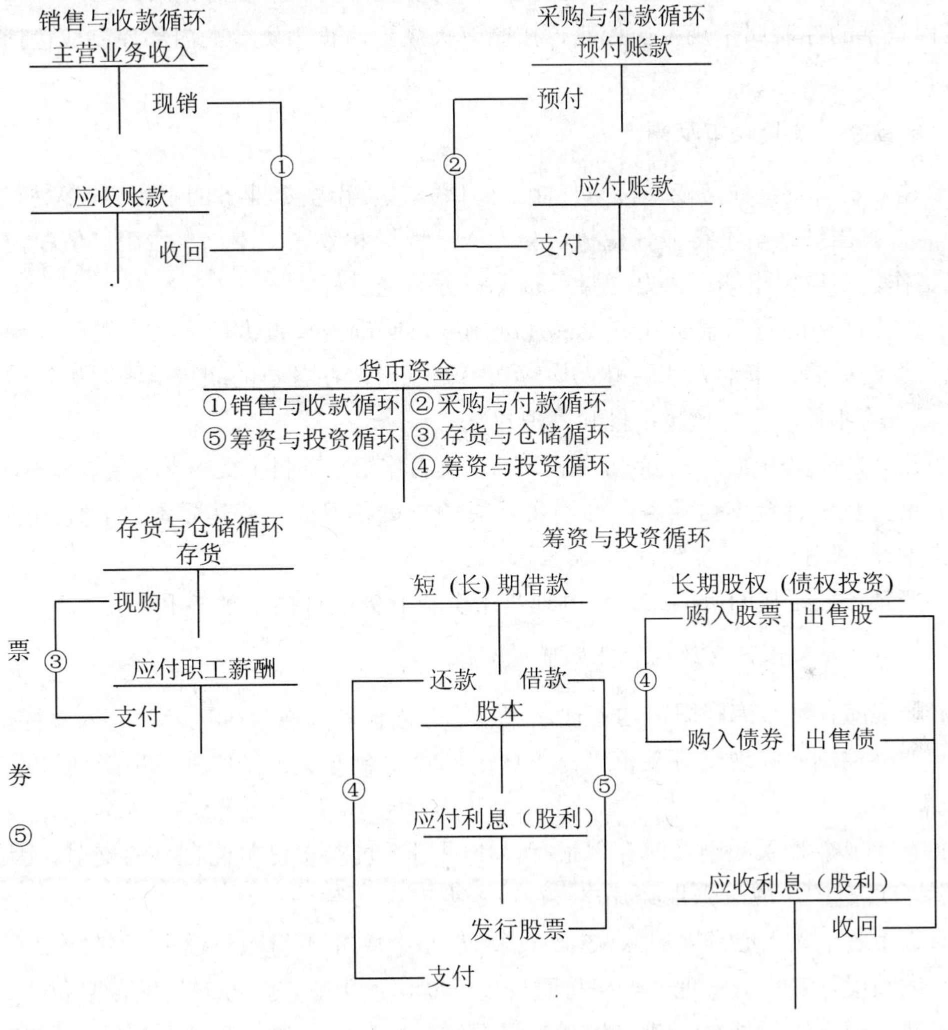

图 13.1　货币资金与交易循环的关系

13.1.2 货币资金涉及的主要凭证和会计记录

货币资金在企业的会计核算中占有重要的位置。根据货币资金存放地点及用途的不同，货币资金分为库存现金、银行存款及其他货币资金。

货币资金涉及的凭证和会计记录主要有库存现金盘点表、银行对账单、银行存款余额调节表、有关科目的记账凭证、有关会计账簿。

13.1.3 货币资金内部控制

由于货币资金是可充当一般等价物的特殊商品，流动性最强，性质最活跃，而且收支业务十分频繁，所以安全系数较低，比较容易出现错、漏等情况，也比其他资产更容易被盗窃、挪用和贪污，它往往成为不法分子进行舞弊的首选对象，企业发生的各种舞弊现象也主要涉及货币资金。因此企业必须加强对货币资金的管理，建立良好的货币资金内部控制，以确保货币资金的安全完整，收支及结存均能正确发生并及时记录。

货币资金的控制属于规范性控制，按照有关规定，货币资金的内部控制应包括以下几方面内容。

1. 岗位分工及授权审批制度

(1) 建立货币资金业务的岗位责任制，确保办理货币资金业务的不相容岗位相互分离、制约和监督。出纳人员不得兼任稽核、会计档案保管和收入、支出、费用、债权债务账目的登记工作。不得由出纳一人办理货币资金业务的全过程。

(2) 建立严格的货币资金业务授权批准制度，明确授权批准的方式、权限、程序、责任和相关控制措施。审批人和经办人均应当根据规定，在各自的职责范围内进行审批和办理货币资金的业务，不得超越审批和办理权限。

(3) 建立办理货币资金支付的业务程序，即支付申请—支付审批—支付复核—办理支付。

(4) 重要货币资金支付业务，应当实行集体决策和审批，并建立责任追究制度，防范贪污、侵占、挪用货币资金等行为。

(5) 严禁未经授权的机构或人员办理货币资金业务或直接接触货币资金。

2. 库存现金和银行存款的管理制度

(1) 加强库存现金库存限额的管理，超过库存限额的库存现金应及时存入银行。

(2) 严格控制库存现金开支范围，不属于库存现金开支范围的业务应当通过银行办理转账结算。

(3) 库存现金收入应当及时存入银行，不得用于直接支付单位自身的支出。因特殊情况坐支库存现金的，应事先报经开户银行审查批准。

(4) 货币资金收入必须及时入账，不得私设“小金库”，不得账外设账，严禁收款不入账。

(5) 加强银行账户的管理，严格按照规定开立、使用账户，办理款项存取和结算。

(6) 严格遵守银行结算纪律，加强对银行结算凭证的填制、传递及保管等环节的管理与控制。不准签发没有资金保证的票据或远期支票，套取银行信用；不准签发、取得和转让没有真实交易和债权债务的票据，套取银行和他人资金；不准无理拒绝付款，任意占用他人资金；不准违反规定开立和使用银行账户。

(7) 指定专人定期核对银行账户，每月至少核对一次，并编制银行存款余额调节表，使银行存款账面余额与银行对账单调节相符。

(8) 单位应当定期和不定期地进行库存现金盘点，确保库存现金账面余额与实际库存相符。

3. 票据及有关印章的管理制度

(1) 加强与货币资金相关的票据的管理，明确各种票据的购买、保管、领用、背书转让、注销等环节的职责权限和程序，并专设登记簿进行记录，防止空白票据的遗失和被盗用。

(2) 加强银行预留印鉴的管理。财务专用章应由专人保管，个人名章必须由本人或其授权人员保管。严禁一人保管支付款项所需的全部印章。

4. 监督检查制度

(1) 建立对货币资金业务的监督检查制度，明确监督检查机构或人员的职责权限，定期和不定期地进行检查。

(2) 货币资金监督检查的主要内容如下：①相关岗位及人员的设置情况，重点检查是否存在不相容职务混岗的现象；②授权批准制度的执行情况，重点检查款项支出的授权批准手续是否健全，是否存在越权审批行为；③支付款项印章的保管情况，重点检查是否存在办理付款业务所需的全部印章交由一人保管的现象；④票据的保管情况，重点检查票据的购买、领用、保管手续是否健全，票据保管是否存在漏洞。

(3) 对监督检查工作中发现的货币资金内部控制中的薄弱环节，应当及时采取措施，加以纠正和完善。

阅读资料 13-1

甲企业会计和出纳分设，由于会计工作量大，财务经理安排由出纳负责登记三大期间费用账户，并且根据规定，收款的同时应为销售部门开具销售发票。办理付款手续时，直接根据采购人员提供的发票办理支付手续。在财务部负责人的授意下，开立多个结算账户，资金紧张时就从没有金额的账户给客户开支票，拖延还款时间。期末结账以后，检查人员发现现金经常短款，原因是大量发票单据没有经过有权批准人员的批准，因此没有进行账务处理。

要求：指出甲企业在货币资金管理中存在的问题，并说明改进意见。

13.2 货币资金内部控制测试

货币资金内部控制的测试主要包括 3 个步骤：①了解货币资金的内部控制。②对货币资金的内部控制进行有效性测试。③评价货币资金的内部控制。在进行控制测试前，要先掌握内部控制的特点。

13.2.1 库存现金内部控制的测试

1. 库存现金内部控制的特点

由于现金是企业流动性最强的资产，加强现金管理对于保护企业资产安全完整、维护社会经济秩序具有重要的意义。在良好的现金内部控制下，企业的现金收支记录应及时、准确、完整；全部现金支出均按经批准的用途进行；现金得以安全保管。一般而言，一个良好的现金内部控制应该达到以下几点：①现金收支与记账的岗位分离。②现金收支要有合理、合法的凭据。③全部收入及时准确入账，全部支出要有核准手续。④控制现金坐支，当日收入现金应及时送存银行。⑤按月盘点现金，以做到账实相符。⑥加强对现金收支业务的内部审计。

2. *库存现金内部控制的测试*

(1) 了解现金内部控制。通常通过现金内部控制流程图来了解现金内部控制。编制现金内部控制流程图是现金控制测试的重要步骤。审计人员在编制之前应通过询问、观察等调查手段收集必要的资料，然后根据所了解的情况编制流程图。对中小企业，也可采用编写现金内部控制说明的方法。

若以前年度审计时已经编制了现金内部控制流程图，审计人员可根据调查结果加以修正，以供本年度审计之用。一般情况下，了解现金内部控制时，审计人员应当注意检查库存现金内部控制的建立和执行情况，重点包括以下几方面：①库存现金的收支是否按规定的程序和权限办理；②是否存在与被审计单位经营无关的款项收支情况；③出纳与会计的职责是否严格分离；④库存现金是否妥善保管，是否定期盘点、核对等。

(2) 抽取并检查收款凭证。如果现金收款内部控制不到位，很可能会发生贪污舞弊或挪用等情况。例如，在一个小企业中，出纳员同时负责登记应收账款明细账，很可能发生循环挪用货款的情况。为测试现金收款的内部控制，审计人员应按现金的收款凭证分类，选取适当的样本量，作如下检查：①核对现金日记账的收入金额是否正确；②核对库存现金收款凭证与应收账款明细账的有关记录是否相符；③核对实收金额与销货发票是否一致等。

(3) 抽取并检查付款凭证。为测试现金付款内部控制，审计人员应按照现金付款凭证分类，选取适当的样本量，作如下检查：①检查付款的授权批准手续是否符合规定。②核对库存现金日记账的付出金额是否正确；③核对现金付款凭证与应付账款明细账的记录是否一致；④核对实付金额与购货发票是否相符等。

(4) 抽取一定期间的库存现金日记账与总账核对。审计人员应抽取一定期间的库存现金日记账，检查其加总是否正确无误，库存现金日记账是否与总分类账核对相符。

(5) 检查外币现金的折算方法是否符合有关规定，是否与上年度一致。对于有外币现金的被审计单位，审计人员应检查外币库存现金日记账及“财务费用”、“在建工程”等账户的记录，确定企业有关外币现金的增减变动是否采用交易发生日的即期汇率将外币金额折算为记账本位币金额，或者采用按照系统合理的方法确定的、与交易发生日即期汇率近似的汇率折算为记账本位币，选择采用汇率的方法前后各期是否一致；检查企业的外币现金的期末余额是否采用期末即期汇率折算为记账本位币金额；折算差额的会计处理是否正确。

(6) 评价库存现金的内部控制。审计人员在完成上述程序之后，即可对库存现金的内部控制进行评价。评价时，审计人员应首先确定库存现金内部控制可信赖的程度以及存在的薄弱环节和缺点，然后据以确定在库存现金实质性程序中对哪些环节可以适当减少审计程序，对哪些环节应增加审计程序并作重点检查，以减少审计风险。

阅读资料 13-2

注册会计师李强在审计库存现金时需要“了解内部控制、测试内部控制、评价重大错报风险，从而进行实质性程序”。根据这一审计思想，列出表 13-1。

表 13-1 库存现金审计内容

序号	内部控制目标	关键内部控制	常用控制测试	常用实质性程序
1	货币资金收入的存在或发生	(1) (2)	观察 检查现金折扣是否经过恰当的审批	(11)
2	货币资金收入的完整性	(3) (4) (5) (6)	观察 检查是否存在未入账的现金收入 检查是否向顾客寄送对账单，了解是否定期进行 检查复核标记	(12) (13)
3	货币资金权利和义务	(7)	检查是否定期盘点，检查盘点记录	(14)
4	货币资金(计价和分摊)	(8) (9)	检查银行对账单和银行存款余额调节表	(15)
5	货币资金在资产负债表上的披露正确	(10)	观察	

A. 现金出纳与现金记账的职务分离；

B. 现金折扣必须经过适当的审批手续；

C. 每日及时记录现金收入；

D. 定期向客户寄送对账单；

E. 现金收入记录的内部复核；

F. 定期盘点现金并与账面余额核对；

G. 定期取得银行存款对账单；

H. 编制银行存款余额调节表；

I. 现金日记账与总账的登记职责分开；

J. 检查现金收入的日记账、总账和应收账款明细账的大金额项目与异常项目；

K. 现金收入的截止测试；

L. 抽查客户对账单并与账面金额核对；

M. 盘点库存现金，如与账面应有数额存在差异，分析差异原因；

检查调节表中未达账项的真实性以及资产负债表日后的进账情况。

要求：请结合“库存现金”的内容，帮李强填列上表。

13.2.2 银行存款内部控制的测试

1. 银行存款内部控制的特点

一般而言，一个良好的银行存款的内部控制同现金的内部控制一样，也应达到以下几点。

(1) 银行存款收支与记账的岗位分离。

(2) 银行存款收支要有合理、合法的凭据。

(3) 全部收支及时准确入账，全部支出要有核准手续。

(4) 按月编制银行存款余额调节表，以做到账实相符。

(5) 加强对银行存款收支业务的内部审计。

按照我国现金管理的有关规定，超过规定限额以上的现金支出一律使用支票。因此，企业应建立相应的支票申领制度，明确申领范围、申领批准及支票签发、支票报销等。

对于支票报销和现金报销，企业应建立报销制度。报销人员报销时应当有正常的报批手续、适当的付款凭据，有关采购支出还应具有验收手续。会计部门应对报销单据加以审核，出纳员见到加盖核准戳记的支出凭据后方可付款。

付款记录应及时登记入账，相关凭证应按顺序或内容编制会计记录的附件。

2. 银行存款内部控制的测试

(1) 了解银行存款的内部控制。审计人员对银行存款内部控制的了解一般与了解现金的内部控制同时进行。审计人员应当注意的内容如下：①银行存款的收支是否按规定的程序和权限办理。②银行账户是否存在与本单位经营无关的款项收支情况。③是否存在出租、出借银行账户的情况。④出纳与会计的职责是否严格分离。⑤是否定期取得银行对账单并编制银行存款余额调节表等。

(2) 抽取并检查银行存款收款凭证。审计人员应选取适当的样本量，做如下检查：①核对银行存款收款凭证与存入银行账户的日期和金额是否相符。②核对银行存款日记账的收入金额是否正确。③核对银行存款收款凭证与银行对账单是否相符。④核对银行存款收款凭证与应收账款明细账的有关记录是否相符。⑤核对实收金额与销货发票是否一致等。

(3) 抽取并检查银行存款付款凭证。为测试银行存款付款内部控制，审计人员应选取适当的样本量，作如下检查：①检查付款的授权批准手续是否符合规定。②核对银行存款日记账的付出金额是否正确。③核对银行存款付款凭证与银行对账单是否相符。④核对银行存款付款凭证与应付账款明细账的记录是否一致。⑤核对实付金额与购货发票是否相符等。

(4) 抽取一定期间的银行存款日记账与总账核对。审计人员应抽取一定期间的银行存款日记账，检查其有无计算错误，并与银行存款总分类账核对。

(5) 抽取一定期间银行存款余额调节表，查验其是否按月正确编制并经复核。为证实银行存款记录的正确性，审计人员必须抽取一定期间的银行存款余额调节表，将其同银行对账单、银行存款日记账及总账进行核对，确定被审计单位是否按月正确编制并复核银行存款余额调节表。

(6) 检查外币银行存款的折算方法是否符合有关规定，是否与上年度一致。对于有外币银行存款的被审计单位，审计人员应检查外币银行存款日记账及“财务费用”、“在建工程”等账户的记录，确定有关外币银行存款的增减变动是否采用交易发生日的即期汇率将外币金额折算为记账本位币金额，或者采用按照系统合理的方法确定的、与交易发生日即期汇率近似的汇率折算为记账本位币，选择采用汇率的方法前后各期是否一致；检查企业的外币银行存款的余额是否采用期末即期汇率折算为记账本位币金额；折算差额的会计处理是否正确。

(7) 评价银行存款的内部控制。审计人员在完成上述程序之后，即可对银行存款的内部控制进行评价。评价时，审计人员应首先确定银行存款内部控制可信赖的程度以及存在的薄弱环节和缺点，然后据以确定在银行存款实质性程序中对哪些环节可以适当减少审计程序，对哪些环节应增加审计程序并做重点检查，以减少审计风险。

13.3 货币资金的实质性程序

13.3.1 库存现金的实质性程序

1. 核对库存现金日记账与总账的余额

核对库存现金日记账与总账的余额是否相符，如果不相符，应查明原因，并作出适当调整。

2. 盘点库存现金

盘点库存现金是证实账面或资产负债表中所列库存现金是否存在的一项重要程序。

(1) 审计人员进行库存现金盘点时，应注意以下事项：①方式恰当。库存现金盘点应实施突击性方式，不适合预告。②时间适当。时间最好选择在上午上班前或下午下班时进行。③范围全面。盘点的范围一般包括企业各部门经营的库存现金。在进行库存现金盘点前，应由出纳员将库存现金集中起来存入保险柜，必要时可加以封存，然后由出纳员把已办妥库存现金收付手续的收付款凭证登入库存现金日记账。例如，企业库存现金存放部门有两处或两处以上的，应同时进行盘点。④证人在场。盘点库存现金的人员应视被审计单位的具体情况而定，但必须有出纳员和被审计单位会计主管人员参加，并由审计人员进行监盘。

(2) 盘点库存现金的程序：①要求出纳员根据库存现金日记账进行加计累计数额，结出库存现金结余额。②审阅库存现金日记账，确定库存现金的收、支、结余是否合规及正确；并与库存现金收付凭证相核对，检查日记账的记录与凭证的内容、金额及日期是否相符。③盘点保险柜的库存现金实存数，编制“库存现金盘点表”(格式参见阅读资料 13-3)，分币种、面值列示盘点金额。若有冲抵库存现金的借条、未提现支票、未报销的原始凭证，应在“库存现金盘点表”中注明或作出必要的调整。④盘点金额与库存现金日记账余额进行核对，如有差异，应查明原因，并作出记录或适当调整。⑤资产负债表日后进行盘点时，应调整至资产负债表日的金额。调整公式如下：

资产负债表日库存现金实存金额＝盘点日库存现金实有金额＋报表日至盘点日库存现金支出金额－报表日至盘点日库存现金收入金额。

3. 抽查大额库存现金收支

审计人员应抽查大额库存现金收支的原始凭证内容是否完整，有无授权批准，并核对相关账户的进账情况，如有与被审计单位生产经营业务无关的收支事项，应查明原因，并作相应的记录。

4. 检查库存现金收支的截止日期

被审计单位资产负债表中的库存现金数额，应以结账日实有数额为准。因此，审计人员必须验证库存现金收支的截止日期。通常，审计人员可以对结账日前后一段时期内库存现金收支凭证进行审计，以确定是否存在跨期事项。

5. 检查外币库存现金的折算

对于有外币库存现金的被审计单位，审计人员应检查被审计单位对外币库存现金的收支是否按所规定的汇率折合为记账本位币金额；外币库存现金期末余额是否按期末即期汇率折合为记账本位币金额；外币折合差额是否按规定记入相关账户。

6. 检查库存现金在资产负债表上的列报

库存现金在资产负债表中“货币资金”项下反映，审计人员应在实施上述审计程序后，确定库存现金账户的期末余额是否恰当，据以确定货币资金是否在资产负债表上恰当列报。

阅读资料 13-3

库存现金盘点表

客户 ______________ 编制人: 日期: 索引号:

项目 现金监盘 复核人: 日期: 页 次:

会计期间______________

盘点日期: 年 月 日

检查盘点记录					实有现金盘点记录						
项目	项次	人民币	美元	某外币	面额	人民币		美元		某外币	
						张	金额	张	金额	张	金额
上一日账面库存余额	1				1 000 元						
盘点日未记账传票收入金额	2				500 元						
盘点日未记账传票支出金额	3										
盘点日账面应有金额	4=1+2-3				100 元						
盘点实有现金数额	5				50 元						
盘点日应有与实有差异	6=4-5				10 元						
差异原因分析：白条抵库(张)					5 元						
差异原因分析					2 元						
差异原因分析					1 元						
差异原因分析					0.5 元						
差异原因分析					0.2 元						
差异原因分析					0.1 元						
差异原因分析					合计						
追溯调整：报表日至查账日现金付出总额					情况说明及审计结论：						
追溯调整：报表日至查账日现金收入总额											
追溯调整：报表日库存现金应有余额											
追溯调整：报表日账面汇率											
追溯调整：报表日余额折合本位币金额											
本位币合计											

盘点人: 监盘人: 复核:

阅读资料 13-4

注册会计师于 2008 年 12 月 20 日对某公司的现金管理进行专项审计。他们首先清查核对了现金保险柜，发现一个余额为 85 678 元的私人活期存款，存折上已显示有 5 笔支出。注册会计师通过对现金日记账和有关收付款凭证认真的审阅查对，发现下列事实：公司将一栋闲置房屋出租收入以私人名义存入银行，作为企业的“小金库”，用于职工福利、奖金、企业往来招待及其他不符合规定的支出。存款所显示的 5 笔支出去向是给职工发放奖金两笔计 25 000 元；公司领导到外地出差和买礼品支出各一笔计 36 800 元；报销不合理招待费 23 000 元。

要求：针对以上情况，指出注册会计师应该作出怎样的处理。

13.3.2 银行存款的实质性程序

1. 核对银行存款日记账与总账余额

核对银行存款日记账与总账余额是否相符，如果不相符，应查明原因并作出适当调整。

2. 实施分析程序

根据被审计单位的存款结构和比例，分析有无异常或不合理之处。例如，被审计单位如有定期存款、非金融机构存款，可根据定期存款、非金融机构存款占银行存款的比例，分析被审计单位是否存在高息拆借资金，分析这些资金的安全性，并检查高额利差的入账情况。

3. 检查银行存款余额调节表

银行存款余额调节表通常应由被审计单位根据不同的银行账户及货币种类分别编制，其格式见表 13-3。检查银行存款余额调节表是证实资产负债表中所列银行存款是否存在的重要程序。审计人员应对被审计单位审计年度的全部银行存款余额调节表进行检查，其程序如下。

(1) 验算调节表中的有关数字及有关计算过程和结果的正确性。

(2) 编制未兑现支票清单，详细记录金额较大的未兑现支票，可提现的未兑现支票和审计人员认为重要的未兑现支票的有关内容。

(3) 对调节表上的在途存款，应检查在结账日后的进账情况，如有存在应于结账日前进账的应作相应调整。

(4) 对结账日后 10 个工作日止仍未兑现的大额支票以及其他已签发一个月以上的未兑现支票，应审查其发生的原因。

(5) 对结账日后 10 个工作日内银行已收、企业未收的款项，应审查款项的性质及来源。

(6) 核对银行存款总账余额与银行对账单加总余额。

(7) 分析未达账项，确定是否需要调整并说明调整的原因。

4. 函证银行存款余额

函证银行存款是指审计人员在执行审计业务过程中，需要以被审计单位名义向有关单位发函询证，以验证被审计单位的银行存款是否真实、合法、完整。审计人员在执行审计业务时，可按照有关部门的规定要求和参考格式(参见阅读资料 13-5)，以被审计单位的名义向有关单位发函询证。

(1) 函证银行存款余额的目的：①验证客户有无漏记相关负债，即可用于发现客户未登记的银行借款；②验证客户存款的余额是否真实、准确；③了解所有银行已入账、企业未入账的存款。

阅读资料 13-5

银行存款余额调节表

年　　月　　日

编制人：　　　　日期：　　　　索引号：

复核人：　　　　日期：　　　　页次：

户别：　　　　　　　　　　　　　　　　币别：

项　目
银行对账单余额(　　年　　月　　日)
加：企业已收、银行尚未入账金额
其中：1.________________元
2.________________元
减：企业已付、银行尚未入账金额
其中：1.________________元
2.________________元
调整后银行对账单金额
企业银行存款日记账金额(　　年　　月　　日)
加：银行已收、企业尚未入账金额
其中：1.________________元
2.________________元
减：银行已付、企业尚未入账金额
其中：1.________________元
2.________________元
调整后企业银行存款日记账金额

经办会计人员：(签字)　　　　　　　　会计主管：(签字)

(2) 银行存款余额函证的对象：①向被审计单位在本年度内存过款(含外埠存款、银行汇款、银行本票存款、信用证存款)的所有银行发函，包括存款账户已结清的银行。即使银行存款为零，只要存在本期发生额，都应进行函证，因为有可能存款账户虽已结清，但仍有银行借款或其他负债存在。②虽然审计人员已直接从某一银行取得了银行对账单和所有已付支票，但仍应向该银行进行函证。

阅读资料 13-6

银行询证函

编号:

______________(银行):

本公司聘请的××会计师事务所正在对本公司的会计报表进行审计，按照中国审计人员独立审计准则的要求，应当询证本公司与贵行的存款、借款往来等事项。下列数据出自本公司账簿记录，如与贵行记录相符，请在本函下端“数据证明无误”处签章证明；如有不符，请在“数据不符”处列明不符金额。有关询证费用可直接从本公司××存款账户中收取。回函请直接寄至××会计师事务所。

通信地址:

邮编: 电话: 传真:

截至 年 月 日止，本公司银行存款、借款账户余额等列示如下:

1. 银行存款

账户名称	银行账号	币种	利率	余额	起止日期	是否被质押、用于担保或存在其他使用限制	备 注

除上述列示的银行存款外，本公司并无在贵行的其他存款。

注：起止日期一栏仅适用于定期存款，如为活期或保证金存款，可只填写“活期”或“保证金”字样。

2. 银行借款

借款人姓名	币种	本息余额	借款日期	到期日期	利率	借款条件	抵(质)押品/担保人	备 注

除上述列示的银行借款外，本公司并无在贵行的其他借款。

注：此项仅函证截至资产负债表日本公司尚未归还的借款。

3. 截至函证日之前 12 个月内在贵行注销的其他账户

账户名称	银行账号	币种	注销账户日

除上述列示的账户外，本公司并无截止函证日之前 12 个月内在贵行注销的其他账户。

4. 委托存款

账户名称	银行账号	借款方	币种	利率	余额	存款起止日期	备 注

除上述列示的委托存款外，本公司并无通过贵行办理的其他委托存款。

5. 委托贷款

账户名称	银行账号	资金使用方	币种	利率	本金	利息	贷款起止日期	备注

除上述列示的委托贷款外，本公司并无通过贵行办理的其他委托贷款。

6. 担保

(1)本公司为其他单位提供的、以贵行为担保受益人的担保

被担保人	担保方式	担保金额	担保期限	担保事由	担保合同编号	被担保人与贵行就担保事项与贵行往来的内容(贷款等)	备注

除上述列示的担保外，本公司并无其他以贵行为担保受益人的担保。

注：如采用抵押或质押方式提供担保的，应在备注中说明抵押或质押物情况。

(2)贵行向本公司提供的担保

被担保人	担保方式	担保金额	担保期限	担保事由	担保合同编号	被担保人与贵行就担保事项与贵行往来的内容(贷款等)	备注

除上述列示的担保外，本公司并无贵行提供的其他担保。

7. 本公司为出票人且由贵行承兑而尚未支付的银行承兑汇票

银行承兑汇票号码	票面金额	出票日	到期日

除上述列示的银行承兑汇票外，本公司并无由贵行承兑而尚未支付的银行承兑汇票。

8. 本公司向贵行已贴现而尚未到期的商业汇票

商业汇票号码	付款人名称	承兑人名称	票面金额	票面利率	出票日	到期日	贴现日	贴现率	贴现净额

除上述列示的商业汇票外，本公司并无向贵行贴现而尚未到期的其他商业汇票。

9. 本公司为持票人且由贵行托收的商业汇票

商业汇票号码	承兑人名称	票面金额	出票日	到期日

除上述列示的商业汇票外，本公司并无由贵行托收的其他商业汇票。

10. 本公司为申请人、由贵行开具的、未履行完毕的不可撤销信用证

信用证号码	受益人	信用证金额	到期日	未使用金额

除上述列示的不可撤销信用证外，本公司并无由贵行开具的、未履行完毕的其他不可撤销信用证。

11. 本公司与贵行之间未履行完毕的外汇买卖合约

类别	合约号码	买卖币种	未履行的合约买卖金额	汇率	交收日期
贵行卖与本公司					
本公司卖与贵行					

除上述列示的外汇买卖合约外，本公司并无与贵行之间未履行完毕的其他外汇买卖合约。

12. 本公司存放与贵行的有价证券或其他产权文件

有价证券或其他产权文件名称	产权文件编号	数量	金额

除上述列示的有价证券或其他产权文件外，本公司并无存放于贵行的其他有价证券或其他产权文件。

注：此项不包括本公司存放在贵行保管箱中的有价证券或其他产权文件。

13. 其他重大事项

有价证券或其他产权文件名称	产权文件编号	数量	金额

注：此项应填列审计人员认为重大且应予函证的其他事项，如信托存款等；如无，则应填写“不适用”。

(公司签章)

年　月　日

以下仅供被询证银行使用

<table>
<tr><td>结论：1. 信息证明无误

(银行签章)
年 月 日

经办人：</td></tr>
<tr><td>2. 信息不符，请列明不符项目及具体内容(对于在本函前述第1项及第13项中漏列的其他重要信息，请列出详资料)。

(银行签章)
年 月 日

经办人：</td></tr>
</table>

阅读资料 13-7

注册会计师李强在对盛昌公司的货币资金进行审计时，对该公司的银行存款进行了函证，而且盛昌公司有一个外币银行存款账户的余额为零，李强仍旧对其进行了函证。

要求：指出李强的做法是否正确，并简要说明理由。

5. 审查银行存款收付业务的合法性

抽查大额银行存款的收付业务，包括抽查大额库存现金收支、银行存款(含外埠存款、银行汇票存款、银行本票存款、信用证存款)收支的原始凭证内容是否完整，有无授权批准；抽查一定时期的银行存款日记账对应栏目记录，核对相关账户的进账情况；抽查部分银行存款结算凭证，审查其是否合法以及所发生的支付业务和收入业务是否合法等。如有异常收支事项，应查明原因并作相应的记录。

6. 检查一年以上定期存款或限定用途存款

(1) 检查定期存款或限定用途存款的开户凭单。

(2) 检查有无已作质押的定期存款或限定用途存款，并与相应的质押合同相核对，同时关注存款对应的质押事项是否正常、合法。

7. 检查银行存款收支的正确截止

被审计单位资产负债表上的银行存款数额，应以结账日实有数额为准。因此，审计人员必须验证银行存款收支的截止日期。通常，审计人员可以对结账日前后一段时期内银行存款收支凭证进行审计，以确定是否存在跨期事项。

企业资产负债表上银行存款数字应当包括当年最后一天收到的所有存放于银行的款项，而不得包括其后收到的款项；同样，企业年终前开出的支票，不得在年后入账。为了确保银行存款收付的正确截止，审计人员应当在清点支票及支票存根时，确定各银行账户最后一张支票的号码，同时查实该号码之前的所有支票均已开出。在结账日未开出的支票及其后开出的支票，均不得作为结账日的存款收付入账。

8. 检查外币银行存款的折算

对于有外币银行存款的被审计单位，审计人员应检查被审计单位对外币银行存款的收支是否按即期汇率或即期汇率的近似汇率折合为记账本位币金额；外币银行存款期末余额是否按期末即期汇率折合为记账本位币金额；外币折合差额是否按规定记入相关账户。

9. 检查银行存款在资产负债表上的列报

企业的银行存款在资产负债表上“货币资金”项目下反映。所以，审计人员应在实施上述审计程序后，确定银行存款账户的期末余额是否恰当，从而确定资产负债表上“货币资金”项目的数字是否在资产负债表上恰当列报。

本章小结

货币资金审计的基础内容包括货币资金与交易循环、所涉及的主要凭证和会计记录、货币资金的内部控制等。货币资金审计的重要内容是货币资金的控制测试和实质性程序。

货币资金内部控制的测试主要包括 3 个步骤：了解货币资金的内部控制；对货币资金的内部控制进行有效性测试；评价货币资金的内部控制。重点对库存现金和银行存款的内部控制测试进行了介绍。

货币资金的实质性程序重点对库存现金和银行存款的实质性程序进行了介绍。库存现金的实质性程序包括核对库存现金日记账与总账的余额，盘点库存现金，抽查大额库存现金收支，检查库存现金收支的截止日期是否正确，检查外币库存现金的折算是否正确，检查库存现金在资产负债表上是否恰当列报。银行存款的实质性程序包括核对银行存款日记账与总账余额，实施分析程序，检查银行存款余额调节表，函证银行存款余额，审查银行存款收付业务的合法性，检查一年以上定期存款或限定用途存款，检查银行存款收支的正确截止，检查外币银行存款的折算是否正确，检查银行存款在资产负债表上是否恰当列报。

习　　题

一、单项选择题

1. 在盘点库存现金时，审计人员如发现有抵充库存现金的借条或未提现支票，应当(　　)。

   A. 通知被审计单位及时入账

   B. 将其作为审计差异记录于“审计差异调整表”

   C. 在“库存现金盘点表”中注明或作必要的调整

   D. 要求被审计单位在资产负债表的附注中列示

2. 对银行存款进行截止测试的关键是(　　)。

   A. 审查当年各月的银行存款余额调节表

   B. 确定被审计单位当年记录的最后一笔银行存款业务

   C. 审查当年各月的银行存款对账单

   D. 确定被审计年度企业开出的最后一张支票号码

3. 下列各项中，不应在资产负债表中“货币资金”项目下反映的是(　　)。

A. 大额现金和银行存款收入　　B. 一年以上定期存款

C. 在途货币资金　　D. 外币现金和银行存款

4. 审计人员在监盘库存现金时，被审计单位必须参加盘点的人员是(　　)。

A. 会计主管人员和内部审计人员　　B. 出纳员和会计主管人员

C. 现金出纳员和银行出纳员　　D. 出纳员和内部审计人员

5. 会计人员编制的银行存款余额调节表的内容，只包括(　　)。

A. 记账错误　　B. 应予纠正的差错

C. 未达账项　　D. 发生的舞弊

二、多项选择题

1. 货币资金涉及的凭证和会计记录主要有(　　)。

A. 库存现金盘点表　　B. 银行对账单

C. 银行存款余额调节表　　D. 有关科目的记账凭证和会计账簿

2. 审计人员在盘点库存现金时，时间最好选在上午上班前或下午下班后，不应实施(　　)。

A. 突击检查　　B. 定期检查

C. 通知检查　　D. 计划检查

3. 货币资金监督检查的内容主要包括(　　)。

A. 相关岗位及人员的设置情况　　B. 授权批准制度的执行情况

C. 支付款项印章的保管情况　　D. 票据的保管情况

4. 在审查现金业务时，审计人员抽取并审查收款凭证的内容有(　　)。

A. 核对现金日记账的收入金额是否正确

B. 核对所收现金金额与购入固定资产的发票记载是否一致

C. 核对收款凭证与应收账款明细账的有关记录是否相符

D. 核对实收现金与销货发票是否一致

5. 函证银行存款余额的目的是(　　)。

A. 验证客户有无漏记相关负债，亦即可用于发现客户未登记的银行借款

B. 验证客户存款的余额是否真实、准确

C. 了解所有银行已入账、企业未入账的存款

D. 了解被审计单位的所有债务

三、简析题

在对茂昌公司 2009 年年度财务报表进行审计时，注册会计师李强负责审计货币资金项目。茂昌公司在总部和营业部均设有出纳部门。为顺利监盘库存现金，李强在监盘前一天通知茂昌公司会计主管人员做好监盘准备。考虑到出纳日常工作安排，对总部和营业部库存现金的监盘时间分别定在上午 10 点和下午 3 点。监盘时，出纳把现金放入保险柜，并将已办妥现金收付手续的交易登入现金日记账，结出现金日记账余额；然后，李强当场盘点现金，在与现金日记账核对后填写“库存现金盘点表”，并在签字后形成审计工作底稿。

要求：请指出上述库存现金监盘工作中有哪些不当之处，并提出改进建议。

第 14 章 终结审计工作

教学目标

通过本章的学习，了解与管理层和治理层沟通的具体事项，明确期初余额审计和或有事项审计的基本内容，掌握期后事项审计和关联方交易审计的基本内容，掌握管理层说明书的格式和内容。

教学要求

期初余额的审计目标和审计程序，关联方交易的审计目标和审计程序，期后事项的审计目标和审计程序，与管理层沟通的目的和内容。

基本概念

期初余额　关联方交易　期后事项　或有事项　管理层说明书

导入案例

埃斯科特诉巴克瑞斯建筑公司

巴克瑞斯建筑公司于 1961 年申请发行一批可转换信用债券，由毕马威会计公司进行审计。1962 年，巴克瑞斯建筑公司破产倒闭，债券购买者根据 1933 年《证券法》控告毕马威存在过失。法院在调查中发现，巴克瑞斯建筑公司的一些会计处理方法不当，流动比率被严重高估，负债检查期后事项的审计经理缺乏客户所做行业的专业知识，也缺乏对审计业务进行监督的经验，未按审计工作方案规定的程序对期后事项进行充分的审查。1968 年，法院裁定注册会计师未尽到应有的职业，应赔偿原告的经济损失。

此案例推动了美国注册会计师协会发布第 47 号审计程序公告“期后事项”，以及审计职业界对重要性概念的研究。例如，法官裁定流动资产和流动比率的高估属重大错误，而销售额、营业净收入、每股收益的高估以及或有负债的低估不属于重大错误，显然是真正从报表使用者的角度来解释重要性概念。

资料来源：刘华. 审计治理规范与案例. 上海：复旦大学出版社，2007 年.

点评：会计、期后事项的审计对审计报告有重大影响。

14.1 期初余额和关联方审计

14.1.1 期初余额审计

1. 期初余额的含义及特征

期初余额分为广义和狭义。广义的期初余额既包括注册会计师首次接受委托对被审计单位的财务报表进行审计时所涉及的审计财务报表期初余额的问题，也包括注册会计师连续审计业务时所涉及的审计财务报表期初余额的问题。狭义的期初余额指注册会计师首次接受委托对被审计单位财务报表进行审计所涉及的期初余额问题。本节主要阐述狭义的期初余额问题。

期初余额是指期初已存在的账户余额。期初余额以上期的期末余额为基础，反映以前期间的交易和上期采用的会计政策的结果。正确理解期初余额的含义，需要掌握期初余额的 3 个特征。

(1) 期初余额是期初已存在的账户余额。期初余额可能是由上期结转至本期的金额，也可能是上期期末调整过后的金额。一般情况下，期初余额是上期账户结转至本期账户的余额，在数额上在相应的账户上与上期期末的余额是相等的。但是，由于受到以前期间的期后事项、会计政策等因素的影响，上期期末月结转到本期时，需要进行调整和重新表述。

(2) 期初余额反映了以前期间的交易和上期采用的会计政策的结果。

(3) 期初余额与注册会计师首次接受委托相联系。所谓首次接受委托，是指会计师事务所在被审计单位财务报表首次接受审计或上期财务报表由其他会计师事务所审计的情况下接受的审计委托。

通常，注册会计师审计是对被审计单位所审期间财务报表发表审计意见，无须对期初余额发表审计意见。但是期初余额是本期财务报表的基础，所以注册会计师应当保持应有的职业谨慎，充分考虑期初余额对所审报表的影响，应当对期初余额实施适当的审计程序。注册会计师应当从 3 个方面判断期初余额对本期财务报表的影响程度：①上期结转至本期的金额；②上期所采用的会计政策；③上期期末已存在的或有事项及承诺。

2. 期初余额的审计目标和审计程序

针对首次接受委托业务，注册会计师要对期初余额进行审计，应当获得充分、适当的审计证据，以确定财务报表期初余额是否存在对本期财务报表有重大影响的错报和漏报；上期期末余额是否正确结转至本期，或者已按要求恰当地重新表述；被审计单位上期采用的会计政策是否恰当，是否一贯遵循，变更是否合理并作出恰当的列报；上期期末存在或有事项是否已作恰当处理。

为实现上述审计目标，注册会计师应实施的审计程序如下。

(1) 分析被审计单位选用的会计政策是否恰当，是否一贯运用；如有变更，是否已作适当处理和充分披露。

(2) 了解上期财务报表是否由前任注册会计师审计及其审计情况。如果上期财务报表由前任注册会计师审计，注册会计师应当通过查询前任注册会计师的工作底稿获得与期初余额相关的充分、恰当的证据，并考虑前任注册会计师的独立性和专业胜任能力。如果上期财务报表未经审计，或者上期财务报表虽经前任注册会计师审计，但是在查阅工作底稿后并没有获取与期初余额相关的充分、恰当的证据，未能对期初余额得出满意结论，注册会计师应当对期初余额进行下列审计程序：询问被审计单位管理层；审阅上期会计记录及相关资料；对于流动资产和流动负债，通过对本期财务报表实施的审计程序证实期初余额的真实性；对于非流动资产和非流动负债，注册会计师可以检查形成期初余额的会计记录和其他信息，在某些情况下，也可以向第三方函证期初余额或实施追加的审计程序。

(3) 账户的性质及本期财务报表中的重大错报风险。期初余额中不同的财报报表项目的性质不同，对本期财务报表的重大错报风险的影响程度也不同。注册会计师应当关注期初余额中性质重要的、对本期财务报表的重大错报风险有重大影响的财务报表项目。

(4) 分析期初余额对本期财务报表的重要程度。注册会计师接受委托进行审计并发表审计意见的对象是本期财务报表，因此在审计期初余额是应当考虑期初余额对本期财务报表的重要性。如果期初余额本身并不重要，或者对上期财务报表是重要的，但由于被审计单位迅速扩张等原因，期初余额对本期财务报表已经不重要，则注册会计师无须进行特别的关注。如果期初数据对本期财务报表重要，注册会计师才需要对其予以特别关注并实施专门的审计程序。

3. 期初余额审计对审计报告的影响

注册会计师在结束对期初余额的审计后，分析已获取的审计证据，形成对被审计单位期初余额的审计结论，在此基础上确定其对本期审计意见类型的影响。

(1) 如果实施相关的审计程序后无法获得有关期初余额的充分、适当的审计证据，注册会计师应当出具保留意见或者无法表示意见的审计报告。

(2) 如果期初余额存在对本期财务报表的错报，注册会计师应当告知被审计单位的管理层并提请其对错报进行调整。如被审计单位的上期财务报表由前任注册会计师审计，注册会计师还应当提请被审计单位告知前任注册会计师。如果被审计公司管理层没有接受调整或披露的建议，错报的影响未能得到正确的会计处理和恰当的列报，注册会计师应当出具保留意见或否定意见的审计报告。

(3) 如果前任注册会计师对上期财务报表出具了非标准无保留意见的报告，注册会计师就要对此予以关注，并考察导致其出具非标准审计报告的事项对本期财务报表的影响，如果仍然相关和重大，注册会计师应当出具非标准审计报告。

14.1.2 关联方交易审计

1. 关联方交易的含义

根据《企业会计准则第 36 号——关联方披露》的规定，一方控制、共同控制另一方或对另一方售价重大影响，以及两方或两方以上同受一方控制、共同控制或重大影响的，构成关联方。其中，控制是指有权决定一个企业的财务和经营政策，并能据以从该企业的经营活动中获取利益。共同控制是指按照合同约定对某项经济活动所共有的控制，仅在与该项经济活动相关的重要财务和经济决策需要分享控制权的投资方一致同意时存在。重大影响是指对一个企业的财务和经营政策有参与决策的权力，但并不能够控制或者与其地方一起共同控制这些政策的制定。关联方交易是指关联方之间转移资源、劳务或义务的行为，而不论是否收取价款。

在关联方及其交易这个问题上，被审计单位和注册会计师有着不同的责任。按照企业会计准则的要求被审计单位要识别和披露关联方及其交易；注册会计师应当实施必要的审计程序，获取充分、适当的审计证据，以确定被审计单位是否按照企业会计准则的要求识别和披露关联方及其交易。

按照《中国注册会计师审计准则第1211号——了解被审计单位及其环境并评估重大错报风险》和《中国注册会计师审计准则第1231号——针对评估的重大错报风险实施的程序》的要求，注册会计师在对关联方和关联方交易进行审计时，应首先了解被审计单位及其环境，在此基础上，识别并评估关联方和关联方交易可能导致被审计单位财务报表存在重大错报的风险；根据识别出的风险，实施进一步审计程序，获取充分、适当的审计证据，合理保证被审计单位财务报表中关联方和关联方交易的相关信息得到恰当的记录和充分的披露。但是不能期望注册会计师发现所有的关联方及关联方交易。

2. 关联方交易的审计目标和审计程序

关联方交易的审计目标是指确定关联方及其交易是否真实存在、关联方交易的记录是否适当、关联方交易的会计处理是否适当以及关联方及交易的披露是否恰当。

在进行关联方及其交易进行审计时，注册会计师常用的审计程序如下。

(1) 识别关联方的存在。注册会计师应当获取由管理层提供的关联方清单，并进行复核；同时，针对信息的完整性实施必要的审计程序：复核以前年度的工作底稿，确认已识别的关联方的名称；复核被审计单位识别关联方的程序；询问治理层和关键管理人员是否与其他单位存在隶属关系；复核投资者记录以确定主要投资者的名称，在适当情况下，从股权登记机构获取主要投资者的名单；查阅股东会和董事会的会议纪要及其他相关的法定记录；询问其他注册会计师或前任注册会计师所知悉的其他关联方；复核被审计单位向监管机构报送的所得税申报表和其他信息。

(2) 识别关联方交易。复核由治理层和管理层提供的关联方交易的信息；了解被审计单位与关联方交易相关的内部控制；对异常的交易保持警惕。

实施进一步审计程序对关联方交易的关注：执行交易和余额的细节测试；查阅股东会和董事会的会议纪要；复核大额或异常的交易、账户余额的会计记录，特别关注接近报告期末或在报告期末确认的交易；复核业务往来关系的询证函回函以及来自银行的询证函回函，以发现担保关系和其他关联方交易；复核投资交易。

(3) 检查已识别的关联方交易。在检查已识别的关联方交易时注册会计师应当获取充分、适当的审计证据，以确定这些交易是否已得到恰当记录和充分披露。审计程序如下：了解交易的商业目的；检查发票、合同和其他相关材料；确定交易是否已得到管理层或治理层的批准；检查关联方交易在财务报表中的披露是否充分。

如果不能获得充分、适当的审计证据，还应当考虑实施的审计程序包括向关联方函证交易的条件和金额；检查关联方拥有的信息；向与交易相关的人员和机构函证或与之讨论相关信息。

(4) 获取管理层声明。当注册会计师对被审计单位披露的与关联方关系及其交易相关的信息的真实性、完整性存在疑虑时，可以要求管理层出具相关声明，详细地描述其识别关联方的程序、关联方的名称、关联方交易授权和批准的程序、关联方交易的内容和金额等。

3. 关联方交易审计对审计报告的影响

如果无法就关联方和关联方交易获得充分、适当的审计证据，或对关联方和关联方交易的披露不充分，注册会计师要考虑出具恰当的非无保留意见的审计报告。

出具保留意见或无法表示意见的审计报告的情形：注册会计师无法就关联方和关联方交易获得充分、适当的审计证据；管理层拒绝签署必要的声明。

出具保留意见或否定意见的审计报告的情形：被审计单位未能按照使用的会计准则和相关会计制度的要求，在财务报表中对关联方和关联方交易进行充分披露；被审计单位关联方交易的会计处理不符合使用的会计准则和相关会计制度的要求。

阅读资料 14-1

案例1：A公司是纺织企业，是香港某上市公司的全资子公司，高价从母公司进口原材料，再将产成品低价出售给母公司。账面上A公司连年亏损，但年年增资，显然子公司将利润转移给了母公司。

案例2：C公司是一家五金公司，是日本某株式会社的子公司，其母公司是香港某精工技术有限公司，其产品是精密弹簧，主要用于数码产品、复印机等。该公司从成立之日起就没交过增值税(出口税即征即退)和企业所得税(年年亏损)，但增资十余次，原材料全部由香港的母公司提供，其产品全部销往日本的关联企业，即香港母公司的母公司。

以上两个案例有几个共同的特点：公司的进货和销货渠道都不在内地，即所谓的“两头在外”，且都是公司的关联企业。这样，它们相互之间就利用调高原材料的购进价格和压低产品的销售价格将内地的A公司和C公司的利润转移给了香港和日本的关联企业，人为造成A公司和C公司的账面亏损，逃掉了企业所得税及其相关的流转税，由于它们实际上并不亏损，并且还给其关联企业带来了极大的利润，所以，就出现了账面连年亏损，但实际上连年增资的现象。

案例3：B公司和D公司是母公司设在英属维尔京群岛的两家子公司，英属维尔京群岛是太平洋群岛国家之一，是众所周知的“免税天堂”。那里没有流转税和企业所得税，为了避税，许多公司都在此设立总部。B公司是已经在香港联交所上市的香料公司，1995年成立，其原材料全部来自于英属维尔京群岛的母公司，产品全部内销，1998年筹备上市，2004年上市成功。下面一组数据可以说明公司是通过调整进货价格来调节利润的。1995—1998年B公司的利润率为33.74%，1998—2004年筹备上市期间为了上市的需要，平均利润率在企业基本条件不变的情况下突然高达74.56%，其中1999年更是高达81.62%，上市后利润率又回到49.11%。D公司是一家主要经营石料、装饰材料的公司，是英属维尔京群岛母公司的全资子公司，该公司的大理石、花岗石等原材料全在国内采购，产品80%外销，其毛利润率不到2%，也是转移利润的结果。

这两个案例中的B公司是进货渠道在外，D公司是销货渠道在外，即所谓的“一头在外”，在外的是关联企业的母公司，B公司通过调整进货价格来调节利润，在上市筹备期间，为了达到上市的目的，通过压低从母公司进货的价格来提高利润率，上市以后又提高进货价格以降低利润率，这就是公司在基本条件不变的情况下，利润率发生巨大波动的原因所在。D公司由于销货渠道是英属维尔京群岛的母公司，既没有企业所得税，又没有流转税，因此，D公司通过调低销售价格来将利润转移给其母公司，因此，D公司就出现了毛利率极低的现象。

14.2 期后事项和或有事项审计

14.2.1 期后事项审计

1. 期后事项的含义和种类

根据《中国注册会计师审计准则第 1332 号——期后事项》的规定，期后事项是指资产负债表日至审计报告日之间发生的事项以及审计报告日后发现的事实。

期后事项根据时间发生的不同，可以分为两类：一类是资产负债表日至审计报告日发生的期后事项；另一类是审计报告日至会计报表公布日发生的期后事项。根据期后事项对被审计单位财务报表公允性的影响不同，可以分为两类：一类是资产负债表后调整事项；另一类是资产负债表日后非调整事项。

1) 资产负债表日后调整事项

资产负债表日是指对资产负债表日已经存在的情况提供了新的进一步证据的事项。这类事项既为被审计单位管理层确定资产负债表日账户余额提供信息，也为注册会计师核实这些余额提供了补充证据。如果这类期后事项的金额重大，应提取被审计单位对本期财务报表及其相关的账户余额进行调整。

利用期后事项审计以确认被审计单位财务报表所列金额时，应当严格区分资产负债表日已经存在的事项和资产负债表日后出现的事项，不能混淆。如果确认发生变化的事项是在资产负债表日后才出现的，就不应当调整财务报表本身。

2) 资产负债表日后非调整事项

资产负债表日后非调整事项不影响资产负债表日的财务状况，因此不需要调整被审计单位的本期财务报表。但为了避免财务报表使用者产生误解，被审计单位应该在财务报表附注中进行适当的披露。

被审计单位在资产负债表日后发生的，需要在财务报表附注披露而非调整的事项主要包括重大诉讼、仲裁、承诺；资产价格、税收政策、外汇汇率发生重大变化；自然灾害导致资产发生重大损失；股票和债券以及其他巨额举债；资本公积转增资本；发生巨额亏损；企业合并或处置子公司；企业利润分配方案中拟分配的以及经审计批准宣告发放的股利或利润。

2. 期后事项的审计目标和审计程序

注册会计师对期后事项进行审计，主要目标是确定期后事项是否存在，确定期后事项的类型和重要性，确定期后事项的处理是否恰当。

注册会计师对期后事项的审计通常实施两种基本的审计程序：一是结合对财务报表实施的实质性分析程序；二是专为发现所审计会计年度必须关注的事项另行实施的审计程序。具体的审计程序包括复核被审计单位管理层建立的用于确保识别期后事项的程序；查阅管理层和治理层在资产负债表日后的会议纪要；查询中期财务报表；向被审计单位律师或法律顾问询问有关诉讼和索赔事项；向管理层询问是否发生可能影响财务报表的期后事项。向管理层询问可能影响财务报表的期后事项主要包括是否发生新的担保、借款或承诺；是否出售或购进资产，或者计划出售或购进资产；是否已发行或计划发行新的股票或债券，是否已签订或计划签订合并或清算协议；是否已作出或考虑作出异常的会计调整等。

3. 期后事项对审计报告的影响

对已发现的对会计报表产生重大影响的期后事项，注册会计师应当根据其类型分别作出处理。对能为资产负债表日已存在情况提供补充证据的事项，提请被审计单位调整会计报表；对虽不影响会计报表金额，但有可能影响财务报表使用者理解的事项，提请被审计单位在会计报表附注中作适当披露。如果被审计单位不接受调整或披露建议，注册会计师应当发表保留意见或否定意见。

阅读资料 14-2

注册会计师审计华新公司2002年度会计报表，2003年3月8日外勤工作结束，3月14日完成审计报告，并于3月15日将审计报告送交华新公司。3月25日华新公司的会计报表对外公布。审计报告日期为3月11日。华新公司2002年度营业利润为150万元。

审计过程：①2003年2月8日，该公司新厂房火灾导致存货产生了30万元的损失。但通过对该事项的调查，审计人员发现了分配到存货中的间接费用的一个错误，该错误导致存货价格(不包括火灾中损失的存货)被高估了75万元。②2月23日，华新公司发生销售退回123万元，占年度销售收入的23%，项目经理李浩检查相关原始凭证及其会计处理，提请他们调整。③3月1日公司由于销售了有缺陷的产品而受到客户的起诉(销售日期2002年12月6日)。④3月20日，项目经理李浩在阅读报纸上有关华新公司的消息时，注意到华新公司2002年11月确认的主营业务收入——(美国)迪美公司可能存在虚假，于是及时与华新公司沟通，要求华新公司解释。华新公司管理层解释2002年11月向迪美公司销售货物的合同、发票、货运单、报关单等均系总经理李阳指使他人伪造的，目前司法已经介入。李浩了解到相关情况后，建议华新公司修改会计报表，华新公司以司法正在调查，不宜披露为由拒绝修改会计报表。

对于案例中第1例期后事项包括两个小事项——发生火灾及发现存货高估。火灾事故为非调整事项，虽然存货的价值是比较大的，但这不可能重要到值得怀疑公司是否能够持续经营的程度，因此将其作为非调整事项在附注中加以披露更好。审计人员希望确定公司是否为这种损失投保。关于因间接费用的错误分配而使得存货的价值被高估了75万元，这一发现应作为调整事项，因为它提供了在资产负债表日已存在的情况的进一步信息。与公司利润比较而言，当然是重要的。这两个期后事项发生在外勤工作结束之前，审计人员应了解这一事项，专门设计审计程序以确定事项的类型及其影响。

对于第2例期后事项，应分情况考虑。若华新公司调整报表，可出具无保留意见(在不存在其他问题的前提下)；若华新公司拒绝调整，注册会计师考虑出具保留意见的审计报告。

第3例事项看似或有损失，但如果这一损失被认为是极可能的，这一事项就归类为调整事项，因为它对年末存货的质量提供了进一步的证据，而且极可能的败诉对公司非常不利。注册会计师应估计赔偿的数额，并对这一事项进行披露。

第4例事项发生在注册会计师签发审计报告之后。尽管注册会计师已没有义务对已审计的会计报表作进一步询问，但如果注册会计师在已审计会计报表公布后意识到会计报表某些信息存在重大错误，无论未能发现错误是注册会计师的过失，还是被审计单位的过失，注册会计师都有责任采取措施，保证已审会计报表的使用者了解有关错误的情况。一般情况下，注册会计师应当积极与被审计单位沟通，讨论如何处理，如果需要修改审计报告及会计报表，注册会计师应当建议被审计单位发布一个修正后的会计报表，并解释修正的原因。如果被审计单位拒绝在披露错误方面进行合作，注册会计师应当根据需要做修改的事项对会计报表的影响程度，重新考虑已出具审计报告的适当性和公正性。如果原先发表的是无保留意见，则应改为发表保留或否定意见；同时，应将已审计会计报表发生错报的事宜通过适当方式报告给会计报表使用者，必要时可考虑向对被审计单位有管辖权的管理机构报告，如对于上市公司可向证券监管机构和股票交易所报告，可考虑要求他们通知股东会计报表不再值得信赖。

14.2.2 或有事项审计

1. 或有事项的含义

或有事项是指过去的交易或事项形成的，其结果须由某些未来事项的发生或不发生才能决定的不确定事项。或有事项的存在要满足3个条件：①由过去的交易或事项引起；②结果由过去的交易或事项在未来发生与否决定；③未来支付或收取的金额在资产负债表日尚不能确定。常见的或有事项包括未决诉讼或仲裁、债务担保、产品质量保证、承诺、亏损合同、重组义务、环境污染整治等。

2. 或有事项的审计目标和审计程序

注册会计师对或有事项的审计所要达到的目标一般包括确定或有事项的存在性与完整性，确定或有事项的确认和计量的合法性与合理性，确定或有事项披露的充分性与恰当性。

根据或有事项的审计目标，结合或有事项的特性，或有事项的审计程序如下。

(1) 了解被审计单位与或有事项相关的内部控制。

(2) 向被审计单位索要相关资料，如董事会纪要和股东大会会议记录，确定是否存在未决诉讼或仲裁、未决索赔、税务纠纷、债务担保、产品质量保证、财务承诺等方面的记录。

(3) 向与被审计单位有业务往来的银行函证，或检查被审计单位与银行之间的借款协议和往来函件，以查找有关票据贴现、背书、应收账款抵借、票据背书和担保。

(4) 检查与税务征管机构之间的往来函件和税收结算报告，以确定是否存在税务争议。

(5) 向被审计单位的法律顾问和律师进行函证，分析审计期间的法律费用，以确定是否存在未决诉讼、索赔等事项。

(6) 获取被审计单位管理层书面声明，声明其已按照企业会计准则的规定，对全部或有事项作了恰当反映。

(7) 复核现存的审计工作底稿，寻找任何可以说明潜在或有事项的资料。

(8) 查阅被审计单位对未来事项和有关协议的承诺。

14.3 与管理层和治理层的沟通

治理层是指对被审计单位战略方向以及管理层履行经营管理责任负有监督责任的人员或组织。管理层是指对被审计单位经营管理活动的执行负有管理责任的人员或组织。治理层负责对财务报告过程进行监督，管理层负责编制财务报表并受治理层监督。

注册会计师应当就与财务报表审计相关且根据职业判断认为与管理层和治理层责任相关的重大事项，以适当的方式及时与管理层和治理层进行沟通。

14.3.1 沟通的目的

注册会计师与被审计单位管理层和治理层进行沟通是审计工作中不可或缺的一部分，贯穿于审计的整个过程。沟通的主要目的：①沟通审计的时间和范围；②明确注册会计师与被审计单位管理层和治理层的责任，取得相互理解；③建立良好的工作关系，及时向管理层和治理层告知审计中发现的与管理层和治理层责任相关的事项；④共享有助于注册会计师获取审计证据和治理层履行责任的其他信息，有助于注册会计师对各种复杂、疑难问题进行正确分析、合理判断，从而降低审计风险，确保审计工作质量。

14.3.2 沟通的内容

注册会计师应该直接与被审计单位治理层沟通的事项如下。

(1) 注册会计师的责任。明确注册会计师对财务报表的责任。由于沟通的内容非常重要，所以注册会计师要考虑将它包含在审计业务约定书中。注册会计师要向被审计单位管理层和治理层表明，注册会计师的责任是对管理层在治理层监督下编制的财务报表发表审计意见，并不能减轻管理层和治理层的责任。除了说明对财务报表的责任外，注册会计师还应当就自身与治理层沟通的责任与治理层进行沟通，使治理层清楚地了解注册会计师所负有的与治理层沟通方面的责任。

(2) 计划的审计范围和时间。注册会计师应当就计划的审计范围和时间直接与治理层做简单沟通。如果沟通过于全面、具体，这样会损害审计工作的有效性。注册会计师要就下列事项与治理层进行讨论：①当被审计单位设有内部审计时，注册会计师拟利用内部审计工作的范围，以及双方如何更好地协调和配合工作。②了解被审计单位治理层对内部控制和舞弊的态度、认识和措施。③对于应治理层或管理层要求而实施的审计程序，注册会计师可以简单地向治理层介绍这些程序的性质和可能增加的工作量以及要求得到的特殊配合。

(3) 审计工作中发现的问题。问题分为两类：一类是应当直接沟通的事项，无论治理层是否全部参与管理，注册会计师均应就审计过程中发现的问题与治理层直接沟通的事项；另一类是指审计准则规定的除非治理层全部参与管理，注册会计师还应当与治理层直接沟通的事项。

(4) 注册会计师的独立性。如果被审计单位是上市公司，注册会计师应当就独立性与治理层直接沟通；如果被审计单位是非上市公司，但可能涉及重大公共利益的，注册会计师应该考虑针对上市公司的有关注册会计师独立性的沟通事项是否适用。

(5) 要求和商定沟通的其他事项。如果法律法规和其他审计准则要求注册会计师与治理层沟通特定事项，注册会计师应当按照规定的要求予以沟通。注册会计师与治理层或管理层商定沟通的事项，一般应载入业务约定书中。

14.3.3 沟通的对象

注册会计师应该根据被审计单位的治理结构确定适当人员进行沟通，适当人员可能因沟通事项的不同而不同。在确定与哪些适当人员沟通事项时，注册会计师应当利用在了解被审计单位及其环境时获取的有关治理结构和治理过程的信息。注册会计师根据上述了解，运用职业判断，可以确定沟通对象。通常，被审计单位也会指定其治理结构中相对固定的人员或组织(如监事会)负责与注册会计师进行沟通。

通常，注册会计师没有必要就沟通事项同治理层整体进行沟通。适当的沟通对象往往是治理层的下设组织和人员，如审计委员会、独立董事和监事会等。在决定与治理层的下设机构或个人沟通时应当考虑的因素包括治理层的下设组织、个人以及治理层整体各自的责任；拟沟通事项的性质；法律法规的规定；下设组织或个人是否有权对沟通的信息采用措施，以及是否能够提供注册会计师可能需要的进一步信息和解释；是否有必要将有关信息详尽或扼要地与治理层整体沟通。

对于一些影响特别重大、性质十分特殊的沟通事项，或者在与治理层下设组织、人员进行沟通无法达到沟通目的的情况下，注册会计师可能需要与治理层整体沟通。

如果被审计单位设有审计委员会或监事会，注册会计师应当着重与审计委员会或监事会沟通。如果审计委员会和监事会同时存在，一般没有必要同时与审计委员会和监事会进行沟通。

如果被审计单位是某集团的组成部分，注册会计师应当根据不同的业务环境和沟通事项，确定与哪些适当人员进行沟通。适当人员除包括该组成部分治理层外，可能还包括集团治理层。

14.3.4 与管理层的沟通

在财务报表审计中，管理层的责任是编制财务报表，并接受治理层的监督。在审计中，注册会计师应当就财务报表审计相关事项与管理层讨论，包括讨论审计准则规定的与治理层沟通的相关事项。

注册会计师在根据审计准则的规定与治理层沟通特定事项前，通常先与管理层进行讨论，除非这些事项不适合与管理层讨论。不适合与管理层讨论的事项包括管理层的胜任能力和诚信问题等。如果被审计单位设有内部审计职能，包括内部审计部门或专门的内部审计人员，注册会计师可以在与治理层沟通之前，先与内部审计人员讨论有关事项。

阅读资料 14-3

泰尔重工审计结果与公司管理层的沟通

1. 审计后的初步结果

净利润 5 100 万，与快报 5 145 万相比，差异 45 万。2009 年多计提所得税 120 万。

2. 审计后的报表分析

总体感觉：收入下降，毛利下降，利润下降，应收款增加、预收款减少，经营性现金流少，存货积压。公司 2010 年度整体经营和财务状况相比 2009 年，下滑。

具体分析：

应收账款 1.8 亿，增加 4 321 万，增长 56.91％。一年平均周转 2.89 次，大户很多，很集中。确认问题，目前回函仅两封，还对不上，应收款管理。监管局的要求，检查。收入确认。

增长的原因？

存货：1.28 亿～1.8 亿

主要是在产品、库存商品增加了。原因何在？

从库存商品分析，当年产量 8 716 吨，销量 7 779 吨，库存 4 242 吨，库存量很大。产效率 89％。

成本上升。

确认问题，订单对应？

2 件进口关节毛坯，1 078 万。

预收款下降？按道理存货大，订单多，大才对？

收入确认、成本

管理费用、销售费用

3. 募集资金

基本情况，与资产的对应管理没有理顺

4. 关于前期发行路演费用、酒会费用

5. 监管局要求

6. 董事会日期，独立董事沟通

7. 子公司管理

14.4 取得管理层声明书

1. 管理层声明书的作用

管理层声明书是指被审计单位管理层在审计期间向注册会计师提供的关于财务报表的陈述。管理层申明书的主要作用有两个：一是明确管理层和注册会计师的责任。被审计单位管理层应当对其会计报表的编制和提供给注册会计师的有关资料的真实性、合法性和完整性做出正面陈述，并明确承认对财务报表负责。二是提供审计证据。被审计单位管理层声明书把管理层对注册会计师的询问所做的答复以书面方式予以记录，可作书面证据，有利于保护注册会计师。

管理层声明只是一种内部证据，注册会计师不能将它视为十分重要的证据。当管理层声明的事项对财务报表具有重大影响时，注册会计师应该实施必要的审计程序：从被审计单位内部或者外部获取佐证证据；评价管理层的申明是否合理并与获取的其他审计证据(包括其他声明)一致；考虑作出声明的人员是否熟知所声明的事项。管理层声明书不应替代能够合理预期获取的其他审计证据。如果管理层的某项声明与其他审计证据相矛盾，注册会计师应该调查这种情况。必要时，重新考虑管理层作出的声明的可靠性。

2. 管理层声明书的格式与内容

(1) 管理层声明书的格式。被审计单位管理层声明书应当包括以下基本要素。标题：管理层声明书；收件人：收件人为接受委托的注册会计师事务所及签署审计报告的注册会计师；声明内容：根据注册会计师要求声明的内容，列出各项声明；签章：被审计单位及其会计机构负责人签署，并加盖被审计单位公章；日期：管理层声明书标明的日期通常与审计报告日一致。但在某些情况下，注册会计师也可能在审计过程中或审计报告日后，对某些交易或事项获取单独的声明书。

(2) 管理层声明书的内容。管理层认可其对财务报表的编制责任；管理层认可其设计、实施和维护内部控制以防止或发现并纠正错报的责任；管理层认为注册会计师在审计过程中发现的未更正错报，无论是单独还是汇总起来考虑，对财务报表整体均不具有重大影响；所有财务信息和其他数据的可获得性；所有股东会和董事会会议记录的完整性和可获得性；涉及管理层、对内部审计产生重大影响的雇员和对财务报表编制具有重大影响的其他人员的舞弊行为或舞弊嫌疑的信息的可获得性；对资产或负债的确认或列报具有重大影响的计划或意图；关联方交易，以及涉及关联方的应收应付款项；需要在财务报表中披露的违反法规的行为；需要确认或披露的或有事项；对财务报表具有重大影响的合同的遵循情况；对财务报表具有重大影响的重大不确定性事项；被审计单位对资产的拥有或控制情况，以及抵押、质押或留置资产；持续经营假设的合理性；需要调整或披露的期后事项。

阅读资料 14-4

管理层声明书参考格式

______会计师事务所有限公司并______注册会计师：

本单位托贵事务所对本单位 200___年 12 月 31 日的资产负债表，200___年度的利润表和现金流量表以及财务报表附注进行审计，并出具审计报告。

为配合贵事务所的审计工作，本单位就已知的全部事项作出如下声明。

1. 本单位承诺，按照《企业会计准则》和《企业会计制度》的规定编制财务报表是我们的责任。

2. 本单位已按照《企业会计准则》和《企业会计制度》的规定编制 20___年度财务报表，财务报表的编制基础与上年度保持一致，本单位管理层对上述财务报表的真实性、合法性和完整性承担责任。

3. 设计、实施和维护内部控制，保证本单位资产安全和完整，防止或发现并纠正错报，是本单位管理层的责任。

4. 本单位承诺财务报表符合适用的会计准则和相关会计制度的规定，公允反映本单位的财务状况、经营成果和现金流量情况，不存在重大错报，包括漏报。贵事务所在审计过程中发现的未更正错报，无论是单独还是汇总起来，对财务报表整体均不具有重大影响。未更正错报汇总附后。

5. 本单位已向贵事务所提供了全部财务信息和其他数据；全部重要的决议、合同、章程、纳税申报表等相关资料；全部股东会和董事会的会议记录。

6. 本单位所有经济业务均已按规定入账，不存在账外资产或未计负债。

7. 本单位认为所有与公允价值计量相关的重大假设是合理的，恰当地反映了本单位的意图和采取特定措施的能力；用于确定公允价值的计量方法符合《企业会计准则》的规定，并在使用上保持了一惯性；本单位已在财务报表中对上述事项作出恰当披露。

8. 本单位不存在导致重述比较数据的任何事项。

9. 本单位已提供所有与关联方和关联方交易相关的资料，并已根据《企业会计准则》和《企业会计制度》的规定识别和披露了所有重大关联方交易。

10. 本单位已提供全部或有事项的相关资料。除财务报表附注中披露的或有事项外，本单位不存在其他应披露而未披露的诉讼、赔偿、承兑、担保等或有事项。

11. 除财务报表附注披露的承诺事项外，本单位不存在其他应披露而未披露的承诺事项。

12. 本单位不存在未披露的影响财务报表公允性的重大不确定事项。

13. 本单位已采取必要措施防止或发现舞弊及其他违反法规的行为，未发现涉及管理层的任何舞弊行为或舞弊嫌疑的信息；涉及对内部控制产生重大影响的雇员的任何舞弊行为或舞弊嫌疑的信息；涉及对财务报表的编制具有重大影响的其他人员的任何舞弊行为或舞弊嫌疑的信息。

14. 本单位严格遵守了合同规定的条款，不存在因未履行合同而对财务报表产生重大影响的事项。

15. 本单位对资产负债表上列示的所有资产均拥有合法权利，除已披露事项外，无其他被抵押、质押资产。

16. 本单位编制财务报表所依据的持续经营假设是合理的，没有计划终止经营或破产清算。

17. 本单位已提供全部资产负债表日后事项的相关资料，除财务报表附注中披露的资产负债表日后事项外，本单位不存在其他应披露而未披露的重大资产负债表日后事项。

18. 本单位管理层确信未收到监管机构有关调整或修改财务报表的通知、无税务纠纷。

19. 其他事项。注册会计师认为重要而需声明的事项，或者管理层认为必要而声明的事项：①本单位在银行存款或现金运用方面未受到任何限制。②本单位对存货均已按照《企业会计制度》的规定予以确认和计量；受托代销商品或不属于本单位的存货均未包括在会计记录内；在途物资或由代理商保管的货物均已确认为本单位存货。③本单位不存在未披露的大股东及关联方占用资金和担保事项。

有限公司 (盖章)

法定代表人: (签名并盖章)

财务负责人: (签名并盖章)

年 月 日

3. 管理层拒绝提供声明时的措施

如果管理层拒绝提供注册会计师认为必要的声明，注册会计师应当将其视为审计范围受到限制，出具保留意见或无法表示意见的审计报告。同时，在这种情况下，注册会计师应当评价审计过程中获取的管理层其他声明的可靠性，并考虑管理层拒绝提供声明是否可能对审计报告产生其他影响。

本章小结

本章主要包括特殊项目审计、与管理层和治理层沟通和获取管理层声明三大部分内容。特殊项目审计主要是期初余额审计、关联方交易审计、期后事项审计和或有事项审计。

狭义的期初余额审计指注册会计师在首次接受业务委托时，必须对被审计单位财务报表的期初余额进行审计。关联方交易审计是为了确定关联方及其交易是否真实存在、关联方交易的记录是否适当、关联方交易的会计处理是否适当以及披露是否恰当。如果无法就关联方和关联方交易获取充分、适当的审计证据，或关联方和关联交易的披露不充分，注册会计师应当出具非无保留意见的审计报告。期后事项是指资产负债表日至审计报告日之间发生的事项以及审计报告日后发现的事项。期后事项可分为资产负债表日后调整事项和资产负债表日后非调整事项两类，注册会计师要区别对待，以保证对被审计单位财务报表表示适当的审计意见。或有事项是指由过去的交易或事项形成的一种状况，其结果需要通过未来的不确定事项的发生或不发生予以证实。或有事项的审计包括审查或有事项确认与计量的合法性、合理性和正确性，以及审查或有事项披露的重复性、公允性和恰当性。

注册会计师要与管理层和治理层进行沟通，沟通计划审计的时间和范围、注册会计师的责任、注册会计师的独立性等问题。注册会计师还应当获取管理层声明，以确定管理层认可其按照使用的会计准则和相关会计制度的规定编制财务报表的责任，并且已批准财务报表。

习 题

一、单项选择题

1. 注册会计师对财务报表进行审计时，一般无须专门对期初余额发表审计意见。在以下对其含义进行的各种表述中，不正确的表述是( )。

A. 如期初余额存在影响本期报表的重大错报，则应在审计意见中反映

B. 如期初余额不存在影响本期财务报表的重大错报，则无须在审计意见中反映

C. 无论期初余额是否存在影响本期报表的重大错报，都应在审计意见中反映

D. 即使期初余额存在重大错报，也可能不在审计意见中反映

2. 注册会计师接受委托审计 A 公司 2009 年度财务报表，在对关联方及其交易的审查过程中，如果合理预期不存在其他充分、适当的审计证据，注册会计师应当(　　)。

A. 直接视为审计范围受到限制，发表保留意见的审计报告

B. 就对财务报表具有重大影响的事项向管理层获取书面声明

C. 直接视为审计范围受到限制，发表无法表示意见的审计报告

D. 直接视为审计范围受到限制，发表否定意见的审计报告

3. 注册会计师在对或有事项进行审计时，下列审计程序中最无效的是(　　)。

A. 审核银行存款函证回函　　B. 审核应收票据函证回函

C. 审核律师声明书　　D. 审核长期股权投资函证回函

4. 如果注册会计师在被审计单位财务报表报出后，知悉在审计报告日已存在的、可能导致修改审计报告的事实，但被审计单位的管理层不采取任何行动，则注册会计师应当(　　)。

A. 通知治理层不要将财务报表和审计报告向第三方报出

B. 根据该事项对财务报表的影响重新出具保留意见或否定意见的审计报告

C. 采取措施防止财务报表使用者信赖该审计报告，并将拟采取的措施通知治理层

D. 因为是在财务报表报出日后发现的事实，所以注册会计师没有义务采取行动

二、多项选择题

1. 在首次接受业务委托时，注册会计师审计期初余额，应当获取充分、适当的审计证据，以确定(　　)。

A. 期初余额不存在对本期财务报表产生重大影响的错报

B. 被审计单位一贯运用恰当的会计政策，或对会计政策的变更作出正确的会计处理和恰当的列报

C. 上期期末余额已正确结转至本期，或在适当的情况下已作出重新表述

D. 出具标准无保留意见的审计报告

2. 下列选项中构成企业关联方的有(　　)。

A. 该企业的母公司

B. 与该企业受同一母公司控制的其他企业

C. 对该企业施加重大影响的投资方

D. 该企业的联营企业的其他投资方

3. 下列有关管理层声明的说法中正确的有(　　)。

A. 如果合理预期不存在其他充分、适当的审计证据，注册会计师应当就对财务报表具有重大影响的事项向管理层获取书面声明

B. 注册会计师应当获取审计证据，以确定管理层认可其按照适用的会计准则和相关会计制度的规定编制财务报表的责任，并且已批准财务报表

C. 如果不能获取对财务报表具有或可能具有重大影响的事项的充分、适当的审计证据，而这些证据预期是可以获取的，则如果注册会计师已收到管理层就这些事项作出的声明，注册会计师仍应出具无保留意见的审计报告

D. 注册会计师不应以管理层声明替代能够合理预期获取的其他审计证据

4. 被审计单位是上市公司，其财务报告批准报出日为次年 4 月 30 日，该公司在资产负债表日后发生以下事项，其中属于非调整事项的有(　　)。

A. 接到某债务人 1 月 28 日发生一场火灾，导致重大损失，以至于不能偿还货款的通知，该公司已将此货款于资产负债表日计入应收账款

B. 外汇汇率发生重大变动

C. 发行债券筹资

D. 已登记为报告年度的销售货物被退回

三、简析题

乙注册会计师审计B公司2009年度财务报表，审计报告日为2010年3月15日，财务报表公布日为3月20日。B公司在资产负债表日后有如下事项。

(1) B公司应收C公司一笔金额较大的货款，在2009年12月31日，C公司经营状况良好，并无显示财务困难的迹象。但在2010年3月10日，C公司发生火灾，无力偿还B公司的货款。

(2) B公司内部审计人员于3月21日发现2009年度已审计财务报表存在100万元的重大错报，并向公司最高管理层作了汇报。

要求：

1. 假定乙注册会计师在2010年3月11日获知C公司发生火灾，并于当日实施了必要审计程序后，应当提请B公司如何处理？

2. 假定乙注册会计师在2010年3月25日获知B公司2009年的财务报表中存在的重大错报，并且被审计单位的管理层已经修改了该财务报表，注册会计师应当采取的措施有哪些？

3. 假定乙注册会计师在2010年3月25日获知B公司已审计财务报表中存在着100万元的重大错报，并且被审计单位的管理层未采取任何行动，注册会计师应当采取的措施有哪些？

第 15 章　审计报告

教学目标

通过本章的学习，了解审计报告的含义和作用，掌握审计报告的基本类型和编制步骤。

教学要求

审计报告的类型、要素和编制步骤。

基本概念

审计报告　审计报告要素

导入案例

被审计单位 ABC 公司是一家大型设备制造商，注册会计师 C(项目负责人)分派助理人员 E 审计应付账款。对于大型设备制造业来说应付账款是重要的审计领域，对应付账款应执行检查期后付款等程序，以验证负债记录是否恰当。C 注意到 E 常在工作时办理私事。尽管这样 E 在预定时间完成了分内工作，在审计即将完成前 E 辞职了。

C 复核了每张工作底稿，鉴于 E 的工作状态，尤其认真地复核了 E 的底稿。看到的是在底稿上对每笔应付账款都用“V”作了标记并加以解释，表明 E 对有关账证、数据已经详细检查，并认为客户应付账款记录是正确的。

完成审计时会计师事务所的主任会计师 A 复核底稿。A 对设备制造业 ABC 公司都非常熟悉，复核底稿后，感觉应付账款不太合理。A 要求 C 进一步测试应付账款。C 又检查了复核过的底稿中 E 提到的所有账簿与凭证，吃惊地发现 E 没有认真地检查或者根本没有检查账证。ABC 公司漏记负债 120 万元。

主任会计师 A 的复核使会计师事务所幸免于一次审计失败。

资料来源：王勇. 审计学. 北京：清华大学出版社，2009 年.

点评：

注册会计师在按照业务循环各财务报表项目的审计后，并不能立即得出审计结论，出具审计报告，还应进行复核审计结果等综合性的审计工作，以确保发表恰当的审计意见。

15.1 审计报告概述

15.1.1 审计报告的含义和作用

1. 审计报告的含义

注册会计师在实施了审计程序之后，需要对审计工作的完成情况及审计结论编制书面文件，对财务报表实施总体复核，以复核后的审计证据为基础出具审计报告。

审计报告是指注册会计师根据中国注册会计师准则的规定，在实施审计工作的基础上对被审计单位财务报告发表审计意见的书面文件。商务印书馆《英汉证券投资词典》对审计报告的解释为由独立会计师或审计师对公司审计之后签发的正式报告。

出具审计报告是整个审计过程中的最后步骤，是注册会计师传达信息的重要手段，也是注册会计师承担法律责任的重要文件。

2. 审计报告的作用

注册会计师签发的审计报告主要有3个方面的作用：鉴证作用、保护作用和证明作用。

1) 鉴证作用

所谓鉴证，是指注册会计师对鉴证对象信息提出结论，以增强除责任方之外的预期使用者对鉴证对象信息信任程度的业务。注册会计师在执行鉴证业务时要遵守本准则以及依据本准则制定的审计准则、审阅准则和其他鉴证业务准则。注册会计师签发的审计报告具有鉴证作用，即注册会计师以独立的第三者身份，通过审计报告对财务报告反映的财务状况、经营成果和现金流量情况等的合法性和公允性，发表自己的意见，作出鉴证。注册会计师签发的审计报告具有广泛的社会认可度。政府有关部门，如财政部门、税务部门及其他综合管理部门，主要依据企业的财务报表掌握企业的财务状况和经营成果。因此，财务报表的合法性和公允性非常重要，政府相关部门主要依据审计报告看判定企业的财务报表是否客观真实地反映了企业的财务状况和经营成果。同时，利用审计报告的还主要有股份制企业的股东和银行等债权人。

2) 保护作用

所谓保护作用，是指注册会计师通过系列审计程序，对财务报表出具不同类型审计意见的审计报告，以提高或降低财务报表信息使用者对报表的依赖程度，能够在一定程度上保护债权人、股东和与企业有利害关系的人的利益。如投资者可以在投资之前，通过查阅企业编制的财务报表和注册会计师出具的审计报告，了解和判断企业的经营成果和财务状况，以便合理地作出投资决策，降低投资风险。

3) 证明作用

所谓证明，是指注册会计师通过审计报告对反映被审计单位财务状况和经营成果的财务报表的合法性和公允性给予证明。审计报告是对注册会计师审计任务完成情况和结果的总结，可以表明审计工作的质量并明确注册会计师的责任。因此，审计报告可以对审计工作的质量和注册会计师的审计责任起到证明作用。通过审计报告，可以证明注册会计师在审计过程中实施了必要的审计程序，也可以证明注册会计师对审计责任的履行情况。

阅读资料 15-1

中华人民共和国国家审计准则
中华人民共和国审计署令第 8 号

颁布时间：2010-9-1

第五章 审计报告

第一节 审计报告的形式和内容

第一百一十九条 审计报告包括审计机关进行审计后出具的审计报告以及专项审计调查后出具的专项审计调查报告。

第一百二十条 审计组实施审计或者专项审计调查后，应当向派出审计组的审计机关提交审计报告。审计机关审定审计组的审计报告后，应当出具审计机关的审计报告。遇有特殊情况，审计机关可以不向被调查单位出具专项审计调查报告。

第一百二十一条 审计报告应当内容完整、事实清楚、结论正确、用词恰当、格式规范。

第一百二十二条 审计机关的审计报告(审计组的审计报告)包括下列基本要素：

(一) 标题；

(二) 文号(审计组的审计报告不含此项)；

(三) 被审计单位名称；

(四) 审计项目名称；

(五) 内容；

(六) 审计机关名称(审计组名称及审计组组长签名)；

(七) 签发日期(审计组向审计机关提交报告的日期)。

经济责任审计报告还包括被审计人员姓名及所担任职务。

第一百二十三条 审计报告的内容主要包括：

(一) 审计依据，即实施审计所依据的法律法规规定；

(二) 实施审计的基本情况，一般包括审计范围、内容、方式和实施的起止时间；

(三) 被审计单位基本情况；

(四) 审计评价意见，即根据不同的审计目标，以适当、充分的审计证据为基础发表的评价意见；

(五) 以往审计决定执行情况和审计建议采纳情况；

(六) 审计发现的被审计单位违反国家规定的财政收支、财务收支行为和其他重要问题的事实、定性、处理处罚意见以及依据的法律法规和标准；

(七) 审计发现的移送处理事项的事实和移送处理意见，但是涉嫌犯罪等不宜让被审计单位知悉的事项除外；

(八) 针对审计发现的问题，根据需要提出的改进建议。

审计期间被审计单位对审计发现的问题已经整改的，审计报告还应当包括有关整改情况。

经济责任审计报告还应当包括被审计人员履行经济责任的基本情况，以及被审计人员对审计发现问题承担的责任。

核查社会审计机构相关审计报告发现的问题，应当在审计报告中一并反映。

15.1.2 审计报告的种类和内容

1. 审计报告的种类

审计报告可以按照不同的标准进行分类。

1) 按照审计报告使用的目的分类

按照审计报表使用的目的可分为公布目的的审计报告和非公布目的的审计报告。

公布目的的审计报告，主要是用于非特定利益关系者，如企业股东、投资者和债权人等公布的附有会计报表的审计报告，通常是由注册会计师签署。

非公布目的的审计报告，主要是用于特定目的如经营管理、合并或业务转让、融通资金等而事实审计的审计报告。这类审计报告时针对特殊使用者的，如经营者、合并或业务转让的关系人及提供信用的金融机构等。

2) 按照审计报告的详略程度分类

按照审计报告的详略程度可以分为简式审计报告和详式审计报告。

简式审计报告又称短式审计报告。注册会计师对应公布的财务报表审计后所编制的简单扼要的审计报告。其所反映的内容是非特定利益者共同关心的审计事项，符合审计准则相关规定，具有标准格式。简式审计报告一般适用于公布目的。

详式审计报告，又称长文式审计报告。注册会计师对被审计单位的经济业务和情况进行消息描述、分析和评价，并提出处理意见和意见的审计报告。这种报告的详细程度，取决于发现问题的重要性和复杂性，以及被审计单位的要求。这种报告主要用于帮助被审计单位改善经营管理，所以，这种审计报告一般适用于非公布目的。

3) 按照审计报告的格式分类

按照审计报告的格式可以分为标准审计报告和非标准审计报告。

标准审计报告是指格式和措辞基本同意的审计报告。为了避免混乱，统一、规范审计报告的格式。如果审计报告的格式和措辞不统一，势必会影响使用者准确理解其含义。

非标准审计报告是指格式和措辞不统一，并可以根据具体审计项目的问题来决定的审计报告。非标准审计报告一般包括一般审计报告和特殊审计项目，适用于非公布目的的审计报告。

2. 审计报告的内容

根据《中国注册会计师审计准则第1501号——审计报告》的规定，审计报告应当包括下列要素：标题、收件人、引言段、管理层对财务报表的责任段、注册会计师的责任段、审计意见段、注册会计师的签名和盖章、会计师事务所的名称、地址及盖章和报告日期。

(1) 标题。审计报告的标题应当统一规范为“审计报告”。

(2) 收件人。审计报告的收件人是指注册会计师按照业务约定书的要求致送审计报告的对象，一般是指审计业务的委托人。审计报告应当载明收件人的全称。

(3) 引言段。审计报告的引言段应当说明被审计单位的全称和财务报表已经过审计，并包括下列内容：指出构成整套财务报表的每张财务报表的名称；提及财务报表附注；指明财务报表的日期和涵盖的期间。

(4) 管理层对财务报表的责任段。管理层对财务报表的责任段应当说明管理层的责任是按照适用的会计准则和相关会计制度的规定编制财务报表。这种责任包括设计、实施和维护与财务报表编制相关的内部控制，以使财务报表不存在由于舞弊或错误而导致的重大错报；选择和运用恰当的会计政策；作出合理的估计。

(5) 注册会计师的责任段。注册会计师的责任是在实施审计工作的基础上对财务报表发表审计的；审计工作涉及实施审计程序，以获取有关财务报表金额和披露的审计证据；注册会计师相信已获取的审计证据是充分、适当的，为其发表审计意见提供了基础。

应当从以下几个方面理解注册会计师的责任段的内容：第一段内容阐述注册会计师的责任、注册会计师执行审计业务的标准以及审计准则对注册会计师提出的核心要求；第二段内容阐明注册会计师执行审计工作的主要过程，包括运用职业判断实施风险评估程序、控制测试以及实质性程序；第三段内容阐明注册会计师通过实施审计工作，获取了充分、适当的审计证据，具备了发表审计意见的基础。

(6) 审计意见段。审计意见应当说明，财务报表是否按照适用的会计准则和相关会计制度的规定编制，是否在所有重大方面公允反映了被审计单位的财务状况、经营成果和现金流量。

(7) 注册会计师的签名和盖章。审计报告应当由注册会计师签名并盖章。注册会计师在审计报告上签章有利于明确法律责任。

(8) 会计师事务所的名称、地址和盖章。根据《中华人民共和国注册会计师法》的规定，注册会计师承办业务，由其所在的会计师事务所统一受理并与委托人签订委托合同。因此，审计报告除了应由注册会计师签名并盖章外，还应载明会计师事务所的名称和地址，并加盖会计师事务所公章。

(9) 报告日期。审计报告的日期不应早于注册会计师获取充分、恰当的审计证据，并在此基础上对财务报表形成审计意见的日期。确定审计报告应当考虑应当实施的审计程序已经完成；应当提请被审计单位调整的事项已经提出，被审计单位已经作出调整或拒绝作出调整；管理层已经正式签署财务报表。

阅读资料 15-2

审计报告

普华永道中天审字(2011)第 10045 号

苏宁电器股份有限公司全体股东：

我们审计了后附的苏宁电器股份有限公司(以下简称“贵公司”)的财务报表，包括 2010 年 12 月 31 日的合并及公司资产负债表以及 2010 年度的合并及公司利润表、合并及公司现金流量表、合并及公司股东权益变动表和财务报表附注。

1. 管理层对财务报表的责任

按照企业会计准则的规定编制财务报表是贵公司管理层的责任。这种责任包括以下几方面：①设计、实施和维护与财务报表编制相关的内部控制，以使财务报表不存在由于舞弊或错误而导致的重大错报；②选择和运用恰当的会计政策；③作出合理的会计估计。

2. 注册会计师的责任

注册会计师的责任是在实施审计工作的基础上对财务报表发表审计意见。我们按照中国注册会计师审计准则的规定执行了审计工作。中国注册会计师审计准则要求我们遵守职业道德规范，计划和实施审计工作以对财务报表是否不存在重大错报获取合理保证。审计工作涉及实施审计程序，以获取有关财务报表金额和披露的审计证据。选择的审计程序取决于注册会计师的判断，包括对由于舞弊或错误导致的财务报表重大错报风险的评估。在进行风险评估时，我们考虑与财务报表编制相关的内部控制，以设计恰当的审计程序，但目的并非对内部控制的有效性发表意见。审计工作还包括评价管理层选用会计政策的恰当性和作出会计估计的合理性，以及评价财务报表的总体列报。我们相信，我们获取的审计证据是充分、适当的，为发表审计意见提供了基础。

3. 审计意见

我们认为，上述贵公司的财务报表已经按照企业会计准则的规定编制，在所有重大方面公允反映了贵公司 2010 年 12 月 31 日的合并及公司财务状况以及 2010 年度的合并及公司经营成果和现金流量。

普华永道中天会计师事务所　　注册会计师　何镇洪

2011 年 3 月 14 日　　　　注册会计师　曹　婕

15.1.3 审计报告的变迁

1. 国外审计报告变迁

1) 非标准审计报告阶段

1917 年以前，受到经济发展水平的制约，这一时期的公司规模一般较小，业务相对简单。公司资本主要来源于股东投资和银行贷款，所以审计报告的使用者主要是股东、银行和管理层。这些使用者对公司平时就有所了解，所以他们对审计报告的规范化没有迫切的需求。另外，这一时期没有相关的法律法规对审计报告的格式、内容等进行规范。同时，这个时期的人认为会计、审计是一门艺术，很少有人认为它是门科学，当时审计报告用语通常为“我们证明”“我们保证”和“全面而正确”等。

2) 标准审计报告阶段

标准审计报告阶段分为探索阶段、确立阶段、发展阶段和国际化阶段。

标准审计报告探索阶段始于 1917 年，美国联邦储蓄委员会与美国会计协会合作发布了《统一会计：临时建议》的小册子，其中推荐的审计报告被称为第一份有权威性指南所推荐的审计报告，但是并没有被广泛采用。这是审计报告标准化迈出的第一步，是审计报告标准化的开端。随着经济的发展和经济危机的爆发，财务报表的合理性和公允性普遍受到公众质疑。为了适应这一变化，纽约证券交易所与美国会计协会合作对财务报告进行改革。美国会计协会于 1934 年出版了《公司报表审计》，这被称为“审计报告结构中的革命性飞跃”。

1938 年的麦克逊•罗宾公司案件直接引出了美国会计协会颁布的《审计程序的扩展》，确定盘存资产的实地检查和对应收账款的证实为必须执行的准则。经过美国会计协会批准后，审计程序委员会将这个准则作为《审计程序说明第 1 号》重新发布。《审计程序说明第 1 号》中的标准审计报告将范围段和意见段分开，并有专门措辞，因此被认为是现代标准审计报告的开端。

1947 年，美国会计协会制定了《公认审计准则》，随后在 1954 年，对《公认审计准则》进行了修订，将注册会计师的报告责任正式确认为第四条报告准则。1987 年，审计准则委员会制定了《SAS58：关于已审计财务报表的报告》。这是自 1948 年以来对审计报告进行的唯一也是最重大的修订，修订后的审计报告对其他国家审计报告的发展产生了深远的影响。

第二次世界大战后，经济全球化的发展推动了会计、审计的国际化协调发展，1977 年国际会计师联合会(International Federation of Accountants，IFAC)应运而生，随后 IFAC 设置了国际审计实务委员会(IAPC)，制定和推广国际审计准则，从而拉开了国际审计报告准则制定和发展的序幕。2002 年 3 月 IAPC 更名为国际审计与鉴证准则理事会(IAASB)，以突出其在审计准则制定和发布方面独立的权威性。安然、世通等事件后，社会公众和投资者对会计审计行业的信心明显减弱，为了进一步完善国际会计职业体制，国际会计师联合会于 2003 年 11 月在会员大会上通过了改革方案，强调在继续发挥国际会计师联合会对国际会计职业监管作用的同时，增加社会公众对联合会的监督，提高准则制定等相关工作的透明度，增强投资者对其在维护公众利益方面的信心。IAASB 在 2004 年颁布了新修订的《IAS700——关于整套通用目的财务报表的独立审计师报告》和《ISA701——非标准无保留意见独立审计师报告》，确立了新的审计报告的格式和内容。

2. 我国审计报告变迁

1) 审计报告的起步阶段

1980 年，我国恢复了注册会计师制度，但当时没有制定规范的审计报告准则。1995 年之前，我国审计体系之间关系的定位是“国家审计是主导，内部审计是基础，民间审计是补充”，没有统一的审计准则规范注册会计师的审计工作。

2) 审计报告的发展阶段

经财政部批准，我国注册会计师协会从 1994 年 5 月开始起草独立审计准则，到 2003 年年中，我国注册会计师协会先后分 6 批制定了独立审计准则，共计 48 个项目，基本上建立起了准则体系。1995 年 12 月，我国发布第一批审计准则，通过《独立审计具体准则第 7 号——审计报告》准则对审计报告进行规范，自 1996 年 1 月 1 日起执行。2003 年 4 月发布《独立审计具体准则 7 号——审计报告(修订)》，自 2003 年 7 月 1 日起执行，专门针对审计报告中强调事项段的出具要求进行规范。

3) 审计报告的国际化阶段

2006 年是我国推进审计报告准则与国际趋同的关键一年，2006 年 2 月 15 日，我国发布了新的审计报告准则《中国注册会计师审计准则第 1501 号——审计报告》和《中国注册会计师审计准则第 1502 号——非标准审计报告》，于 2007 年 1 月 1 日开始实施。根据国际化趋同的要求，我国的审计报告准则与国际审计报告准则在格式和内容上几乎一致，为了使审计准则和必要程序能够适合我国的实际情况，我国在制定审计报告准则的体例、格式和语言等方面作出必要补充，使之更加符合中文习惯，增加了审计报告的可理解性。

15.2 审计报告的类型

注册会计师应当根据审计结论，形成不同的审计意见，出具 4 种基本类型的审计报告，即无保留意见的审计报告、保留意见的审计报告、否定意见的审计报告和无法表示意见的审计报告。

15.2.1 无保留意见的审计报告

无保留意见是指注册会计师对被审计单位的财务报表，依照审计准则的要求进行审查后，确认被审计单位采用的会计处理方法遵循了会计准则及相关会计制度的规定；确定财务报表反映的内容符合被审计单位的实际情况；确定财务报表内容完整，表达清楚，无重要遗漏；确定报表项目的分类和编制方法符合规定要求，因而对被审计单位的财务报表无保留地表示满意。

无保留意见意味着注册会计师认为财务报表的反映是公允的，能满足非特定多数的利害关系人的共同需要，并对所表示的意见负责。无保留意见也是被审计单位最希望获得的审计意见，可以使审计报告的使用者对审计单位的财务状况和经营成果更加信赖。

经过审计程序后，注册会计师认为被审计单位编制的财务报表符合下列情形的，应当出具无保留意见的审计报告：①财务报表的编制符合会计准则和相关会计制度的规定；②注册会计师在审计过程中未受到阻碍和限制，已按照审计准则的规定计划和实施审计工作；③被审计单位不存在应调整而未予调整的重要事项；④财务报表在所有重大方面公允地反映了被审计单位的财务状况和经营成果。

注册会计师出具无保留意见的审计报告时，一般以“我们认为”作为意见段的开头，以表明本段内容为注册会计师提出的意见，并承担对该审计意见的责任。注册会计师不能使用“我们保证”等字样，因为注册会计师发表的是自己的职业判断和意见，不能对财务报表的合法性和公允性作出绝对保证，以避免财务报表使用人产生误解，同时也明确注册会计师仅仅承担审计责任。注册会计师在对财务报表的反映内容是否公允发表意见时，应使用“在所有重大方面”、“公允反映”等术语，因为人们已普遍认识到财务报表不可能完全正确和公允，所以审计报告中不能使用“完全正确”、“绝对真实”等词汇，也不能使用“大致反映”、“基本反映”等模糊不清的词语。

无保留意见的审计报告的规范格式和措辞，参见阅读资料15-3。

阅读资料15-3

无保留意见的审计报告的规范格式和措辞见表15-1。

表15-1 无保留意见的审计报告的规范格式和措辞

财务报告	是
审计意见	标准无保留审计意见
审计报告编号	XYZH/2010SZA2006-1-1
审计报告标题	审计报告
审计报告收件人	深圳市桑达实业股份有限公司全体股东
引言段	我们审计了后附的深圳市桑达实业股份有限公司(以下简称桑达股份公司)合并及母公司财务报表，包括2010年12月31日的资产负债表，2010年度的利润表、现金流量表、股东权益变动表及财务报表附注
管理层对财务报表的责任段	按照企业会计准则的规定编制财务报表是桑达股份公司管理层的责任。这种责任包括如下内容：①设计、实施和维护与财务报表编制相关的内部控制，以使财务报表不存在由于舞弊或错误而导致的重大错报；②选择和运用恰当的会计政策；③作出合理的会计估计
注册会计师责任段	我们的责任是在实施审计工作的基础上对财务报表发表审计意见。我们按照中国注册会计师审计准则的规定执行了审计工作。中国注册会计师审计准则要求我们遵守职业道德规范，计划和实施审计工作以对财务报表是否不存在重大错报获取合理保证。 审计工作涉及实施审计程序，以获取有关财务报表金额和披露的审计证据。选择的审计程序取决于注册会计师的判断，包括对由于舞弊或错误导致的财务报表重大错报风险的评估。在进行风险评估时，我们考虑与财务报表编制相关的内部控制，以设计恰当的审计程序，但目的并非对内部控制的有效性发表意见。审计工作还包括评价管理层选用会计政策的恰当性和作出会计估计的合理性，以及评价财务报表的总体列报。 我们相信，我们获取的审计证据是充分、适当的，为发表审计意见提供了基础

续表

审计意见段	我们认为，桑达股份公司财务报表已经按照企业会计准则的规定编制，在所有重大方面公允反映了桑达股份公司 2010 年 12 月 31 日的财务状况以及 2010 年度的经营成果和现金流量。
非标意见	
审计机构名称	信永中和会计师事务所
审计机构地址	中国北京
审计报告日期	2011 年 04 月 21 日
注册会计师姓名	
郭晋龙、夏斌	

15.2.2 保留意见的审计报告

保留意见的审计报告是指注册会计师对财务报表的审计意见有所保留时出具的审计报告。一般由于某些事项的存在，影响了财务报表的表达，以至于不具备出具无保留意见的审计报告的条件，但还不至于出具否定意见或无法表示意见的审计报告。因而，注册会计师对无保留意见加以修正，对影响事项提出保留意见，并对该意见负责。

经过审计后，如果认为财务报表整体是公允的，但存在下列情形之一的，应当出具保留意见的审计报告：①会计政策的选用、会计估计的作出或财务报表的披露不符合适用的会计准则和相关会计制度的规定，虽影响重大，但不至于出具否定意见的审计报告；②因受到审计范围的限制，不能获取充分、适当的审计证据，虽影响重大，但不至于出具无法表示意见的审计报告。

上述情况要求注册会计师在遇到可能对审计单位财务报表产生重大影响的某些事项时，应在审计意见中予以考虑和保留。这些保留事项大致可以归为以下几类。

(1) 未调整事项，即被审计单位采用的会计处理方法与注册会计师的看法不一致，又不愿意予以调整，并且这种不一致产生的差异能够准确地予以计量。被审计单位对注册会计师认为重要的事项不予调整的，注册会计师应该将这些对审计意见有重大影响的内容在审计报告中明确列示，并说明其理由，同时指出这些调整事项对被审计单位提供的财务报表可能产生的影响。

(2) 审计范围受到限制，即注册会计师在审计过程中应实施的审计程序，由于审计范围受到局部限制而无法实施，同时也难以实施必要的替代审计程序，而且无法实施的审计程序对被审计单位的财务报表可能产生重大影响，但还不至于出具无法表示意见。

注册会计师出具保留意见的审计报告时，应当在审计意见段中用“除……的影响外”等术语。如果因审计范围受限，注册会计师要在注册会计师责任段中提及这一情况。需要指出的是，注册会计师对于特定事项以外的事项表示时应使用无保留意见审计报告的术语，以表示被审计单位对除保留事项以外的其他事项已作了公允、合理的反映。

阅读资料 15-4

保留意见的审计报告(审计范围受到限制)

ABC 股份有限公司全体股东:

我们审计了后附的 ABC 股份有限公司(以下简称 ABC 公司)财务报表，包括 20××年 12 月 31 日的资产负债表，20××年度的利润表、股东权益变动表和现金流量表以及财务报表附注。

1. 管理层对财务报表的责任

按照企业会计准则和《××会计制度》的规定编制财务报表是 ABC 公司管理层的责任。这种责任包括如下内容：①设计、实施和维护与财务报表编制相关的内部控制，以使财务报表不存在由于舞弊或错误而导致的重大错报；②选择和运用恰当的会计政策；③作出合理的会计估计。

2. 注册会计师的责任

我们的责任是在实施审计工作的基础上对财务报表发表审计意见。除本报告“导致保留意见的事项”所述事项外，我们按照《中国注册会计师审计准则》的规定执行了审计工作。《中国注册会计师审计准则》要求我们遵守职业道德规范，计划和实施审计工作以对财务报表是否不存在重大错报获取合理保证。

审计工作涉及实施审计程序，以获取有关财务报表金额和披露的审计证据。选择的审计程序取决于注册会计师的判断，包括对由于舞弊或错误导致的财务报表重大错报风险的评估。在进行风险评估时，我们考虑与财务报表编制相关的内部控制，以设计恰当的审计程序，但目的并非对内部控制的有效性发表意见。审计工作还包括评价管理层选用会计政策的恰当性和作出会计估计的合理性，以及评价财务报表的总体列报。

我们相信，我们获取的审计证据是充分、适当的，为发表审计意见提供了基础。

3. 导致保留意见的事项

ABC 公司 20××年 12 月 31 日的应收账款余额×万元，占资产总额的×%。由于 ABC 公司未能提供债务人地址，我们无法实施函证以及其他审计程序，以获取充分、适当的审计证据。

4. 审计意见

我们认为，除了前段所述未能实施函证可能产生的影响外，ABC 公司财务报表已经按照企业会计准则和《××会计制度》的规定编制，在所有重大方面公允反映了 ABC 公司 20××年 12 月 31 日的财务状况以及 20××年度的经营成果和现金流量。

××会计师事务所

中国注册会计师：×××

(盖章)

(签名并盖章)

中国注册会计师：×××

(签名并盖章)

中国××市 二〇××年×月×日

15.2.3 否定意见的审计报告

否定意见的审计报告是指注册会计师对被审计单位财务报表提出否定意见时出具的审计报告。通常，如果注册会计师认为财务报表不符合适用的会计准则和相关会计制度的规定，未能从整体上公允反映被审计单位的财务状况、经营成果和现金流量，应当出具否定意见的审计报告。无论是注册会计师还是被审计单位都不希望发表此类意见的审计报告。

当未调整事项、未确定事项等对财务报表的影响在一定范围内时，注册会计师可以发表保留意见。但是，如果其影响超过了一定的范围，以至于对财务报表产生了无法接受的影响，财务报表失去了其价值，注册会计师事就不能发表保留意见，而是要发表否定意见。

注册会计师在出具否定意见的审计报告时，应当在审计意见段中使用“由于上述问题造成的重大影响”、“由于受到前段所述事项的重大影响”等术语，并且应当在意见段之前增加说明段，清楚说明发表否定意见的原因，并尽可能说明否定意见对财务报表的影响程度。

阅读资料 15-5

否定意见的审计报告

ABC 股份有限公司全体股东:

我们审计了后附的 ABC 股份有限公司(以下简称 ABC 公司)财务报表，包括 20××年 12 月 31 日的资产负债表，20××年度的利润表、股东权益变动表和现金流量表以及财务报表附注。

1. 管理层对财务报表的责任

按照企业会计准则和《××会计制度》的规定编制财务报表是 ABC 公司管理层的责任。这种责任包括如下内容: ①设计、实施和维护与财务报表编制相关的内部控制，以使财务报表不存在由于舞弊或错误而导致的重大错报; ②选择和运用恰当的会计政策; ③作出合理的会计估计。

2. 注册会计师的责任

我们的责任是在实施审计工作的基础上对财务报表发表审计意见。我们按照《中国注册会计师审计准则》的规定执行了审计工作。《中国注册会计师审计准则》要求我们遵守职业道德规范，计划和实施审计工作以对财务报表是否不存在重大错报获取合理保证。

审计工作涉及实施审计程序，以获取有关财务报表金额和披露的审计证据。选择的审计程序取决于注册会计师的判断，包括对由于舞弊或错误导致的财务报表重大错报风险的评估。在进行风险评估时，我们考虑与财务报表编制相关的内部控制，以设计恰当的审计程序，但目的并非对内部控制的有效性发表意见。审计工作还包括评价管理层选用会计政策的恰当性和作出会计估计的合理性，以及评价财务报表的总体列报。

我们相信，我们获取的审计证据是充分、适当的，为发表审计意见提供了基础。

3. 导致否定意见的事项

如财务报表附注×所述，ABC 公司的长期股权投资未按企业会计准则的规定采用权益法核算。如果按权益法核算，ABC 公司的长期投资账面价值将减少×万元，净利润将减少×万元，从而导致 ABC 公司由盈利×万元变为亏损×万元。

4. 审计意见

我们认为，由于受到前段所述事项的重大影响，ABC 公司财务报表没有按照企业会计准则和《××会计制度》的规定编制，未能在所有重大方面公允反映 ABC 公司 20××年 12 月 31 日的财务状况以及 20××年度的经营成果和现金流量。

××会计师事务所

中国注册会计师: ×××

(盖章)

(签名并盖章)

中国注册会计师: ×××

中国××市 二○××年×月×日　　　　(签名并盖章)

15.2.4 无法表示意见的审计报告

注册会计师在审计过程中，如果审计范围受到限制可能产生的影响非常重大和广泛，不能获取充分、适当的审计证据，以至于无法对财务报表发表审计意见，注册会计师应当出具无法表示意见的审计报告。

无法表示意见是指注册会计师对被审计单位的财务报表不能发表意见，即对财务报表不发表误报率意见、保留意见和否定意见。注册会计师出具无法表示意见不同于拒绝接受委托，它是注册会计师实施了审计程序之后提出的一种审计意见；无法表示意见不是不愿表示意见，如果注册会计师明知应当出具保留意见或者否定意见的审计报告，不得以无法表示意见的审计报告代替。

注册会计师在出具无法表示意见的审计报告时，应当删除注册会计师的责任段，并应当在审计意见段之前增加说明段，描述无法表示意见的理由，并要在意见段中使用“由于审计范围受到限制可能产生的影响非常重大和广泛”、“由于无法实施必要的审计程序”、“由于无法获取必要的审计证据”、“我们无法对上述财务报表发表意见”等术语。

阅读资料 15-6

无法表示意见的审计报告

ABC 股份有限公司全体股东：

我们接受委托，审计后附的 ABC 股份有限公司(以下简称 ABC 公司)财务报表，包括 20××年 12 月 31 日的资产负债表，20××年度的利润表、股东权益变动表和现金流量表以及财务报表附注。

1. 管理层对财务报表的责任

按照企业会计准则和《××会计制度》的规定编制财务报表是 ABC 公司管理层的责任。这种责任包括如下内容：①设计、实施和维护与财务报表编制相关的内部控制，以使财务报表不存在由于舞弊或错误而导致的重大错报；②选择和运用恰当的会计政策；③作出合理的会计估计。

2. 导致无法表示意见的事项

ABC 公司未对 20××年 12 月 31 日的存货进行盘点，金额为×万元，占期末资产总额的×%。我们无法实施存货监盘，也无法实施替代审计程序，以对期末存货的数量和状况获取充分、适当的审计证据。

3. 审计意见

由于上述审计范围受到限制可能产生的影响非常重大和广泛，我们无法对 ABC 公司财务报表发表意见。

××会计师事务所 中国注册会计师：×××

(盖章) (签名并盖章)

中国注册会计师：×××

(签名并盖章)

中国××市 二〇××年×月×日

15.2.5 说明段和强调事项段的运用

注册会计师在出具保留意见、否定意见或无法表示意见的审计报告时，应当在意见段之前增加说明段，清楚地说明导致所发表意见或无法表示意见的所有原因，并在可能情况下，指出其对会计报表的影响程度。

当存在可能导致对持续经营能力产生重大疑虑的事项或情况，且不影响已发表的意见时，注册会计师应当在审计报告的意见段后增加强调事项段对此予以强调。注册会计师应当在强调事项段中指明，该段内容仅用于提醒会计报表使用人予以关注，并不影响已发表的意见。

阅读资料 15-7

《中国注册会计师审计准则第 1324 号——持续经营》第三十五条第二款规定，如果认为管理层选用的其他编制基础是适当的，且财务报表已作出充分披露，注册会计师可以出具无保留意见的审计报告，并考虑在审计意见段之后增加强调事项段，提醒财务报表使用者关注管理层选用的其他编制基础。

《中国注册会计师审计准则第 1332 号——期后事项》第十七条规定，如果管理层修改了财务报表，注册会计师应当根据具体情况实施必要的审计程序，复核管理层采取的措施能否确保所有收到原财务报表和审计报告的人士了解这一情况，并针对修改后的财务报表出具新的审计报告。第十八条规定，新的审计报告应当增加强调事项段，提请财务报表使用者注意财务报表附注中对修改原财务报表原因的详细说明，以及注册会计师出具的原审计报告。

《中国注册会计师审计准则第 1511 号——比较数据》第十条规定，当以前针对上期财务报表出具的审计报告为非无保留意见的审计报告时，如果导致非无保留意见的事项虽已解决，但对本期仍很重要，注册会计师可在审计报告中增加强调事项段提及这一情况。

另外，《中国注册会计师审计准则第 1511 号——比较数据》第十一条规定，注册会计师在对本期财务报表进行审计时，可能注意到影响上期财务报表的重大错报，而以前未就该重大错报出具非无保留意见的审计报告。如果上期财务报表未经更正，也未重新出具审计报告，但比较数据已在财务报表中恰当重述和充分披露，注册会计师可以在审计报告中增加强调事项段，说明这一情况。

《中国注册会计师审计准则第 1521 号——含有已审计财务报表的文件中的其他信息》第十三条第一款规定，如果需要修改其他信息而被审计单位拒绝修改，注册会计师应当考虑在审计报告中增加强调事项段说明该重大不一致，或采取其他措施。

由于增加强调事项段是为了提醒财务报表使用者关注某些事项，并不影响注册会计师的审计意见，为了使财务报表使用者明确这一点，注册会计师应当在强调事项段中指明，该段内容仅用于提醒财务报表使用者关注，并不影响已发表的审计意见。

15.3 审计报告的编制

注册会计师编制审计报告是为把审计结果传达给社会公众，为了避免不必要的误会，在编制审计报告时一定要认真谨慎。审计报告是注册会计师用以表明审计意见、提出审计结论的书面文件，是审计工作的最终成果。它既是一种信息报告，又是一种证明文件。一般情况下，注册会计师编制审计报告需要经过以下几个步骤。

15.3.1 整理和分析审计工作底稿

在执行审计程序的过程中，审计工作底稿通常是分散的，所以首先要整理这些工作底稿。在整理过程中，要对审计工作底稿进行分析，挑出有价值的、重要的工作底稿，形成初步的审计结论，作为编制审计报告的基础。对审计工作底稿进行整理和分析的情况，也应该以书面形式在审计工作底稿中予以记录和说明。

15.3.2　提请被审计单位调整财务报表

注册会计师在整理和分析审计工作底稿的基础上，向被审计单位通报状况、初步结论和对会计事项、报表项目的调整意见，提请被审计单位调整。通常，如果是会计记录或确认与计量上的错误和差错，注册会计师应该提请被审计单位更正，并相应调整财务报表中的有关项目。除此以外，注册会计师应该分别不同情况提请被审计单位调整财务报表，或在财务报表附注中予以披露。

15.3.3　确定审计意见的类型和措辞

注册会计师根据被审计单位是否接受提出的调整意见的情况和是否已经作出调整的情况，确定审计意见的类型和措辞。如果被审计单位不介绍调整建议，注册会计师要根据调整事项的性质和重要程度，确定审计意见的类型和措辞。如果被审计单位财务报表已根据注册会计师的调整意见作了调整，其合法性和公允性予以确认后，注册会计师不需要对已调整事项再作说明。

15.3.4　拟定审计报告提纲，编制和出具审计报告

注册会计师在整理、分析审计工作底稿和提请被审计单位调整财务报表，根据被审计单位财务报表调整情况确定被审计单位的意见后，应拟定审计报告提纲，概括和汇总审计工作底稿所提供的资料。审计报告经复核、修改定稿并完成签署后，正本送被审计单位，副本归档留存。

本章小结

本章主要介绍了审计报告的含义和作用、审计报告的类型和审计报告的编制。审计报告是指注册会计师根据《中国注册会计师准则》的规定，在实施审计工作的基础上对被审计单位财务报告发表审计意见的书面文件。审计报告可以对不同的使用者提供鉴证、保护和证明等作用。注册会计师应当根据审计结论，形成不同的审计意见，出具4种基本类型的审计报告，即无保留意见的审计报告、保留意见的审计报告、否定意见的审计报告和无法表示意见的审计报告。注册会计师在出具保留意见、否定意见或无法表示意见的审计报告时，应当在意见段之前增加说明段，清楚地说明导致所发表意见或无法表示意见的所有原因，并在可能情况下，指出其对会计报表的影响程度。注册会计师编制审计报告一般有以下几个步骤：整理和分析审计工作底稿；提请被审计单位调整财务报表；确定审计意见的类型和措辞；拟定审计报告提纲，编制和出具审计报告。

习　题

一、单项选择题

1. 如果在审计报告日后至财务报表对外报出日前，注册会计师发现已审计财务报表与其他信息存在重大不一致，经进一步审查，需要修改被审计单位财务报表，且被审计单位同意修改，则注册会计师应当(　　)。

A. 与被审计单位管理层讨论

B. 直接增加补充审计报告

C. 在实施必要审计程序的基础上针对修改后的财务报表重新出具审计报告

D. 不用再进行任何处理

2. 如果需要修改其他信息(重大不一致)而被审计单位拒绝修改，注册会计师不应当考虑(　　)。

A. 出具否定意见审计报告

B. 解除业务约定

C. 在审计报告中增加强调事项段说明该重大不一致

D. 不出具审计报告

3. 以下关于审计报告的叙述中，正确的是(　　)。

A. 审计报告应该由两位注册会计师签名盖章，但其中一名必须是主任会计师

B. 注册会计师如果出具非无保留意见的审计报告时，应在意见段之前增加说明段

C. 审计报告的日期是指编写完审计报告的日期

D. 审计报告的收件人是指被审计单位

二、多项选择题

1. 下列说法中不正确的有(　　)。

A. 注册会计师应当提请被审计单位做出适当安排，以便在审计报告日前获取其他信息。如果在审计报告日前无法获取所有其他信息，注册会计师可以不再关注其他信息

B. 注册会计师发现其他信息中存在重大不一致的情况，而且需要修改其他信息而被审计单位拒绝修改，注册会计师必须在审计报告中增加强调事项段说明该重大不一致

C. 无论是否有法定或约定的义务对被审计单位某些其他信息实施特别的程序，当这些其他信息存在遗漏或缺陷时，注册会计师都应当考虑是否在审计报告中提及该事项

D. 如果注册会计师在财务报表报出日之后获知被审计单位的其他信息中包含着重大的不一致，并导致对财务报表的修改，则应提请被审计单位管理层修改已审报表。如果管理层修改了财务报表，则注册会计师无须对已提交的审计报告进行修改

2. 下列属于标准无保留意见的审计报告应该包括的基本内容有(　　)。

A. 财务报表批准报出日

B. 注册会计师的责任段

C. 注册会计师的签名和盖章

D. 强调事项段

3. 遇到下列(　　)情况时，注册会计师可能对A公司的财务报表出具无法表示意见的审计报告。

A. 在存在疑虑的情况下，注册会计师不能就A公司持续经营假设的合理性获取必要的审计证据

B. 未能就影响A公司财务报表公允反映的重大关联方交易事项获取充分、适当的审计证据

C. A公司财务报表整体上没有按照企业会计准则进行编制

D. A公司管理层拒绝向注册会计师出具管理层声明书

三、简析题

注册会计师接受委托对A公司2010年的财务报表进行审计，审计过程中发现了下列问题：B公司是A公司的控股子公司，2010年12月31日，B公司的所有者权益为-1 500万元，根据持股比例80%计算，A公司应对B公司的未确认投资损失为1 200万元，同时A公司对B公司2.09亿元的银行存款提供了担保，该担保于2011年3月29日到期；截至2010年12月31日，B公司对A公司的流动资金欠款本息共计2 800万元，该欠款已经逾期，A公司对该笔债权按账龄提了坏账准备，提取金额为84万元。

同时，A 公司未向会计师事务所提供公司第二大股东 C 公司所持有股份的实质控制人及其关联方、关联人，使其无法判断对 A 公司财务报表具有重大影响的关联方及其交易披露是否完整、会计事项处理是否恰当。

此外，自 2010 年 7 月 1 日董事会没有聘任经理层以来，A 公司处于一种非常的管理状态。

要求：

1. 注册会计师在什么情况下会出具非标准审计意见的审计报告？

2. 如果你作为注册会计师对 A 公司进行审计，根据公司 2010 年财务报表及其相关资料，你会发表什么类型的审计意见？

3. 请列示你在执行对该公司 2010 年财务报表审计后出具的审计报告。

参 考 文 献

1．中国注册会计师协会. 审计[M]. 北京：经济科学出版社，2010.
2．高强，郭瑛. 审计学[M]. 北京：机械工业出版社，2011.
3．陈少勇. 审计学[M]. 北京：电子工业出版社，2011.
4．丁瑞玲. 审计学[M]. 北京：中国财政经济出版社，2009.
5．张继勋. 审计学[M]. 北京：清华大学出版社，2008.
6．杨昌红，赵凌云. 审计学[M]. 北京：清华大学出版社，2008.
7 刘明辉，孙坤，徐平. 审计[M]. 大连：东北财经大学出版社，2007.
8．马春静. 新编审计原理与实务[M]. 大连：大连理工大学出版社，2007.
9．吴秋生. 审计学[M]. 上海：上海财经大学出版社，2006.
10．翟新生. 审计学[M]. 北京：首都经济贸易大学出版社，2004.
11．陈汉文. 审计[M]. 厦门：厦门大学出版社，2004.
12．王勇. 审计学[M]. 北京：清华大学出版社，2009.
13．王明珠. 审计学教学案例[M]. 北京：中国审计出版社，2001.
14．辛金国. 新编审计学[M]. 2 版. 北京：科学出版社，2008.
15．郭艳萍. 审计学原理与案例[M]. 北京：机械工业出版社，2009.
16．刘华. 审计治理规范与案例[M]. 上海：复旦大学出版社，2007
17. 刘明辉. 独立审计学[M]. 大连：东北财经大学出版社，2002.
18. 谢盛纹. 审计学[M]. 大连：东北财经大学出版社，2008.
19. 秦荣生，卢春泉. 审计学[M]. 2 版. 北京：中国人民大学出版社，2011.
20. 中国注册会计师协会. 中国注册会计师执业指南(上、下)[M]. 北京：中国财政经济出版社，2006.
21. 朱锦余. 审计[M]. 大连：东北财经大学出版社，2007.
22. 吕先培. 审计学[M]. 成都：西南财经大学出版社，2006.
23. 刘华. 审计理论与案例[M]. 上海：复旦大学出版社，2005.
24. 刘华. 审计案例研究[M]. 上海：上海财经大学出版社，2009.
25. 卓继民. 现代企业风险管理审计[M]. 北京：中国财政经济出版社，2005.
26. 李晓慧. 审计学实务与案例[M]. 北京：中国人民大学出版社，2008.

北京大学出版社本科财经管理类实用规划教材（已出版）

财务会计类

序号	书　名	标准书号	主　编	定价	序号	书　名	标准书号	主　编	定价
1	基础会计学	7-5038-4892-6	李秀莲	30.00	16	企业财务会计模拟实习教程	7-5655-0404-4	董晓平	25.00
2	基础会计学	7-301-19403-4	窦亚芹	33.00	17	税法与税务会计	7-81117-497-7	吕孝侠	45.00
3	会计学	7-81117-533-2	马丽莹	44.00	18	税法与税务会计实用教程	7-81117-598-1	张巧良	38.00
4	会计学原理(第2版)	7-301-18515-5	刘爱香	30.00	19	初级财务管理	7-301-20019-3	胡淑姣	42.00
5	会计学原理习题与实验(第2版)	7-301-19449-2	王保忠	30.00	20	财务管理学	7-5038-4897-1	盛均全	34.00
6	会计学原理与实务（第2版）	7-301-18653-4	周慧滨	33.00	21	财务管理学实用教程	7-5038-5018-9	骆永菊	42.00
7	会计学原理与实务模拟实验教程	7-5038-5013-4	周慧滨	20.00	22	财务管理理论与实务	7-301-20042-1	成　兵	40.00
8	会计实务	7-81117-677-3	王远利	40.00	23	财务管理学原理与实务	7-81117-544-8	严复海	40.00
9	高级财务会计	7-81117-545-5	程明娥	46.00	24	财务管理理论与实务（第2版）	7-301-20407-8	张思强	42.00
10	高级财务会计	7-5655-0061-9	王奇杰	44.00	25	公司理财原理与实务	7-81117-800-5	廖东声	36.00
11	成本会计学	7-301-19400-3	杨尚军	38.00	26	审计学	7-81117-828-9	王翠琳	46.00
12	成本会计学	7-5655-0482-2	张红漫	30.00	27	审计理论与实务	7-81117-955-2	宋传联	36.00
13	成本会计学	7-301-20473-3	刘建中	38.00	28	会计综合实训模拟教程	7-301-20730-7	章洁倩	33.00
14	管理会计	7-81117-943-9	齐殿伟	27.00	29	审计学	7-301-20906-6	赵晓波	38.00
15	会计规范专题	7-81117-887-6	谢万健	35.00					

工商管理、市场营销、人力资源管理、服务营销类

序号	书　名	标准书号	主　编	定价	序号	书　名	标准书号	主　编	定价
1	管理学基础	7-5038-4872-8	于干千	35.00	20	国际市场营销学	7-5038-5021-9	范应仁	38.00
2	管理学基础学习指南与习题集	7-5038-4891-9	王　珍	26.00	21	市场营销理论与实务（第2版）	7-301-20628-7	那　薇	40.00
3	管理学	7-81117-494-6	曾　旗	44.00	22	现代市场营销学	7-81117-599-8	邓德胜	40.00
4	管理学原理	7-5655-0078-7	尹少华	42.00	23	消费者行为学	7-81117-824-1	甘瑁琴	35.00
5	管理学原理与实务（第2版）	7-301-18536-0	陈嘉莉	43.00	24	商务谈判（第2版）	7-301-20048-3	郭秀君	49.00
6	管理学实用教程	7-5655-0063-3	邵喜武	37.00	25	商务谈判实用教程	7-81117-597-4	陈建明	24.00
7	通用管理知识概论	7-5038-4997-8	王丽平	36.00	26	消费者行为学	7-5655-0057-2	肖　立	37.00
8	现代企业管理理论与应用	7-5038-5024-0	邸彦彪	40.00	27	客户关系管理实务	7-301-09956-8	周贺来	44.00
9	管理运筹学（第2版）	7-301-19351-8	关文忠	39.00	28	公共关系学	7-5038-5022-6	于朝晖	40.00
10	统计学原理	7-5038-4888-9	刘晓利	28.00	29	公共关系理论与实务	7-5038-4889-6	王　玫	32.00
11	统计学	7-5038-4898-8	曲　岩	42.00	30	公共关系学实用教程	7-81117-660-5	周　华	35.00
12	应用统计学(第2版)	7-301-19295-5	王淑芬	48.00	31	公共关系理论与实务	7-5655-0155-5	李泓欣	45.00
13	管理定量分析方法	7-301-13552-5	赵光华	28.00	32	跨国公司管理	7-5038-4999-2	冯雷鸣	28.00
14	新编市场营销学	7-81117-972-9	刘丽霞	30.00	33	质量管理	7-5655-0069-5	陈国华	36.00
15	市场营销学	7-5655-0064-0	王槐林	33.00	34	跨文化管理	7-301-20027-8	晏　雄	35.00
16	市场营销学实用教程	7-5655-0081-7	李晨耘	40.00	35	企业战略管理	7-5655-0370-2	代海涛	36.00
17	市场营销学	7-81117-676-6	戴秀英	32.00	36	企业文化理论与实务	7-81117-663-6	王水嫩	30.00
18	市场营销学（第2版）	7-301-19855-1	陈　阳	45.00	37	企业战略管理	7-81117-801-2	陈英梅	34.00
19	市场营销学新论	7-5038-4879-7	郑玉香	40.00	38	企业战略管理实用教程	7-81117-853-1	刘松先	35.00

序号	书　名	标 准 书 号	主　编	定价	序号	书　名	标 准 书 号	主　编	定价
39	产品与品牌管理	7-81117-492-2	胡　梅	35.00	50	人力资源管理实用教程（第 2 版）	7-301-20281-4	吴宝华	45.00
40	东方哲学与企业文化	7-5655-0433-4	刘峰涛	34.00	51	人力资源管理：理论、实务与艺术	7-5655-0193-7	李长江	48.00
41	运营管理	7-5038-4878-0	冯根尧	35.00	52	员工招聘	7-301-20089-6	王　挺	30.00
42	生产运作管理（第 2 版）	7-301-18934-4	李全喜	48.00	53	服务营销理论与实务	7-81117-826-5	杨丽华	39.00
43	运作管理	7-5655-0472-3	周建亨	25.00	54	服务企业经营管理学	7-5038-4890-2	于干千	36.00
44	组织行为学	7-5038-5014-1	安世民	33.00	55	服务营销	7-301-15834-0	周　明	40.00
45	组织行为学行为教程	7-301-20466-5	冀　鸿	32.00	56	会展服务管理	7-301-16661-1	许传宏	36.00
46	流程型组织的构建研究	7-81117-519-6	岳　澎	35.00	57	现代服务业管理原理、方法与案例	7-301-17817-1	马　勇	49.00
47	人力资源管理（第 2 版）	7-301-19098-2	颜爱民	60.00	58	服务性企业战略管理	7-301-20043-8	黄其新	28.00
48	人力资源管理经济分析	7-301-16084-8	颜爱民	38.00	59	服务型政府管理概论	7-301-20099-5	于干千	32.00
49	人力资源管理原理与实务	7-81117-496-0	邹　华	32.00					

经济、国贸、金融类

序号	书　名	标 准 书 号	主　编	定价	序号	书　名	标 准 书 号	主　编	定价
1	政治经济学原理与实务	7-81117-498-4	沈爱华	28.00	17	国际贸易实务（第 2 版）	7-301-20486-3	夏合群	45.00
2	宏观经济学原理与实务（第 2 版）	7-301-18787-6	崔东红	57.00	18	国际贸易结算及其单证实务	7-5655-0268-2	卓乃坚	35.00
3	宏观经济学	7-5038-4882-7	蹇令香	32.00	19	国际金融	7-5038-4893-3	韩博印	30.00
4	微观经济学原理与实务	7-81117-818-0	崔东红	48.00	20	国际金融实用教程	7-81117-593-6	周　影	32.00
5	微观经济学	7-81117-568-4	梁瑞华	35.00	21	国际商务	7-5655-0093-0	安占然	30.00
6	西方经济学实用教程	7-5038-4886-5	陈孝胜	40.00	22	金融市场学	7-81117-595-0	黄解宇	24.00
7	西方经济学实用教程	7-5655-0302-3	杨仁发	49.00	23	金融工程学理论与实务	7-81117-546-2	谭春枝	35.00
8	西方经济学	7-81117-851-7	于丽敏	40.00	24	财政学	7-5038-4965-7	盖　锐	34.00
9	现代经济学基础	7-81117-549-3	张士军	25.00	25	保险学原理与实务	7-5038-4871-1	曹时军	37.00
10	国际经济学	7-81117-594-3	吴红梅	39.00	26	东南亚南亚商务环境概论	7-81117-956-9	韩　越	38.00
11	发展经济学	7-81117-674-2	赵邦宏	48.00	27	证券投资学	7-301-19967-1	陈汉平	45.00
12	管理经济学	7-81117-536-3	姜保雨	34.00	28	金融学理论与实务	7-5655-0405-1	战玉峰	42.00
13	计量经济学	7-5038-3915-3	刘艳春	28.00	29	货币银行学	7-301-15062-7	杜小伟	38.00
14	外贸函电	7-5038-4884-1	王　妍	20.00	30	国际结算（第 2 版）	7-301-17420-3	张晓芬	35.00
15	国际贸易理论与实务（第 2 版）	7-301-18798-2	缪东玲	54.00	31	国际贸易规则与进出口业务操作实务（第 2 版）	7-301-19384-6	李　平	54.00
16	国际贸易（第 2 版）	7-301-19404-1	朱廷珺	45.00	32	金融风险管理	7-301-20090-2	朱淑珍	38.00

法律类

序号	书　名	标 准 书 号	主　编	定价	序号	书　名	标 准 书 号	主　编	定价
1	经济法原理与实务	7-5038-4876-6	杨士富	32.00	5	劳动法学	7-81117-495-3	李　瑞	32.00
2	经济法实用教程	7-81117-547-9	陈亚平	44.00	6	金融法学理论与实务	7-81117-958-3	战玉锋	34.00
3	国际商法理论与实务	7-81117-852-4	杨士富	38.00	7	国际商法	7-301-20071-1	丁孟春	37.00
4	商法总论	7-5038-4887-2	任先行	40.00					

电子商务与信息管理类

序号	书　名	标 准 书 号	主　编	定价	序号	书　名	标 准 书 号	主　编	定价
1	网络营销	7-301-12349-2	谷宝华	30.00	4	网络营销	7-301-16556-0	王宏伟	26.00
2	数据库技术及应用教程(SQL Server 版)	7-301-12351-5	郭建校	34.00	5	网络信息采集与编辑	7-301-16557-7	范生万	24.00
3	电子商务概论	7-301-12343-0	庞大连	35.00	6	电子商务案例分析	7-301-16596-6	曹彩杰	28.00

序号	书　名	标 准 书 号	主　编	定价	序号	书　名	标 准 书 号	主　编	定价
7	管理信息系统	7-301-12348-5	张彩虹	36.00	20	电子商务概论	7-301-16717-5	杨雪雁	32.00
8	电子商务概论	7-301-13633-1	李洪心	30.00	21	电子商务英语	7-301-05364-5	覃　正	30.00
9	管理信息系统实用教程	7-301-12323-2	李　松	35.00	22	网络支付与结算	7-301-16911-7	徐　勇	34.00
10	电子商务法	7-301-14306-3	李　瑞	26.00	23	网上支付与安全	7-301-17044-1	帅青红	32.00
11	数据仓库与数据挖掘	7-301-14313-1	廖开际	28.00	24	企业信息化实务	7-301-16621-5	张志荣	42.00
12	电子商务模拟与实验	7-301-12350-8	喻光继	22.00	25	电子化国际贸易	7-301-17246-9	李辉作	28.00
13	ERP 原理与应用教程	7-301-14455-8	温雅丽	34.00	26	商务智能与数据挖掘	7-301-17671-9	张公让	38.00
14	电子商务原理及应用	7-301-14080-2	孙　睿	36.00	27	管理信息系统教程	7-301-19472-0	赵天唯	42.00
15	管理信息系统理论与应用	7-301-15212-6	吴　忠	30.00	28	电子政务	7-301-15163-1	原忠虎	38.00
16	网络营销实务	7-301-15284-3	李蔚田	42.00	29	商务智能	7-301-19899-5	汪　楠	40.00
17	电子商务实务	7-301-15474-8	仲　岩	28.00	30	电子商务与现代企业管理	7-301-19978-7	吴菊华	40.00
18	电子商务网站建设	7-301-15480-9	臧良运	32.00	31	电子商务物流管理	7-301-20098-8	王小宁	42.00
19	网络金融与电子支付	7-301-15694-0	李蔚田	30.00	32	管理信息系统实用教程	7-301-20485-6	周贺来	42.00

物流管理与工程类

序号	书　名	标 准 书 号	主　编	定价	序号	书　名	标 准 书 号	主　编	定价
1	物流工程	7-301-15045-0	林丽华	30.00	20	现代物流管理学	7-301-17672-6	丁小龙	42.00
2	现代物流决策技术	7-301-15868-5	王道平	30.00	21	物流运筹学	7-301-17674-0	郝　海	36.00
3	物流管理信息系统	7-301-16564-5	杜彦华	33.00	22	供应链库存管理与控制	7-301-17929-1	王道平	28.00
4	物流信息管理	7-301-16699-4	王汉新	38.00	23	物流信息系统	7-301-18500-1	修桂华	32.00
5	现代物流学	7-301-16662-8	吴　健	42.00	24	城市物流	7-301-18523-0	张　潜	24.00
6	物流英语	7-301-16807-3	阚功俭	28.00	25	营销物流管理	7-301-18658-9	李学工	45.00
7	第三方物流	7-301-16663-5	张旭辉	35.00	26	物流信息技术概论	7-301-18670-1	张　磊	28.00
8	物流运作管理	7-301-16913-1	董千里	28.00	27	物流配送中心运作管理	7-301-18671-8	陈　虎	40.00
9	采购管理与库存控制	7-301-16921-6	张　浩	30.00	28	物流项目管理	7-301-18801-9	周晓晔	35.00
10	物流管理基础	7-301-16906-3	李蔚田	36.00	29	物流工程与管理	7-301-18960-3	高举红	39.00
11	供应链管理	7-301-16714-4	曹翠珍	40.00	30	交通运输工程学	7-301-19405-8	于　英	43.00
12	物流技术装备	7-301-16808-0	于　英	38.00	31	国际物流管理	7-301-19431-7	柴庆春	40.00
13	现代物流信息技术	7-301-16049-7	王道平	30.00	32	商品检验与质量认证	7-301-10563-4	陈红丽	32.00
14	现代物流仿真技术	7-301-17571-2	王道平	34.00	33	供应链管理	7-301-19734-9	刘永胜	49.00
15	物流信息系统应用实例教程	7-301-17581-1	徐　琪	32.00	34	现代企业物流管理实用教程	7-301-17612-2	乔志强	40.00
16	物流项目招投标管理	7-301-17615-3	孟祥茹	30.00	35	供应链设计理论与方法	7-301-20018-6	王道平	32.00
17	物流运筹学实用教程	7-301-17610-8	赵丽君	33.00	36	物流管理概论	7-301-20095-7	李传荣	44.00
18	现代物流基础	7-301-17611-5	王　侃	37.00	37	供应链管理	7-301-20094-0	高举红	38.00
19	逆向物流	7-301-19809-4	甘卫华	33.00					